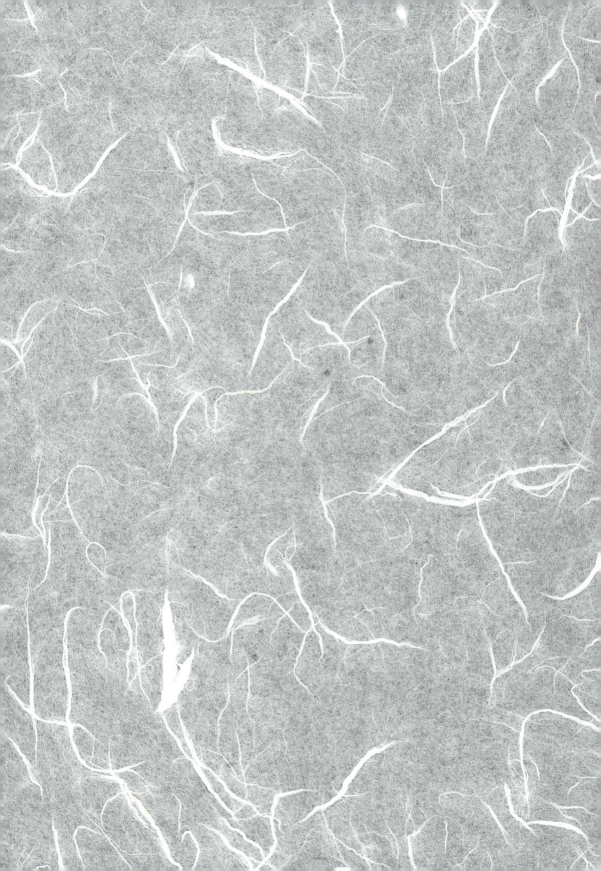

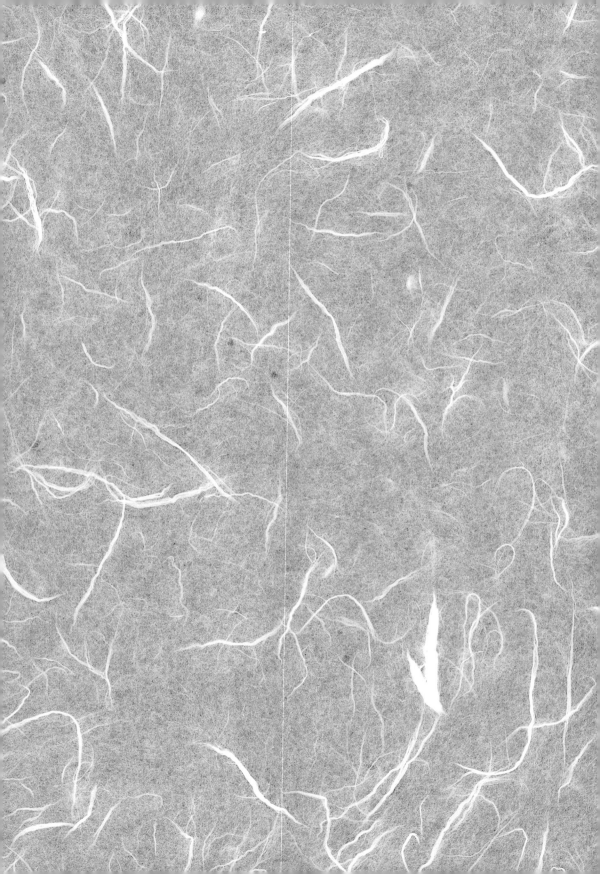

● 作者在西安大雁塔下，1980年前后

● 1979年7月，作者随同中共陕西省委第一书记马文瑞同志考察陕南工作，一行人员在汉中留坝县张良庙留影。第一排站立者，从右至左第四位为朱平同志，第五、第六为马文瑞及夫人孙铭同志。其余为随同考察的省有关部门负责同志以及陕南当地的同志。蹲在前排右边的第一人为作者

● 1983年陕西省委政策研究室欢送朱平同志合影。朱平同志十一届三中全会以后组建中共陕西省委政策研究室，并以省委常委、省委副秘书长身份兼任政研室主任。1983年改任中共陕西省顾问委员会常委。照片第一排从右到左为冯旦、谢立东、秦瑞云、高英杰、何金铭、朱平、刘云岳、叶梃、胡进灿、焦敬南、袁春熙、张安元；第二排从右至左为霍春芳、刘新文、王志明、邱国虎、陈延文、李相启、王改民、作者、李正纲、高建基、陈仿平、陆宝玲；第三排从右到左为杨志文、鲍澜、宋斌、范西城、李新民、岳仁华、赵学森、郭华、李鸿义、马雨桑、李林、朱学志、常青、陈虹

● 1991年11月，中共中央政策研究室主任王维澄、副主任卫建林同志来陕考察，与中共陕西省委研究室同志合影。第一排从右至左为陈虹、郭莉莉、苏国荣、霍春芳、陆宝珍、高爱君、常青；第二排从右至左为王志明、吴崇信、卫建林、王维澄、支益民（时任陕西省委常委、组织部长）、作者、武在平；第三排从右至左为康学武、武会儒、赵学森、陈延文、王宏斌、李新民、岳仁华、冀银泉、宋斌；第四排从右至左为朱学志、祝春荣、安春堂、姜宏庆、王同信、郭华、王兆基、李宝仓、吴长龄、李润乾、杜成。这张照片也是作者离开陕西时与研究室同志的最后一张合影

● 作者在青海，1996年

● 作者在青海省西宁市企业调查研究，1996年

● 作者在西宁市的省级文化单位调查，1996年

● 作者1996年5月考察西宁市唯一的民营书店——白唇鹿书店的留影。右起张国亮、作者、书店主人罗鹿鸣及他的两个朋友

● 作者观看西宁市秦剧团演出后会见演员，1996年

● 1996年6月，作者到青海省海西州考察，在昆仑山口留影。前排右三为作者，右二为作者在青海时的司机郭振声师傅，右四为作者夫人张慧香，中排左二为时任青海省政府办公厅处长的武玉嶂，最后一排右一为秘书张国亮

郑欣淼文集

畎亩问计

郑欣淼陕青调查摭拾

郑欣淼 著

北京出版集团
北京出版社

图书在版编目（CIP）数据

畎亩问计：郑欣淼陕青调查撷拾 / 郑欣淼著. —
北京：北京出版社，2023.6
ISBN 978－7－200－18301－6

Ⅰ. ①畎… Ⅱ. ①郑… Ⅲ. ①区域经济发展—调查研
究—陕西②区域经济发展—调查研究—青海 Ⅳ.
①F127.41②F127.44

中国国家版本馆 CIP 数据核字（2023）第 191803 号

畎亩问计

郑欣淼陕青调查撷拾

QUANMU WENJI

郑欣淼　著

*

北 京 出 版 集 团
北 京 出 版 社　出版

（北京北三环中路 6 号）

邮政编码：100120

网　　　址：www.bph.com.cn

北 京 出 版 集 团 总 发 行
新 华 书 店 经 销
北京雅昌艺术印刷有限公司印刷

*

170 毫米×240 毫米　　29.25 印张　　375 千字
2023 年 6 月第 1 版　　2023 年 6 月第 1 次印刷
ISBN 978－7－200－18301－6
定价：176.00 元
如有印装质量问题，由本社负责调换
质量监督电话：010－58572393
责任编辑电话：010－58572383

序言

1977—1992年，我在中共陕西省委研究室（1983年以前名为中共陕西省委政策研究室）工作了15年，后调到北京，在中共中央政策研究室工作了3年，接着到青海省人民政府工作至1998年年底。三地算起来，足足有21年。在我生命中，这是30~51岁的黄金时段，当然弥足珍贵。

在陕西的15年中，我的工作主要有两方面：一是参与省委一些文件、报告、讲话的调研和起草，这是第一位的工作；二是自己或与他人合作完成一些专题的调查研究，其成果是调研报告。这个时期有两件事与我的工作性质相联系：一是20世纪80年代初朱平同志主持编写《调查研究概论》（1984年）一书，共12章，我承担了其中7章的撰写任务；二是我自己于80年代末出版了《政策学》一书。当然我还有业余爱好，一是鲁迅思想研究，出版了《文化批判与国民性改造》（1988年）；二是旧体诗词创作，在陕西期间的作品后来结集为《雪泥集》（1995年）问世。

在中共中央政策研究室工作期间，我主要参与中央有关重要文件、讲话的起草，3年时间，大部分是在风光秀美的玉泉山度过的。1993年开始的企业文化调查研究以及当年6月在云南玉溪卷烟厂召开的企业文化理论研讨会，我作为文化组组长，在组织筹划上做了应做的工作，但因我已接受了一项重要讲话的起草任务，企业文化的进一步研究则由文化组副组长陆云同志负责，陆云同志当时还主编了《建设社会主义企业文化》（1995年）一书。这时我又应中国青年出版社之约，撰写并出版了《社会主义文化新论》（1996年3月）一书。离开陕西时动手撰写、1994年完稿的《鲁迅与宗教文化》一书，于1996年1月正式出版。

我到青海省人民政府工作是1995年9月，当了副省长，身份变了，不再为他人写讲稿、写文章了，但我仍然重视调查研究，重视亲自动手，加强学习，力争尽快熟悉、适应所分管的工作。可惜因为身体原因，时间不长就离开了工作岗位，离开了青藏高原，但为数不多的讲话、文章，几乎都是我自己写的，是我当时的认识的反映。在青海，我仍然坚持写作旧体诗词。记录我在高原时期的诗词集《陟高集》，于2000年正式出版。

回顾自己这21年间的历程，颇有感触，每一个阶段都有不少深切的体会。但是，留给我印象最深的、我尤为珍视的，还是20世纪80年代在调查研究上的理论探索与实践活动。1978年12月召开的中国共产党十一届三中全会是中华人民共和国成立以来党的历史上具有深远意义的重要会议，它从根本上冲破了长期"左"倾错误的严重束缚，端正了党的指导思想，重新确立了党的实事求是的马克思主义的正确路线。它在拨乱反正、提出改革任务、推动农村改革方面起了伟大的历史作用。1978年下半年，安徽、四川农村尝试包干到户、到组的生产方式，取得了明显的效果。1979年9月，十一届四中全会通过了《关于加快农业发展若干问题的决定》，允许农民因时因地制宜，经营自主。1980年9月，中共中央印发了《关于进一步加强和完善农业生产责任制的几个问题》，认为包产到户"没有什么资本主义复辟的危险"。陕西是个农业省份，推动农业的改革与发展是当时的重要任务。我有幸投身到了这一历史的洪流。

20世纪80年代是中国历史上极为不平凡的年代，这个年代的调查研究成果也成为我人生道路上所积累的宝贵财富。它不仅使我对陕西有了进一步的认识，更感到自己掌握了一个认识事物的不二良方，影响深远，受用终身。我体会到，从调查研究的实质来说，它既是搞好一切工作的基础，也是做学问的重要门径。我后来到青海，又到文物部门，直至到故宫，能够较快地进入角色，取得工作的主动权，很大程度上得益于认真的深入的坚持不懈的调查研究。

正是出于对一个伟大时代的纪念，出于调查研究对我的重要意义，我把20世纪80—90年代中期所写的与调查研究有关的文章汇集起来，取名"畎亩问计"。畎亩，为田间、田地，"舜发于畎亩之中"（《孟子·告子下》）；引申指民间，"白首奉身归畎亩，清宵无梦接鹓鸾"（宋·陆游《五月七日拜致仕敕口号》之二）；也指农民，"寰海浃而康乐，畎亩欣而相顾"（唐·张说《喜雨赋》之一）。用此做书名，是说自己研究的多是农业、农村、农民问题，是探求解决其中一些问题的办法、对策、建议；对于决策者而言，畎亩当然不仅指农村，也可引申到更大的范围，更宽广的视野。

全书分为四编，现做大概介绍：

第一编为理论篇。收入有关调查研究、政策研究的理论文章9篇，虽曾分属不同的3本书，但论述的主题却是相关联的。

其中第1~7篇收入《调查研究概论》一书。《调查研究概论·后记》对该书的编写宗旨与经过，有过明确的记述，现予以引录：

这本小册子由中共陕西省委研究室组织编写。参加编写的都是省委研究室从事调查研究工作的同志。编写工作从一九八三年五月开始，历时一年有余。初稿曾在省委研究室编印的内部刊物上连载，征求意见；现经修改成书，把它献给读者。

……

本书由朱平同志担任主编，审订全部书稿。姜桦同志和主编一起，拟定编写提纲，对全书进行统改。郑欣淼同志参加了全书的编纂和组织工作。全书十二章，分别由下列同志执笔：郑欣淼（第一、二、三、四、五、六、八章），陈仿平（第七、十一章）、叶樵（第九章），秦瑞云（第十章），李相启、胡进灿（第十二章）。秦瑞云同志对部分章节的内容做了补充，邱国虎同志对书稿进行了修改和文字加工，吴长龄同志做了许多具体工作。

朱平同志在主持编写《调查研究概论》时，就酝酿编写其姊妹篇《决策概论》，因为调查研究的目的，最终是形成正确的决策。朱平同志当时抓的主要是姜桦同志与我两人，他还真诚地邀请一位在政策研究、写作水平方面都有相当知名度的同志参与，我们也曾随他去拜访过这位同志几次，似乎对方热情不高，又不好拒绝，这就拖了下来。记得还拟了个提纲，我也试着写了几章，但天不假年，不久朱平同志突发重病，遽尔去世，这件事就不了了之了。我找到当时自己写的4篇文章初稿，现选出两篇刊出，权作对朱平同志的纪念。

《决策概论》未能写出，是朱平同志引为憾惜的一件事，却激发了我对此继续进行研究的兴趣，于是就有了《政策学》一书。

第二编是实践篇·陕西。共23篇。这一部分内容较多，1981—1992年，时间跨度10余年，涉及农业、工业、金融以及党建等多个方面，但主要还是农业、农村、农民的"三农"问题。大致以1985年10月我赴延安市志丹县蹲点为界，分为两个时期：1985年以前，重点是围绕当时的工作中心，自发地进行一些专题调研；1985年以后，主要是承担有关部门委托的科研课题。

收入的1985年以前的文章，有应《陕西日报》之约写的评论、在刘云岳同志带领下搞的两次调查研究（《发展我省多种经营漫谈》《十个先进大队的调查》）、在朱平同志带领下搞的两次调查〔《大中型企业的产品扩散及其与街乡企业的协作联合》《建立健全农村社会经济技术服务体系初探》〕以及我个人的专题调查（《多种经营持续发展的辩证思考》）等，特别是跟随朱平同志参与的调查研究，使我受到极大的教益。

　　1985年10月，我带领陕西省委研究室的王同信、吴长龄、王宏斌三人，到志丹县周河乡蹲点一年，这期间撰写了《青年贫困户：落后山区的一个重要问题》。他们三人，年轻，受过良好的大学教育，有着很好的经济学基础，又思想敏锐，勤于研究，我从他们身上学习了不少东西。后来，我与王同信、吴长龄合作，或我们几人又与其他同志合作，承担了陕西省农村发展研究中心的多项科研课题，例如农村私营经济发展、城乡关系协调、中低产田改造、农村剩余劳动力转移、陕西农村人口目标控制与人口素质等课题，有的还获过奖。这时期还对工业、金融进行过一些研究。其中《承包企业厂长的战略意识》，是杜鲁公同志与我在宝鸡调查后的感想。杜鲁公同志也是老革命，20世纪70年代中期任渭南地委书记，我曾给他当过秘书，后来他任过中共陕西省顾问委员会委员、宝鸡市委书记、陕西省经济技术研究中心总干事等。他是一个很有个性也很有见解的人，已作古多年，至今我仍怀念不已。

　　另有4篇文章略作介绍。《抓住时机　明确方针　扩大开放》，是新亚欧大陆桥开通后，我带领陕西考察组专门考察研究后向省委省政府的报告。记得当时省委一位负责同志曾去过新疆，认为新亚欧大陆桥对陕西发展很有意义，建议省委主要领导同志亲自带队去考察，但因多种原因，最后决定由作为省委副秘书长的我带队去。我们在新疆多地考察，收获很大。《加强党委政策研究工作促进民主的科学的决策》，是为拟召开的陕西省研究室主任会所做的准备工作。《历史的必然　卓绝的历程》，是中共中央政策研究室主任王维澄、副主任卫建林在延安考察学习时给陕西省委研究室提出的一个任务。陕西省在"文革"前后搞所谓的"民主革命补课",大量补定"漏划地主、富农",搞阶级斗争扩大化,产生了极为严重的后果。《试析所谓陕西民主革命补课问题》,是我与鲍澜同志承担的一个课题。鲍澜时任陕西省地方志编纂办公室副主任,曾在陕西省委研究室工作过。

第三编是实践篇·青海。我于1995年9月到青海工作,1996年8月就因病回到北京,工作不到一年,一直感到愧疚,对不起青海人民。这近一年是自己努力熟悉青海、适应工作的过程。省长田成平同志对我说,你刚来,先分几个部门管管,过一段再调整。因此我分管的部门并不多,有文化、广电、新闻出版与体制改革工作。体改工作面较广,牵涉到企业改革、农村改革、住房制度改革、社会保障制度改革等,这些我过去多不熟悉,需要认真学习。1996年年初我对西宁及海东的企业改革与发展进行了广泛深入的调查,近万字的《深化我省企业改革应重视的几个问题》一文,提出了一些具体意见,这是我一字一字亲自写出来的。《创名牌与保名牌》一文,是我写给青海日报社社长姚德明同志的一封信,原想让报社为此搞个专栏开展讨论,由于沟通不够,姚社长把我的信作为来稿全文登出来了。1996年5月的一天,青海省委常委宣传部部长田源同志对我说,省上有个"万村书库"文化扶贫活动,要召开表彰会,希望我参加。《关于文化扶贫》一文,就是我在表彰会上即席讲话的整理稿。1996年春青海省新闻出版工作会议召开,朱春晖局长请我讲话,我问他讲什么好,他说题目由你定,我就熬了一个通宵准备讲稿,从讲政治、出精品两方面谈了我的认识。

第四编是追思篇。共4篇文章,有3篇是纪念朱平同志的。朱平同志是20世纪30年代参加革命的老同志,十一届三中全会后担任中共陕西省委常委,兼任省委研究室主任。他的贡献,不仅是在他的领导下研究室完成了一系列具体政策的制定、一些重大问题的研究,更重要的是通过他的言传身教、严格要求，使研究室形成了有利于人才成长的好环境，树立了良好的风气，出现了人才辈出、成果斐然的局面，而且余泽绵绵，至今为陕西省委的同志所重视、所称道。我有幸在他身边工作过几年，为他服务。朱平同志逝世后的第二年，出版了《无私奉献的人——深切怀念朱平同志》（陕西人民出版社，1990年）一书，收有牟玲生、刘云岳、姜桦与我写的文章：《一个纯粹的共产党人》。牟玲生、刘云岳、姜桦也是我敬重的师长，他们与朱平同志一样，给了我很大的教益。2012年，得知有人正在编辑纪念朱平同志的文集，我便写了一篇《澄潭映月典型在　玉树临风气象和》，可惜至今未有该书进展情况的消息。

本编最后一篇写于2006年，是应中共陕西省委研究室王焕朝同志之约，为《调查与决策》内刊出到第1000期时写的一篇文章，回忆了20世纪80年代中共陕西省委研究室的盛况。我以为，以此文作为全书的结尾，也是很有意思的。

神州大地经过30年的改革开放，农村、农业、农民的状况发生了重大的变化。回顾作者当年的调查，与今天的实际相比，直不可以道里计。这既有时代的局限，也有个人认识的原因。就在当时，作者也常感认识落后于实际、落后于群众。但我们的态度是端正的，调查是认真的。今天来看，调查的结论并不重要，重要的是调查本身，它是时代洪流中无数探求者的一个寻梦踪迹，也是这个时代的一面侧影；正是在这个意义上，编印这个集子，就不仅是作者的敝帚自珍，对于人们全面了解改革开放的20世纪80年代，认识我们走过的路，也许会有一定的启示。

最后有几点说明：

第一，本书第二编，其中16篇文章系笔者与他人合作的成果，现已在每篇文章题目下加注，注明文章出处，并注明当时作者的排名次序。

第二，本书所收文章，未有任何删改，全部保留原来面目。

第三，本书第一、二、三编，目录按时间顺序排列。

郑欣淼

于故宫御史衙门

2015年4月20日

目录

C O N T E N T S

1

第二编　实践篇·陕西

第四编　追思篇

第一编

理论篇

开创新局面必须加强调查研究 ①

　　中国共产党第十二次全国代表大会的召开，揭开了全面开创社会主义现代化建设新局面的光辉篇章。胡耀邦同志在十二大报告中强调指出："在新的历史时期中，要把中国这样原来经济文化落后的国家建设成为现代化的社会主义强国，是人类历史上最伟大的创造性工程之一。这个事业的许多课题，是以前的马克思主义者没有也不可能提出和解决的。"在这个事业中，"我们一定要坚定地继承和学习马克思列宁主义、毛泽东思想的立场、观点和方法，深入各个领域的实际，有系统地进行调查研究，并且善于针对错误倾向，正确地进行批评教育和必要的斗争。我们长期地坚持这样做，就一定能够在新的伟大实践中，积累新的经验，创造新的理论，把马克思列宁主义、毛泽东思想推向前进。"这一段话，指明了在新的历史时期加强调查研究工作的重要性，论述了全面开创新局面和进行调查研究的关系，提出了调查研究工作面临的新任务。

　　我们党历来重视调查研究工作，并把它作为我们党的优良传统之一。现在的问题是如何遵循党的十二大精神，从全面开创新局面的高度来加深认识党中央目前重申要加强调查研究的重大意义。只有首先把这个问题搞清楚了，才能从根本上提高搞好调查研究工作的自觉

---

　　① 本文原载朱平主编：《调查研究概论》第一章，陕西人民出版社，1984 年版。

性。那么，为什么在新的历史条件下全面开创新局面必须加强调查研究呢？

一　建设有中国特色的社会主义的要求

邓小平同志在党的十二大开幕词中，总结了中国革命和建设的经验教训，深刻地指出："我们的现代化建设，必须从中国的实际出发。无论是革命还是建设，都要注意学习和借鉴外国经验。但是，照搬照抄别国经验、别国模式，从来不能得到成功。这方面我们有过不少教训。把马克思主义的普遍真理同我国的具体实际结合起来，走自己的道路，建设有中国特色的社会主义，这就是我们总结长期历史经验得出的基本结论。"建设有中国特色的社会主义，这是我们开创社会主义建设新局面的总纲领，也是新时期调查研究工作的总题目。

我们知道，马克思主义之所以具有强大的生命力，就因为它不是僵死的教条，而是革命行动的指南；不是封闭的思想体系，而是发展着的科学真理。自从19世纪40年代马克思、恩格斯创立科学社会主义学说以来，实现社会主义就成为时代向世界各国无产阶级提出的开创历史新纪元的总课题。但是，"社会主义自从成为科学以来，就要求人们把它当作科学看待，就是说，要求人们去研究它"[①]。实践在前进，理论要发展，社会主义在其发展的各个阶段所提出的具体课题是不尽相同的。

马克思、恩格斯生活在自由资本主义时期，生活在无产阶级同资产阶级的斗争已经在欧洲最发达国家上升到首要地位，革命风暴汹涌激荡的年代。这个时期所提出的课题是创立科学社会主义学说，为社会主义制度的建立做好思想理论上的准备。马克思、恩格斯以毕生精

---

① 《马克思恩格斯选集》第2卷，第301页。

《调查研究概论》书影。《调查研究概论》一书曾被中共陕西省委组织部推荐给全省各级党政干部，在国内也产生了一定的影响。当时《红旗》杂志以《一本探讨调查研究工作的新书》为题向全国推荐，《光明日报》也发表了评论员文章，给予好评。该书出版后，作者曾写了两首小诗："要知民意解民谣，熟水稔山渔并樵。休诩君才称不世，万千百姓是英豪。""褒禅幽洞景方殊，敢下深渊索得珠。欲晓事由明物理，尤凭求是细功夫。"

力深刻地分析了资本主义的内在矛盾，科学地论证了这种矛盾的发展必然导致资本主义的灭亡和社会主义的胜利，为全世界无产阶级和人类的解放指明了道路，使社会主义由空想变成科学。对于未来社会主义的发展，他们有过许多光辉的预见，其中有的已被历史的发展所证实。但是，当现实生活没有提供足够的思想材料时，他们为了不陷入空想，不愿意做更多的预言，而留待以后实践的过程中加以探索和解决。

列宁生活在资本主义发展到帝国主义阶段的历史条件下，当时面临的最大课题是无产阶级社会主义革命能不能首先在几个，甚至单独在一个资本主义国家取得胜利。列宁把马克思主义的普遍真理同帝国主义时代世界形势的新发展和俄国的具体实际结合起来，精辟地分析了帝国主义国家经济和政治发展的不平衡性，分析了帝国主义国家相互之间的矛盾、帝国主义和殖民地半殖民地之间的矛盾、帝国主义国家内部无产阶级和资产阶级之间的矛盾，得出了无产阶级社会主义革命能够突破帝国主义统治锁链中的薄弱环节，首先在一个或一些国家取得胜利的结论，并且成功地领导俄国人民取得了十月革命的伟大胜利，使马克思和恩格斯创立的科学社会主义的理论开始变为现实。这是马克思、恩格斯逝世以后，马克思主义在理论和实践方面第一个最重大的发展。

以毛泽东同志为代表的中国共产党人，把马克思主义的基本原理创造性地运用于中国这个情况极其特殊的半殖民地半封建的东方大国，解决了中国革命一系列理论和策略问题，形成了适合中国情况的科学的指导思想——毛泽东思想，领导中国人民赢得了新民主主义革命的伟大胜利，接着又取得了社会主义革命和社会主义建设的巨大成就。这是继俄国十月革命之后马克思主义发展史上最重大的胜利。

纵观马克思主义发展的历史，我们可以清楚地看到，每一个时代和每一个阶段都有自己的重大课题。只有坚持不懈地调查研究实践中出现的新情况、新问题，把马克思主义的普遍原理同各个时代和各个国家的具体实践相结合，从理论和实践上不断回答历史提出的新课题，找到适合各个不同时代、不同国家特点的道路和方法，才能取得革命和建设的胜利，才能把人类历史推向前进，也才能使马克思主义永葆革命的青春。

今天，我们的国家已经进入一个崭新的历史时期。这个时期向我们中国共产党人提出的新课题，就是如何建设有中国特色的社会主义。社会主义在中国这样一个人口最多的半殖民地半封建的东方大国取得胜利，这是中国历史发展的必然结果。但是，正如列宁所说："由于历史进程的曲折而不得不开始社会主义革命的那个国家愈落后，它由旧的资本主义关系过渡到社会主义关系就愈困难。"[①]要在一个10亿人口、8亿农民、经济文化落后、情况异常复杂的大国搞社会主义建设，这本身就是一种拓荒性的工作，在前进的道路上不可避免地会遇到许多障碍和困难。事实上，我们也正是在克服困难中前进的。

---

① 《列宁选集》第 3 卷，第 454 页。

在取得新民主主义革命胜利以后，我们党曾经成功地解决了适合中国特点的生产资料私有制的社会主义改造问题。在社会主义制度全面建立之后，如何走出一条适合中国国情的社会主义建设道路，我们党又进行了艰苦的努力。早在1956年，毛泽东同志在《论十大关系》中就提出了这个任务。可惜后来我们在探索的过程中发生了失误，经历了曲折，付出了巨大的代价。直到党的十一届三中全会之后，通过解放思想，拨乱反正，重新确立实事求是的思想路线，在理论上不断创新，在实践上不断开拓，我们才逐步找到了一条适合我国特点的建设社会主义的新路子。这就是邓小平同志在十二大的开幕词中提出的建设有中国特色的社会主义的基本结论。这个基本结论，是马克思主义的普遍真理同中国革命的具体实际相结合的原则在新的历史条件下的体现、运用和发展。它标志着我们党对于社会主义建设规律的认识达到了一个新的科学高度，是我国社会主义发展史上一个划时代的里程碑。

建设有中国特色的社会主义，是一个相当长的历史过程，要充分认识它的长期性和艰巨性。所谓有中国特色的社会主义，就是既有社会主义的共性，又有中国特色的个性，是矛盾的普遍性和矛盾的特殊性的辩证统一。怎样才能做到这一点呢？这就不仅要研究社会主义建设的一般规律，而且要研究中国社会主义建设的特殊规律；不仅要认识和把握一般规律在中国具体历史条件下的特殊表现，而且要认识和把握我国社会主义现代化建设在不同阶段、不同方面的特殊规律；不仅要分析研究外国的有关经验，有选择地加以吸收和借鉴，而且要认真研究和总结我们自己在实践中创造和积累起来的经验，立足于我们自己的实际，不能照抄照搬别国的模式；不仅要坚持以马克思主义的基本原则为指导，而且要"使马克思主义在中国具体化，使之在其每一表现中带着必须有的中国的特性"①，并随着社会主义事业和群众实

---

① 《毛泽东选集》第2卷，第522页。本文与以下6篇文章所引用的毛泽东文句，均引自人民出版社的《毛泽东选集》（4卷本）。第1卷1951年10月出版；第2卷1952年3月出版；第3卷1953年2月出版；第4卷1960年9月出版。

践的发展，做出新的理论概括，用某些符合当前实际的新的结论来代替某些已经过时的旧的结论，不断地丰富和发展马克思主义。总之，一切从我国的实际出发，依靠群众的智慧和力量，走自己的路，这就是建设有中国特色的社会主义的根本要求，它深刻地体现了毛泽东思想的实事求是、群众路线、独立自主的原则。很显然，这个根本要求本身就向我们提出了调查研究、认识国情的任务。

应该看到，今天我们对于具有中国特色的社会主义建设道路的要点和基本轮廓的认识已经越来越明确，并且制定了一系列正确的政策和措施。但是，还不能说对我国社会主义现代化建设的客观规律已经充分地、完全地认识了。如何建设有中国特色的社会主义，无论从总体上来说，还是从各个领域来说，我们的经验还很不够，需要在实践中去继续探索和创造。已有的经验和做法，也有待于进一步充实和发展；实践中不断提出的许多新情况、新问题，还需要我们去做深入的研究。拿农业战线来说，党的十一届三中全会以来，我们在实践中创造出联产承包责任制这一适合我国情况的农村合作经济的新形式，使农村出现了欣欣向荣的新局面。但是，不能认为党的农村政策已经到头了。农村有许多事还没有破题，有的破了题，还没有成文。例如，如何引导8亿农民沿着有中国特色的社会主义道路不断前进；如何在人口众多、耕地缺少的条件下，开拓食品高产的路子；如何为大量剩余劳动力广开生产门路；如何迅速发展商品生产，满足广大农民日益增长的物质文化生活需要；如何去筹集巨额的资金，逐步实现农村技术改造，改变生产条件；如何建立更完善的社会主义城乡关系；等等，都还处于进一步探索的过程中。这一系列战略性问题，涉及许多方针、政策，其中每一项，都需要全党动手，进行系统的调查研究，才能制定出符合客观规律的正确政策，而避免过去曾经发生的种种失误。农业战线如此，其他战线也是如此。

建设有中国特色的社会主义，必须进行一系列的改革。有系统地进行经济体制的改革，是坚持社会主义道路、实现社会主义现代化的重要保证。党的十一届三中全会以后，我国经济体制改革首先在农村取得了巨大成就。但是以城市为重点的整个经济体制的改革还只是初步的，城市经济体制中严重妨碍生产力发展的种种弊端还没有从根本上消除。这些弊端主要是：政企职责不分，条块分割，国家对企业统得过多过死，忽视商品生产、价值规律和市场的作用，分配中平均主义严重。这就造成企业缺乏应有的自主权，企业吃国家"大锅饭"、职工吃企业"大锅饭"的局面，严重压抑了企业和广大职工群众的积极性、主动性和创造性，使本来应该生机盎然的社会主义经济在很大程度上失去了活力。党的十二届三中全会，通过了《中共中央关于经济体制改革的决定》。这个纲领性的文件，根据马克思主义基本原理同中国实际相结合的原则，阐明了加快以城市为重点的整个经济体制改革的必要性和紧迫性，规定了改革的方向、性质、任务和各项基本方针政策。十二届三中全会制定的全面改革蓝图，对于加快改革步伐、推动以城市为重点的整个经济体制改革，必将起到伟大的历史作用。这次会议以后，我国经济体制的改革，将在相当广阔的领域内和相当深刻的程度上展开。这个改革是为了建立起具有中国特色的、充满生机和活力的社会主义经济体制，促进生产力的发展。它关系国家的前途，关系亿万工人、农民、知识分子的切身利益。它是极其复杂的、群众性的探索和创新的事业，目前广大干部还不是都很熟悉。这就要求党和政府的各级领导机关保持头脑清醒，进行精心指导。要解放思想，实事求是，一切从实际出发，把党的方针政策同本地区、本部门、本单位的实际密切结合起来，创造性地贯彻执行。而要真正做到这一点，就必须到实践中去，做周密系统的调查研究，使思想符合实际，主观符合客观。只有这样，我们才能站在改革这个时代潮流的前列，切实有效地进行工作，夺取改革的全面胜利。

这一切都说明，建设有中国特色的社会主义，关键是要坚持党的实事求是的思想路线。邓小平同志反复讲，实事求是是毛泽东思想的根本观点和根本方法，是毛泽东思想的精髓。新民主主义革命、社会主义改造的胜利，靠的是实事求是。建设有中国特色的社会主义，也要靠实事求是。而要做到实事求是，最基本的方法就是调查研究。加强调查研究，跟随实践的踪迹，不断研究新情况，解决新问题，回答新课题，在我们辽阔的国土上把有中国特色的社会主义建设起来，这是历史赋予我们中国共产党人在现阶段的光荣职责。

二 理解和执行党的路线、方针、政策的保证

党的十一届三中全会以来，我们党找到了一条适合我国实际情况的有自己特色的社会主义现代化建设的道路，并且制定了一系列正确的路线、方针、政策。有的同志认为，党的路线、方针、政策都有了，我们只要照办就行了，搞不搞调查研究没有多大关系。这是一种一知半解的看法。他们不懂得，党的正确的路线、方针、政策，从制定到对它的深刻理解和贯彻执行，在这整个过程中，哪一步都离不开调查研究。

调查研究是制定党的路线、方针、政策的基础，也是我们深刻理解党的路线、方针、政策的前提。十一届三中全会以来，我们党制定的路线、方针、政策之所以正确，就是因为这些路线、方针、政策是在拨乱反正，全面清理"文化大革命"和以前的"左"倾错误，实现历史性转变的伟大实践过程中形成、制定和发展的。它是在马克思列宁主义、毛泽东思想基本原理的指导下，调查研究了全国的情况，总结了群众的实践经验，集中了人民的意志所形成的。因此，它具有普遍的指导意义。要深刻理解这些具有普遍指导意义的路线、方针、政策，同样必须通过调查研究，对其产生的社会历史条件做全面的了解。如果对中国的政治、经济、文化发展的现状，对中华人民共和国成立30多年来社会主义革命和建设正反两方面的经验，对广大人民群众的意愿等，缺乏深入的、具体的、全面的了解，或只知一鳞半爪，

甚至全然不知，那么，要对党的十一届三中全会以来的路线、方针、政策的本质和所包含的丰富内容及其对中国历史的深刻影响和现实的指导意义有深切的了解是不可能的，要自觉执行也只能是一句空话。对于十一届三中全会以来的路线、方针、政策，绝大多数同志是拥护的，但也有一些同志认识模糊，心有疑虑，不大理解。一个重要的原因就是脱离实际，脱离群众，不了解人民的意愿、实践的呼声、历史的要求。可见，只有坚持调查研究，吃透实际情况，把握群众脉搏，才能加深对十一届三中全会以来党的路线、方针、政策的理解，增强贯彻十二大精神的自觉性，更好地同党中央在政治上保持一致。

在贯彻执行党的路线、方针、政策的过程中，同样要进行调查研究。党的路线、方针、政策和党中央的指示是面向全国的，具有普遍的指导意义，我们必须坚决遵循和贯彻执行。但是我们的国家地域辽阔，各地情况迥异，在贯彻执行的时候，又要分析各地千差万别的情况和具体事物复杂多样的特点，把它同各地区、各部门、各单位的实际相结合，提出实施的具体办法和要求，这样才能有效地贯彻执行，真正解决那里的实际问题。任何事物都处在发展变化之中，普遍性的原则虽然反映了事物的一般属性和总的发展趋势，但是它不可能穷尽事物发展过程中的一切细节，事物在发展中还会出现原来预想不到的新情况、新问题。这就要求我们不断地进行调查研究，随时注意分析随着条件的变化出现了什么新事物，随时注意分析随着条件的变化原有的事物呈现出什么新特点，使党的方针、政策不断地得到丰富、完善和发展。一句话，把党的路线、方针、政策和党中央的指示同本地区、本部门、本单位的实际情况相结合，这是马克思主义普遍原理同具体实际相结合这一基本原则在实际工作中的运用，是做地方和部门领导工作的基本职责。而要做到这一点，就离不开对实际情况的调查研究。有些同志在贯彻执行党的路线、方针、政策中，不搞调查研究，不从实际情况出发，机械地照搬照转上级的指示，要么就是"一刀切"、瞎指挥，要么就是一般化，缺乏创造性。毛泽东同志早在50

多年前就尖锐地批评这种现象"完全不是共产党人从斗争中创造新局面的思想路线"。他指出，对待上级领导机关的指示，要根据实际情况进行讨论和审察，"盲目地表面上完全无异议地执行上级的指示，这不是真正在执行上级的指示，这是反对上级指示或者对上级指示怠工的最妙方法"①。正确的态度应当是：反对甘当"收发室""传达室"这种不负责任的形式主义的工作作风和领导方法，坚持在党的路线、方针、政策指导下，在维护中央的集中统一领导的前提下，充分发挥各地方和各部门的积极性和主动负责精神，从实际出发，创造性地做好工作，把领导工作中的组织性纪律性同积极性创造性辩证地统一起来。这样才能真正产生马克思主义的工作指导，开创各项工作的新局面。

要真正落实党的路线、方针、政策，也离不开调查研究。斯大林曾经说过，领导——这并不等于写决议和发指示，还要检查指示的执行情况。毛泽东同志指出："任何工作任务，如果没有一般的普遍的号召，就不能动员广大群众行动起来。但如果只限于一般号召，而领导人员没有具体地直接地从若干组织将所号召的工作深入实施，突破一点，取得经验，然后利用这种经验去指导其他单位，就无法考验自己提出的一般号召是否正确，也无法充实一般号召的内容，就有使一般号召归于落空的危险。"②现在我们有些工作，只有一般号召，缺乏具体指导，只有布置，缺乏督促检查，往往停留在会议上、文件上、口头上，浮而不实，落不到实处，或者虎头蛇尾，以致贻误事情，甚至造成错误。这是一个值得注意的重要问题。为什么落实不下去呢？除了组织领导抓得不紧以外，很重要的一个原因是调查研究不深不细不经常。一项工作来了，如何同本地区、本部门、本单位的具体情况相结合，从哪里着手，心中无数，没有把握；开会也好，发文件也好，讲不出什么新意思、新内容，提不出什么切实的措施，限于一般

① 《毛泽东农村调查文集》，第3页。
② 《毛泽东选集》第3卷，第899页。

化，一级一级往下传；布置之后，又不能深入一点，取得经验，实行具体指导，解决实际问题，所以不落实、效果差。改变这种不落实的状况，除了加强检查督促之外，主要的办法就是要对所属地区、系统、单位多做调查研究工作，从中发现、总结和推广新经验，把一般号召同个别指导结合起来。我们的人民、干部、党员是富有创造力的。他们在党的领导下，天天在建设社会主义的新生活，到处都有新经验、新创造，甚至一项工作在大范围内还未开展或开展得尚差的时候，也会有少数人在自己的岗位上就这项工作已经进行了探索，做出了贡献。领导的职责在于通过调查研究，及时发现、总结、推广这些新经验。只要我们坚持这样做，就能够找到解决实际问题的办法，使一般号召不断地完善、丰富和具体化，使各项工作落到实处，收到实效。

贯彻执行党的路线、方针、政策，还必须排除"左"的或右的干扰，这也只有坚持调查研究，坚持从实际出发才能达到。对于在贯彻党的路线、方针、政策中受到的干扰，应该认真分析研究，区分清楚是"左"的还是右的，有"左"反"左"，有右反右，是什么倾向就纠正什么倾向，在什么问题上发生偏差，就在什么问题上纠正。当然，在某个时候可能同时存在两种错误倾向，那就要首先抓主要的，同时要警惕次要的。在反对一种错误倾向的时候，还要注意防止可能出现的另一种错误倾向。总之，在反倾向的问题上，一定要慎重，要仔细，一切从实际出发，实事求是。例如，对于十一届三中全会以来党中央制定的一系列正确的路线、方针和政策，有些同志思想不通，甚至有抵触情绪。他们当中，有的是不能完全摆脱过去"左"倾错误的影响，受教条主义的束缚，思想不解放，跟不上不断发展的客观实际；有的则是受右的资产阶级自由化的影响，对四项基本原则产生动摇，发展到怀疑甚至否定党的领导和社会主义道路。我们只有到实际中去调查研究，把情况真正弄清楚了，才能有的放矢地、恰如其分地、有效地纠正各种错误倾向或偏差，保证党的路线、方针、政策的顺利贯彻。

三 实现决策过程科学化的基础

我们做工作，要有这么三条：一是情况明，二是决心大，三是方法对。三条之中，情况明是基础。只有情况明，才能下定决心，才能采取适当的方法。因此，不管搞什么工作，要做出正确的决策，都应当把调查研究、弄清情况放在第一位。毛泽东同志在讲到战争的战略问题时，曾经精辟地指出了调查研究对于正确决策的重要性。他说："指挥员的正确的部署来源于正确的决心，正确的决心来源于正确的判断，正确的判断来源于周到的和必要的侦察，和对于各种侦察材料的连贯起来的思索。"①毛泽东同志的这些话，同样适用于我们今天搞社会主义现代化建设。我们的现代化建设是在党的领导下进行的，是自觉的行动，不是盲目的行动。要自觉地行动，就必须把决策建立在掌握客观规律的科学基础之上。

大家知道，我们正在从事的社会主义现代化建设事业，是一项伟大的创造性的社会工程，是一个庞大的复杂的经济社会体系，是一门改造社会、建设社会和管理社会的科学。它需要把社会科学和自然科学的众多学科，综合地、有机地运用到社会主义现代化建设中去，运用到实际工作中去。所谓现代化建设，顾名思义，是在现代科学技术条件下的建设。当前，由于电子计算机技术、光导纤维技术、生物工程、新型材料、新能源、海洋工程、宇宙工程等新技术的发展，世界上出现了新的技术革命的热潮。我们面临着世界新技术革命的挑战。在20世纪末、21世纪初，业已突破和将要突破的新技术运用于生产和社会，将带来社会生产力新的飞跃，并相应地带来经济、社会的新变化。随着现代科学技术的突飞猛进和广泛应用，组织管理日趋复杂，

---

① 《毛泽东选集》第1卷，第173页。

各种重大决策也日益困难和繁重。整个社会主义现代化建设是包括经济、思想、政治、文化、军事等各个方面的建设，不仅要发展社会生产力，而且要改革生产关系和上层建筑中不适应生产力发展的环节和方面，完善和发展社会主义的生产关系和上层建筑，就是说要进行全面的建设，应兴应办的事情涉及各个方面。这同我们过去打仗、搞土地改革、进行社会主义改造等比较起来，内容要广泛得多，情况也复杂得多，要求也高得多。国民经济的各个方面，经济建设和其他方面的建设，都是互相联系、互相制约、互相作用的，要厘清和疏通它们之间错综复杂的关系，使之协调发展，不是轻而易举的；而且在研究每一个问题时，还要正确分析主观和客观、国内和国际条件，正确处理当前和长远、局部和整体、微观和宏观等一系列关系，其因素之繁多，结构之复杂，时空跨度之广远，输出输入信息量之巨大，远非以往小生产的管理可比，靠直观决策是无法适应的。面对社会主义现代化建设提出的各种复杂而艰巨的新课题，面对现代化大生产带来的社会活动的结构和规律日益复杂化，以及现代科学技术迅速发展等特点，决策的科学化就成为一个十分重要和迫切的问题。

从认识的规律来讲，人们面临的事物、矛盾越是复杂多样，越是变化快，就越需要注意防止认识的简单、片面和僵化，越需要重视搞好调查研究。毛泽东同志早就说过："一般地说，中国幼稚的资产阶级还没有来得及也永远不可能替我们预备关于社会情况的较完备的甚至起码的材料，如同欧美日本的资产阶级那样，所以我们自己非做搜集材料的工作不可。特殊地说，实际工作者随时去了解变化着的情况，这是任何国家的共产党也不能依靠别人预备的。"①现在，不但资产阶级没有给我们留下较系统、较完备的可资借鉴的调查资料，我们自己也没有给自己积累下充足的资料；即使积累下了不少历史的资料，也不能代替我们今天的调查研究。我们必须通过系统的调查研

① 《毛泽东选集》第3卷，第791页。

15

究，掌握精确的资料，进行科学的分析，研究实现十二大提出的战略目标、战略重点、战略步骤的途径、方案和措施，做出科学的决策，并对执行的后果和发展前景做出预测。

所有正确的决策都是根据对实际情况的科学分析得出来的。我们说调查研究是实现决策过程科学化的基础，就是说，每一项重大决策的做出，都要进行决策论证，进行可行性研究，制定周密的方案，使其建立在可靠的客观实际的基础上。这种一步一步都落在实处，稳稳当当，防止不必要损失的谨慎态度，也就是人们通常所说的"摸着石头过河"。"摸着石头过河"，重在一个"摸"字上，要真正摸清情况，摸出规律性的东西来。我们在做出重大决策的时候，必须从各方面调查分析，反复比较，权衡利弊，特别是对有些一时吃不透、拿不准的问题，不要匆忙下结论，而要多听听、多看看、多想想。在普遍实施、推行重大的方针、政策以及方案、措施的时候，需要进行试点，以了解它们的科学性和可行性，使之尽量完善起来。这样做，表面上似乎慢了，但是由于步子稳了，避免了折腾、反复，实际上是更快了。

错误和挫折教育了我们，使我们对于调查研究在决策过程中的重要性，有了越来越深刻的认识。基本建设战线学习和推广可行性研究，就是一例。我们年年做计划，组织财力、物力、人力，进行大规模的基本建设，这是社会主义祖国兴旺发达的表现。但是，要使基本建设工作符合客观规律，达到预期的经济效果，就必须做好基本建设的前期工作。过去我们对前期工作重视不够，没有计划任务书就搞设计，没有扩初设计就列入年度计划，没有搞清资源和水文地质情况就仓促定点，开工兴建，出现了违背经济规律和自然规律、不计效果、盲目建设、损失浪费惊人的现象。为了消除这些弊端，国务院于1981年颁发了《加强基本建设计划管理、控制基本建设规模的若干规定》，强调搞好前期工作，规定所有新建、扩建大中型项目，以及所有利用外资进行基本建设项目都须有可行性研究工作报告，作为编制和审批工业项目设计任务书的依据。可行性研究，就是要根据确凿的资料，对各种情况和因素进行详尽的分析，包括产品是否对路，是否符合发展方向，建厂的各种条件是否具备，技术上、工艺上是否先进，以及对投资和回收期的估计，利润的计算，等等，使许多重大技术原则和基础资料方面的问题都得到切实的解决和落实，最后提出可行还是不可行的结论。这实质上是一项周密细致的调查研究工作。这样做了，就使每一个基本建设项目的确定和实施，建立在切实、合理、可靠的基础上，尽量避免或少走弯路。基本建设如此，搞其他方面的工作，同样要有这种科学的态度和方法。

有的同志以为，决策仅仅是各级领导机关的事情，这种理解太狭窄了。其实，决策是人类社会实践活动的一个重要环节，它涉及社会生活的各个领域，如企业里的经营管理，交通运输上的调度，科学研究上的选题，教学上的改革，医疗上的诊断，体育上的训练，创作上的构思，等等，都离不开决策。尽管不同领域的决策在具体内容上各不相同，但是就其共同点来说，都是从调查研究开始，经过思维到做出决定的过程。在新的形势下，各行各业，任何单位和个人，为了发展自己所从事的事业，达到一个既定的目标，并使之服从于、服务于党在新时期的总任务、总目标，都经常面临着如何实行科学决策的问题。而要做到这一点，就离不开调查和在此基础上的分析研究。特别是随着对外开放政策的落实，经济体制改革工作的推进，企业和个人决策的权限和范围将会进一步扩大，调查研究更需要普遍重视，大力加强。

四　转变党风的一个重要方面

领导社会主义现代化建设的重任，历史性地落在我们党的肩上。执政党的地位，要求我们必须加强调查研究，密切联系群众，进一步搞好党的作风。

说到党风方面的问题，有些同志以为就是指搞特殊化、以权谋私等不正之风，而对于那些脱离实际，脱离群众，单凭主观想象办事，搞瞎指挥、"一刀切"、命令主义、形式主义，等等，则认为只是个工作方法问题，算不上什么大事情。这种认识是不全面的。不错，不正之风严重腐蚀党的肌体，损害党的形象，破坏党同人民群众的血肉联系，同我们党的性质、宗旨和共产党员的党性是水火不相容的，必须坚决反对和大力纠正，这是毫无疑义的。但是，我们对于主观主义的危害性也必须有足够的认识，把反对和纠正脱离实际的主观主义作为转变党风的一个重要方面。我们知道，毛泽东同志倡导的党的三大作风，第一条就是理论和实践相结合。延安整风运动，着重整顿的就是主观主义的倾向，宗派主义的倾向，和作为这两种倾向的表现形式的党八股。毛泽东同志指出，主观主义是一种不正派的学风，它是反对马克思列宁主义的，是和共产党不能并存的。所谓学风问题，就是领导机关、全体干部、全体党员的思想方法问题，是对待马克思列宁主义的态度问题，是全党同志的工作态度问题。因此，主观主义"是共产党的大敌，是工人阶级的大敌，是人民的大敌，是民族的大敌，是党性不纯的一种表现"，"只有打倒了主观主义，马克思列宁主义的真理才会抬头，党性才会巩固，革命才会胜利"。①毛泽东同志对于脱离中国革命实际的主观主义的尖锐批评，对于打倒主观主义的重要性、紧迫性的论述，绝非耸人听闻之谈，而是中国革命斗争经验的珍贵总结。可见，是坚持调查研究、一切从实际出发，还是搞主观主义，就不只是个工作方法问题，还是个世界观问题，不可等闲视之。所以，端正党风需要从思想意识、思想方法两方面加强党性锻炼：一方面要使我们的思想意识无产阶级化，一方面要树立辩证唯物主义、历史唯物主义的世界观和方法论。

实践证明，不坚持调查研究，就会脱离群众，脱离实际，逐渐沾染官僚主义的恶习。对于官僚主义这种旧社会的污毒，人民群众是深

---

① 《毛泽东选集》第3卷，第800页。

恶痛绝的。《聊斋志异》中有一篇《夜叉国》，给"官"的画像是："出则舆马，入则高堂；上一呼而下百诺；见者侧目视，侧足立。此名为官。"这是对封建社会所谓"民之父母"的写照。我们党的宗旨是全心全意为人民群众谋利益，我们的干部都是人民的勤务员，这与旧时代高踞于群众之上的官僚有着本质的区别。在"文化大革命"中，"林彪、江青集团"横行，唯心主义猖獗，党的实事求是、一切从实际出发的优良传统作风受到严重践踏，使得不少干部沾染了脱离实际、脱离群众的官僚主义作风。有的说大话、空话、假话，想当然地提出一些不切实际的高指标；有的满足于轰轰烈烈，图热闹，比声势，什么都要"大搞""大办"，搞花架子，做表面文章；有的强调"执行指示不过夜""学习样板不走样"，照抄照转，用一个模式硬套，不管当地实际如何，强令一律执行；有的情况不明点子多，"一个将军一个令"，朝令夕改，使群众无所适从。凡此种种，都严重地挫伤了广大干部和群众建设社会主义的积极性，给党和人民的事业带来极大的损失。粉碎"四人帮"，特别是党的十一届三中全会以来，党的实事求是的好作风得到恢复和发扬，深入实际、调查研究蔚为风气，但是要彻底肃清"林彪、江青集团"的恶劣影响，克服官僚主义，仍然是我们党的建设的一个重要任务。这就要求我们把加强调查研究作为实现党风根本好转的一个重要环节，自觉地抓起来。

　　有些同志也承认调查研究的重要性，但是在工作中却往往还是不能避免主观主义，其中一个重要原因，就是认为自己情况熟，特别是长期在某个部门、某个单位工作的干部，或者农村里所谓"土生土长"的本地干部，他们觉得自己整天同实际打交道，闭上眼也能数出个子丑寅卯来，办起事来八九不离十，搞不搞调查研究无关紧要。我们说，情况熟是搞好工作的有利条件，但是不能把它绝对化。这里有现象和本质之分，如果仅仅满足于看到一些表面的现象，听到许多零散的情况，罗列一大堆事实，停留在感性认识阶段，而不经过思考，不进行分析研究，把它上升到理性阶段，虽然整天生活在实际当中，也不可能真正了解实际。认识的任务在于透过现象看本质，由感性认识达到理性认识，找出事物发展的规律来，以此作为我们行动的向导，这绝不是单凭直观的所谓"情况熟"所能办到的。况且我们对于情况的认识，都是在一定的时间、地点和条件下获得的，而事物是不断变化、不断发展着的，熟悉昨天的情况，未必就熟悉已经变化了的今天的情况。如果把事情看死了、看僵了，用对于以往情况的认识来指导新形势下的工作，就难免要犯那种"刻舟求剑""胶柱鼓瑟"的错误。尤其是面对社会主义现代化建设的新任务，我们更不能自恃情况熟而忽视调查研究工作。

总起来说，开创新局面必须加强调查研究。什么是开创新局面？就是深入实际，调查研究，发现新问题，解决新矛盾，积累新经验，创造新理论，振奋精神，开拓前进。党的第十二次代表大会提出了全面开创社会主义现代化建设新局面的伟大任务。我们一定要响应党中央的号召，到实际中去，到群众中去，大兴调查研究之风，在开创社会主义现代化建设新局面的伟大实践中，努力开创调查研究工作的新局面。

调查研究是马克思主义认识论的实际运用①

　　我们重视调查研究，强调开创新局面必须抓好调查研究，因为这是直接关系到我们在工作中坚持马克思主义认识论的大问题。马克思主义的认识论，就是党的思想路线，就是一切从实际出发，理论联系实际，实事求是，在实践中检验真理和发展真理。而调查研究则是马克思主义认识论在实际工作中的运用。"没有调查就没有发言权"这个命题，包含着丰富的、深刻的哲学思想，体现了党的思想路线的基本要求。为了进一步增强搞好调查研究的自觉性，下面，我们从马克思主义认识论的角度来探讨一下调查研究的重要意义。

一　主观和客观相符合的重要桥梁

　　认识运动的基本矛盾就是主观和客观之间的矛盾。主观和客观、思维和存在的关系问题是哲学的基本问题，也是人们在实践活动中时常遇到的基本矛盾。辩证唯物主义认为，认识不过是人的主观意识对客观事物本来面目的反映。在这里，客观事物是第一性的，主观意识是第二性的，二者是反映和被反映的关系，绝不能互相颠倒。对任何

---

　　① 本文原载朱平主编：《调查研究概论》第二章，陕西人民出版社，1984 年版。

人来说，只要涉及认识和实际，就有一个主观和客观是否相符合、相一致的问题。我们做工作，要想得到预期的结果，必须从客观实际出发，使主观符合客观，思想符合实际。主观符合了客观，才能按照客观世界本身的规律，因势利导地去夺取胜利。否则，主观和客观相分裂，不仅不能发挥主观认识的能动作用，还会受到客观规律的惩罚，使工作遭受挫折和失败。

"共产党领导机关的基本任务，就在于了解情况和掌握政策两件大事，前一件事就是所谓认识世界，后一件事就是所谓改造世界。"①认识世界是改造世界的前提，只有认识世界才能改造世界。所谓认识世界，就是使主观达到对客观规律性的认识，就是主观和客观之间的相符合、相统一。党的思想路线所强调的实事求是的原则，简单地说，就是主观必须符合客观的原则，就是按照实际情况，按照客观规律去认识和解决问题的原则。但是，要使主观和客观相符合，并不是轻而易举的事情。在这方面，我们有丰富的宝贵的经验，也有一些值得记取的深刻的教训。中华人民共和国成立30多年来，我们曾经在两个问题上有过较大的失误：一是在经济上，由于"左"倾错误思想的指导，几度出现过以高指标、瞎指挥、浮夸风和"共产风"为主要标志的急躁冒进错误，造成国民经济比例严重失调，使我们没有能够取得本来应该取得的更大成就。发生这种错误，除了客观上我们对于社会主义建设经验不足以外，根本原因在于对客观经济规律和我国基本情况认识不足，急于求成，夸大了主观意志和主观能动性的作用。二是在政治上，搞了阶级斗争扩大化，以致发展到后来的"文化大革命"那样长时间的全局性错误。其基本原因，还是由于在认识上脱离了我国政治、经济、思想、文化等方面的客观情况，对当时的阶级形势和政治状况做出了完全脱离实际的错误估计，并在这种不正确的估计的基础上，提出了"无产阶级专政下继续革命"的错误理论，采取

---

① 《毛泽东选集》第3卷，第802页。

了错误的方针和政策，结果使我们的党、国家和各族人民蒙受了一场严重的灾难。这两个错误的表现形式虽然不同，但在认识论上却有一个共同原因，就是主观认识脱离了客观实际。

革命者的任务就在于认识和掌握事物发展的规律性，解决主观和客观之间的矛盾，做好工作，促进革命和建设事业的发展。那么，怎样才能解决主观和客观之间的矛盾，使二者相符合呢？马克思主义认识论告诉我们，认识是客观世界在人们头脑中的反映。客观世界是认识的对象，但这不是说客观世界本身可以产生认识，它只有在人们的社会实践中，才可能实际成为认识的对象，并被人们所认识。因此，主观认识和客观存在之间的矛盾只有在实践的基础上才能得到统一和解决。我们的头脑是主观的东西，周围世界是客观的东西，而实践则是"主观见之于客观"的东西，起着沟通主观和客观的作用。客观事物通过实践反映在主观之中，形成对客观事物的真理性认识，又通过实践改造客观世界，丰富和发展主观认识。这是一个矛盾不断发生又不断解决的过程，即"由实践到认识，由认识到实践"的反复过程。马克思主义哲学把实践引入了认识论领域，承认实践是认识的来源和判断认识的标准，这才使认识论真正成为科学。毛泽东同志对马克思主义认识论做出了重大贡献，他把"由实践到认识，由认识到实践"这个过程科学地概括为"实践—认识—实践"的公式，强调认识对于实践的依赖关系，强调直接经验在认识具体事物中的意义，目的就在于引导人们通过实践去正确地认识客观世界，从而有效地改造客观世界。

"实践—认识—实践"这个公式为我们解决主观和客观之间相符合的问题指出了正确道路。但是，有了这个公式，并不等于能够自然而然地解决主观和客观之间相符合的问题。在社会生活领域里，具体运用这个认识论的公式，还需要有一个桥梁、一个方法，这就是调查研究。分析一下人们认识客观事物的过程，可以看出，这其实也是调查研究的过程。我们为了制定正确的方针、政策，必须到实际中去，到群众中去，广泛地了解情况，掌握各方面的材料，然后在马克思主

1980年，中共陕西省委政研室欢送李慎思同志合影。李慎思同志原为西北局干部，由陕西日报社调入政研室，负责党刊的编辑工作，后调北京中国人事出版社。照片第一排从右到左为刘云岳、李林森、王宪英、朱平、李慎思、张振邦、何金铭、姜桦、廉浩之与作者；后排从右到左依次为郭华、李兴平、邱国虎、王志明、李相启、袁春熙、鲍澜、陈仿平、谢立东、秦瑞云、霍春芳。作者当时能忝列第一排，记得因为这张照片是由作者组织自拍，大家特留了个座位。这是早期省委政研室（后改名研究室）的一张照片，当时尚在组建，人员还不多

义一般原理指导下，分析综合，改造制作，在此基础上构成判断，做出决策。这是一个认识客观情况的过程。在这个过程中，调查研究是我们通向实际、了解情况必经的道路。因为一切结论只能产生于调查研究情况之后，而不能产生于它之前；没有调查研究，就不可能找出事物发展的规律，当然也不可能制定正确的方针、政策。制定出了方针、政策，也并不意味着认识过程的终结。当执行某一方针、政策的时候，从开始到最后实现，这既是一个新的认识情况的过程，也是一个改造客观世界的过程，即实践的过程。在这个过程中，还要继续调查研究，检查前一个认识过程中得出的结论是否符合实际情况。如果发现所制定的方针、政策同实际情况不符合或不完全符合，就必须按

照新的认识，构成新的判断，做出新的决策，或者进行新的补充、修正，使之适合于变化了的新的情况。由此看来，调查研究贯穿于"实践—认识—实践"过程的始终。换句话说，认识的过程，实践的过程，也就是调查研究的过程。因此，我们要使主观和客观之间相符合，就不能不经过调查研究这个重要桥梁。

客观事物是复杂的，而且是作为过程向前发展的。在实践中达到主观和客观之间的符合，不可能一蹴而就，需要经历一个反复曲折的过程。同样，调查研究也是一个与此并行的过程。我们大都有这样的体会，即使按照科学的思想方法和工作方法去进行调查研究，也不可能一次得到完全正确的认识，而必须经过多次反复的调查和研究，我们的认识才能由现象到本质，由初级本质到更深刻的本质。这是因为，客观事物的内部规律性固然可以认识，但这种认识所经历的道路却不是笔直的，而是曲折的。这首先是由于客观事物本质的表露有一个过程，而人们在实践和认识过程中，又不能不受到各种主观和客观条件的限制。因此，不能希图调查一两次就完全弄清事情的来龙去脉，把握它的内在联系，特别是对于一些比较重大、复杂的问题，更要防止简单化的想法和做法，应该多下功夫，多花气力，进行较长时间的探索，其中包括多次失败取得教训，才能纠正错误的认识，不断地从必然王国向自由王国发展。例如，我们党对中国新民主主义革命规律的认识和掌握，就曾经用了20多年的时间。在1927年大革命失败以后，1928年召开的党的第六次全国代表大会，虽然对中国革命的性质、任务做出了原则上正确的规定，但是这种规定既不完备，也不具体。六大以后，中国革命仍然经历了艰难曲折的道路。直到抗日战争时期，经过延安整风，全党才对中国革命的基本问题逐步有了一致的正确的认识。1945年召开的党的第七次全国代表大会，总结了新民主主义革命的经验，在掌握中国新民主主义革命客观规律的基础上，制定了完整的正确的纲领和策略，为新民主主义革命在全国的胜利奠定了基础。作为新民主主义革命的总路线，是到1948年才完整地概括总结并明确地提出来的。这20多年的革命实践过程，就是以毛泽东同志为代表的中国共产党人在长期艰苦卓绝的革命斗争中，经过不断的调查研究，总结经验教训，对中国革命的规律从不完全的认识到比较完全的认识，从少数人的认识到全党的认识，从原则的认识到产生具体的路线、方针、政策并在实践中贯彻执行这样一个长时期的过程。

主观和客观相符合不是静止的、凝固的。客观事物都是在一定历史条件下具体存在的。主观和客观的符合总是在一定历史条件下、一定发展阶段上实现的，并随着一定历史条件的变化而变化。所以，在总的历史发展的长河中，主观和客观总是处于又统一又分离的矛盾状态之中，表现为主观不断追随客观、深入客观的过程。人类世界历史的发展永远不会完结，人们的主观认识也就永远没有穷尽的时候。这种主观认识和客观存在的不断对立和统一，构成了认识运动的基本过程。这是认识的辩证法。而在这个认识运动的辩证发展中，作为主观认识通向符合客观存在的桥梁——调查研究，也不可能一成不变或一劳永逸。对一个革命者来说，不但要通过经常的调查研究，随时修正和改变思想、理论、计划、方案中不符合实际的部分，而且要通过调查研究，准确地把握客观过程从这一发展阶段向另一发展阶段的推移和转变，使思想跟上这个转变，并及时提出新的任务和方针，以适应新的情况。思想落后于实际和思想超越客观过程的一定发展阶段，都是错误的，都会对我们的事业造成危害。我们的结论是主观和客观、理论和实践、知和行的具体的历史的统一，反对一切脱离具体历史发展阶段的"左"的或右的错误思想。毛泽东同志总结党的历史经验，把党内在政治上犯"左"的和右的错误的原因，提到认识的高度做了概括，明确指出："唯心论和机械唯物论，机会主义和冒险主义，都是以主观和客观相分裂，以认识和实践相脱离为特征的。以科学的社会实践为特征的马克思列宁主义的认识论，不能不坚决地反对这些错误思想。"①今天，在进行社会主义现代化建设的伟大事业中，我们既要重视运用过去成功的经验，更要注意到实际中去调查研究，解放思想，开动机器，虚心体察新情况，积极解决新问题，总结群众创造的新经验，使自己的思想适应不断变化发展的客观形势。只要我们坚持这样做，就能逐步地认识和掌握社会主义现代化建设的客观规律，实现党的十二大提出的宏伟目标。

二　理论和实践相结合的中心环节

要做到一切从实际出发，使主观和客观相符合，还必须把理论和实践结合起来。

我们探求客观事物的规律性，从事认识世界和改造世界的斗争，离不开科学理论的指导，没有科学理论指导的实践是盲目的实践。什么是科学理论？即是我们平常所说的真理。真理在世界上只有一种，就是在社会实践的基础上产生并经过社会实践检验和证明了的关于客观事物规律的正确理论。人们掌握了科学理论，就能够预见未来，指导实践的方向和进程。马克思主义是当代认识世界和改造世界最正确、最科学、最革命的理论。我们党把马克思列宁主义、毛泽东思想规定为自己的行动指南。中国革命胜利的进程，就是马克思主义的普遍真理同中国革命具体实践相结合的光辉篇章。在任何具体工作中如果离开了科学理论的指导，从片面的、孤立的、表面的现象出发，就不可能做出正确的判断和决策，难以达到主观和客观之间的真正一致。但是，科学理论之所以重要，在于它能指导人们的行动。再好的理论，如果脱离了实际，也就派不上用场，只能是空洞的理论。同样，如果不把理论当作行动的指南，而当作不顾时间、地点、条件随

①《毛泽东选集》第 1 卷，第 284 页。

27

意搬用的教条，不仅起不到正确的指导作用，相反，还会将实践引入歧途。在我党历史上，在对待马克思主义理论问题上曾经出现过教条主义和经验主义两种倾向。教条主义者轻视感性认识的作用，夸大理性认识的作用，他们不了解具体情况的差别，不愿做艰苦细致的调查研究工作，把马克思主义的理论当成僵死的公式到处去套，用这种思想方法指导革命工作，就只会产生唯心的阶级估量和工作指导；经验主义者则轻视理论，夸大感性经验的作用，把局部经验误认为普遍真理，沾沾自喜于一孔之见和一得之功，在行动上有很大的盲目性。这两种倾向都曾经给中国革命事业带来严重的损失。毛泽东同志指出，我们一方面反对教条主义，同时反对经验主义，因为二者都割裂了理论和实践的辩证关系，导致了主观和客观相分裂。我们党正是在同这些主观主义，特别是教条主义的斗争中，培育了理论和实际相结合的优良作风，使全党在思想上和政治上逐步成熟和巩固起来。我们党强调重视调查研究，其目的就在于坚持理论联系实际的原则，把马克思主义的普遍真理同实际情况紧密结合起来，把理论应用于研究和解决实际问题。

调查研究是理论和实践相结合的中心环节。为什么这么说呢？这就需要从认识论上弄清这个道理。理论和实践相结合，是建立在唯物辩证法关于矛盾的普遍性和特殊性辩证统一的原理之上的。毛泽东同志在《矛盾论》中指出，矛盾的普遍性和特殊性、共性和个性、绝对和相对的道理，是事物矛盾问题的精髓。任何事物都是矛盾的普遍性和特殊性的统一体。就是说，矛盾的普遍性存在于特殊性之中，矛盾的共性寓于个性之中，没有特殊性、个性，就没有普遍性、共性；而矛盾的特殊性、个性，又总是和普遍性、共性相联系而存在的。当然，这种互相联系，不是形而上学的等同，而是辩证法的互相包含。普遍性、共性只是大致地包括了特殊性、个性，只是包括了各个特殊性、个性中的共同的东西，而不能把各种事物丰富多彩的特殊性、个性都包括进去。矛盾的普遍性和特殊性、共性和个性的这种关系，在认识论上就是一般和个别的关系。就人类认识运动的正常秩序来说，总是从认识个别的特殊的事物开始，逐步扩大到认识一般的普遍的事物，即首先认识许多不同事物的特殊本质，才有可能进一步进行概括工作，认识各种事物的共同本质；又以对一般事物的认识为指导，继续不断地研究尚未研究过的或者尚未深入研究过的各种具体的事物，以补充、丰富和发展对一般事物的认识。毛泽东同志把这个秩序叫作"由特殊到一般，又由一般到特殊"这样两个过程的相互联结。人类的认识总是这样循环往复地进行的，而每一次的循环（只要是严格地按照科学的方法）都可能使人类的认识提高一步。

　　从矛盾的普遍性和特殊性辩证统一的原理出发，我们清楚地看到，仅仅懂得矛盾的普遍性是不够的。仅仅承认矛盾的普遍性，不认识具体事物矛盾的特殊性，这种认识还是空洞的、抽象的，不能解决任何具体问题。现实存在着的矛盾都是具体的，都有其特殊性。认识矛盾的特殊性，是认识事物的基础，也是正确地解决矛盾的关键。马克思、列宁在运用唯物辩证法研究自然界、人类社会和思维的各种现象时，处处体现了从矛盾的特殊性中发现普遍性，在普遍性指导下研究特殊性的思想。列宁又进而从方法论上提出了一个重要的原则："马克思主义的最本质的东西、马克思主义的活的灵魂：具体地分析具体的情况。"①马克思主义是普遍真理，是对具体事物矛盾特殊性的抽象和概括，揭示了事物的普遍本质，为我们提供了正确的立场、观点和方法。懂得了马克思主义的普遍原理，知道了事物发展的一般规律，如果不同研究具体事物的特殊性结合起来，仍然不能把握具体事物的规律，不能解决具体的矛盾。世界上的事物，林林总总，千差万别，不仅矛盾的运动形式存在着特殊性，而且同一运动形式中包含着不同的发展过程，同一过程中包含着不同发展阶段，以及不同过程和阶段的矛盾都包含着矛盾的诸方面，这些无不具有各自的特殊性。认识和分析具体事物矛盾的特殊性，就必须到实际中去，以马克思主义

---

① 《列宁选集》第 4 卷，第 290 页。

原理作为入门的向导，深入地调查研究，舍此而别无他途。这个矛盾的普遍性和特殊性辩证统一的原理，是我们党的思想路线的重要哲学基础，它指导我们搞社会主义建设，必须把马克思主义的普遍原理同我国现代化建设的具体实际结合起来，建设有中国特色的社会主义；这个矛盾的普遍性和特殊性辩证统一的原理，为我们指出了正确贯彻执行党中央路线、方针、政策，搞好工作的根本方法，它要求每个地区、部门和单位都必须把党的路线、方针、政策同本地区、本部门、本单位的实际结合起来，既要反对借口"特殊"而拒不执行的分散主义，又要反对不从实际出发的照抄照搬的形式主义；这个矛盾的普遍性和特殊性辩证统一的原理，具体运用到实际工作中，又形成"一般号召和个别指导相结合""解剖麻雀""抓好试点，推动一般"等行之有效的工作方法和领导方法。而要做到这些，都离不开调查研究。很显然，调查研究的过程，也就是普遍和特殊、理论和实践相结合的过程。

"从个别到一般，又从一般到个别"的认识规律，要求我们看问题不能从抽象的定义出发，而应从客观存在的事实出发，从分析这些事实中找出解决问题的方针、政策、办法，这就要坚持调查研究，把理论和实践密切地结合起来。我们有的同志在研究问题的时候，首先想到的不是事实如何，而往往是根据书本上某一个现成的定义来进行推论，用的不是对具体问题进行具体分析的方法，而是由一般到特殊的演绎推理方法。这在充满生机、变化不居的客观事物面前，当然不可避免地要碰钉子。是从实际出发，还是从原则定义出发，这是两种根本对立的出发点。两种根本对立的出发点反映了两种不同的哲学思想。马克思主义者主张把辩证唯物主义的原则应用于自然界和人类历史，但是正如恩格斯说的："原则不是研究的出发点，而是它的最终结果。"①就是说，马克思主义严格地以客观存在的事实作为出发点，

---

① 《马克思恩格斯选集》第3卷，第74页。

反对从理论原则出发的唯心主义。列宁在批判俄国主观唯心主义者米海洛夫斯基时说："从什么是社会、什么是进步等问题开始，就等于从尾开始。当你还没有研究过任何一种社会形态，甚至未能确定这个概念，甚至未能去认真研究事实和客观地分析任何一种社会关系的时候，你怎能得出关于一般社会和一般进步的概念呢？"①马克思更坚决反对这种从尾开始而不是从头开始的唯心主义的认识方法。他抛弃了关于一般社会和一般进步的抽象议论，而是对一种具体社会（资本主义社会）和一种具体进步（资本主义进步）做了科学分析，揭露了资本主义社会固有的矛盾及其特殊的运动规律，从而进一步发现了人类社会发展的一般规律。列宁指出，马克思的这种方法，是从分析事实开始，而不是从最终结论开始；从研究历史上一定的特殊的社会关系开始，而不是从关于什么是一般社会关系的一般理论开始。我们坚持这种"从头开始"的科学方法，就要一切从实际出发，而不能从书本、概念出发。要遵循理论联系实际的基本原则，通过调查研究，掌握大量的材料，从中找出规律性的东西，用以指导我们的行动。

　　理论必须同实践结合，也完全能够结合，但这种结合是具体的历史的。这是因为：其一，任何一个正确的认识都是处于一定具体条件下对一定具体对象的正确认识，都是在一定具体实践中取得的，如果脱离了这一具体的条件、具体的对象和具体的实践，就不能取得正确的认识，所以，理论必须同一定条件下的客观实践相结合，理论和实践的统一是具体的。其二，实践是历史地发展的，认识要随着实践的发展而发展，如果把过去实践中总结出来的正确认识凝固化，就会脱离实践，所以，理论必须同不断发展着的实践相适应，理论和实践的统一是历史的。这就说明，理论和实践的统一，不是抽象的、一成不变的，只是在一定的时间、地点、条件下保持统一。今天，在全面开创社会主义现代化建设新局面的历史条件下，我们要把马克思主义普

---

①《列宁全集》第 1 卷，第 123 页。

遍原理同中国现代化建设的具体实践结合起来，使之达到具体的历史的统一。毫无疑义，社会主义现代化建设的实践，不能离开马克思主义基本原理的指导，但是它绝不能一字不差地按照马克思主义经典著作的论述去实现。社会主义社会是在无产阶级革命斗争的实践中产生和发展的。社会主义社会应当怎样建设、怎样实现这种具体问题，马克思主义不可能给我们提供现成的答案，归根到底要由实践经验提供决定性的"指示"，要通过实践来解决。党的十一届三中全会以来，党中央在理论和实践的结合上为我们树立了典范。我们党一方面同"两个凡是"的错误方针做斗争，冲破教条主义和个人崇拜的禁锢，从思想理论上进行了根本的拨乱反正，把理论同生机勃勃、日新月异的实践结合起来；另一方面又注意防止资产阶级自由化的倾向。这就既捍卫了马克思主义思想体系的科学性和基本理论阵地，又为研究新情况、解决新问题开辟了广阔的道路，从而在新的历史条件下坚持和发展了马克思列宁主义、毛泽东思想。我们在实际工作中，坚持理论和实践具体的历史的统一的原理，就要不断地从事和了解新的实践，进行新的调查研究，取得新的认识，并且不断地在新的实践中加以检验。对于那些不适合我国国情的错误观点，要予以破除；对于过去实践证明是正确的、今天仍然适用的理论观点和成功经验，要加以坚持和发展；对于过去是正确的，但在今天新的历史条件下已经过时的理论观点不能抱住不放，而要进行新的创造。这样，我们才能打开各项工作的新局面。

三　感性认识和理性认识辩证统一的具体体现

调查研究包括调查和研究这样两个互相联系的环节。通过调查获得大量的第一手材料，经过大脑这个加工厂的加工制作，从感性认识上升到理性认识，得出比较正确的结论，制定出比较正确的理论、路线、方针、政策、方法，用来指导实践，并在实践中检验这些认识——这就是调查研究的过程，也是调查和研究的统一。调查和研究的这种统一，体现了认识发展过程中感性认识和理性认识的辩证统一。

毛泽东同志指出："一切比较完全的知识都是由两个阶段构成的：第一阶段是感性知识，第二阶段是理性知识。理性知识是感性知识的高级发展阶段。"[①]感性认识和理性认识是认识运动中的两个不同阶段，二者有着明显的区别。感性认识是认识的第一阶段、低级阶段，是无数客观外界的事物通过人的眼、耳、鼻、舌、身这5个官能反映到自己的头脑中来而形成的初步认识，它只反映事物的现象和外部联系，尚未把握事物的本质和内部联系。感性认识的特点，是对客观事物具体、形象、生动、直观的反映，感觉、知觉和表象是它的基本形式。感性认识是重要的，因为人们在实践中获得的知识，都是从感觉开始的。一切真知都是从直接经验发源的。无论什么人，要认识某个事物，除了同那个事物接触，即生活于（实践于）那个事物的环境中，是没有法子解决的。要有知识，就得参加变革现实的实践；要知道梨子的滋味，就得亲口吃一吃；要知道革命的理论和方法，就得参加革命。人们获得感性认识的阶段，大体上相当于调查研究中的调查这个环节。这个环节的任务是广泛收集材料，观察了解客观存在的事实。

感性认识是重要的，但又是有局限性的。认识的真正任务，在于经过感觉而达于思维，从感性认识能动地上升到理性认识。理性认识是认识的第二阶段、高级阶段。它是在感性认识的基础上，经过思考的作用，将丰富的感性材料，加以去粗取精、去伪存真、由此及彼、由表及里的改造制作而产生的认识上的飞跃，是对客观事物的本质和内部联系的反映。概念、判断和推理是理性认识的基本形式。理性认

---

① 《毛泽东选集》第 3 卷，第 818 页。

识形成的阶段，大体上相当于调查研究中的研究这个环节。列宁说："物质的抽象，自然规律的抽象，价值的抽象及其他等等，一句话，那一切科学的（正确的、郑重的、不是荒唐的）抽象，都更深刻、更正确、更完全地反映着自然。"①这就使我们不仅明确了理性认识的重要性，也看到了研究这个环节在调查研究过程中的重大意义。

感性认识和理性认识是有区别的，又是不可分割的，它们之间辩证统一的关系是：感性认识需要上升到理性认识，理性认识必须依赖于感性认识。认识的最终目的是变革现实，改造客观世界，但是单凭感性认识不能指导实践，只有把感性认识上升为理性认识，把握客观事物的规律性，才有可能按照客观规律办事，对实践活动起到积极的指导作用。这就是感性认识需要上升到理性认识的原因。理性认识反映了事物的本质和内部的联系，是认识发展的高级阶段，但是，它的形成和建立必须依赖于感性认识。"巧妇难为无米之炊"，丰富的具体的感性材料是进行正确的科学抽象的基础。人们在实践中接触的客观事物愈多，对于客观事物的感知就愈丰富，抽象概括出来的概念就愈加明确和深刻。这就是理性认识必须依赖于感性认识的道理。在感性认识和理性认识的这个关系中，如果重此轻彼，把二者割裂开来、对立起来，那就必然陷入片面性。在哲学史上，曾经出现过只承认理性认识的可靠性、否认理性认识依赖于感性认识的"唯理论"和认为仅凭感性认识就能认识客观事物、否认感性认识有待于上升到理性认识的必要性的"经验论"。在《实践论》中，毛泽东同志从阐述认识的辩证过程揭露了教条主义者和经验主义者的错误，指出他们的思想方法在本质上是一致的，二者都不懂得认识的辩证过程，把感性认识和理性认识割裂，各持一端，由此导致类似哲学史上的"唯理论"和"经验论"的错误。感性认识和理性认识的这个辩证关系，反映在调查研究中，就是调查是研究的前提和基础，研究又是调查的继续和升

---

① 《列宁全集》第 38 卷，第 181 页。

华，二者虽然是不同的阶段，却都是统一过程中不可或缺的一环。我们知道，如果没有从调查中获得的大量丰富的感性材料，所谓研究就成了无源之水、无本之木；如果不通过思维对这些感性材料进行分析综合，概括成为抽象概念，形成逻辑体系，那正如恩格斯所说的："就会连两件自然的事实也联系不起来。"①当然也无法更深刻、更正确、更全面地反映客观事物。正确的态度是：既重视调查，又认真研究，把调查和研究很好地有机地结合起来。

感性认识和理性认识之间辩证统一的关系，还体现在它们总是互相交织、互相渗透的。事实上，纯粹的感性认识和纯粹的理性认识都是没有的。感性认识要在理性认识的参与下进行，并且要用概念等理性认识的形式来表达。这就是说，感性认识阶段往往有理性认识活动参与其间。理性认识不仅以感性材料为基础，而且要以语言这种具有一定声响和文字的感性形式来表达。这就是说，理性认识阶段又存在着某些感性认识的因素。感性认识和理性认识这种相互渗透的关系，体现在调查研究之中，就是调查和研究这两个环节只是大略的区分，不能截然割裂。一般来说，"先调查，后研究"，但是在实际工作中，调查一开始，实际上研究工作也在进行了。而研究工作每深入一步，还必须进一步调查，调查和研究交错进行。对于一般比较复杂的问题的调查研究，第一步总得摸情况，目的是提出问题；然后在此基础上进行分析综合，目的是解决问题。调查环节的主要任务是提出问题，但是提出问题本身就离不开研究。没有研究，面对模糊凌乱的一大堆事物的现象，你就很难判定问题即矛盾症结之所在。不做初步的研究，就无法确定调查的范围、抓住调查的中心、选择正确的方法，便会觉得"老虎吃天，没处下爪"，不知如何着手才好。在调查中更是少不了分析研究。对于在调查过程中收集到的大量杂乱无章的材料，也需要做一番初步的梳理、鉴别工作，看看哪些能说明问题，哪

---

① 《马克思恩格斯选集》第3卷，第482页。

些不能说明问题；哪些是主要材料，哪些是次要材料；哪些反映了问题的本质，哪些只是事物的表面现象；哪些能说明问题的这一部分，哪些能说明问题的另一部分；哪些部分材料比较充分，哪些部分还很不够；等等。只有对这些都做了初步分析之后，才能更全面、更深入地进行调查。为了判断材料的真伪、是否典型、有无代表性，还要研究这些材料是什么人提供的，材料中所反映的事实是在什么情况下发生的，等等。可见，在调查中了解情况同初步分析研究是结合在一起的。在研究过程中，既要处处以调查得来的材料为基础，又要把它返回到感性经验中去进行核对、校正，从需要出发做进一步的调查。调查和研究往往不是一次可以完成的，而要反复多次进行才能得出解决问题的结论。这样，在调查中研究，在研究中再调查，反复调查，不断研究，就能逐步对问题的本质以及各部分各方面的联系有比较正确的认识。

在中共陕西省澄城县委与同事的照片。从左到右为作者、耿永庆、姚仲孝、李永谦。作者1970—1975年在中共澄城县委宣传部搞通讯报道工作，有诗为记："广原驽马且扬蹄，才出茅庐正盛时。石堡（曾奔波于石堡川水库建设工地）掳怀风搅雪，洑头（洑头为洛惠渠渠首）濯足酒催诗。苍黄形势看朱紫，幻化云波临路歧。一事平生常谨记：千钧笔重归良知。"

通过以上对主观和客观、理论和实践、感性认识和理性认识几个方面的辩证关系以及调查研究在其中的作用的分析，我们清楚地看到，调查研究是马克思主义认识论在认识世界和改造世界过程中的实际运用，是我们做好各项工作和解决各种问题的唯一正确的科学方法。我们只有坚持党的思想路线，努力运用调查研究这个辩证唯物主义的科学方法，才能不断地认识和掌握客观事物的规律性，把各项事情办得更好一些。

调查研究是共产党人的优良传统和作风[①]

　　以辩证唯物论和历史唯物论为基础的马克思主义，它的根本观点和根本方法就是实事求是，尊重客观事物固有的规律，这也就必然要求重视调查研究，坚持一切从实际出发。马克思主义的创始人和他们的优秀继承者，不仅提出了关于调查研究的一系列正确的原则和方法，并且在实践上为我们做出了光辉的典范。以毛泽东同志为主要代表的中国共产党人，在把马克思主义普遍原理同中国革命具体实践相结合的过程中，始终把调查研究放在重要地位，形成了具有中国共产党人特色的工作方法和工作作风。我们一定要发扬这种好的传统作风。

一　马克思列宁主义创始人一贯注重调查研究

　　向社会进行实际调查，应该说是近代资产阶级首先搞起来的。在社会调查史上，法国人勒·普累（1806—1882）被公认是创立社会调查方法学的首倡者。他的《欧洲工人》是论述36个家庭的物质和精神生活的文集，是社会调查的第一部专著。其后，英国的布思（1840—

① 本文原载朱平主编：《调查研究概论》第三章，陕西人民出版社，1984 年版。

1916）曾经组织了一个有名的调查团，对伦敦工人群众的贫困问题进行了广泛的调查，写成了《伦敦人民的生活和劳动》一书，在开始使用社会调查方法这一方面做出了很大贡献。马克思很赞赏英国的社会调查和社会统计工作。他称赞英国的工厂视察员，编写《公共卫生》报告的英国医生，以及调查女工、童工受剥削情况和居住、营养条件的英国调查委员们，认为他们是那样的内行、公正和坚决。英国的社会调查对美国社会调查的兴起发生过很大影响，20世纪初匹兹堡调查和春田调查就是仿照布思伦敦调查的典型。

但是应当看到，资产阶级的社会调查，是站在资产阶级立场，为资产阶级利益服务的。这种调查很难摆脱资产阶级的阶级偏见，一般来说，多是一些社会现象的归类统计，提出的只是一些改良措施，不敢触及资本主义不可调和的矛盾，当然不可能从根本上解决资本主义制度存在的痼疾。因此，马克思、恩格斯虽然对资产阶级的调查资料十分重视，但是在利用这些资料时，他们总是贯彻着批判的精神，逐一加以审查、检验，使之为自己的理论研究和革命实践服务。真正把社会调查建立在辩证唯物论的基础之上，实现社会调查的革命变革，使它成为一种科学的认识方法，则是马克思、恩格斯的首创。马克思、恩格斯的社会调查同资产阶级的社会调查，无论在立场、观点和方法上，都有着本质的不同。科学共产主义思想体系的大厦，离不开科学的调查研究这种一砖一石的基础工作。它是马克思、恩格斯对人类社会几千年的历史，对当时西欧发达国家的政治、经济、科学、文化等各个领域的情况，特别是对西欧各国工人运动的实践，进行系统而深入的调查研究的结晶。正如毛泽东同志所说的："马克思、恩格斯努力终生，做了许多调查研究工作，才完成了科学的共产主义。"[1]

马克思、恩格斯一生在理论著述方面倾注了大量心血，但是他们并没有因此把自己关闭在书斋里，而是把这种理论研究建立在对现

---

[1] 《毛泽东农村调查文集》，第21页。

实社会深入考察的基础之上。从青年时期开始，他们就时时刻刻同社会的各种实际斗争，同工人运动和社会革命有着密切的联系，并且直接指导、领导这些斗争。1846年，马克思、恩格斯一起创立布鲁塞尔共产主义通讯委员会，通过它的活动了解德、比、法、英等国工人运动的状况。他们十分重视在工人运动实践中对各种实际情况进行调查研究，直至逝世前夕，仍然同各国工人运动的活动家保持着广泛的联系。马克思说过："一个不了解社会现状的人，更不会了解力求推翻这个社会的运动和这个革命运动在文献上的表现。"[1]他的许多著作都是根据亲身体验和通过各种途径了解到的第一手材料写成的。为了及时总结巴黎公社的经验教训，马克思不仅细心研究法、英、德等国的报纸，从中搜集反映公社活动的材料，而且直接从公社代表的来信中掌握公社发展的具体情况。著名的《法兰西内战》一书，就是他全面调查研究巴黎公社进程的产物，也是他同巴黎工人阶级息息相通的明证。在《资本论》写作的准备过程中，马克思研究过1500多种书籍和档案文件，从浩如烟海的文献中摘录了大量的资料，写了数十本笔记，特别是对英、法、德、俄、美各国的经济状况进行了详细的调查研究。列宁对此给予高度评价，指出："《资本论》不是别的，正是把堆积如山的实际材料总结成几点概括的、彼此相联系的思想。"[2]"在这里，在每一步分析中，都用事实即用实践来进行检验。"[3]马克思主义之所以百战百胜，经久不衰，就因为它来源于实践，是从对实践的调查研究中产生并被实践所证明了的客观真理。

马克思、恩格斯把辩证唯物论贯穿到调查之中，为社会调查研究开辟了正确途径。为了对资本主义社会做深入、细致的调查，马克思有计划有目的地到工厂、农村，到社会各个角落，同工人、农民、

---

① 《马克思恩格斯全集》第27卷，第487页。

② 《列宁全集》第1卷，第121页。

③ 《列宁全集》第38卷，第357页。

商人、律师、店员等各阶级、各阶层的人物谈话，特别注意倾听工人群众的意见，了解他们各方面的情况。1880年，他应法国社会党人之约，草拟了一份"工人调查表"，提出99个问题，详细调查工人的基本情况，包括劳动环境和条件、劳动时间、劳动强度、现实生活状况，以及资本家剥削工人的情况，工人同资本家斗争的情况等。从这份调查表可以看出，马克思对工人阶级状况的考察是多么细致和周密。著名的《英国工人阶级状况》一书，则是恩格斯用21个月时间，深入英国工人群众中，进行实际的调查和观察，占有了大量的从文献中无法获得的感性知识和实际材料而写出来的。恩格斯特意在书名下增添了一个引人注目的副标题"根据亲身观察和可靠材料"，可见他对自己直接调查得到的第一手材料是何等的珍视。在向英国工人阶级说明这本书的研究和写作过程时，他写道："我非常认真地研究过你们的状况，研究过我所能弄到的各种官方和非官方的文件，但是我并不以此为满足。我寻求的并不仅仅是和这个题目有关的抽象的知识，我愿意在你们的住宅中看到你们，观察你们的日常生活。"正因为他"从亲身的观察和亲身的交往中直接研究了英国的无产阶级"，"同时又以必要的可靠的材料补充了自己的观察"[1]，才能摆出那么大量确凿的、无可辩驳的事实，来揭露资本主义制度的罪恶，从而使这部著作成为对资本主义社会和资产阶级的一份义正词严的控诉书。

列宁也非常重视调查研究。他正是通过认真的调查研究，从当时世界资本主义的形势和俄国的具体实际出发，把马克思主义发展到一个新的阶段——列宁主义阶段。为了写《帝国主义是资本主义的最高阶段》一书，列宁做了大量的调查研究，仅笔记就有厚厚的两大本。列宁从辩证唯物主义的认识路线出发，强调在大量可靠的事实基础上制定党的政策、策略的重要意义。他说："马克思主义者应当把评

---

① 《马克思恩格斯全集》第2卷，第273、278页。

价革命的客观进程作为谈论策略的基础。"[①] "对于无产阶级政党来说，最危险的错误就是在需要组织起来的时候把自己的策略建筑在主观愿望上"，而"把无产阶级的策略建筑在主观愿望上就等于把它毁灭"。[②]在领导俄国革命的紧张繁忙的工作中，列宁还写了诸如《统计学和社会学》等著作，丰富了马克思主义关于调查研究的思想。

列宁还把坚持调查研究同反对官僚主义、加强苏维埃政权建设紧密联系起来。十月革命胜利以后，在苏维埃各级领导机构中存在着严重的官僚主义。有不少领导机关和领导干部不愿意切实地着手经济建设，脱离实际，习惯于抽象空谈。列宁曾经大声疾呼："污浊的官僚主义使我们陷入滥发文件、空谈法令、乱写指示的境地，而生动活泼的工作却淹没在这浩如烟海的公文中了。聪明的怠工分子故意把我们拖入这个公文的泥坑。大多数人民委员和其他大员们却不自觉地'往绞索里钻'。"[③]他认为，对实际经验缺乏研究，"这是一切灾祸和整个官僚主义的根源"[④]。而要克服官僚主义，摆脱文牍主义、事务主义，就必须加强调查研究，详细研究实际经验，正确确定实际措施，切实解决问题。十月革命后，他曾经把调查研究规定为首要任务之一，多次强调调查研究对于新生的苏维埃政权的迫切性："调查工作对工农政府来说是迫切需要的，因为调查资料将成为苏维埃建设的基础。"[⑤]

斯大林对于调查研究有过不少重要论述。他把不断地到实际中去调查研究，努力解决具体问题，作为对领导者的一个基本要求。他认为，所谓领导，并不等于写决议、发指示，重要的是到实际中去，

---

① 《列宁全集》第 11 卷，第 324 页。

② 《列宁全集》第 24 卷，第 207 页。

③ 《列宁全集》第 35 卷，第 537 页。

④ 《列宁全集》第 33 卷，第 212 页。

⑤ 《伊尔库茨克省统计局资料》第 9 册，第 5 页，1922 年版，转引自《读书》杂志 1983 年第 7 期，第 3 页。

"不仅检查我们指示的执行情况，而且检查指示本身是否正确"；如果在这方面有缺陷，"也就是我们的整个领导有缺陷"。①斯大林指出，对于那些崇尚空谈、好说废话的人，应该撤他们的职。他要求党和政府的领导者要重视研究丰富的实践经验，指出如果忽视这种经验，就不能算是一个真正的好的领导者。

二　毛泽东同志开创调查研究的一代新风

把调查研究提到党的马克思主义思想路线的高度，在全党干部中普遍推广，这是中国共产党人的创举。在这方面，毛泽东同志有着重大的贡献。

毛泽东同志是我们党内最早认识调查研究重大意义的领导人，是我们党内从事社会实际调查研究的开创者。在领导中国革命斗争的过程中，毛泽东同志发展了马克思列宁主义关于调查研究的理论，把调查研究工作提高到一个新水平。他的调查研究既遵循马克思列宁主义关于调查研究的基本要求，又有许多新的特点。这种特点突出表现在：把调查研究用于无产阶级政党的实际工作，即把调查研究同认识中国国情、解决中国革命的实际问题密切结合起来，使之成为马克思主义的普遍真理同中国革命的具体实践相结合的中心环节，从而创造性地发展了马克思列宁主义，形成了以他为主要代表的、具有中国特点的我们党的指导思想——毛泽东思想。

实事求是是毛泽东思想的精髓，同样也是毛泽东调查研究的理论和实践的精髓。毛泽东同志在早年投入革命运动时便深深懂得：要振兴中国就必须了解国情。他在1920年致友人的信中说："吾人如果要在现今的世界稍为尽一点力，当然脱不开'中国'这个地盘。关于这

---

① 《斯大林全集》第11卷，第52—53页。

个地盘内的情形，似不可不加以实地的调查及研究。"①从参加共产主义运动、缔造我们党的最初年代开始，他就一直提倡和实行对于社会客观情况的调查研究，强调以对中国情况的全面、深刻的理解和清醒、准确的分析作为制定正确的路线、方针、政策的基础，就一直同理论脱离实际，一切只从主观愿望和本本出发的错误倾向做坚决的斗争。在北伐战争时期，毛泽东同志深入农村、城镇和厂矿，对中国社会各阶级的状况做了许多调查研究，分析了它们的经济地位和对革命的态度，逐步形成了关于中国革命的性质、对象、领导权和同盟军等的基本思想，为制定我国新民主主义革命的总路线奠定了理论基础。为了驳斥党内外怀疑和指责农民运动的论调，他于1927年1月4日至2月5日，深入湖南长沙、湘潭、湘乡、衡山、醴陵5县农村，进行实地考察。《湖南农民运动考察报告》就是这次考察的结果。这部光辉著作总结了湖南农民运动的丰富经验，提出了解决中国民主革命的中心问题——农民问题的重要理论和政策。在土地革命战争时期，毛泽东同志在广泛调查研究的基础上，总结了他亲自开辟的井冈山、赣南、闽西革命根据地，以及其他革命根据地的斗争经验，提出了"工农武装割据"的光辉思想，指明了中国革命必须走农村包围城市、武装夺取政权的道路，在探索适合中国国情的革命道路上实现了新的飞跃。他还进行了寻乌调查、兴国调查等一系列农村调查工作，以此作为确定土地革命政策和策略的基础。他在1929年为古田会议写的决议中指出，纠正对于政治形势的主观主义的分析和对于工作的主观主义的指导的一个重要方法，就是"使党员注意社会经济的调查和研究，由此来决定斗争的策略和工作方法，使同志们知道离开了实际情况的调查，就要堕入空想和盲动的深坑"②。在这里，毛泽东同志已经指明了调查研究是确定政治路线的基础和前提。

---

① 《新民学会资料》，第63页。
② 《毛泽东选集》第1卷，第94—95页。

在20世纪20年代后期和30年代前期，我们党内盛行着把马克思主义教条化、把外国经验神圣化的倾向。以毛泽东同志为代表的中国共产党人同这种错误倾向进行了坚决的斗争。1930年，毛泽东同志写了著名的《反对本本主义》一文，从马克思主义思想路线的高度，精辟地阐发了他的调查研究的理论，第一次提出"没有调查，没有发言权""中国革命斗争的胜利要靠中国同志了解中国情况"这些著名的论断，并且提出学习马克思主义必须同中国实际相结合的思想，强调共产党人要坚持"从斗争中创造新局面的思想路线"①。可以说，这篇战斗的作品是毛泽东同志调查研究理论创立的标志。1931年4月2日，中央革命军事委员会以总政治部主任毛泽东的名义向红军各政治部和地方各级政府发出一个通知，通知说："我们的口号是：一、不做调查没有发言权。二、不做正确的调查同样没有发言权。"②这是对"没有调查，没有发言权"这个口号的补充和发展。可以看出，毛泽东同志一直是把调查研究作为党的正确的思想路线和工作方法的重要组成部分，在党内反复加以宣传和阐发的。

遵义会议结束了教条主义在党内的统治地位，但是教条主义的影响却仍然严重存在。因此，党中央和毛泽东同志在1941年、1942年发起了伟大的整风运动。毛泽东同志发表了《改造我们的学习》《整顿党的作风》《反对党八股》等重要著作，反复强调实事求是、从实际出发的根本观点和根本态度。他说："'实事'就是客观存在着的一切事物，'是'就是客观事物的内部联系，即规律性，'求'就是我们去研究。我们要从国内外、省内外、县内外、区内外的实际情况出发，从其中引出其固有的而不是臆造的规律性，即找出周围事变的内部联系，作为我们行动的向导。""这种态度，就是党性的表现，就是理论和实际统一的马克思列宁主义的作风。这是一个共产党员起码

---

① 《毛泽东农村调查文集》，第7页。
② 《毛泽东农村调查文集》，第13页。

应该具备的态度。"①在这个时期，毛泽东同志为《毛泽东农村调查文集》一书正式出版写的序言和跋，以及随后发表的《关于农村调查》的讲话，对他在调查研究中所积累的丰富经验，从理论上做了系统的总结和概括。1941年8月1日，党中央根据毛泽东同志的建议做出了《关于调查研究的决定》，再一次指出："粗枝大叶、不求甚解、自以为是、主观主义、形式主义的作风，仍然在党内严重地存在着"；号召全体党员"加重对于历史、对于环境、对于国内外、省内外、县内外具体情况的调查与研究"。毛泽东同志还亲自进行了关于陕甘宁边区经济问题与财政问题的调查研究，写了《经济问题与财政问题》一文。这篇文章以陕北地区农业为例，说明一切工作都要实事求是地深入调查研究，按照具体的时间、地点、条件解决问题的道理。在毛泽东同志调查研究思想的指导下，20世纪40年代解放区曾经成功地进行了几次大规模的社会调查。1942年冬，张闻天同志带领延安农村调查团，深入米脂县河岔区的杨家沟进行调查研究。《出发归来记》生动地记录了他通过社会调查实践以后的思想变化，科学地总结了我们共产党人对于调查研究的基本态度。毛泽东同志不仅亲自搞调查研究，而且善于运用调查研究的成果来指导工作，如土地改革时期有名的三个典型材料——河北省平山县整党的经验，绥德县黄家川分土地的经验，山西省崞县②进行土地改革的经验，就是他亲自加按语批转全国的。他很称赞任弼时同志在运用山西省兴县蔡家崖调查材料的基础上所做的《土地改革中的几个问题》的报告，认为任弼时同志抓住了一个典型，解决了全国性的问题。

中华人民共和国成立以后，毛泽东同志仍然重视和强调到实际中去调查研究，掌握下情，实施正确的领导。1953年，他说："中央领导机关是一个制造思想产品的工厂，如果不了解下情，没有原料，也

---

① 《毛泽东选集》第3卷，第801页。
② 今山西省原平市。

没有半成品，怎么能制造出产品？"①正是由于了解下情，从我国的实际出发，我们的社会主义改造具有中国特色，是我们中国共产党人的创造，并取得了伟大的胜利。1956年，毛泽东同志听了中央工业、农业、运输业、商业、财政等34个部门的工作汇报，在调查研究的基础上，做了《论十大关系》的报告，初步总结了我国社会主义建设的经验，提出了探索适合我国国情的社会主义建设道路的基本思想。后来，我们党在探索过程中发生了失误，1958年轻率地发动了"大跃进"和人民公社化运动，使"左"倾错误严重地泛滥起来。这一错误的思想根源，就是违背了调查研究、实事求是的优良传统，违背了正确的思想路线。因此，党中央在纠正这一错误的时候，首先抓了思想路线的转变。

1961年，党中央和毛泽东同志重新提倡调查研究，这是20世纪60年代初期我们党的工作进行重要转变的思想先导。在1960年12月至1961年1月党中央召开的中央工作会议和八届九中全会上，毛泽东同志着重讲了调查研究的问题。他指出：今年（1961年）要搞个实事求是年。他说："我们党是有实事求是传统的，就是把马列主义的普遍真理同中国的实际相结合。但是建国以来，特别是最近几年，我们对实际情况不大摸底了，大概是官做大了。我这个人就是官做大了，从前在江西那样的调查研究，现在就做得少了。""请同志们回去大兴调查研究之风，一切从实际出发。"②毛泽东同志在八届九中全会之后，亲自组织和领导几个调查组，到浙江、湖南、广东等省进行调查。这些调查为制定《农村人民公社工作条例草案》（即"六十条"）解决当时人民公社中存在的一些迫切需要解决的问题，纠正"左"的错误起了重要作用。为了更好地推动全党开展调查研究工

---

① 《毛泽东选集》第5卷，第91页。

② 1961年1月13日，毛泽东在中共中央工作会议的最后一天发表了以大兴调查研究之风为主旨的讲话。

作，毛泽东同志决定重新印发他在1930年写的《反对本本主义》。他说：这是30年前写的一篇老文章，为反对当时红军中的教条主义而写的。这篇文章是经过一番大斗争写出来的。我对自己的文章有些并不喜欢，这篇我是喜欢的。1961年3月，党中央发出了《关于认真进行调查工作问题给中央局，各省、市、自治区党委的一封信》。这封指示信对"大跃进"以来所犯错误的原因及其教训做了初步的分析，指出："这些缺点错误之所以发生，根本上是由于许多领导人员放松了在抗日战争期间和解放战争期间进行很有成效的调查研究工作，满足于看纸上的报告，听口头的汇报，下去的时候也是走马看花，不求甚解，并且在一段时间内，根据一些不符合实际的或者片面性的材料作出一些判断和决定。在这段时间内，夸夸其谈，以感想代政策的恶劣作风，又有了抬头。这是一个主要的教训，全党各级领导同志，决不可忽略和忘记这个付出了代价的教训。"指示信规定："中央要求从现在起，县级以上党委的领导人员，首先是第一书记，认真学习毛泽东同志的思想方法和工作方法，把深入基层（包括农村和城市），蹲下来，亲身进行有系统的典型调查，每年一定要有几次，当做领导工作的首要任务，并且定出制度，造成风气。"这一年，刘少奇同志亲自带领调查组到湖南长沙、宁乡县的农村，就公共食堂、供给制、粮食、房屋、山林、社员家庭副业、自留地、商业、集市贸易等问题进行了调查；周恩来同志到河北邯郸地区进行调查，并对一个农村食堂做了重点调查；朱德同志到四川、河南、陕西，了解工厂、气井和盐井的情况，以及手工业生产的情况和问题；邓小平、彭真同志直接领导的5个调查组，在北京市的顺义、怀柔，就贯彻"十二条"（即《关于农村人民公社当前政策问题的紧急指示信》）、"六十条"的情况以及进一步全面调动农民积极性的问题，做了调查……这次全党大规模的调查研究，对于转变党的作风起了重要作用，使党在弄清情况的基础上逐步纠正了一些被实践检验证明是错误的判断和决定，为克服困难，稳定农村形势，调整国民经济，争取财政经济状况的好转，创造了决定性的条件。

回顾党的历史，我们看到，毛泽东思想的形成和发展过程，就是把马克思主义普遍真理同中国革命具体实践相结合的过程，也就是不断调查研究的过程。调查研究对于认识中国国情、探索中国革命和建设的道路，起着非常重要的作用。可惜，毛泽东同志倡导的调查研究这一科学方法，在十年动乱中遭到了破坏。毛泽东同志晚年犯错误的一个重要原因，就是违背了一切从实际出发的思想路线，逐渐脱离实际和脱离群众，滋长了主观主义和个人专断的作风。可见，即使像毛泽东同志这样伟大的马克思主义者，一旦离开了对实际情况的调查研究，也就不可避免地要犯错误。这也更加说明，调查研究这个在长期革命斗争中所形成的有着中国共产党人特色的马克思主义的工作作风，是我们须臾不可离的传家宝。

三　十一届三中全会以来党中央大力恢复和发扬调查研究的优良作风

思想路线是政治路线的基础和先导。党的十一届三中全会之所以成为中华人民共和国成立以来我党历史上具有深远意义的伟大转折，首先在于这次会议从根本上冲破了长期"左"倾错误的严重束缚，端正了党的指导思想，提出了解放思想、开动机器、实事求是、团结一致向前看的方针，重新恢复了辩证唯物主义的思想路线。这是粉碎"四人帮"以后最根本的拨乱反正。十一届三中全会以来，我们党坚持这条正确的思想路线，使调查研究、一切从实际出发的好作风得到进一步发扬，全国出现了生机勃勃、欣欣向荣的大好局面。

恢复和确立实事求是的思想路线，并不是轻而易举的，其中经历了一场艰巨的斗争。粉碎"四人帮"以后，全党急需解放思想，拨乱反正，但是当时中央却提出了"两个凡是"的方针，坚持"左"倾错误。邓小平同志最早旗帜鲜明地反对"两个凡是"的方针，尖锐指出"两个凡是"不符合马克思主义，并分析、批判了它的错误实质及其危害。他以无产阶级革命家的胆略和远见，首先号召全党解放思想，打破禁锢，回到实事求是的思想路线上来。"两个凡是"的错误方针也遭到广大干部和群众的反对。正是在这种历史条件下，在全国开展了关于实践是检验真理的唯一标准的讨论。胡耀邦同志指出："这场讨论的重要意义，是使全党和全国人民的思想重新统一到毛泽东同志的《实践论》的基础上来，重申毛泽东同志一贯强调的在辩证唯物论的认识论中实践第一的观点，重申只有千百万人民的社会实践，才是检验真理的尺度。"[①]党的十一届三中全会高度评价了这场讨论，认为这对于促进全党同志和全国人民解放思想，端正思想路线，具有深远的历史意义。在拨乱反正的过程中，我们党一再强调，马克思主义思想路线的根本点就是实事求是。邓小平同志对于这一点讲得最多、最充分。他在1978年9月的一次讲话中说："毛泽东思想的基本点就是实事求是，就是把马列主义的普遍原理同中国革命的具体实践相结合。毛泽东同志在延安为中央党校题了'实事求是'四个大字，毛泽东思想的精髓就是这四个字。毛泽东同志所以伟大，能把中国革命引导到胜利，归根到底，就是靠这个。"[②]同年12月他又指出："实事求是，是无产阶级世界观的基础，是马克思主义的思想基础。过去我们搞革命所取得的一切胜利，是靠实事求是；现在我们要实现四个现代化，同样要靠实事求是。"[③]这些讲话对于重新确立马克思主义的思想路线，冲破阻力，拨乱反正，实现历史性的伟大转变，起了关键性的作用。

实事求是，就要研究新情况，解决新问题，就要搞好调查研究。

---

① 1979年1月18日，胡耀邦《理论工作务虚会引言》。

② 《邓小平文选》，第121页。

③ 《邓小平文选》，第133页。

党的工作着重点转移以来，党中央以及中央负责同志，一再要求广大
干部坚持实事求是的思想路线，深入实际进行调查研究，努力摸索中
国式社会主义现代化建设的规律。1979年1月在《理论工作务虚会引
言》中，胡耀邦同志提出，必须把马列主义、毛泽东思想同社会主义
现代化建设紧密结合起来。要做到紧密结合，第一，一定要认真读马
列和毛泽东著作；第二，一定要认真面向实际，进行系统的周密的调
查研究；第三，一定要认真发扬理论联系实际的优良学风。1979年，
叶剑英同志在庆祝中华人民共和国成立30周年大会的讲话中，高度评
价了十一届三中全会强调重新恢复辩证唯物主义的思想路线的伟大意
义，提出在解决社会主义建设中的问题的时候，"要坚持典型调查、
解剖麻雀、一切经过试验等行之有效的马克思主义方法，真正做到情
况明，决心大，方法对，力求今后少走弯路，不走大的弯路，比较顺
利地到达目的地。"陈云同志也指出："我们搞四个现代化，建设社
会主义强国，是在什么情况下进行的。讲实事求是，先要把'实事'
搞清楚。这个问题不搞清楚，什么事情也搞不好。"[1]1981年5月，
党中央发出关于各级领导干部要亲自动手起草重要文件，不要一切由
秘书代劳的指示。指示认为，领导干部的讲话、报告，作为精神产
品，应是他们的大脑这个加工厂制作出来的。它的原材料或半成品归
根到底来自广大群众的实践。对周围的社会环境和工作状况系统地周
密地调查研究，用心体察下级和社会各阶层的情绪、呼声和要求，及
时了解实际生活中出现的新情况、新问题，这是创造性地执行中央或
上级的指示，提高领导工作质量和提高文件质量的必不可少的基础性
工作。指示要求各级领导应把主要精力始终放在调查研究、解决各种
实际问题上，振奋精神，刻苦学习，努力增强自己的认识能力和领导
能力。党的十二大以来，从建设有中国特色的社会主义这个总目标出
发，党中央更加强调要搞好调查研究。

---

① 《三中全会以来重要文件选编》，第71页。

邓小平同志、胡耀邦同志和党中央其他领导同志，不仅一再强调要恢复和发扬党的调查研究的优良传统，而且还身体力行，亲自到各地进行调查，深刻研究中国国情，总结历史经验，努力寻求并具体实践中国式的现代化建设道路。中央书记处成立一年多时间里，胡耀邦同志曾经到十几个省、区、市进行过调查。他对于在抓好粮食生产的同时，广开门路、发展多种经营问题很关注。他口袋里装着一个小本子，进行调查时，随手记下各地多种经营的项目。他建议每个县、每个公社、每个大队，把自己那里的每一座山、每一条沟、每一片水面都查看一遍，摸清有多少生产门路。有一次，他到北京郊区四季青人民公社调查生产门路，对公社的干部风趣地谈了一个典故说，《红楼梦》上说过，"西方有石名黛，可代画眉之墨"，那个"西方"可能就是北京郊区西山这一带。后来，郊区的同志果然在这一带找到了这种"黛"石①。十一届三中全会以来党中央发出的一系列重要文件，都包含着党中央、国务院领导同志奔波调查的艰辛。其中每一项重大决策的确定，每一项重大任务的提出，都不是主观臆断的，都适应了历史发展本身的要求，都有充分的现实依据，都是坚持实事求是的思想路线，深入调查研究客观实际的结果。正因为这样，党中央制定的路线、方针、政策，才成为我们正确的行动指南，才在付诸实施以后收到了巨大的成效，才得到广大人民群众的衷心欢迎和拥护，才在新的历史条件下坚持和发展了毛泽东思想。在党中央的正确领导下，我们国家这艘巨轮，正沿着建设有中国特色的社会主义的航向，稳定地驶向十二大确立的伟大目标。

在当前新的历史条件下，我们一定要坚持和发扬调查研究这个共产党人的优良传统，学会并运用好这一马克思主义的科学方法，搞好工作，探索前进，努力完成历史赋予我们的神圣任务。

---

① 《时刻想着八亿农民——中南海纪事》，1981 年 5 月 20 日《人民日报》。

坚持从客观存在的事实出发 ①

　　在上一章中我们讲了调查研究的重要性，把它概括起来，就是毛泽东同志明确提出的："不做调查没有发言权。"然而毛泽东同志还强调指出："不做正确的调查同样没有发言权。"这说明，发言权虽然来自调查，倘若不是正确的调查，仍然不能算有了发言权。所谓正确的调查，从根本上说，就是要在调查中坚持马克思主义的立场、观点和方法，坚持实事求是。邓小平同志曾经多次指出："实事求是，是无产阶级世界观的基础，是马克思主义的思想基础"，是"马克思主义的根本观点，根本方法"，是"毛泽东思想的精髓"。②所以，要进行正确的调查研究，就必须抓住实事求是这个根本点，这个精髓。

　　那么，在调查研究工作中如何才能达到实事求是呢？最重要的就是要从客观存在的事实出发，不附加任何外来的成分；用辩证的方法进行分析和综合，由感性认识上升到理性认识，向社会实践的主体——人民群众寻求真理，善于集中他们的意见。上述的几个方面是有机联系的。关于后两个方面，我们将在第五、六章中分别详述，本章主要论述调查研究要坚持从客观存在的事实出发的问题。

---

① 本文原载朱平主编：《调查研究概论》第四章，陕西人民出版社，1984 年版。

② 《邓小平文选》，第 133、109、121 页。

一　从实际出发是搞好调查研究的基础

　　我们搞调查研究，目的是找出事物发展的客观规律，用来指导自己的行动，解决实际问题。毛泽东同志指出："我们要从国内外、省内外、县内外、区内外的实际情况出发，从其中引出其固有的而不是臆造的规律性，即找出周围事变的内部联系，作为我们行动的向导。而要这样做，就须不凭主观想象，不凭一时的热情，不凭死的书本，而凭客观存在的事实，详细地占有材料，在马克思列宁主义一般原理的指导下，从这些材料中引出正确的结论。"①这就告诉我们，从客观存在的事实出发，详细地占有材料，这是调查研究的第一步，是最基础的工作。

　　是否从客观存在的事实出发，尊重客观实际，反映了两种根本对立的认识路线。一切唯心主义者都从精神第一性、物质第二性这个前提出发，否定从客观事物出发、实事求是的唯物主义路线，比如，19世纪德国哲学家黑格尔认为，在自然界和人类社会出现以前，就存在一种"绝对观念"，"绝对观念"是独立主体，也是自我发展过程，世界上一切事物、现象都是由它派生出来的。这是客观唯心主义的观点。我国南宋的主观唯心主义者陆九渊，认为"心"是唯一的实在，"宇宙便是吾心，吾心便是宇宙。"这是主观唯心主义的观点。不管是黑格尔的"绝对观念"，还是陆九渊的"心"，实质上是一个东西，都是脱离物质而独立存在的精神。在他们看来，世界在本质上是精神的，精神产生物质。因此，干事情，想问题，无须乎从客观实际出发，只要凭自己的主观想象就可奏效。在辩证唯物主义看来，物质世界及其规律都是客观的，是不以人的意志为转移的。我们的任务是认识世界和改造世界。所谓认识世界，就是认识事物的规律性；所谓

---

　　① 《毛泽东选集》第3卷，第801页。

改造世界，就是以对事物的规律性的认识做指导去变革事物。自由是对必然的认识和对客观世界的改造。人们对客观规律的认识愈正确，愈深刻，就愈有自由。我们的一切工作能否顺利进行并取得成功，从根本上说，就在于我们的思想和行动是否符合客观事物的规律性。事物的这种规律性，只能是从实际出发，即从事物本身的发展中去寻找，而不能夹杂丝毫的主观臆造。这就是说，必须坚持"从物到感觉和思想"的唯物主义认识路线，而不能是"从感觉和思想到物"的唯心主义认识路线。

在调查研究中坚持唯物论，就必须面向下层，把眼光转向实际。恩格斯说："人们在理解现实世界（自然界和历史）时，决意按照它本身在每一个不以先入为主的唯心主义怪想来对待它的人面前所呈现的那样来理解；他们决意毫不怜惜地牺牲一切和事实（从事实本身的联系而不是从幻想的联系来把握的事实）不相符合的唯心主义怪想。除此以外，唯物主义根本没有更多的意义。"[1]这就是说，实际情况是怎么个样子，就怎么去反映它，一是一，二是二，不夸大，不缩小，实实在在，不附加任何主观成分。这是唯物主义者真正严肃的态度。要做到这一点，必须坚持以社会实践为特征的能动的革命的反映论，做艰苦的努力，既不是凭主观想象那样的容易，又不是如照相那样的简单。我国明代哲学家王守仁说过一件事：他与一个姓钱的朋友为探索求知的道理，曾根据《大学》中"致知在格物""物格而后知致"的话，让钱某去"穷格"竹子的道理。钱某"竭其心思，至于三日，便致劳神成疾"。王守仁以为这是钱某精力不足的缘故，于是亲自去"穷格"，到了第七天，结果也"劳思致疾"（《传习录下》）。像王守仁那样，脱离实践，既不动手解剖几棵竹子，又不亲自去种植竹子，不认真考察竹子和它的环境之间的复杂关系，只是静坐冥思，自然弄不清竹子的道理，也就不会从竹子的实际出发了。在这一点上，

---

① 《马克思恩格斯选集》第 4 卷，第 238 页。

宋朝画家文与可显然高出王守仁一筹。文与可画的竹栩栩如生，往往画数尺之竹"而有万尺之势"，原因在于他每"画竹必先得成竹于胸中，执笔熟视，乃见其所欲画者"①。这是他对竹子在不同时间、地点和气候条件下的生态变化做了细心的观察和研究，弄清了它的生长特点和规律的结果。因此，从客观存在的实际出发，必须真实地认识事物、把握事物，这是辩证唯物主义最基本的要求，是我们必须坚持的唯一的科学态度。

从客观存在的事实出发进行调查，才能从中引出正确的结论，用以指导革命和建设事业。毛泽东同志的调查研究材料之所以在中国革命斗争中起了重要的指导作用，之所以至今仍然不仅在认识论、方法论方面有着重要的意义，而且从历史学、社会学角度看也是弥足珍贵的资料，就是因为他在调查中始终坚持一切从实际出发，以客观事实为依据，从而保证了调查结论的科学性。毛泽东同志在调查中总是按照事物的本来面貌去认识它，而不附加任何外来的成分。他在《寻乌调查》中写到农民卖儿子的悲惨情况时说："所有我的调查都很谨慎，都没有过分的话。我就是历来疑心别人的记载上面写着'卖妻鬻子'的话未必确实的，所以我这回特别细问了寻乌的农民，看到底有这种事情没有。"毛泽东同志调查得很详细，连当时的"卖身契"是怎么个写法也都记下了。由于他具有这种严肃认真的科学态度，获得了许多有名有姓有具体情节的卖儿还债方面的资料，从而得出"旧的社会关系，就是吃人关系"的结论。②

邓小平同志在坚持从客观事实出发方面的做法也是我们学习的范例。我们说邓小平同志坚持和发展了毛泽东思想，一个主要的方面，就是他坚持和发展了实事求是、理论联系实际、一切从实际出发这个马克思列宁主义、毛泽东思想的根本点。他说："我们高举毛泽东思

---

① 苏轼：《文与可画筼筜谷偃竹记》，《经进东坡文集事略》卷四十九。

② 《毛泽东农村调查文集》，第150、153页。

想的旗帜，就要在每一个时期，处理各种方针政策问题时，都坚持从实际出发。"①正是由于从实际出发，邓小平同志在带领全党、全国人民进行拨乱反正的伟大斗争中，不信邪，不避嫌，无所畏惧，显示了一个伟大的无产阶级革命家的魄力和胆略。他断然推翻对教育战线的所谓"两个估计"，就是因为它"不符合实际"；他率先支持农村有些地方搞的包产到户、包干到户，就是因为这样做"效果很好，变化很快"，"增产幅度很大"②；他对于农业生产特别强调要因地制宜，适宜发展什么就发展什么，不适宜发展的就不要去硬搞，也是坚持从实际出发这个根本原则的。这样的例子在邓小平同志的革命实践中还可以举出许多。他所做出的论断之所以正确，就是由于这些论断都是建立在经得起检验的客观事实的牢固基础之上的。我们一定要向邓小平同志学习，在调查研究中始终尊重客观事实，尊重客观规律，做到一切从实际出发。

二 坚持观察的客观性

搞调查，首先要获得关于实际情况的正确反映，保证调查材料的真实性和准确性。因为，"只有感觉的材料十分丰富（不是零碎不全）和合于实际（不是错觉），才能根据这样的材料造出正确的概念和论理来。"③要获得这样的材料，必须坚持观察的客观性，这是唯物主义的认识路线对人们观察事物时所提出的首要的和最基本的要求。

列宁在谈到观察的客观性时指出："不是实例，不是枝节之论，而是自在之物本身。"④在调查研究中坚持观察的客观性，需要讲求正

---

① 《邓小平文选》，第 122 页。
② 《邓小平文选》，第 64、275 页。
③ 《毛泽东选集》第 1 卷，第 279 页。
④ 《列宁全集》第 38 卷，第 238 页。

确的方法。这不仅是指从社会学角度提出的技术性方法，更重要的是指从哲学角度提出的指导性方法。为了掌握大量确凿的材料，在调查过程中应该注意处理好三个关系。

第一，广泛和重点。这是说，调查中既要广泛地收集材料，又要抓住重点。材料掌握得越多越好。为了研究一个问题，必须勤于搜集，广泛接触，占有和问题的各个侧面有关的足够的大量的材料，分析材料的种种发展形态，并探究它们的内部关系。材料不足，对情况掌握得不全面，分析、探究时就捉襟见肘，难以得出正确的结论。但是又一定要抓住要点或特点，不能漫无边际，"胡子眉毛一把抓"，"拾到篮里都是菜"。对于收集到的各种材料，诸如个别的材料和一般的材料，正面的材料和反面的材料，过去的材料和现在的材料，这种人反映的材料和那种人反映的材料等，要有所选择、有所取舍，区分哪些是主要的，哪些是次要的，哪些是经常起作用的，哪些是一时起作用的，从而抓住主要的方面。10样事物，调查了9样，只有1样没有调查，如果调查的9样都是一些次要的东西，而把主要的东西丢掉了，那么是否有了发言权呢？毛泽东同志明确指出，这仍然没有发言权。毛泽东同志坚决反对那种"狗肉账"式的调查方法。这种方法之所以是错误的，因为它有闻必录，其结果"就像挂了一篇狗肉账，像乡下人上街听了许多新奇故事，又像站在高山顶上观察人民的城郭"[1]，当然用处不大。马克思研究资本主义，列宁研究帝国主义，都是首先收集了大量的统计材料和各种有关资料，但他们并不是全部采用，而是只采用了最能表现特点的一部分。例如马克思为了写《资本论》第一卷第十三章中关于"工厂法"那20多页文字，仔细地查阅了所有可以找到的英国与苏格兰调查委员会和工厂视察员报告的文件，并在这些蓝皮书上画了好多铅笔记号。但他也不是没有选择的，而始终是围绕着研究资本主义生产方式这个重点去选取资料的。

---

[1] 《毛泽东农村调查文集》，第5页。

收集材料要做到既广泛又有重点，必须注意从两个方面着手。一是明确调查任务，围绕主要目的搜集材料。例如在革命战争年代，为了制定正确的斗争策略，就要明了各个阶级的相互关系，得出正确的阶级估量，这就是调查的目的。因此，就应该重点解剖社会各个阶级、阶层，弄清它们的经济状况及其对于革命的态度。二是要把握全局，抓住主要矛盾。例如在第二次国内革命战争时期，中国社会主要是阶级矛盾，是国民党的反共"围剿"同共产党的反"围剿"的斗争，在这个时期搞社会调查，就要紧紧抓住国共两党之间的斗争这个主要矛盾，不能脱离这个现实。到了抗日战争时期，随着日本帝国主义对中国的加紧侵略，民族危机空前严重，民族矛盾上升为主要矛盾，也就是中国人民同日本帝国主义的矛盾成为主要矛盾。在这个时期进行社会调查，则应以这个主要矛盾作为认识问题和解决问题的出发点。假如丢掉了主要矛盾，只去研究细枝末节，就是只见树木而不见森林。这样的调查研究，正如毛泽东同志所说，仍然是没有发言权的。

第二，直接和间接。这是说，既要特别重视获取直接的第一手材料，也要重视获取和认真对待第二手、第三手材料。第一手材料，就是不经过任何中转环节而亲自实践、调查得来的材料。对调查研究工作来说，首先力求深入实际，亲自动手，取得大量的第一手材料。直接得来的第一手材料之所以宝贵，是因为"一切真知都是从直接经验发源的"①。只有亲自到实际中去，弄清事物发展的前因后果，弄清它和其他事物的联系，才能取得对于实际情况的基础知识，提出正确的解决问题的办法。不仅如此，只有以自己直接得来的知识为基础，才能对于别人的经验、教训理解得比较真切、深刻，也才能从书面报告、统计数字中看出问题来，在更高的水平上进行综合。实践证明，即使间接得来的知识是正确的、可靠的，你要想深刻地理解它，使它真正为你所有，也必须具备一定的实际知识，用亲身的体验或亲自的

---

① 《毛泽东选集》第 1 卷，第 276 页。

调查来验证。我们常用的一个成语叫"纸上谈兵"，说的是战国时，赵国中了敌方的挑拨，撤了作战经验丰富的廉颇的职务，任命"自少时学兵法，言兵事，以天下莫能当"的赵括为将领，结果赵括自己在战斗中被射杀，几十万降卒也被秦军活埋（《史记·廉颇蔺相如列传》）。这说明，"兵法"虽然是作战经验的概括，但只有亲自打过许多仗的人才能更真切更深刻地体会它、运用它；如果缺少作战的实际经验，即使把"兵法"倒背如流，也难免落得像赵括那样的下场。毛泽东同志在领导中国革命战争中，就坚持运用马克思主义关于战争的观点分析我国的具体情况，认为我们既要尊重过去流血的经验即间接的经验，更要尊重自己流血的经验即直接的经验。他说："一切带原则性的军事规律，或军事理论，都是前人或今人做的关于过去战争经验的总结。这些过去的战争所留给我们的血的教训，应该着重地学习它。这是一件事。然而还有一件事，即是从自己经验中考证这些结论，吸收那些用得着的东西，拒绝那些用不着的东西，增加那些自己所特有的东西。这后一件事是十分重要的，不这样做，我们就不能指导战争。"[1]这个道理，对我们搞调查研究也不无启示。在调查研究中，从实际中直接获取第一手材料是至关重要的，没有这一点，调查研究就无从开始。

我们重视直接经验在调查研究中的地位，并不是拒绝接受间接经验。第一手材料固然重要，第二手、第三手材料也是不可缺少的。道理很简单，事必躬亲，事实上是办不到的。一个人的见闻再深再广，也总有一定的限度。如果每个人对于世界上的万事万物都要从头认识起，拒绝接受前人已经获得的知识，那我们的社会就很难向前发展。同时也要清醒地看到，即使是第一手材料，也有它的局限性。第一手材料一般是调查者本人直接得到的材料。因为作为认识事物的主体只限于"本人"，同更多的人比较起来，不能不带有局限性；而且同材

---

[1] 《毛泽东选集》第 1 卷，第 174 页。

料的关系又只限于"直接"，自然又难免有局限性。由于调查人员的思想修养、实践范围、知识水平以及观察时的客观条件等的限制，就不能把直接得来的材料都简单地笼统地归结为真实可靠的材料，而需要把第一手材料同间接得来的材料加以联系对照，分析对比，然后谨慎地使用。毛泽东同志在强调一切真知都发源于直接经验的同时，又指出："但人不能事事直接经验，事实上多数的知识都是间接经验的东西，这就是一切古代的和外域的东西，这些知识在古人在外人是直接经验的东西，如果在古人外人直接经验时是符合于列宁所说的条件——'科学的抽象'，是科学地反映了客观的事物，那么这些知识是可靠的，否则就是不可靠的。所以，一个人的知识，不外直接经验的和间接经验的两部分。"[①]在调查研究中，看书面报告和统计数字，听口头汇报，这都属于间接地获取材料。这些间接得来的材料，从不同地区和不同角度反映了各方面的实际情况，即使每一份材料只反映一个片面，许多反映不同侧面的材料合起来就可能成为一个整体。这些材料既然是各部门、各单位的实际情况的反映，其中必然集中了不少群众的智慧和意见，在调查中就应该认真对待这些材料，仔细地听取各方面的情况和反映。应该看到，听取各方面的报告、汇报，分析和运用这些间接材料，正是领导者的任务之一，也是调查研究工作的一个重要组成部分。当然，对于古人和外国人的材料，我们要采取马克思主义的科学分析的态度，加以鉴别，为我所用。

第三，质和量。这是说，在调查中既要注意事物的质，又要重视事物的量，把质和量结合起来。任何事物都是质和量的统一。质，就是事物内部固有的规定性，是一事物同他事物相区别的特殊性。人们认识事物，首先认识它是什么、不是什么，也就是认识它的质。因此，认识质，是认识事物的基础。我们搞调查，首先必须划清各种事物质的界限。例如到某地了解农业生产责任制问题，第一步就要弄清

---

① 《毛泽东选集》第 1 卷，第 276—277 页。

什么是农业生产责任制，弄清各种责任制形式的区别。如果在这些问题上划不清界限，那就难以区分事物，无法进行正确的调查。但是任何质都表现为一定的量。量是指事物规模的大小、运动速度的快慢、数目的多少等。没有数量就没有质量。还拿农业生产责任制问题来说，我们不仅要掌握它的质的规定性，还必须对每一种形式的责任制进行大量的调查，归纳对比，并具体了解各种责任制形式在某地所占的比例和所达到的组织规模，它们各自所依据的不同自然条件和经济水平，它们推动生产力发展的速度和各自的适应性，等等。很显然，如果没有这一系列量的分析，所谓农业生产责任制还只是一个抽象的概念。量的分析有助于对质的认识的深化。毛泽东同志一再告诫我们，要"胸中有数"，"对情况和问题一定要注意到它们的数量方面，要有基本的数量的分析"。"我们有许多同志至今不懂得注意事物的数量方面，不懂得注意基本的统计、主要的百分比，不懂得注意决定事物质量的数量界限，一切都是胸中无'数'，结果就不能不犯错误"。[①]

在调查中坚持质和量的统一，就必须把定性分析同定量分析结合起来，使科学结论建立在定量分析的基础上。定性分析，就是确定客观对象是否具有某种性质的研究方法；定量分析，就是确定客观对象各个因素之间的数量关系或确定某些因素的数量等的研究方法。毛泽东同志就十分注意对事物进行量的分析。在1930年的《兴国调查》中，他找了8个参加红军的农民，开了一个星期的调查会，详细了解他们每人的家庭经济状况、文化程度、本人经历、受剥削情况以及红军给他们带来的好处。详细算账，形成了对于农村的基础概念，为制定党的政策和策略提供了依据。他深有感触地说："其实没有这种调查，就没有农村的基础概念。"[②]这种通过对事物量的分析，深入认识事物本质的科学方法，我们在调查研究中一定要认真掌握。

---

① 《毛泽东选集》第 4 卷，第 1443 页。

② 《毛泽东农村调查文集》，第 183 页。

三　力戒主观随意性

懂得了在调查中必须客观地观察事物，一切从实际出发，这是十分重要的。但要真正做到这一点却很不容易。实际工作中"左"的或右的错误倾向，二者虽然表现形式不同，但在认识根源上却是一致的，或超越了客观实际，或落后于客观实际，都没有从客观实际出发，都犯了主观主义的毛病。主观主义是我们搞好一切工作的大敌，同样是搞好调查研究的大敌。

我们强调在社会主义现代化建设中必须不断地解放思想。而解放思想，最根本的就是使主观符合客观，思想符合实际，做到实事求是。主观主义是一种唯心主义的思想作风，其主要特点是单凭主观想象，忽视客观实际。因此，解放思想同主观主义是根本对立的。每个从事调查研究工作的同志，都要努力解放思想，同时力戒主观随意性。在这个问题上，需要注意这么几点：

一是不能带"框框"。所谓带着"框框"搞调查，就是事先抱定一个主观臆想的结论，以此作为出发点，对符合自己需要的材料取之，不符合的则视而不见，置若罔闻，从而把调查研究的过程变成了为证实这种结论而搜集材料、寻找依据的过程。这是调查工作中主观主义的突出表现。有的同志，对不断发展的客观情况，对新形势下出现的新情况、新问题，或者在未调查之前就根据自己的经验和认识做了判断；或者仅仅从书本出发，把"本本"作为衡量、取舍材料的标准；或者不管实际如何，对上级的指示采取教条主义的态度，搞调查不是为了结合实际创造性地贯彻执行这些指示，不是通过总结实践经验去不断地充实、丰富和完善这些指示，而是照抄照搬。用这样的态度搞调查，显然是错误的。唯一的正确的态度，就是陈云同志指出的：不唯上，不唯书，要唯实。

　　我们之所以要搞调查，就是因为我们对不断发展的客观事物还不了解，对它的规律性还未掌握，主观同客观还有矛盾；调查研究就是为了使主观符合于客观，认识符合于实际，解决这个认识上的矛盾。一句话，就是为了探索未知，开拓新的认识领域，解决新的问题。毛泽东同志说得好："一切结论产生于调查情况的末尾，而不是在它的先头。"①列宁很赞赏黑格尔在反对片面地挑选经验的时候说的一句话："在具体经验从属于预先假定的各规定的情况下，理论的基础就被隐蔽……"②用预先假定的规定来挑选事实材料，往往得不出正确结论，也不能推进认识。主观要正确地反映客观，必须遵守一个大前提，就是要以客观实际为出发点，掌握大量可靠的材料，然后从中引出结论来，而不能从结论出发，颠倒了认识的次序。

　　我们反对带着"框框"搞调查，并不是说调查不要正确的指导思想。要搞好调查，必须有明确的调查目的和指导思想。既然调查研究是为了解决问题，就不能漫无目的。没有明确的目的，就会如坠烟海，难以抓住重点进行系统周密的调查，难以收到预期的效果。目的明确了，就要先做一个初步的研究，拟订出调查大纲，列出所要调查的项目。这是开展调查的必要的准备工作。无论是确定调查目的，还是目的确定后进行调查，都离不开正确的指导思想。我们说的正确的指导思想，就是指马克思列宁主义、毛泽东思想，十一届三中全会以来党的路线、方针、政策。只有掌握正确的指导思想，我们进行各项调查研究，才能方向明确，方法对头；才能实事求是地研究客观情况，深刻地揭示客观规律，更好地把主观与客观统一起来，得出正确的结论，从而达到预期的目的。

　　二是不能粗枝大叶。一知半解，浅尝辄止，很容易滑向主观主义。我们有的同志虽然下去调查了，但很不深入，随意看看，随便问

---

　　① 《毛泽东农村调查文集》，第2页。

　　② 《列宁全集》第38卷，第226页。

问，得来一些浮光掠影的材料，满足于"大概"怎样、"估计"怎样，就据此下结论、做判断，这样的调查研究难免要出差错。我们观看《十五贯》《胭脂》等传统戏，里边之所以错捕无辜，黑白颠倒，就是因为开始审理案件的那几个官员自恃聪明，不做进一步的调查，主观臆断，把片面得来的材料误认为是事情的真相，铸成了错案。后来办案的官员不从个人印象出发，不放过一个疑点，经过一番认真调查、仔细勘问，才弄清了真相，平反了冤狱。这些都给我们搞好调查研究工作以启示。

有的同志的调查材料失真，推究起来，并非全是凭空虚构，或者有意歪曲，而是道听途说，没有进行认真的核实。这样得来的材料，往往似是而非，"事出有因、查无实据"。这种捕风捉影、以讹传讹的做法是十分有害的，有时会完全颠倒一个事物的真相。《吕氏春秋》的《慎行论·察传篇》就说："夫得言不可以不察。数传而白为黑，黑为白。故狗似玃，玃似母猴，母猴似人，人之与狗则远矣！此愚者之所以大过也。"黑不等于白，狗当然也不等于人，但是得言"不察"、满足于道听"数传"的现象，我们却屡见不鲜。调查研究是艰苦细致的工作，必须采取老老实实的态度，没有什么"捷径"可走。因此，在调查研究过程中绝不能满足于表面现象，要有"打破砂锅问（璺）到底"的态度，善于思索，善于发现问题，不轻易放过一个疑点，多问几个"为什么"，不仅知其然，而且知其所以然。我们要牢记毛泽东同志的话："要拼着精力把一个地方研究透彻"，"倘若走马看花，如某同志所谓'到处只问一下子'，那便是一辈子也不能了解问题的深处"。①

三是不带私心杂念。不坚持党的原则，夹杂着个人的私心杂念，这样的调查必然难以正确地反映客观存在。例如：在调查中只愿意听成绩和优点，不愿意了解缺点和问题；专挑毛病，不看成绩；或者囿于自己的老框框、局部经验和片断材料，怕听不同的意见，怕实际推

---

① 《毛泽东农村调查文集》，第56页。

翻了自己已经做出的判断，不能勇于否定自己不正确的东西；有的虽然调查到了真实情况，但出于某些顾虑或压力，不敢大胆地反映真实情况；更有甚者，看风行事，为了迎合某些领导者的口味，不惜弄虚作假，欺上瞒下，等等。这一切，都"叫做党性不纯，或叫做党性不完全"①。

彻底的唯物主义者是无所畏惧的。只有摒弃一切私心杂念，以革命利益为重，才能在调查中勇于探求真理，自觉地坚持唯物主义的认识路线。陈云同志在这方面为我们树立了很好的榜样。陈云同志的调查材料之所以能从客观实际出发，经得起历史的检验，从根本上说，是因为他坚持从党的事业出发，从人民的利益出发，毫不考虑个人的得失。1961年，他在上海市青浦县②小蒸人民公社调查关于双季稻和单季稻的争论。当地农民认为种双季稻是"明增暗减，得不偿失"，这在当时是近乎右倾机会主义的言论。陈云同志从客观事实出发，既做了历史考察，又做了现状了解；既分别计算了种子账、肥料账、稻草账、劳力账，又计算了总产量账。经过全面算账，情况就清楚了：种双季稻比种单季晚稻每亩多收稻谷230斤③左右，但种双季稻的各项费用加在一起，则折合310~330斤稻谷。两相比较，种双季稻显然是得不偿失，农民的意见确有道理。陈云同志在调查报告中就集中反映了农民的这个意见。

总之，对于共产党人来说，在调查研究中坚持从客观存在的事实出发，既是一个思想路线问题，也是一个党性问题。我们只有遵循马克思主义的思想路线，增强无产阶级党性锻炼，才能正确地认识世界，也才能更有效地改造世界。

---

① 《毛泽东选集》第 3 卷，第 800 页。

② 今上海市青浦区。

③ 1 斤等于 500 克。

加强科学分析和综合研究 [①]

在前文中，我们讲了调查研究要坚持从客观存在的事实出发。由于任何事物都是普遍联系和永恒运动的，是包含着矛盾的，所以从客观存在的事实出发，就是要从联系和运动着的客观事实出发，从包含着矛盾的客观事实出发。这就要求我们坚持唯物论和辩证法的高度统一，在调查研究中加强科学分析和综合研究。

在一些同志看来，搞调查研究，似乎只要把事实弄清楚，列举一些事例，反映一下情况就可以了。这种看法是片面的。对有些简单的事情，有时这样办是可以的，但对比较复杂的问题来说，这就不够了，有点简单化了。调查研究的根本任务，就是"应当从客观存在着的实际事物出发，从中引出规律，作为我们行动的向导。为此目的，就要像马克思所说的详细地占有材料，加以科学的分析和综合的研究" [②]。按照这个根本任务的要求，把事实弄清楚，仅仅是做了调查研究的第一步工作；还有第二步，实际上是更重要、更费劲的一步工作，就是要对了解到的事实进行科学分析和综合研究，对丰富的感性材料下一番改造制作的功夫，"去粗取精、去伪存真、由此及彼、由表及里"，抓住事物的本质，求得规律性的认识，使认识由感性阶段

---

① 本文原载朱平主编：《调查研究概论》第五章，陕西人民出版社，1984 年版。

② 《毛泽东选集》第 3 卷，第 799 页。

上升到理性阶段，提出符合实际的解决问题的意见。这才是调查研究的整个过程和全部内容。胡耀邦同志曾经提出，第一要调查，第二要研究，第三要检查，第四要督促。可见，光调查是不够的，还要进行研究；肤浅的粗枝大叶的研究也不够，还要进行深入的系统的研究。我们有的同志虽然也掌握了一些材料，但是由于缺乏认真的研究或者研究的方法不对，仍然不能得出正确的结论，甚至产生认识上的失误。这就告诉我们，调查研究搞得好不好，能不能出成果，很大程度上取决于能否在调查的基础上进行科学的分析和综合的研究。

那么，怎样才能进行科学的分析和综合的研究呢？这里着重说明以下几点：

一　用联系和发展的观点看问题

联系和发展的观点，是唯物辩证法的基本观点。我们要坚持联系地、发展地看问题，反对孤立地、静止地看问题。

为什么要联系地看问题呢？因为世界上一切事物都不是孤立的，而是相互联系、相互作用的，并且正是由于这种相互作用构成了运动。可以说，整个世界就是一个普遍联系的现象之网，每个相对独立的事物不过是这个网上的一个网结。列宁指出："马克思的辩证法是最新的科学进化论，它正是不容许对事物作孤立的即片面的、歪曲的考察。"①既然事物是普遍联系的，那么，我们在研究任何事物时，就不可忘记它同周围有关事物的相互联系和相互作用；在研究事物的某个部分时，就不可忘记它同整体（系统）以及整体中其他部分之间的联系。很显然，如果割断这种联系，任何一个事物就成为不可理解的东西。正如黑格尔说的，割下来的手就失去了它的独立的存在，"只

---

① 《列宁选集》第 2 卷，第 642 页。

有作为有机体的一部分，手才获得它的地位"①。举例来说，我们的经济工作，分工很细，部门众多，但社会主义经济是计划经济，各个经济部门和单位都有着普遍的联系，从而构成一个错综复杂的国民经济体系。只有正确认识各部门、各条战线之间的依存关系以及它们在这种关系中各自所处的地位，才能真正把国民经济搞好。要研究某一个经济问题，如果不把它同整个经济工作联系起来看，不把它放在生产、流通、分配和消费这么一个循环过程中去看，不分析它同其他问题的相互依存、相互制约的关系，而是孤立地去研究，就会犯片面性和主观主义的错误。随着现代科学技术的突飞猛进，各种学科的分支越来越多，但它们之间又相互渗透，出现了高度分化和高度综合相统一的特征，不仅大量的边缘学科应运而生，而且出现了诸如控制论、信息论、系统论等综合学科。现代科学技术这种发展趋向，进一步证实了唯物辩证法的普遍联系观点的正确性，对于我们理解要用联系的观点看问题，无疑是有启发的。因此，"要真正地认识事物，就必须把握、研究它的一切方面、一切联系和'中介'。我们决不会完全地做到这一点，但是，全面性的要求可以使我们防止错误和防止僵化"②。

事物的联系是多种多样的，有内部联系和外部联系、直接联系和间接联系、本质联系和非本质联系、必然联系和偶然联系、主要联系和次要联系等，这些联系是不平衡的。我们在调查研究中要对它们的性质及其在事物发展中的地位和作用做具体的分析，不能等同看待。这些联系不是一眼就能望穿，而要认真考察才能把握的。例如，内蒙古乌拉特前旗沙德盖公社曾发生过羊群突然死亡的事件。死羊的牙齿变长、变黄，骨头变脆。原因在哪里？经调查研究，发现根源竟是包钢高炉。原来包钢冶炼的白云鄂博铁矿石中含氟，1969年因脱氟塔损坏，氟向大气扩散。空气中的氟为牧草吸收，又经牧草进入羊的体

---

① 《美学》第 1 卷，第 156 页。

② 《列宁选集》第 4 卷，第 453 页。

1990年，出席陕西省潼关县社会经济发展战略规划论证及评审会时，作者与李平安（中）、张国宁（左）留影。李平安为陕西省社科院副院长，张国宁为陕西省农村发展研究中心副主任，当时作者因农村问题的研究，与他们二位来往较多

内，逐步富集，以至达到致死的含量。[①]又如，1981年七、八月间，四川盆地腹心地区近万平方公里的范围内，相继降了两次暴雨，山洪暴发，江水陡涨，造成了历史上罕见的特大洪灾，给人民的生命财产和经济建设造成了巨大损失。看起来，洪灾是暴雨引起的。但是四川省通过调查研究，认为灾害的发生，固然大气环流的变化是一个不可抗拒的客观因素，但长江上游乱砍滥伐森林，使自然生态失去平衡，植被遭到严重破坏，以致一遇暴雨，便山洪暴发，一泻千里，势不可当，则是一个重要原因。[②]所以，我们研究事物的普遍联系时，一方面，要注意联系的多样性，不能把事物的联系简单化，只归结为其中的一种联系；另一方面，又要对事物多种多样的复杂联系进行具体分

① 《科学方法论文集》，第362页。
② 《惨痛的教训》，1981年9月3日《人民日报》。

析，抓住其内部的、本质的、主要的和必然的联系，不能等量齐观。我们常常看到，有的同志虽然搜集到一大堆材料，但只是甲乙丙丁，开"中药铺"，罗列现象，不能揭示事物的内在联系，抓不住本质的东西，形不成明确的观点。这样的调查研究，对实践也就起不了多大的指导作用。

事物不仅是普遍联系的，而且是永恒发展的。因此，我们不仅要看到事物同周围环境的联系，而且要看到事物的发展，从事物的运动、变化、发展上去把握它，防止思想僵化。毛泽东同志说：当客观过程已从一个发展阶段向着另一个发展阶段推移转变的时候，我们在主观认识上也必须跟随着推移转变。"革命时期情况的变化是很急速的，如果革命党人的认识不能随之而急速变化，就不能引导革命走向胜利。"[1]现在，我们国家进入了社会主义建设的新的历史时期，新的东西层出不穷，我们必须不断地使认识跟上变化了的客观情况，才能适应现代化建设形势的需要。如果满足于老经验，固守着老框框，就会脱离实际，脱离群众，是搞不好调查研究的。

坚持用联系的、发展的观点看问题，反对用孤立的、静止的观点看问题，是毛泽东同志的一贯主张。在1942年延安整风运动中，他提出要学习古今中外法。所谓古今中外法，就是要从时间（古今）和空间（中外）的统一上，分析事物的发展过程，了解它的历史和现状以及发展趋势，把握它的来龙去脉，分析它的内在联系，抓住本质，找出规律性的东西，作为我们行动的向导。

二　用对立统一的观点进行分析和综合

毛泽东同志说："分析的方法就是辩证的方法。所谓分析，就

---

① 《毛泽东选集》第 1 卷，第 283 页。

是分析事物的矛盾。"①任何事物都存在着矛盾，对立统一规律是自然界、社会和人的思维的普遍规律。因此，我们在调查研究中要全面地、深刻地认识事物，就必须善于运用对立统一的观点，在占有丰富材料的基础上，进行科学的分析和综合的研究。

什么是分析和综合呢？分析，就是把事物的整体分解为它的各个组成部分，分别地加以研究的方法。综合，就是在分析事物各个部分的基础上，把这些部分又联结为一个整体，从事物的总体和相互联系上加以研究的方法。由于客观事物都是矛盾的统一体，因此，分析，最基本的是对组成事物整体的各种矛盾、矛盾的各个方面的分析；综合，最基本的是对事物在各个发展过程和发展阶段上的各种矛盾、矛盾的各个方面的有机综合。列宁写道：辩证法的要素之一就是"分析和综合的结合——各个部分的分解和所有这些部分的总和、总计"②。

对于分析和综合这种辩证方法，毛泽东同志曾以对延安的认识为例，做了生动的说明。他说："当我们观察一件事物时，第一步的观察只能看到这件事物的大体轮廓，形成一般概念。好比一个初来延安的人，开始他对延安的认识只是一般的、笼统的。可是当他参观了抗大、女大以及延安的各机关学校之后，他采取了第二个步骤，用分析方法把延安的各部分有秩序地加以细细的研究和分析。然后第三步再用综合法把对各部分的分析加以综合，得出整体的延安。这时认识的延安就与初来时认识的延安不同，他开始看的是整个的延安，现在看见的也是整个的延安，但与开始的了解不同了，现在他对延安就有了科学的认识和具体的了解。观察一个农村，也同样是如此。"③这个方法告诉我们：开始接触一个事物时，呈现在人们面前的是一个

---

① 《毛泽东选集》第5卷，第413页。
② 《列宁全集》第38卷，第239页。
③ 《毛泽东农村调查文集》，第23—24页。

直观的、混沌的、笼统的表象。如果不对具体事物的各种矛盾、矛盾的各个方面分别地加以研究，一个一个地进行具体分析，那就无法深入到事物的内部，对事物的认识就只能是空洞的、模糊的，不可能具体化、明朗化。所以要有第二步，用对立统一的观点，把事物分解为各个部分，全面分析事物矛盾的各个方面的具体特点以及它们各占什么地位；对于复杂的事物来说，还必须全面分析它所包含的各个矛盾的特点以及它们各占什么地位。通过分析，把那些偶然的、非本质的东西舍弃掉，抽象出必然的、本质的东西，得到对事物各个部分的本质的认识。但是，这些认识，一个一个地说，只能反映事物的一个侧面。如果仅仅停留在这一步，就会只见树木不见森林，对事物的认识还只是零星的、枝节的，而不能统观全局。所以还必须有第三步，即进一步研究事物的矛盾是怎样既对立又统一的，它们是怎样相互依存又相互转化的，从而认识事物各个组成部分之间复杂的内在联系，揭示事物发展的规律，达到对具体事物的具体认识。这种在对各种矛盾及矛盾诸方面做了周密的、深刻的分析的基础上，从矛盾的总体上认识客观对象多种规定性的统一，就是辩证的综合。经过这样的分析和综合，我们对事物的了解，已经不是开始时那种模糊的、笼统的印象，而是上升到内容丰富具体、条理清晰的整体画面了。毛泽东同志在《反对党八股》一文中，对这一辩证方法又做了精辟的阐述，指出分析和综合相结合的过程，也就是提出问题、分析问题和解决问题的过程。提出问题，就是对问题即矛盾的两个基本方面加以大略的调查研究，了解矛盾的所在；分析问题，就是对矛盾进行系统的周密的分析，暴露事物的内部联系；解决问题，就是要把分析的结果综合起来，指明矛盾的性质，提出解决矛盾的办法。这就是我们认识一个事物时的思维运动过程。

分析和综合是辩证的统一，我们在调查研究过程中要把二者结合起来。恩格斯指出："……思维既把相互联系的要素联合为一个统一体，同样也把意识的对象分解为它们的要素。没有分析就没有综合。"①他又以化学为例,指出:"以分析为主要研究形式的化学,如果没有它的对极,即综合,就什么也不是了。"②这是因为,客观事物都是具有多样性规定的对立统一体,思维在反映对象时,既要对它进行分析,又要对它进行综合。分析和综合是相互渗透、不可分割的。分析是综合的基础,没有分析就不能综合;综合又是分析的归宿,只分析不综合,分析就失去了意义。综合若无分析做基础,认识就无法深入,对事物整体的认识就只能是空洞的、表面的;分析若不与综合统一起来,认识就只会陷于枝节之见,不能通观全局。在人们实际思

　　因参与《新编魏徵集》校注工作,作者(左一)于1992年4月11日与吕效祖(前排蹲者)、刘善继(右三)、姜民生(右二)、张武智(右一)诸先生往访魏徵墓,在墓前合影。魏徵墓在陕西省礼泉县昭陵乡魏陵村(即九嵕山的凤凰山),依山为陵,高大雄伟。是日风和天暖,麦苗青葱,空山寂寥,甚少行人。作者等驱车至山下,步行数里,穿越田间小道,才爬上山顶。魏徵于贞观十七年(643)正月去世后,唐太宗亲自为其制文并书写墓碑,后听信逸言,怀疑魏徵包庇杜正伦、侯君集,又于是年七月推倒碑石,并令磨去刻字,至今断碑卧地,荒凉不堪。作者有诗记述此行:"春日九嵕静,孤坟良相眠。功匡贞观治,名著药针言。信谓兼听贵,诚为守业难。嗟哉身后事,千载尚碑残。"

————————

① 《马克思恩格斯选集》第3卷,第81页。

② 《马克思恩格斯全集》第20卷,第571页。

维过程中，分析与综合都不是孤立地进行的。往往在分析的过程中有综合，在综合的过程中有分析。纯粹的分析和纯粹的综合都是不存在的。分析和综合不仅是不可分割的，二者还是可以互相转化的。一般地说，当人们的认识处于从整体到部分的阶段，即分别考察事物的各个部分和方面的规定性时，思维活动以分析为主；而在人们的认识发展到从部分到整体阶段，即已揭示出整体的各个方面和部分的多样规定性后，思维活动便由以分析为主转化为以综合为主了。人们要认识一个事物，往往不是经过一次分析和综合就能完成的，而是通过分析、综合、再分析、再综合这种循环往复、不断深入的螺旋式上升运动逐步完成的。这种分析和综合相结合的辩证方法，就是我们通常所讲的矛盾分析法。毛泽东同志还把它通俗地概括为"一分为二""两点论""两分法"。应当明确，唯物辩证法的矛盾分析法，不是单指分析的方法，而是包含综合法在内的。它是我们认识事物最根本的方法。搞调查研究，必须学会这种科学的方法。就是说，要在充分占有材料的基础上，进行科学的分析和综合的研究，揭示事物的各种矛盾及其内在联系，抓住本质，引出规律性的东西，得出解决问题的正确结论。

革命导师在运用矛盾分析这一科学思维方法上为我们树立了典范。他们的科学著作，都是分析和综合相结合的产物。马克思在《资本论》中，用对立统一的观点，先分析资本主义社会的各个部分，然后加以综合，得出资本主义运动的规律来。列宁分析了帝国主义的本质、特征和矛盾之后，把它们综合起来，得出了帝国主义是资本主义发展的最后阶段的结论，从总体上把握了帝国主义必然灭亡的历史规律。毛泽东同志在谈到分析和综合时，很称道宋代苏东坡提出的"八面受敌"法。苏东坡在给王庠信中讲读书方法时，认为书籍内容丰富，而人的精力有限，不可能一下全部掌握它。他提出一部书要多读几遍。每读一遍，有一个中心题目，只注意同这题目有关的材料，不管其他；下次选定新题，再注意同新题有关的材料。如此循环几遍，自然能够深入。他说，"此虽迂钝，而他日学成，八面受敌，与涉猎者不可同日而语也"[1]。就是说，这看起来是个笨法子，但日积月累，造诣就会愈深，遇到问题，自能应付裕如；就好比打仗一样，对敌情了解得透彻，虽然八面受敌，也无所畏惧。这较那些读书漫无目的、走马看花的人，无疑有着天地之别了。毛泽东同志指出："古人说：文章之道，有开有合。这个说法是对的。苏东坡用'八面受敌'法研究历史，用'八面受敌'法研究宋朝，也是对的。今天我们研究中国社会，也要用个'四面受敌'法，把它分成政治的、经济的、文化的、军事的四个部分来研究，得出中国革命的结论。"[2]在《论持久战》中，毛泽东同志就为我们提供了运用分析和综合方法的范例。毛泽东同志详细研究了中日双方互相矛盾的四个基本特点：日本是强国，中国是弱国；日本是小国，地小、物少、人少、兵少，中国是大国，地大、物博、人多、兵多；日本退步，中国进步；日本寡助，中国多助。强弱对比虽然导致了日本能够在中国有一定时期和一定程度的横行，中国不可避免地要走一段艰难的路程，抗日战争是持久战而不是速决战；然而小国、退步、寡助和大国、进步、多助的对比，又决定了日本必然要遭到最后失败，中国绝不会灭亡。尤其是中国处在历史上的进步时代，有了无产阶级，有了中国共产党及其领导的军队，这是中国能够进行持久战并能取得最后胜利的主要根据。在综合研究的基础上，得出的结论便是："抗日战争是持久战，最后胜利是中国的。"毛泽东同志通过科学的分析、综合，找出了中国抗日战争的发展规律，有力地驳倒了"亡国论"和"速胜论"，为争取抗日战争的胜利指明了方向。

在运用矛盾分析法时，还特别要注意坚持矛盾的普遍性和矛盾的特殊性相结合的原理。大家知道，这个原理是关于事物矛盾问题的

---

[1] 《又答王庠书》，《经进东坡文集事略》卷四十六。

[2] 《毛泽东农村调查文集》，第24页。

精髓，是马克思主义普遍真理同本国革命具体实践相结合这一原则的哲学基础，是我们认识事物矛盾、做好各项工作的科学方法论。矛盾是普遍存在的，但不同事物的矛盾又各有其特殊性，特殊性的矛盾必须用特殊性的方法去解决。所以，我们不能仅仅一般地知道任何事物都有矛盾，而要具体地分析每一事物矛盾的特殊性。分析矛盾的特殊性，是认识事物的基础。我们通常讲的具体的情况具体地分析，指的就是具体地分析各种事物矛盾的特殊性。毛泽东同志在《矛盾论》里，把矛盾的普遍性和矛盾的特殊性相结合的道理讲得非常透彻，提出了一套分析矛盾特殊性的科学方法，制定了分析现实的复杂矛盾的逻辑体系。毛泽东同志在运用这一辩证方法解决把马克思主义普遍真理同中国革命具体实践相结合的历史课题时，展现了它的强大思想威力。例如，毛泽东同志研究战争问题，不但研究了一般的战争规律，还研究了特殊的革命战争的规律，还研究了更加特殊的中国革命战争的规律，从而解决了中国革命战争的战略问题。他研究中国革命的基本理论时也是这样，不但研究了现在的世界是无产阶级革命的时代，而且研究了中国的历史特点，指出中国革命是世界革命的一部分，中国革命分为民主主义革命和社会主义革命两步走，其第一步是新民主主义革命，并且开辟了农村包围城市这条从中国实际出发的具有独创性的革命道路，从而形成了新民主主义革命的总路线。他研究中国社会主义建设也坚持的是这样一个逻辑思路，即不但研究了人类社会的基本矛盾，还研究了特殊的社会主义社会的基本矛盾、更加特殊的中国社会主义社会的矛盾，论述了十大关系和正确处理人民内部矛盾问题，提出了要走出一条适合我国国情的中国工业化道路的基本思想。十一届三中全会以来，党中央不但研究了社会主义社会的共同特征，而且深入研究了我国社会矛盾的特殊性，分析了我国幅员辽阔、资源丰富、人口众多、80%是农民和生产技术相对落后等等有利和不利的特点，逐步确立了一条适合我国国情的、具有中国特色的社会主义现代化建设的道路。所有这些，都是对普遍性和特殊性相结合这一原理在实践中的生动运用。

我们在调查研究中，要坚持矛盾的普遍性和矛盾的特殊性的辩证统一，学会运用这个原理去分析和研究问题。只讲普遍性不讲特殊性，离开具体的事物去谈抽象的概念，不对具体问题进行具体分析，就是空谈，容易犯教条主义的毛病，不能解决任何实际问题；只讲特殊性不讲普遍性，把具体的事物从普遍联系中割裂开来，满足于一孔之见和一得之功，就会产生盲目性，容易犯狭隘经验主义的毛病，迷失前进的方向。正确的态度应当是：在特殊性中发现普遍性，在普遍性指导下研究特殊性。由于认识特殊性是认识事物的基础，所以研究特殊性尤其重要。这就是说，我们要在马列主义、毛泽东思想和党中央的路线、方针、政策的指导下，从实际出发，着力研究各种事物矛盾的特殊性。只有这样，才能把党的路线、方针、政策同本地区、本部门的具体实际结合起来，创造性地贯彻执行；才能确定一事物区别于他事物的特殊本质，发现事物运动和发展的特殊原因，用不同质的方法去解决不同质的矛盾，避免一般化和"一刀切"；才能从特殊性中发展普遍性，总结点上的经验，指导面上的工作；也才能不断地研究新情况，解决新问题，使认识得到丰富和发展，开创各项工作的新局面。

三 全面、比较、反复

运用对立统一观点进行科学分析和综合研究，并不是一件很容易的事，需要下一番大的功夫。这里，特别注意要按照陈云同志提出的"全面""比较""反复"这6个字去办。陈云同志这6个字包含着深刻的唯物辩证法思想，是我们搞好分析和综合，取得正确认识的保证。

"全面"，就是要全面地看问题，防止片面性。为什么会产生片面性呢？从认识上来说，就是不去分析矛盾的各方面的特点及其联系，不去分析矛盾的发展变化。

比如把矛盾的一个方面、一个阶段，夸大为整体和整个过程，抓住一点，不及其余，只见树木，不见森林——这是以偏概全的片面性。

知其一不知其二。对事物的矛盾双方，只见一方不见另一方；对复杂事物中包含着的众多矛盾，只见一个矛盾不见另一些矛盾；对矛盾的对立统一关系，只见统一不见斗争，或者只见斗争不见统一；在矛盾双方和各个矛盾的地位上，只见主要的丢掉次要的，或者只见次要的丢掉主要的；在矛盾的共性和个性的联结上，只见共性或者只见个性；在矛盾的发展变化上，只见现状不见历史，或者只见历史不见现状；等等——这是搞一点论的片面性。

把矛盾的双方绝对地割裂开来，对立起来，把其中的一方推向极端，讲过头话，强调矛盾的一方时把它膨胀到不适当的程度，人为地否定矛盾的另一方，而且往往从一个极端跳到另一个极端——这是好走极端的片面性。

在绝对不相容的对立中思维，对于复杂的事物不做反复深入的分析研究，爱做绝对肯定或者绝对否定的简单结论——这是搞绝对化的片面性。

否认事物的差异性和发展的不平衡性，不是一切以时间、地点、条件为转移，不是在坚持根本方向下因时因地因事制宜，不是用不同质的方法去解决不同质的矛盾，而是一个模式，到处硬套——这是搞"一刀切"的片面性。

凡此种种，都是在认识上容易失误的地方。片面性是认识领域里的一种弊病，是调查研究的大忌。我国先秦时期的唯物主义哲学家荀子就曾力主反对片面性，并为此写下了《解蔽篇》。在他看来，人们一旦有了片面性，就势必"蔽于一曲，而暗于大理"。"故为蔽：欲为蔽、恶为蔽，始为蔽、终为蔽，远为蔽、近为蔽，博为蔽、浅为蔽，古为蔽、今为蔽。凡万物异则莫不相为蔽。"就是说，欲与恶、始与终、远与近、博与浅、古与今，倘若被一方所蔽，便看不见另一方，便失去了全面性。荀子的这种朴素的辩证法思想是很有见地的。要做到全面性，防止片面性，就必须坚持"两点论"。我们知道，任何事物内部都包含着矛盾，因此，在调查研究中就必须力求全面地掌握事物的各种矛盾和矛盾的各个方面。事物的各种矛盾和矛盾的各个方面的发展总是不平衡的，"两点论"中又有"重点论"，因此，我们还要弄清主要矛盾和非主要矛盾、矛盾的主要方面和非主要方面。矛盾着的对立面又统一又斗争，推动着事物的运动，因此，我们还要弄清它们之间是怎样又统一又斗争的，在什么条件下相互转化的。只有全面地把握了矛盾双方的这些关系，我们才能对事物取得正确的认识。学习党的十二大文件，我们可以得到唯物辩证法"两点论"具体运用的深刻教益。例如，文件指出了在社会主义现代化建设中，既要注意学习、借鉴外国经验，又要建设有中国特色的社会主义；既要坚定不移地实行对外开放政策，又要坚决抵制外来的腐朽思想的侵蚀；既要坚持自力更生，又要扩大对外经济交流；既要建设高度的物质文明，又要建设高度的社会主义精神文明；既要发扬社会主义民主，又要健全社会主义法制；既要坚持按劳分配的原则，又要提倡共产主义的劳动态度；等等。这样，就坚持了马克思主义的科学性和全面性，而避免了片面性。

要做到"全面"，还必须防止认识上的表面性。所谓表面性，就是不深入到事物的里面去做精细的研究，把现象当本质，为假象所蒙蔽，因而不能透过现象抓住事物的本质，找到矛盾运动的规律性。本质和现象是事物的两个不同的方面，它们既有联系又有区别。现象是人们可以感知的事物的外部联系，本质是只有用思维才能认识到的事物的内部联系。现象不等同于本质，但现象是本质的外部表现，认识本质必须从现象入手。世界上的事物是复杂的。有些现象同事物的本质是一致的，这叫真相；有些现象却同事物的本质相反，是以歪曲的方式、颠倒的方式表现本质的，这就叫假象。假象也是一种客观存在，不过它是从反面来表现事物本质，如列宁所说："假象＝本质的否定的本性。"①我们在调查中所得到的大量材料，反映了各种事物的表面现象，其中难免包含一些假象，这是不足为奇的。有些材料是半真半假的，有的甚至是完全虚假的。在提供材料的人中，有的是有意歪曲事实的，有的是无意歪曲事实的，有的是辗转相传走了样的，有的即使是调查者亲眼看到，也会产生错觉。对搞调查的人来说，有时态度不诚恳、不虚心，也难以得到真实的材料。所以，"去伪存真"很重要。这就要求我们在调查研究中，多看看，多听听，多问问，多想想，善于把假象同真相区别开来，透过现象看本质，以求得全面的、深刻的认识。"比较"，就是鉴别。它是认识各种事物的差别、特点和本质的重要方法，在调查研究中应该很好地掌握和运用。比较是从联系中产生出来的。既然万事万物之间有着千丝万缕的联系，而每一事物又有各自的特殊本质，那么，我们认识事物就必须要进行这样或那样的比较。从人们认识事物的过程来看，也要重视比较。人们对事物的特点和本质的认识，是一个从不知到知，从不完全不确切的认识到比较完全比较确切的认识的深化过程。由于我们每个人的思想方法、实践范围、知识水平等方面的差异，对事物的认识会出现正确和错误之别、深浅之别。只有通过比较，才能鉴别，才能发现此长彼短，从而达到比较全面、正确的认识。前面说的区别假象和真相，就需要运用比较这一方法。鲁迅有一句名言："比较是医治受骗的好方子。"②

　　运用"比较"方法时，值得特别注意的是，首先要看事物之间是否有客观的联系。有的事物有可比性，有的没有可比性，如果拿两件没有共同性的事情来比较，就会成为诡辩。同时，要看到事物的联系

---

① 《列宁全集》第 38 卷，第 137 页。
② 《鲁迅全集》第 6 卷，第 138 页。

是多方面的，比较也要从多方面进行，既从纵的方面比，又从横的方面比。有的事物一次比较就可以弄清楚，有的则需要经过多次比较，才能对错综复杂的现象的相互关系和因果关系认识得更全面、更深刻。陈云同志强调在调查研究中搞好比较，就是要求我们在做出决策之前，一定要把各种方案拿出来比较。这是因为，解决问题的办法常常不是只有一种，而是有好多种。"两利相权取其重，两害相权取其轻。"只有通过比较，才能从中择优。

陈云同志在经济调查中就是这样做的。他搞过许多典型调查，但在每次调查中，对于得来的结论是否具有普遍指导意义，都不是凭个人的主观想象去判定，而是把它放到更大的范围中去考察，通过同其他地区的比较，从异中见同，从同中见异，进而更全面、更正确地认识和把握事物的内在规律性，使调查的结论更准确。例如，陈云同志1961年在上海市青浦县调查了当时同群众生产和生活关系密切的养猪、农作物种植安排、自留地等三个政策性问题，形成了一些看法。但他并没有急于立即做出结论，而是到杭州、苏州去，找了同青浦县情况相仿的嘉兴地区几个县（如嘉兴、嘉善）和苏州地区几个县（如吴县①、吴江、昆山）的县委书记和若干大队支部书记交换意见；以后又找了同青浦县土地、人口、气候条件不同的萧山②和无锡③两县的县委同志交换了意见。通过这一系列的比较，视野开阔了，从个性中看到了共性，对上述三个问题取得了一致的看法，这就使得从青浦县里的一个公社、一个大队调查得来的结论，能在更大范围里具有指导意义。

"反复"，就是要在实践基础上使认识不断深化。陈云同志说："作了比较之后，不要马上决定问题，还要进行反复考虑。对于有些

---

① 今苏州市吴中区、相城区。

② 今杭州市萧山区。

③ 今无锡市锡山区和惠山区。

问题的决定，当时看来是正确的，但是过了一个时期就可能发现不正确，或者不完全正确。因此，决定问题不要太匆忙，要留一个反复考虑的时间，最好过一个时候再看看，然后再做出决定。"①"反复"，作为认识的一个重要方法，从根本上说是由实践的特点决定的。任何社会实践都是一个不断深化的曲折过程。这个过程反映在认识上，便形成了一条近似于螺旋式上升的曲线。同时，客观事物矛盾的暴露也有一个过程。有些复杂的重大问题往往要通过总结正反两个方面的经验，才能取得正确的认识。因此，决定问题不能太匆忙，"凡重要问题不厌求详地征求意见，总是有好处的。"②特别是对有些一时吃不透、拿不准的问题，更要多看看，缜密思考，反复斟酌，尽可能地把问题看准，使主观认识日趋完善、准确、深入。有时，问题初步定了以后还要摆一摆、想一想，听听不同意见。这样反复地研究，就能少出片面性。

可见，"全面""比较""反复"，是建立在实事求是基础之上的辩证认识方法，对于我们在调查研究中搞好科学分析和综合研究有着重要的指导意义。"全面"是根本，"比较"和"反复"是取得全面认识的有效途径。在调查研究中，我们一定要坚持这个科学的方法。

---

① 《怎样使我们的认识更全面些》，1983 年 1 月 3 日《经济日报》。
② 《毛泽东书信选集》，第 495 页。

向群众寻求真理 [1]

正确的认识来自客观实际，归根到底，是来自群众的社会实践。要做到一切从实际出发，一切讲实事求是，就必须坚持群众路线。邓小平同志指出："毛泽东同志倡导的作风，群众路线和实事求是这两条是最根本的东西。"[2]群众路线和实事求是密切相关，都是毛泽东思想活的灵魂的重要组成部分。能否坚持群众路线，是能否坚持马克思主义认识论和唯物史观的大问题。个人的实践离不开群众的实践。在调查研究中坚持群众路线，既是立场、观点问题，也是最根本的方法问题。就是说，只有深入群众，依靠群众，虚心向群众求教，才能获得关于客观事物的正确认识，真正地做到实事求是。

一 群众路线也是马克思主义的认识论

群众路线，就是一切为了群众，一切依靠群众，从群众中来，到群众中去。这条路线反映了我们党对待人民群众的根本的立场、观点和方法，是我们党对马克思主义关于人民群众历史作用这一基本原理的创造

---

① 本文原载朱平主编：《调查研究概论》第六章，陕西人民出版社，1984 年版。
② 《邓小平文选》，第 42 页。

性的运用和发展。坚持群众路线，就是坚持马克思主义的认识论。

在如何对待人民群众的问题上，存在着截然相反的两种观点、两种态度。历史唯心主义从社会意识决定社会存在出发，夸大个别人物的作用，或者认为少数英雄人物可以随心所欲地左右历史的进程，或者认为决定社会历史的是某种神秘的精神力量，英雄人物则是这种精神力量的体现者，而广大人民群众不过是"愚昧无知"的"群氓"，是英雄人物的"盲目追随者"。在中国，古代统治者就把官吏统治人民比作牧人放养牲畜，"治民"叫作"牧民"，《管子》一书中就有《牧民篇》。封建社会的杰出政治家虽然也悟出了"怨不在大，可畏惟人。载舟覆舟，所宜深慎"（魏徵：《谏太宗十思疏》，《旧唐书·魏徵传》）的道理，但他们的获取民心，只是为了维护封建统治的长治久安。在古希腊，柏拉图就宣扬奴隶主贵族是"神"用"金子"做的，是当然的统治者；武士是用"银子"做的，是统治者的羽翼；农夫和手艺人是用"铜和铁"做的，只配受统治；至于奴隶，在柏拉图看来，不过是会说话的工具而已。（参阅《理想国》）

与此相反，历史唯物主义认为，物质生活的生产方式制约着整个社会生活、政治生活和精神生活的过程，是社会发展的决定力量，社会发展的历史归根到底是生产发展的历史，是生产方式新陈代谢的历史，因而也就是从事生产的人民群众的历史。人民群众始终是历史活动的主体，他们既是物质财富的创造者，又是精神财富的创造者，也是变革社会制度的决定力量。在人类历史进程中，一切伟大的业绩，都是人民群众活动的结果。马克思、恩格斯早在1844年就指出："历史活动是群众的事业，随着历史活动的深入，必将是群众队伍的扩大。"[1]毛泽东同志有一句名言："人民，只有人民，才是创造世界历史的动力。"[2]马克思主义者充分肯定人民群众的社会历史地位和作

---

[1] 《马克思恩格斯全集》第2卷，第104页。
[2] 《毛泽东选集》第3卷，第1031页。

1989年12月，在陕南安康农村调查，用笔做记录的为作者。作者有诗记录："苞米芋头滋味长，促膝烤火话家常。难忘派饭山深处，借箸同商致富方。""老天岂会落黄金，结网方能捕巨鳞。饶富从来唯自立，同心写就送穷文。"

用，这就决定了我们在为社会主义、共产主义奋斗的伟大进程中，必然要坚定地相信和依靠群众，尊重人民群众的首创精神。

正是从人民群众是历史的主人，人民群众的利益、意志和要求从根本上体现了社会发展方向这个基本认识出发，我们党自觉地认定自己是人民群众在特定的历史时期为完成特定的历史任务的一种工具，把一切为了人民群众、相信和依靠人民群众作为自己全部活动的出发点和归宿，把全心全意为人民服务、一切向人民群众负责作为自己的唯一宗旨。这就是我们党的群众观点。毛泽东同志经常强调，只要我们依靠人民，坚决相信人民的创造力量是无穷无尽的，因而信任人民，和人民打成一片，那就任何困难都能克服，任何敌人最终都压不倒我们，而只能被我们所压倒。以毛泽东同志为主要代表的中国共产党人，在领导中国革命的斗争中，不仅在指导思想上坚持一切为了群众、一切依靠群众的群众观点，而且把群众观点贯彻到具体工作中去，形成了一套从群众中来，到群众中去的领导方法和工作方法。没有坚定的群众观点，就不可能在工作中贯彻群众路线；反之，仅有群众观点，而没有正确的群众路线的领导方法和工作方法，也不能把工作做好。群众路线是毛泽东思想活的灵魂三个基本方面之一，是中国共产党人一个富有特色的创造，也是中国革命斗争经验的总结。历史经验证明，人民群众对党的信任和支持，是我们的革命和建设事业不断取得胜利的关键所在。群众路线是党的生命线。刘少奇同志在党的"七大"做的《关于修改党章的报告》中，系统阐述了党的群众路线问题，着重指出，党的群众路线，"就是要使我们党与人民群众建立正确关系的路线，就是要使我们党用正确的态度与正确的方法去领导人民群众的路线"，因此"是我们党的根本的政治路线，也是我们党的根本的组织路线"。

群众路线不仅是历史唯物主义的具体运用，也是建立在辩证唯物主义的认识论基础之上的。毛泽东同志1943年所写的《关于领导方法的若干问题》一文，科学地阐述了群众路线包含的内容和实施的步骤。他说："在我党的一切实际工作中，凡属正确的领导，必须是从群众中来，到群众中去。这就是说，将群众的意见（分散的无系统的意见）集中起来（经过研究，化为集中的系统的意见），又到群众中去做宣传解释，化为群众的意见，使群众坚持下去，见之于行动，并在群众行动中考验这些意见是否正确。然后再从群众中集中起来，再到群众中坚持下去。"毛泽东同志明确指出："如此无限循环，一次比一次地更正确、更生动、更丰富。这就是马克思主义的认识论。"他又说："从群众中集中起来又到群众中坚持下去，以形成正确的领导意见，这是基本的领导方法。在集中和坚持过程中，必须采取一般号召和个别指导相结合的方法，这是前一个方法的组成部分。从许多个别指导中形成一般意见（一般号召），又拿这一般意见到许多个别单位中去考验（不但自己这样做，而且告诉别人也这样做），然后集中新的经验（总结经验），做成新的指示去普遍地指导群众。"他还特别指出："在任何工作中也应该这样去做。"这就告诉我们，"从群众中来，到群众中去"，既是认识路线，即根本的认识方法；又是工作路线，即根本的领导方法和工作方法。群众路线就是马克思主义的认识论。

马克思主义认识论首要的和基本的观点是实践。马克思主义所说的实践从来都不是孤立的个人的实践，而是千百万人民群众的实践。群众既是实践的主体，又是认识的主体。马克思主义的认识论和历史观、实践观点和群众观点、认识路线和群众路线是统一的、互相渗透的。我们知道，一切真知都是从直接经验发源的。人们要想认识事物，就要同那个事物接触，亲身参加变革那个事物的实践，才能获得感性认识，进而认识到事物的本质。但是，作为每个个别的人，包括担负领导工作的人，他们个人的实践相对说来总是有局限性的，不可能事事都直接实践，只有群众的实践是丰富多彩、日新月异的，是取之不尽、用之不竭的认识源泉。毛泽东同志曾经多次说过，就制定路线、方针、政策和办法来说，领导机关只是一个加工厂，原料要从广大群众中来。广大群众处在社会实践的第一线，处在奔腾的社会生活的急流中。他们每天都在同各种矛盾直接打交道，对这些矛盾的底蕴最了解，对基层的情况最清楚。他们蕴藏着无穷的智慧，不断地提出新问题，取得新经验，创造新事物，解决新矛盾。只有投身到群众之中，才能获得真知。

人的思维过程，即形成概念、做出判断、进行推理的过程，就是"从群众中来"的过程。只有蠢人，才是他一个人，或者邀集一堆人，不是向广大群众求教，而只是关在房子里冥思苦索地"想办法""打主意"。须知这是一定不能想出什么好办法，打出什么好主意的。我们说，人民群众的实践是正确认识的来源，是党制定正确路线、方针、政策的基础和出发点，但就群众的每一个成员来说，他们的意见往往是分散的、不系统的、偏于感性的认识。因此，"从群众中来"就不是简单的、直观的反映，不是群众的经验和意见的简单堆积，而要能动地进行科学的抽象，即要运用马克思列宁主义、毛泽东思想的基本原理和各种科学知识，下一番整理、分析、鉴别和概括的功夫，把这些经验和意见加以集中化、系统化，把群众的意见化为领导的正确意见。这样形成的领导意见，可以更深刻地反映客观实际，因而也就能够更有效地对实际工作发挥指导作用。可见，从领导方法来说，这是从个别指导到一般号召；从认识秩序来说，这是从个别上升到一般。但这只是认识的第一个阶段，认识的过程还没有完结。领导者经过集中群众的意见，制定出来的一系列的计划、方案、政策和措施等，还需要回到实践中去，通过宣传解释，化为群众的意见和行动。这从认识秩序来说，是由一般回到个别；从领导方法来说，是由一般号召再到个别指导。在这个过程中，又需要把一般号召具体化，结合本地区、本部门的特点加以贯彻执行。还要看到，在通常情况下，领导的意见完全符合实际情况是很少的，这就需要在实践中检验和发展。实践是检验真理的唯一标准，从根本上说，就是广大人民群众的社会实践是检验人们的认识是否具有真理性的唯一标准。如同"实践—认识—实践"需要往复循环一样，"从群众中来，到群众中去"，"集中起来，坚持下去"，也要永不间断地实行下去。这样不断地研究群众的实践，不断地吸取群众的意见，就可以少犯错误，及时地发现和纠正错误，使领导的意见一次比一次更完善、更丰富、更正确。

由此看来，实行群众路线的过程，既是领导思想逐步提高和丰富的过程，也是实际工作逐步提高和发展的过程，是能动地认识世界和改造世界相统一的过程。我们进行调查研究，必须坚持和遵循这条唯一正确的认识路线和工作路线。

二　在调查研究中坚持群众路线

调查研究的实质是总结群众的实践经验，集中群众的正确意见，向群众寻求真理。在调查研究中坚持党的群众路线，需要注意解决好三个方面的问题。

第一，端正对群众的态度，甘当群众的小学生。调查研究必须树立正确的态度。态度不端正，即使有了再好的方法，也是搞不好调查的。态度问题，最重要的就是正确处理个人同群众的关系，树立正确的群众观点，认识只有群众才是真正的英雄，承认群众有智慧、有才能、有创造力，群众中有成千上万的"诸葛亮"。我们要虚心向群众求教，眼睛向下，而不能昂首望天。"没有眼睛向下的兴趣和决心，是一辈子也不会真正懂得中国的事情的。"①我们看到，有些同志不是没有搞好工作的愿望，但由于他们以领导者自居，总以为自己比群众高明，不愿意向群众学习。他们即使下去搞调查研究，也是东走走，西看看，摆出一副领导者的架势，居高临下，发号施令，或者认为"群众说情况，自己出主意""材料在你们手里，办法在我脑子里"等。这种认识和做法当然是错误的。

作为一个领导者，任何时候都要摆正个人和群众、领导和被领导者的关系，都要树立彻底的坚定的辩证唯物主义和历史唯物主义的世界观。列宁说过，不仅要教育群众，而且要向群众学习。毛泽东同志指出：只有先当群众的学生，才能当好群众的先生。这都告诉我们，领导者担负着教育、组织、引导群众的任务，但要完成这个任务，首先得拜群众为师，向群众学习。斯大林在讲到这个问题时，举过一个例子。苏共中央和人民委员会做过关于加强顿巴斯采煤办法的著名决定，这是一个被公认为正确的、卓越的决定。它是怎么做出来的呢？在此之前，重工业人民委员部曾经三次向中央提出了各种不同的方案，但中央都不满意。后来从顿巴斯找来几个工人和普通经济工作人员等，同这些同志谈了三天，认真听取他们的意见，才做出了这个决定。斯大林深刻地指出："职位本身并不给予知识和经验。"因此，

---

① 《毛泽东农村调查文集》，第16页。

"要领导我们的事业，只靠我们的经验、领导者的经验，是远不够的。要正确地领导，就必须以党员群众的经验、工人阶级的经验、劳动群众的经验、所谓'小人物'的经验来补充领导者的经验"①。毛泽东同志一贯重视向群众做调查，把调查研究同向群众学习紧紧连在一起。1961年4月，他在给邓小平同志的信中，把"反对恩赐观点、坚决走群众路线问题，向群众请教、大兴调查研究之风问题"，列为"农村中的若干关键问题"之一，并且提出要"向群众寻求真理"。②毛泽东同志在长期的调查实践中，总是虚心地向群众学习，向干部、农民、秀才、狱吏、商人、钱粮师爷等调查对象请教。每当他谈及在调查中向他提供材料的群众时，那种深深的感激之情，溢于言表。他曾充满敬意地说，这些各行各业的人，"就是我的可敬爱的先生，我给他们当学生是必须恭谨勤劳和采取同志态度的，否则他们就不理我，知而不言，言而不尽"。他还说："使我第一次懂得中国监狱全部腐败情形的，是在湖南衡山县作调查时该县的一个小狱吏。"毛泽东同志之所以能尊重群众，能诚诚恳恳地向群众学习，并把向群众学习引为快事，这从根本上说，是由于他坚定地树立了人民创造历史的马克思主义观点。正如他精辟指出的："必须明白：群众是真正的英雄，而我们自己则往往是幼稚可笑的，不了解这一点，就不能得到起码的知识。"③这种对待群众的正确态度，就是要有满腔的热忱，要有眼睛向下的决心，要有求知的渴望，要有放下臭架子、甘当小学生的精神。

向群众做调查，为的是了解到客观事物的真实的情况，这就需要群众讲真话。怎样才能使群众讲真话？方法当然可以多样，但主要的一点，就是要和群众做朋友，抱着虚心求教的态度。群众不讲真话，不能怪群众，要多从自己身上找原因。群众不讲真话，是因为他们不

---

① 《论党工作底缺点和消灭托洛茨基两面分子及其他两面分子的办法》，转引自《论群众路线》，工人出版社，1955年版，第106—108页。

② 《毛泽东书信选集》，第578页。

③ 《毛泽东农村调查文集》，第16—17页。

知道你的来意究竟是否对他们有利，或者对你这个人还不了解，或者因为你还没有放下从"上头"来的架子。这就要在调查的过程中和他们做朋友，向他们交心，给他们一些时间，逐渐地让他们能够了解你的真意，了解你是站在他们一边的，看到你是真心实意来向他们求教的，他们就会把你当朋友对待，然后才能向你讲真话，讲心里话。毛泽东同志1930年在兴国调查中，请了几个农民来谈话。这几个农民开始很疑惧，不知道究竟要把他们怎样，因此第一天只是谈点家常事，脸上没有笑容，也不多讲。后来，毛泽东同志请他们吃饭，晚上又给他们好被子睡觉，这样使他们逐渐消除了疑虑。他们看到毛泽东同志的态度是那么谦恭，脸上慢慢有了笑容，说得也较多。到后来，简直毫无拘束，大家热烈地讨论，无话不谈，亲切得像自家人一样。

第二，关心群众利益，倾听群众呼声。调查研究，不仅要有向群众学习的正确态度，而且要有为群众谋利益的出发点。有些同志也到基层去，也搞调查，但他们是"奉命"进行，搞"单打一"，认为我是"调查者"，群众是"提供材料者"，除此以外的事一概淡漠，摆出超然于群众之外的样子。这种对群众的生活、斗争漠不关心的态度，既影响调查研究的顺利进行，也同党的宗旨根本不相容。我们所做的一切，都是直接或间接地为人民谋利益的。我们搞调查，目的是为了解决问题，搞好工作，给人民办更多的好事。我们的干部，不是居高临下的"钦差大臣"，不是人民群众斗争事业的旁观者，而是人民的"公仆"，是人民群众中的一员。因此，我们就不能孤立地对待调查研究，不能为调查而调查，而要关心群众的实际的生活问题、生产问题，倾听他们的意愿和呼声，同群众打成一片，向群众交心，并且使调查的过程成为解决问题、克服困难、改进工作的过程。这样，群众就会感到你是全心全意为他们办事的，是同他们同呼吸、共命运的，我们的调查研究工作就能得到他们的支持，党同群众的密切联系就会进一步加强。

只有心里装着群众，时刻从群众的利益出发，才能真正地倾听群众的呼声，注意群众的议论。抗日战争时期，在延安曾发生过这样一件事：1942年8月的一个大雨天，在边区政府小礼堂开征粮会议。忽然一声雷响，礼堂的一根木柱子被劈断了，与会的一位同志不幸触电身亡。这事传出去后，有人说怪话：为什么雷没有劈死毛主席！这当然是完全错误的言论。有的同志很气愤，要求把说这种话的人当反革命抓起来。毛泽东同志却不这样看待。他认为这种言论并不是针对一个人的，而是反映出党和群众的关系方面出现了问题。于是深入群众，调查研究，发现产生怨言的原因，是因为边区政府多征了一些公粮，影响了群众的生活。而之所以多征了粮，又是因为只考虑到公家的需要，对公与私两个方面兼顾不够。后来毛泽东同志就提议把征粮的任务从二十万担①减至十六万担，又发出了"精兵简政"和"自己动手，丰衣足食"的伟大号召，开展了精简机构和大生产运动，进一步密切了党、政、军同广大群众的联系，形成了坚固的铜墙铁壁，战胜

1985年春，新华社记者反映安康地区汉阴县发生饿死人问题，中央领导对此有批示，中共陕西省委决定由副书记牟玲生带领工作组赴汉阴调查处理。作者当时参加了这一工作组。这张照片是在调研期间，与安康地区的同志考察工业企业时所拍摄。左边第一人是同为工作组成员的陕西粮食局黄瑞生同志，左二为作者，其余为安康地区经济部门的同志

① 1担等于50千克。

了国民党反动派的层层包围和封锁。邓小平同志用这件事教育大家向毛泽东同志学习。他说："毛泽东同志就是伟大，就是同我们不同，他善于从群众这样的议论当中，发现问题，提出解决问题的方针和政策。毛泽东同志一向非常注意群众的议论，群众的思想，群众的问题。"①

第三，正确地对待群众的意见。有的同志认为，领导者从群众中得到的只是感性认识，这种看法是不正确的。其实，群众在实践中所获得的认识，既有感性认识，也有理性认识。只是由于群众往往受着社会分工条件和所处的环境的限制，他们的正确意见或比较正确的意见，一般是零散的、无系统的、不完整的。再说，群众总是有积极的、后进的和处于中间状态的这样三个部分，在群众中也会有不完全正确的和错误的意见。这是不足为怪的。在调查研究中，一定要正确地对待群众的意见，不能要求群众都讲出成套的、系统的意见，也不能要求群众的意见没有错误。要虚怀若谷，容纳百川，善于听取种种不同的意见和情况。特别是群众说的跟自己原来设想过的情况、意见不相同的时候，更要注意冷静地细心地倾听，不可有任何不乐意不欢迎的表示。正确的意见应当认真听取，错误的意见也要耐心听。当然，走群众路线，听群众意见，绝不意味着尾巴主义，迁就落后群众的不合理要求，或者对错误的意见听之任之。而是说要让人家把话讲完，让各种不同意见都敞开说出来，使认识中的矛盾充分得到暴露，然后再做具体分析，区分说得对不对，从中得出正确的结论。群众说的情况，即使自己已经知道了，也还要虚心地听下去；听下去，往往会听出新的意思来；即使没有新的情况和意见，至少也能够对已知的材料起证实的作用。总之，对搞调查研究的人来说，首先必须认真听取群众的各种各样的意见，然后消化、吸收，这个过程，就像蜜蜂到处采集花粉而酿成蜜，或者像把矿石化炼成钢一样。

---

① 《邓小平文选》，第43页。

三　民主集中制是取得正确认识的重要保证

在调查研究中贯彻群众路线，还必须坚持民主集中制。群众路线和民主集中制，二者互相贯通，互相联结，都是马克思主义认识论在党的工作中的具体运用，都是我们进行正确的调查研究的保证。

民主和集中是对立的统一。只有充分发扬民主，才能达到正确的集中；也只有在正确集中的指导下，才能有健全的民主生活。民主集中制作为我们党的根本组织原则，这是人们所熟悉的，但作为认识事物的方法，却不大为人们所注意。毛泽东同志在1962年召开的中央工作会议上，从认识论的高度强调了坚持民主集中制的意义。他说："没有民主，就不能正确地总结经验。没有民主，意见不是从群众中来，就不可能制定出好的路线、方针、政策和方法。我们的领导机关，就制定路线、方针、政策和方法这一方面说来，只是一个加工工厂。大家知道，工厂没有原料就不可能进行加工。没有数量上的充分的和质量上适当的原料，就不可能制造出好的成品来。如果没有民主，不了解下情，情况不明，不充分搜集各方面的意见，不使上下通气，只由上级领导机关凭着片面的或者不真实的材料解决问题，那就难免不是主观主义的，也就不可能达到统一认识，统一行动，不可能实现真正的集中。"①周恩来同志在1961年召开的文艺创作座谈会和故事片创作会议上，同样指明了民主在认识论上的地位和作用②；邓小平同志在1978年重申了实事求是和发扬民主的辩证关系③。这说明，我们党历来强调民主集中制的方法论意义。

---

① 《在扩大的中央工作会议上的讲话》，《红旗》，1978 年第 7 期。

② 参阅《周恩来论文艺》，第 78—80 页。

③ 参阅《邓小平文选》，第 134—135 页。

前边已经说过，我们党的方针、政策，都是在马克思主义普遍真理的指导下，以群众的实践经验为基础制定出来的。调查研究是使感性认识上升到理性认识，形成方针、政策的一个重要环节。数量上充分的和质量上适当的"原料"，就是群众的实践和意见。要获得来自群众的这些丰富的"原料"，就必须实行充分的民主，让群众大胆地发表意见，提出问题，如实地反映各种情况。这就是"从群众中来"的过程，也是从实践到认识的过程。如果没有广泛的民主，群众不能知无不言，言无不尽，就不可能充分了解下情。情况若明若暗，这样只能制造出主观主义的"次品"或"废品"。贯彻民主集中制，是为了调动全国人民的积极性和创造性。而所谓积极性的发挥，具体表现为群众的创造能力，敢于和善于提出问题，发表意见，批评缺点，等等。这种积极性的发挥，有赖于党和国家政治生活的民主化。民主和集中是统一的。在调查研究过程中，没有民主不行，没有集中也不能形成正确的认识。所谓集中，就是集中正确的意见，即把群众的意见和经验集中起来，经过一系列加工制作的功夫，形成完整的、系统的意见和经验，制定出正确的方针、政策、计划和办法。民主集中制不仅贯穿在方针、政策的形成过程中，而且也贯穿在方针、政策等的实践过程中。一定的方针、政策的形成，只是实现了从物质到精神的飞跃。这时所得到的方针、政策是理性的东西，是否正确，还必须回到实践中去检验。群众的实践是检验真理的唯一标准。只要充分发扬民主，根据群众的实践经验来检验我们的方针、政策等，就能使它得到进一步的充实、完善，更加符合实际情况，促进我们的工作。这就是"到群众中去"的过程；也是由认识又回到实践中去的过程。可见，只有坚持民主集中制，才能真正坚持群众路线，坚持马克思主义的认识论。

调查研究中坚持民主集中制，最主要的就是能让人讲话，认真听取各种不同意见。一个好的领导者，总是注重调查研究，乐于并善于听取群众的反映，不搞"一言堂"，不搞"一锤子定音"。但也有些领导同志，自视高人一等，只喜欢别人恭维，不愿听逆耳"忠言"，只能让人说好，不能说坏，容不得不同意见，更不能接受群众的批评。毛泽东同志1962年在扩大的中央工作会议上，把沾染这种毛病的同志，比作楚汉相争中的"霸王"项羽，指出在这一点上，我们有些同志，"连封建时代的刘邦都不如，倒有点像项羽"，告诫这些同志要切记"霸王别姬"的教训。楚汉相争的结局，固然有多方面原因，但无疑同刘邦和项羽两人平素的作风大有关系。项羽刚愎自用，一意孤行，自恃兵精将勇，不听谋士劝告，坐失了不少良机，一些有识之士像韩信等都离开了他，气得范增直骂："竖子不足与谋！"作为项羽对手的刘邦，却"豁达大度，从谏如流"，注意听取僚属和部分群众的意见。刘邦说过，论起筹谋划策，自己不如张良；后勤供应，不如萧何；带兵打仗，不如韩信。但他善于团结这些人，以人之长，补己之短，才使得人马由弱变强，终于取得了天下。不可一世的项羽则兵困垓下，走上穷途末路，面对宠爱的虞姬，唱起"虞兮虞兮奈若何"（虞啊，虞啊，我将把你怎么安排呢？）的悲歌（见《史记》：《项羽本纪》《高祖本纪》）。我们的领导干部，一定要洗刷唯心精神，打掉霸王作风，不是在口头上，而是在实际上认真贯彻民主集中制。要造成一种空气，使人们心情舒畅，无所顾忌，敢于讲老实话，讲心里话。一个部门或单位，如果领导作风民主，群众思想活跃，大家心往一处想，劲往一处使，那里必然充满蓬勃向上的生机，工作也会是有成效的。反之，如果一个部门或单位鸦雀无声，表面上平平静静，实际上可能是群众受到压抑，人们有话不敢说，或者不愿说，不想说，那里的工作肯定会受到影响。因此，领导者绝不能搞"一言堂"，而要搞"群言堂"；不能习惯于"一锤子定音"，而要多听听广大群众的意见和呼声，多看广大群众的实践活动，然后再做结论，做到多谋善断。

调查研究中要正确对待不同意见，特别要注意正确对待少数人的意见以及反对的意见。我们在调查研究中，要认真听取各种意见，多数人的意见要重视，少数人的也不能忽视。在一般情况下，多数人的意见往往是比较正确的。但有时真理也可能在少数人一边。所以，对于少数人的意见，既要让他们充分发表，还要认真考虑和对待，有时候还需要加以保护，切忌简单化的做法。对于反对的意见，更要耐心地听取和从容地考虑。有的同志在研究讨论中听到反对意见后，就感到不舒服，甚至认为是找岔子，损害了自己的威信，火冒三丈，根本听不进去。这种态度是十分错误的。我们说，在一般情况下，当提出一种主张来讨论时，出现分歧的、对立的意见是完全正常的。这时，真理究竟在谁手里，不能由任何人的主观来决定，唯一能够判定哪种意见近于或比较近于真理的，是客观事实。在真理面前人人是平等的。真理是不怕反对意见的，相反地，它要经常从反对意见中吸取某

1977年，作者离开渭南时与同事合影。从左到右为刘步芳、雷增胜、作者、拜建华、何迅毅。作者1975—1977年在中共陕西省渭南地委（今渭南市委）工作，在此历经"反击右倾翻案风"等，亦盼来了粉碎"四人帮"的大快人心事。有诗记之："出户更看天下事，华山莲蕊渭河霓。涉川探本晓行早，翻岭救荒春讯迟。犹记山崩天塌日，难忘云扫宇澄时。两年草草惊而立，人世如书信是之。"

些合理的成分来丰富、发展自己，使自己更臻于完善。因此，进行调查研究就要出以公心，重视那些反对的意见，坚持实事求是，在认真比较、分析的基础上，接受合理的反对意见或者反对意见中的合理部分，舍弃原来认识中的错误的或者不成熟的部分，丰富我们的经验，弥补我们的不足，纠正我们认识上的偏差和片面性。这样，我们的思想就能更加符合客观实际，工作也会搞得更好。

毛泽东同志在1941年写的《农村调查》序言中说："我现在还痛感有周密研究中国事情和国际事情的必要，这是和我自己对于中国事情和国际事情依然还只是一知半解这种事实相关联的，并非说我是什么都懂得了，只是人家不懂得。和全党同志共同一起向群众学习，继续当一个小学生，这就是我的志愿。"调查研究是我们长期的工作，向群众学习也是我们要永远坚持的根本态度。我们一定要以毛泽东同志为榜样，老老实实拜群众为师，当好群众的小学生，不断提高调查研究的水平，促进社会主义现代化建设事业的顺利发展。

选好调查研究的题目 ①

我们写文章，事先得有个题目，有个中心，否则没有题目，中心不明，想到什么写什么，就会下笔千言，离题万里。但搞调查，光有题目还不够，同样也要首先确定题目，明确重点。还要看题目选得到底准不准，对实际工作的指导作用究竟大不大，这就是调查研究的选题问题。

一 选题是调查研究的第一步

调查研究是人们有目的的实践活动。所谓选题，就是确定调查研究所要探索的对象。它是进行调查研究的起点，也是整个调查研究过程中具有战略意义的首要环节。只有首先选准问题，才能按照选题的要求，确定调查活动的范围、单位和具体办法，组织必要的力量，有目的、有重点地展开调查研究工作，直到最后找出解决问题的途径和方案。由此可以看出，调查选题准不准，对整个调查活动的全过程关系甚大，它在很大程度上决定着调查成果的价值和效用。

选题准，能够解决现实工作中的重要理论问题和实际问题，价

---

① 本文原载朱平主编：《调查研究概论》第八章，陕西人民出版社，1984 年版。

值和效用就大；选题不准，事倍功半，价值和效用就小，甚至半途而废，徒费人力、物力和时间。所以，要想开创调查研究工作的新局面，在调查研究中取得成就，不可不郑重地对待选题。对于调查研究人员来说，必须在实践中不断培养和提高自己选题的能力。

　　但是，对于选题的重要性，并不是每个从事调查研究的同志都有足够的认识。有些同志喜欢不带具体题目去调查，认为预先有了题目，会束缚人。这种看法是片面的。我们说，调查就是解决问题，在一般情况下，不需要那种面面俱到而抓不住主要问题的调查研究。提出要解决什么问题的调查研究，是不会有多大用处的。当然，有时候只有一个大致的范围，具体解决什么问题还不很清楚，需要"走马观花"，对情况有个初步的了解，然后从中发现问题，确定具体题目，再做进一步的调查研究。还有的时候只是为了熟悉某个地区、某个部门或某项工作的概貌，一般地了解情况、积累资料，没有题目也是可以的。但就是在这种大致的调查了解中，也还得有一个侧重方面，有一个主导思想，而不能漫无目的，泛泛观察。在这方面，学习毛泽东同志的社会调查，对我们是很有启发的。20世纪30年代前后，毛泽东同志搞了不少社会调查，例如《寻乌调查》《兴国调查》《长冈乡调查》等。这些调查，从题目上看，是很大的，从内容上看，也是十分丰富的。但毛泽东同志并不是有闻必录，巨细无遗，而有着明确的目的性。《寻乌调查》，是毛泽东同志所做过的一次最大规模的社会调查，涉及面广，调查得也很系统，但仍然有重点、有目的，这就是他所说的"我关于中国的富农问题还没有全盘了解"，"同时我对于商业状况是完全的门外汉，因此下大力来做这个调查"。[1]可见，这个调查的重点在于了解富农问题和商业状况。《兴国调查》也突出了两点：一是做了8个家庭的调查，加深了对农村的基础概念的认识；二是调查了各阶级在土地斗争中的表现。毛泽东同志说这是他"在寻乌

———————————
　　[1]《毛泽东农村调查文集》，第41页。

调查中做了而没有做得完全的"①。这两点又都是为当时制定路线、方针和政策服务的。这说明，进行调查研究，预先得有个题目，围绕这个题目，提出具体的调查纲目，安排详细的调查计划，就可以提高效率，少走弯路。因此，预先选好题目，是调查研究本身的要求，绝不是束缚人的"框框""条条"。当然，预先选出题目，并不是说就不能改变了，在调查过程中，如果发现所选的题目不准，或者出现了新的情况、新的问题，就要从实际出发，及时地加以改变；同样，调查纲目也绝不是不可逾越的，而是很可能在调查实践中进行修改、补充，以便更好地为完成调查工作服务。

我们有些同志搞调查，十分辛苦，收集到的资料也不少，但是成效不大，这往往同缺乏精心选题有关。在这个问题上，大致有这么三种情况：一是对所要研究和解决的问题不够明确，事先缺乏思想准备，没有理出个纲目，下去后什么都想了解，"眉毛胡子一把抓"，结果搜集的材料倒不少，但是抓不住主要矛盾，即使发现了问题，又没下功夫弄深弄透。这样写出来的调查材料，常常是一工业、二农业、三财贸、四文教、五党建等等，只是一大堆材料的堆积，形不成观点，提不出新思想。二是有了题目，可是选得不准，或者是缺乏代表性，或者是当前难以解决的，得不到反响，对实际工作的指导作用不大。三是围绕同一个问题，大家先后到同一个地区、同一个部门去调查，虽然用力不少，但是重复劳动，没有新的进展；有的问题，已经有人做了调查研究，提出了好的解决办法，甚至问题已得到解决，而有的人信息不灵通，又从头对这个问题进行调查，造成人力物力的浪费。

任何一个好的和比较好的调查，从选题上看，都应该毫无例外地抓住群众普遍关心而又急需解决的问题，使人具有新鲜感。譬如1983年年初，中共陕西省委政策研究室评选出1981年、1982年全省各级政

---

① 《毛泽东农村调查文集》，第183页。

策性优秀调查报告108篇。这些调查选题，或者是实践中提出的重要问题，如《知青商店发展中急需研究解决的几个问题》《物价上涨及其控制办法的初步探讨》；或者是关系陕西省经济发展的重大课题，如《秦巴山区生态环境和生物资源开发利用的调查报告》《建设乳品工业基地的调查报告》；或者是某方面工作的研究总结，如《陕北水土保持情况的调查》《关于加快发展我省服装工业的调查》；或者是有关问题的探索、讨论，如《陕西农村能源消耗概况和解决途径的探讨》《三中全会以来我省国民收入、消费、积累的变化特点》；或者是新事物、新经验的反映，如《袁镇川私人开办幼儿学前班》《一个受到群众欢迎的贸易货栈》；或者是提出了一些值得注意的问题，如《科学家李振声的苦恼》《西安知识分子外流严重》等。这些调查，着力于反映贯彻党的十一届三中全会以来路线、方针、政策中陕西省各条战线出现的新情况、新问题、新经验，反映广大干部和群众解放思想、大胆变革所取得的新成果，为各级党委了解情况、制定政策提供了可靠的依据。

二　怎样选题

调查选题在形式上是人的主观意志的表现，属于认识范畴，但是它的内容归根到底来源于客观存在，是客观存在的反映。要使我们的调查研究获得真理性的认识，必须坚持从客观实际出发，使调查选题具有针对性、开创性和可行性，而不带任何主观随意性。所谓针对性，就是调查选题必须针对客观需要，面向现实，解决经济、社会发展中迫切需要解决的问题，为社会主义现代化建设服务；所谓开创性，就是要紧紧跟踪实践的步伐，并站在实践的前沿阵地，研究新情况，解决新问题，勇于探索、创新，开拓新的认识领域，取得新的研究成果；所谓可行性，就是要根据调查研究的主观和客观条件来确定选题，选题要同进行调查研究部门的特点和调查研究人员的状况相适应，在客观条件许可的基础上发扬攻关精神。

那么，怎样才能使调查研究的选题具有针对性、开创性和可行性呢？我们觉得需要把握以下几个方面：

第一，要围绕党的总目标、总任务，明确选题方向。在新的历史时期，我们党的总目标、总任务，就是到20世纪末，在不断提高经济效益的前提下，实现工农业年总产值翻两番，就是要把我们这样一个原来经济文化落后的国家建设成为现代化的，具有高度文明、高度民主的社会主义国家，就是要在5年内实现财政经济状况、社会风气和党风的根本好转。总之，遵循马克思主义所揭示的客观规律，坚持四项基本原则，走改革之路，建设有中国特色的社会主义现代化强国，这就是我们应该坚持的正确方向。我们一定要摆正各项具体工作同党的总目标、总任务的关系。无论哪个地区、哪个部门、哪个单位，都要"议大事，懂全局，管本行"，站在服从于、服务于总目标、总任务的高度，来考虑、安排自己的工作，任何时候都不要迷失方向。因为这是党和人民的根本利益所在。胸中有了总目标、总任务，也就是有了国家建设的大局，有了战略眼光，就能高瞻远瞩，全面地、准确地理解和执行党的方针、政策，就能注意和克服思想认识上的片面性、盲目性，自觉地同党中央在政治上保持一致。我们确定调查研究的选题，也必须以党的总目标、总任务为依据。各地区、各部门、各单位从自己的实际和特点出发，可以有多种多样的调查选题，但是这些选题都必须服从于、服务于全党的总目标、总任务。只有这样，我们才能抓住调查选题的主线，选择那些对当前经济、社会发展具有重大影响的关键性课题。即使我们从事某项非常具体的调查任务，同样不能离开党的总目标、总任务的指导。正如毛泽东同志谆谆告诫的："如果真正忘记了我们党的总路线和总政策，我们就将是一个盲目的不完全清醒的革命者，在我们执行具体工作路线和具体政策的时候，就会迷失方向，就会左右摇摆，就会贻误我们的工作。"①

　　第二，要结合各项工作的实际，提出具体选题。党的总目标、总任务和总路线、总政策，是矛盾的普遍性和共性，具有普遍的指导意义，是我们进行任何工作所必须坚决遵循的。但是，我们不能停留在对它的照抄照转上，必须把它同本地区、本部门、本单位的实际情况结合起来，创造性地贯彻执行。这就要求我们在调查研究工作中，以党的总目标、总任务和总路线、总政策为指导，从本地区、本部门、本单位的实际出发，着重分析矛盾的特殊性和个性，提出实际工作中急需解决的主要问题，选准突破口，拟定具体的调查选题。这些选题，有的范围可能比较小，有的范围则可能比较大。对于比较大的题目，还必须按照它的构成因素，将其分解为一个一个的小题目，从不同角度进行考察和了解，使调查选题具有强烈的针对性。

　　当然，调查选题往往不是一下子就能抓准的。它的准确程度，是随着调查活动的渐进以及人的认识的深化而逐步提高的。人们进行调查研究，开始总难免带有某种盲目性。随着调查活动的深入，情况越来越明朗，事物本质的暴露越来越显著，调查选题的侧重点也就越来越清楚。抓住重点选题，深入进行调查剖析，就可以掌握事物的主要矛盾和矛盾的主要方面，揭示事物的内在联系，求得规律性的认识，找到解决问题的正确途径和办法。例如，我们调查经济效益差这个题目，目的是找到提高经济效益的途径和办法。围绕这个题目进行调查研究，首先要按照已有的知识和经验，大致分析一下形成经济效益的内部的和外部的各种因素。从外部因素来说，如经济管理体制、国民经济各部门发展的比例等；从内部因素来说，如经营目标、生产技术水平、管理水平、职工的思想水平和劳动技能、各种经济责任制的建立情况等。还要注意在评价企业经济效益时，不能仅仅从企业本身的效益来考察，而必须结合整个社会主义社会的经济效益即国民经济的

---

① 《毛泽东选集》第 4 卷，第 1314 页。

1984年，中共陕西省顾问委员会组织委员赴成都、重庆、武汉、广州、深圳、桂林、昆明等地考察学习，前后1月有余，作者作为工作人员随行。这是四位工作人员在四川峨眉山的合影，从右到左为司如、作者、张怀宇、范西城。张怀宇为顾委办公厅人员，与作者曾在一个办公室工作数年

经济效益，综合地进行考察。我们按照这种初步分析从侧面提出一些具体选题之后，再分别选择不同的地区类别、不同的产业行业和企业单位展开调查。在把各个因素的基本情况分别弄清楚以后，就要从总体上综合分析各种因素之间的相互关系和位置，明确重点，深入进行调查，直至找到影响经济效益这一问题的主要矛盾和矛盾的主要方面以及解决的方法。是经济结构和经济体制问题，就要进行调整改革；是企业素质问题，就要抓好企业整顿工作；是生产技术问题，就要开展技术攻关，提高职工的劳动技能；是多种因素的综合影响，就要采取综合治理的方针、政策和办法。这些方针、政策和办法，只有从群众的实践和直接经验中抽象出来，才能达到解决问题的目的。因此，我们说调查选题是随着调查实践的不断深入、人的认识能力的逐渐提高而接近准确的。如果以为有了一个选题就可以一成不变，而不按客

观事物的发展变化自觉地、及时地予以调整，使之更加具体、更加准确，那就难以做到"对症下药"，找出正确解决问题的途径和办法。

第三，要根据不同机关单位的工作特点，掌握不同的选题角度。一般说来，在高一级的领导机关，往往是从研究制定政策的角度进行选题的，调查选题往往带有高度的综合性和横向联系性。譬如研究经济政策，就要考察生产力的发展状况，考察生产关系以及以往方针政策、规章制度是否同生产力发展状况相适应，从而找到调整政策使之同生产力发展状况相适应的办法和途径，以形成正确的经济决策。在实际工作部门，往往是从贯彻执行党和国家方针政策的角度确立调查选题的，重点考察如何把党和国家的方针政策同本部门的实际情况结合起来，从而研究制定具体的规定、办法和措施。同时还要从整体目的性出发，针对本部门的工作薄弱环节，进行调查研究，提出符合整体利益的改进工作的意见和建议。作为综合调查研究部门，它不仅是直接从事调查研究的机关，而且有组织、协调各方面进行调查研究的责任。在确定调查选题时，必须围绕党在各个时期的中心工作，抓住当前经济、社会发展的重大问题，以及那些单靠某个部门无法攻下的综合性、边缘性的问题进行选题；必须立足于当前，着眼于长远，抓住有指导意义和带全局性、战略性的项目选题，必须高度重视那些带倾向性、苗头性和趋势性的选题。对于业务部门的调查研究机构来说，选题的要求又有不同，它应当放眼全局，立足本职，解决本部门业务工作中最普遍、最关键、最急需解决的问题。这样，从各自的特点和主、客观条件出发，从不同的角度进行选题，才能适应不同工作的需要，才能发挥各自的作用和优势，互相配合，协同攻关，避免不必要的重复，也才能使调查选题具有切实的可行性。

第四，要努力发现新问题，认识新事物。社会主义现代化建设是千百万群众所创造的生机勃勃的事业，其中新的事物层出不穷，新的问题也不断地摆在我们面前，勤于发现新问题，不断认识新事物，就成为以改造世界为己任的中国共产党人的一项基本任务，也是确定调查选题的一个重点。实践的发展向我们提出许多新的问题。这些问题，有的是苗头性的，像宋玉《风赋》中说的"起于青蘋之末"的风，开始小得不易觉察，但发展下去，却愈来愈厉害，直至"盛怒于土囊之口""舞于松柏之下"。因此，虽然只是苗头性的问题，只要有代表性，就不能忽视，要锐敏地捕捉，及时地进行研究。有的问题是方向性的，对全局的发展有着巨大而深远的影响，更要认真对待。例如，农业生产责任制的普遍实行，专业户的发展，小城镇和乡镇企业的兴起，带来了农村生产力的解放，促进了商品生产，使我国农村正处在从自给半自给经济向着较大规模的商品生产转化，从传统农业向着现代化农业转化。这是一个大趋势。发展商品生产，就要善于利用价值规律，通过流通环节把产品转化为商品。但是，流通领域的问题相当复杂，牵涉到价格体系、财政补贴以至整个国民经济的调整和改革；同时，现在仓储设施、运输等方面的能力，也适应不了农村商品生产迅猛发展的势头。因此，从实际出发，全面考虑我们的农村流通体制、价格政策如何适应发展有计划的商品经济的要求，目前就显得十分迫切，是实践向我们提出的一个重要问题，需要在调查研究中逐步解决。

精心地关注、研究社会主义现代化建设实践中涌现的新生事物，敏锐地提出有开创性的调查选题，向未知的领域进军，是我们开创调查研究工作新局面的主要着力点。我们所说的新生事物，从本质上说，是指符合自然界和人类社会发展的客观规律，在一定的历史条件下，有着产生和发展的必然性，体现事物发展方向的东西。马克思主义认为，新陈代谢是宇宙间普遍的永远不可抵抗的规律。任何事物内部都存在着新与旧两种因素的对立和斗争，这种对立和斗争使一切事物都处在运动、变化的过程中。平衡、稳定是暂时的、相对的，运动和变化则是永恒的、绝对的。而运动和变化的实际内容，就是新旧事物的交替和转化。正是用这个观点去看待世界，我们才对新生事物抱着热情的、欢迎的态度。应该看到，由于新生事物开始时，往往只是在某些地方、某些方面突破了原来的事物的框框，它在质上和量上还不很显著，容易被人们所忽视，因此，就需要我们极其细心地注意发现它，像古诗里所描绘的那样："小荷才露尖尖角，早有蜻蜓立上头。"同时，由于新生事物往往是不完善的、幼稚的，就需要我们"缜密地研究新的幼芽，极仔细地对待它们，尽力帮助它们成长，并且'照护'这些柔弱的幼芽"①。在当前波澜壮阔的改革浪潮中，全国人民开创社会主义现代化建设新局面的积极性、创造性不断发挥，各行各业都有许多新生事物大量涌现，我们要有预见性，善于发现它们，满腔热忱地支持它们，正确对待它们的不足之处，不能因其暂时还不够完善而横加指责。通过科学的调查研究，不断地揭示这些新生事物的真理性，只有这样，才能保护和发扬人民群众的社会主义积极性和创造性，从而加快社会主义现代化建设的进程。

三　选题应当注意的几个问题

要选好调查研究的题目，除了明确选题方向以外，还需要注意以下几个问题：

第一，大和小。一般来说，调查研究中抓的问题重要，题目就大。但也不尽然。有时候，所提出的问题具有一定的普遍性、代表性，题目未必就大；题目小，反映的问题也未必不重要。大的题目所包含的内容较多、较复杂，往往不是一个人或者少数人所能胜任，也不是短时间就能弄清楚的。有的同志抓住了重大问题，题目也喜欢选得很大，一味求全贪大，费了好大力气，结果问题还是说不透，重点不突出，什么也解决不了。反过来，选个较小的题目，抓住主要矛盾，从一点突破，既容易深入下去，也使人感到具体、实在。这就是

---

① 《列宁全集》第29卷，第387页。

人们常说的"大处着眼，小处着手"。所以，我们在碰到一些比较重大的问题时，就应该抓住它的特点，从一个侧面着眼，使选题尽量小一点，以小见大。有时候，要把大题目分解成若干有内在联系的小题目，从不同侧面、不同层次开展调查研究，最后把这些小题目连贯起来，就是一个有机的整体。我们常见的关于某个地区、某个单位或某项工作的连续性调查，就属于这种类型。

有时候，题目很大，涉及面较广，只有先把所涉及的各个方面弄清楚，才能综合起来进行考察，从整体上提出解决问题的办法。这样的调查需要组织专门的班子，分头进行，通力合作，才能收到好的效果。在调查步骤上，首先要把所涉及的各个方面的问题作为小题目，分头进行专题考察，这些专题考察既为最后形成总的调查报告奠定了基础，本身又是具有一定价值的单行材料。例如，为了促进陕南山区多种经营的发展，1982年，中共陕西省委政策研究室与省级有关委、厅、局和大专院校、科研单位的40多位同志，以安康地区为重点，用近半年时间进行了调查。这次调查，就是从专题解剖入手的。他们划分为若干个小组，围绕陕南多种经营的骨干项目和重点产品，即桑、茶、漆、桐、药、木耳、林、牧，从生产、加工到销售的全过程，分别研究，搞出了14个专题调查材料；然后在这个基础上，着重就粮食和经济作物的关系问题、基地建设问题、生产责任制问题、科学技术问题、加工增值问题、商品流通问题、经济效益问题等，进行综合研究，最后提出了发展陕南山区多种经营的"十条建议"，为省委和省政府决策提供了依据。

第二，当前和长远。社会主义四个现代化建设事业日新月异地发展，新经验、新创造、新问题、新矛盾不断涌现，为调查研究提供了层出不穷、丰富多样的选题。这些题目，既有"热线"的，又有"冷线"的；既有宏观的，又有微观的；既有眼前的，又有长远的。那么，调查研究是多选一些当前急需解决的题目好，还是多选一些关系长远建设的题目好？这显然不能一概而论，更不能绝对化。因为当前和长远是对立统一的关系。两者既是紧密关联的，又是有区别的。当前是长远的必要准备，不立足于当前，不努力完成当前的任务，就没有长远；但是，长远又是当前的必然趋势，不放眼长远，缺乏战略眼光，也就不能正确地指导当前的工作。微观和宏观、"热线"和"冷线"，同样存在着对立统一的辩证关系。我们必须进行具体分析，以求恰当地处理这些关系。反映在调查研究的选题上，就是既要关注现实斗争，把重点放在解决当前工作中的问题上，多选这样的题目，但又不能忽视长远的题目。须知只有解决好当前的问题，才能促进工作，推动事物向将来发展；离开了当前，一切长远都是空话。但是，如果忽视了长远，离开了奋斗方向，缺乏预见，鼠目寸光，就难以保证当前工作沿着科学的轨道前进。"'凡事预则立，不预则废'，没有事先的计划和准备，就不能获得战争的胜利。"①打仗如此，做其他一切工作同样需要我们有预见，有长远打算。因此，关系长远建设的调查题目，同样不能忽视。有的选题，既同长远建设有关，又是当前实际工作中的突出问题，那就更应该着力进行调查研究，认真加以解决。例如，关于某个地区的人口预测问题，就属于这样的选题，需要重视抓好。有些人只喜欢选那些关乎长远建设的题目，认为这样的调查研究更需要从多方面探讨论证，学术价值较高，影响大，而解决当前工作问题的选题似乎就事论事多，意思不大；反之，也有些同志认为只有解决具体现实问题的选题才有价值，而认为长远一点的、带战略性问题的调查，是空谈，没有实际意义。这两种认识都有片面性。具体选什么样的调查研究题目，一是要看现实的需要，二是要根据不同部门的任务和要求来确定。有的部门，主要任务就是研究长远建设的问题，选题当然应侧重在长远方面；有的部门，例如党委部门的调查研究机构，重点就是研究现实问题，对党委提出能马上见效的、对当前施政方针有影响的意见，选题自然应以当前为主。总之，要从本

---

① 《毛泽东选集》第 2 卷，第 484 页。

部门、本地区、本单位、本行业的工作性质和任务的特点出发，不能"一刀切"。

第三，专门与边缘。有些问题，比较专门一点，从本行业、本部门着眼选择题目，就可以得到解决。也有一些问题，如果只囿于一个行业、一个部门，往往弄不清楚，使人有山重水复疑无路之感，只有扩大视野，开阔思路，从与此有关的几个部门、几个行业同时着眼，选择那些互相交叉、互相渗透的部分作为题目，则峰回路转、柳暗花明，问题很容易解决。这就是所谓从边缘上选题目。选择边缘性题目之所以重要，是由事物辩证关系的特点所决定的。我们知道，事物是普遍联系的，世界就是互相联系的统一整体。正如恩格斯说的："辩证法不知道什么绝对分明的和固定不变的界限，不知道什么无条件的普遍有效的'非此即彼'，它使固定的形而上学的差异互相过渡，除了'非此即彼'，又在适当的地方承认'亦此亦彼'，并且使对立互为中介。"[1]随着科学的发展，人们对事物、现象之间所固有的联系的认识就越加深刻、全面和具体了。在各种学科的交界处，在已经建立起来的各种科学之间的被人忽视的无人区，建立起了许多边缘学科。恩格斯在注意到他那个时代的物理学和化学之间的联系所显示出来的发展趋向时，就有预见性地指出："在分子科学和原子科学的接触点上，双方都宣称与己无关，但是恰恰就在这一点上可望取得最大的成果。"[2]现代科学发展的一个重要特点是，在学科的边缘区选定方向，或者在两门不同的学科之间建立把它们联系起来的中间学科，或者在多门不同学科之间建立把它们联系起来的综合性学科，这常常导致科学研究上的重大突破，甚至创立新的学科。如系统论、控制论、信息论等，就是这种向各门学科渗透并把各门学科串联起来的横断学科。现代科学的这种发展趋向，对我们是颇有启发的。同样，在实际工作

---

① 《马克思恩格斯选集》第3卷，第535页。

② 《马克思恩格斯全集》第2卷，第635页。

中，由于事物之间的互相影响、互相渗透，也呈现出了十分复杂的情况，这就需要我们从这些互相影响、互相渗透的边缘区着手；如果单就某一事物本身考察，就不能正确地认识事物之间的联系，就会把复杂的东西简单化，不可避免地要犯主观主义的错误。选择边缘性的题目，要注意两点：一是必须弄清事物之间的"边缘"是什么，对它在不同事物中所占的地位及其关系有个大致的了解，这样就能确定调查的范围和纲目，而不致头绪纷繁，无从下手；二是要组织各有关方面的力量，有分工有合作，同心协力，才能完成任务。

任何选题都是客观存在的反映。要选好题目，搞好调查研究，必须谨记两条最基本的东西：一是坚持实践第一，二是坚持群众路线。只要我们永远不脱离广大群众，不脱离火热的斗争和生活，我们就能把握住群众的脉搏，敏锐地发现新事物，选准题目，通过科学的调查研究，切实地解决矛盾，克服困难，推进社会主义现代化建设事业。

正确认识和社会实践 ①

认识的任务，就是要不断地解决主观和客观、理论与实践之间的矛盾，努力求得它们之间的统一。那么，主客观怎么统一的呢？统一的基础是实践，实践是把主客观统一起来的桥梁。就是说，认识的是非即认识是否符合客观实际，最终只能通过社会实践来解决。实践的观点是马克思主义认识论的首要的基本观点。坚持实践的观点，把理论与实践结合起来，在实践中求得真知，这是我们做好一切工作的基础。

一　树立实践的基本观点

所谓实践，就是人们有目的地改造客观世界的物质活动，即"主观见之于客观的东西"。马克思主义把实践引入认识论，是人类认识史的伟大革命。马克思主义以前的唯物论，总的来说，是离开人的社会性、离开人的历史发展去观察认识问题，不理解实践在认识中的地位，因而未能建立起科学的认识论。同以往的哲学不同，马克思主义从"生活、实践的观点，应该是认识论的首要的和基本的观点"②出

---

① 本文写于 1986 年，为未刊稿。

② 《列宁选集》第 2 卷，第 142 页。

发，科学地揭示了认识对社会实践的依赖关系，把主观和客观的关系同认识和实践的关系联系起来，作为认识论的基本问题加以研究并给予解决，从而建立起科学的认识论。

马克思主义认识论认为，人们对周围的事物既是反映与被反映的关系，又是改造与被改造的关系。周围的物质世界是客观存在，而实践则是人们能动地改造世界的客观的社会活动，他把主观认识同客观事物联结了起来。人们的认识就是在这种能动地改造客观世界的实践运动中产生和发展的。具体来说，人们只有通过实践，才能接触并深入被研究的对象，引起感觉和印象，进而揭示其本质和规律，变客观的东西为主观的东西，即形成认识、思想等，达到主观和客观的统一，这是认识世界的过程。人们也只有通过实践，才能改正主观认识上的错误，变主观的东西为客观的东西，使主观和客观达到新的统一，这是改造世界的过程。认识世界和改造世界这两个过程，都是通过实践来实现的。一部人类认识的发展史，就是在实践中不断产生主观和客观的矛盾，又不断解决它们之间的矛盾，使之达到统一的历史。离开了科学的实践观点，就不可能正确地解决主观和客观的关系问题。

树立实践的基本观点，是我们搞好工作的保证，是中国革命和建设的经验总结。在我国新民主主义革命时期，党内教条主义者照抄照搬外国的经验，否定直接经验对获得真理的重要意义，把外国的经验和马列主义的词句绝对化和神圣化，他们贬低直接经验，甚至把参加革命实践的同志诬蔑为"狭隘的经验主义者"。从认识论上来说，这些人的错误就在于否认实践是认识的来源，不懂得中国革命的理论、路线、方针和政策，必须用马列主义为指导来分析和研究中国的特殊国情才能获得，只有应用马列主义理论于中国革命的实践才能产生。毛泽东同志和其他老一辈无产阶级革命家，经过大量的调查研究和亲身实践，对中国社会的经济、政治状况做了科学的分析，把马列主义的基本原理同中国革命实践相结合，解决了中国革命的性质、任务、动力和对象问题，才取得了新民主主义革命的伟大胜利。毛泽东同志针对党内这种看轻实践的教条主义，写了著名的《实践论》一文，明确指出："无论何人要认识什么事物，除了同那个事物接触，即生活于（实践于）那个事物的环境中，是没有法子解决的。""一切真知都是从直接经验发源的。"①党的十一届三中全会以来，我们正是由于坚持科学的实践观，坚持理论和实践的具体的历史的统一，反对"左"的和右的错误倾向，才能科学地总结我国社会主义建设的实践经验，坚定不移地从中国的实际出发，创出一条具有中国特色的社会主义现代化建设的道路。

在工作中树立实践的基本观点，有这么几点应注意：

第一，坚持实践是认识的唯一来源。人的正确思想，不是从天上掉下来的，不是头脑里固有的，也不完全是照镜子、照相式的直观的反映，它的唯一来源是实践。毛泽东同志曾针对党内一些同志，不知道思想、意见、政策、方法、计划、结论、滔滔不绝的演说和大块的文章是从哪里来的问题，明确提出："人的正确思想，只能从社会实践中来，只能从社会的生产斗争、阶级斗争和科学实验这三项实践中来。"②坚持实践是认识的唯一来源，就要反对唯心主义的先验论，反对关于屋子里"想当然"，而要参加社会实践活动，与客观外界事物接触，获得大量丰富的、合乎实际的材料，再由人脑这个"加工厂"制造出"产品"——指导人们行动的方针、政策、计划、措施等。

第二，坚持基本的社会实践。我们说，所谓实践，指的是社会的人所参加的一切活动，中国古代哲学称为"行"，通俗地说就是"做"。社会实践最基本的形式是人类的生产活动，其次是阶级斗争和科学实验。除过这三大实践的基本形式外，还有一些非基本的实践，例如日常的衣、食、住、行等。我们有些干部，平日养尊处优，

---

① 《毛泽东选集》第 1 卷，第 263、264 页。

② 《毛泽东著作选读》下册，第 839 页。

追求享受，吃喝玩乐，这也可以说是在实践，但他们不是为了党和人民的利益，不到三大实践中去，严重脱离广大劳动群众。显然，就只是当官做老爷的严重官僚主义者的实践，并不是真正的共产党人的革命实践。也有一些领导者，整天忙得很，常常是"眼睛一睁，忙到熄灯"，但他们是忙在办公室内，沉溺在文山会海之中，写批示，发号令，不到生产第一线，对实际情况不甚了了，这只能算是忙忙碌碌的或辛辛苦苦的官僚主义者。因此，我们的干部要自觉坚持基本的社会实践，到群众中去，到实践中去，认真调查研究，取得指导工作的主动权。

第三，也要重视间接经验。我们说强调实践是认识的来源，强调直接经验的重要性，但并不否定认识的相对独立性，不排斥学习间接经验的重要性和必要性。道理很简单，人不能事事直接经验，事实上多数的知识都是间接的东西，这就是一切古代的和外国的东西。然而，这对一个人来说是间接经验，对前人和他人来讲也是直接经验。所以，就知识的总体来讲，任何知识的获得，都必须经过直接经验这一环节，归根结底都发源于人类的社会实践。我们的干部既要努力实践，获取第一手材料和直接经验，也要重视向书本学习，向他人学习，善于吸收各种有益的成分，以丰富自己。

二　坚持理论联系实际的原则

理论和实际的统一，是马克思主义的一个基本原则，把这一原则具体化的党的指导思想，就是坚持马克思主义的普遍真理与中国革命和建设的具体实际相结合；对领导工作来说，它又是一项基本的方法。

作为认识的高级形式的理论，对实际的指导发挥着很大的能动作用。这是因为，科学理论是对大量的实践经验的概括，提供了关于事物的本质和规律的认识，反过来又能指导人们的实践达到预期的目的。马列主义、毛泽东思想之所以能够指导革命实践，就是由于它来源于实践，并为实践所证实是对社会发展规律的正确反映。列宁有一句名言："没有革命的理论，就不会有革命的运动。"①我们认识世界的目的在于改造世界，掌握理论的目的是为了指导实践。理论要发挥指导作用，还必须回到实践中去掌握群众，才能变成改造世界的物质力量。即使是正确的理论，一旦脱离了实际，就会造成主客观相分裂，发生这样或那样的主观主义的错误。只有理论和实际相统一，才能达到主观和客观相一致，获得客观真理。理论与实际相结合是我们取得胜利的法宝。党领导中国革命和建设的历史，就是把马克思主义同中国实际相结合起来的历史。

在领导工作中把理论和实际结合起来，要注意克服两种倾向：

一种是经验主义。这种倾向的表现是一切从经验出发，把感想当政策，轻视理论对实践的指导作用，不研究新问题，不学习新知识，凭着朴素的感情、好的出发点办事。我们说，经验是重要的，过去的经验是从实践中总结出来的，毫无疑问，它对现在的以至将来的工作都会有借鉴意义。但是，把经验绝对化，把局部经验误认为普遍真理，当成医治百病的灵丹妙药，搞经验主义，以不变应万变，就不对了。"守株待兔"的古代寓言，就是对经验主义的讽刺。因为这种经验，还属于一种不完全的知识，还需要总结、上升到理性的高度。《中共中央关于经济体制改革的决定》指出："在新时期的崭新任务面前，不论老中青干部，总的来说都缺乏现代化建设需要的新知识新经验，都要重新认识自己，都要重新学习。那种抱残守缺，老是停留在过了时的经验上的态度，是不对的。"

另一种是教条主义。这种倾向的主要表现是一切从"本本"出发，书上没有的，文件上没有的，领导没有讲过的，就不敢多说一句

---

① 《列宁选集》第1卷，第241页。

话、多做一件事，一切照搬照转；对实际不了解，具体问题不分析，习惯于"一刀切"，一个模式到处套。"胶柱鼓瑟""刻舟求剑"的故事，说的就是这类事。毛泽东同志指出："马克思主义的'本本'是要学习的，但是必须同我国的实际情况相结合。我们需要'本本'，但是一定要纠正脱离实际情况的本本主义。"①教条主义曾给中国革命带来过巨大的损失，我们一定要牢记历史的经验教训。党的十一届三中全会公报指出："一个党，一个国家，一个民族，如果一切从本本出发，思想僵化，那它就不能前进，它的生机就停止了，就要亡党亡国。"只有在马克思主义理论指导下，解放思想，实事求是，才能把我们的事业搞好。

经验主义和教条主义的表现形式不同，但都是以忽视事物及其规律性的客观存在，忽视群众的实践为特征的，因而是要不得的，应该坚决纠正和克服。正确的做法，就是邓小平同志在党的十二大的开幕词中所指出的："把马克思主义的普遍真理同我国的具体实际结合起来，走自己的道路，建设有中国特色的社会主义，这就是我们总结长期历史经验得出的基本结论。"②具体来说，就是要求我们的每一个领导干部，既要懂得理论，用马克思主义武装自己，打好理论根基；又要懂得实际，对实际情况了如指掌。一方面懂理论，一方面懂实际，才能把理论与实际结合起来，才能搞好工作，顺利前进。

应当看到，现在有少数干部对学习马列主义、毛泽东思想不太重视，认为学不学理论没多大关系，把掌握科学理论看作可有可无。这种认识是错误的。恩格斯在《反杜林论》的旧序中，针对德国1848年革命失败后出现的否定理论的倾向指出，"一个民族想要站在科学的最高峰，就一刻也不能没有理论思维"③。理论思维，是指运用辩证唯

①《毛泽东选集》第 1 卷，第 111—112 页。

②《建设有中国特色的社会主义》，第 3 页。

③《马克思恩格斯选集》第 3 卷，第 467 页。

物论的原理，遵循对立统一规律，在相互联系、变化发展中来运用逻辑方法的辩证思维。我们知道，客观实际本身是复杂事物的组合，是多种矛盾的统一体，它既是内容和形式的统一体，也是本质和现象的统一体、一般和个别的统一体，只有提高理论思维能力，才能从现象出发，深入到事物内部，了解并掌握其规律性。而要提高理论思维能力，就必须学习马克思主义的基本理论。马克思主义的基本理论，是包括马克思主义哲学、政治经济学和科学社会主义这三个组成部分在内的严密完整的体系。这一科学体系，为我们提供了根本的立场、观点和方法。只有掌握了马克思主义，领导者才能从世界观、方法论的高度正确认识社会、自然界发展的总规律和总趋势，才能坚持正确的立场、观点和方法，有效地动员、组织群众改造自然、改造社会。中国革命、建设的历史都一再说明：领导干部的马克思主义理论水平的高低，直接关系到革命、建设事业的成败兴衰。理论上的提高是真正的提高。因此，我们的干部必须克服忽视马克思主义学习的偏向，认真地不懈地坚持学习马克思主义的基本理论，提高理论思维能力，确立科学的思维形式，这样才能更好地贯彻理论联系实际的原则。

三　一切经过试验

我们常有这样的体会，经过调查研究，提出了某项重大的政策、计划，如果急于全面推行，效果往往并不理想，有时会出现许多问题，欲速则不达。解决这个问题，就要坚持"一切经过试验"的原则。一切经过试验，待取得经验后再全面铺开，这是在实际工作中坚持马克思主义的实践第一观点，提高自觉性，防止盲目性，把事情办好的重要方法。

这里所说的试验，也叫实验。一切经过试验之所以是科学的方法，可从以下两个方面来认识：

一方面，它符合马克思主义的认识论。人们认识事物，总是从个别到一般，再由一般到个别。一般和个别既有联系，又有区别。认识事物的一般本质是重要的，看不到这点，就看不到各个不同事物之间的共性。但是在用一般指导个别的时候，又必须看到个别所具有的特殊性，将一般和个别相结合。经过试验，逐步推广，就是一般和个别相结合的过程，就是完成这种结合的方法。

另一方面，还要看到，科学实验在人们改造客观世界的活动中具有特殊的作用。人们通过社会实践对客观事物有了一定的认识，在此基础上形成了某种理论，或制订了某种计划、方案，力图付诸实践，达到预期目的。这时可以选择较小的范围或场所，在较短的时间里，通过反复试验，完成从感性认识到理性认识，再从理性认识到实践这么一个完整的认识过程，检验理论或计划、方案的正确与否，予以修改、补充、完善，为全面推行总结出一套正确的方法。

一切经过试验在实际工作中的重要意义，主要表现在以下三点：

第一，进行实际检验，避免不必要的损失。领导机关的决定、决策是否正确，它的适用范围有多大，通过个别试验可以心中有数。如果在个别试验中发现它不符合客观实际，就可及时纠正，防止在更大范围内贯彻推行时所造成的损失；如果发现不够完善，就可进行修正；如果在试验中被证明并不适用于所有的地区、部门和单位，而只适用于某些地区、部门和单位，就可以在执行中把握住这些决定、决策的适用范围，避免一哄而起，大起大落。

第二，起到示范作用，统一人们的认识。百闻不如一见。要让广大群众拥护我们的某项决策、决定，消除他们的疑虑，不能仅靠一般的号召，需要我们搞好试点，让他们在试验的实际结果中去评判，从而决定取舍。广大群众从领导机关的个别试验中看到了党的决定、决策的正确，就会乐于接受，积极贯彻，使之转化为改造自然、改造社会的强大物质力量。这就是我们常说的"榜样的力量是无穷的"道理。

第三，获取实际经验，更好地指导推广工作。毛泽东同志说过，任何领导人员，凡不从下级个别单位的个别人员、个别事件取得经验者，必不能向一切单位做普通的指导。要把领导机关的决定、决策变成现实，需要一整套的方法和措施。但是，这些方法和措施既不能由个别领导者主观地想象，也不能生搬硬套，而是要通过实践去摸索、创造。通过典型试验，把这些决定、决策进一步具体化，就可以发现在执行过程中容易出现什么样的问题，应采取怎样的对策；有的还要从本地、本部门实际出发，制定必要的补充规定；此外，实施的步骤安排、工作方法的要求等等，都主要有赖于在试点中研究、解决。

在进行试点中，要注意这么三点：一是选好点。点既要有代表性，又要多样化，试点不是越多越好，而要少而精，抓紧抓好。二是坚持实事求是的态度。试点需要投入必要的人力、物力和财力，但不能开"偏灶"，搞照顾。那种为了证实自己的观点和主张，或只是为了供人们观赏，而在试点中搞形式主义或人为地拔高，就从根本上背离了马克思主义的思想路线。三是允许失败。科学实验和一般实践的一个重要区别，就在于一般实践活动的主要目的是实现认识，是成功，而科学实验的主要目的是检验认识，成功与失败都能达到目的。试验的过程也是探索的过程。既然是探索，就难免走弯路，失败的事也是常有的。还要看到，有时经过多次试验，才能得出正确的结论，因此不要在初次试验失败以后就轻易采取否定的态度。

在面上推广时，也要注意这么两条：一是对试点经验要有一个科学的态度。试点经验也是共性与个性结合在一起的。属共性的东西，可以在面上推广；属个性的东西，就有局限性。即使属于共性的东西，也不能照抄照搬，在推广中也要结合非试点单位的实际情况。二是即使经过试点，取得了经验，也不能一下子全面铺开，而要按照不同情况，分期分批，一步一步地进行，边推广，边总结，通过创造性的工作，使经验不断地丰富，使工作积极而又稳妥地进行。

四　"摸着石头过河"

十一届三中全会以来，党中央在领导全国人民进行的社会主义制度自我完善的各项改革中，确定的基本原则是胆子要大，步子要稳。就是说，既要坚定不移地把改革搞下去，但在做法上，要走一步看一步，看准了的就坚决去做，看不准的就先试点，发现问题就及时改。这样就可避免走弯路，使工作有充分的回旋可能，立于不败之地。这种方法，用我国劳动人民的一句话来说，就是"摸着石头过河"。

"摸着石头过河"，并非如某些人指责的是"盲人骑瞎马"，缺乏理论准备。它只是一个形象化的比喻，强调了实事求是、一切从实际出发的科学态度，含有深刻的哲理，体现了一种普遍适用的思想方法和工作方法。掌握这个方法，要注意两点：

一是从实际出发，具体情况具体分析。我们知道，面对一条河，要蹚过去，怎么办？最重要的是弄清河的深浅、水流速度以及个人高矮、体力等主客观方面的诸种条件，而不能凭主观想象。《诗经》上就有"深则厉，浅则揭"（《诗经·邶风·匏有苦叶》）的话，是说涉浅水就提起衣裳走过去，涉深水时撩起衣裳无用，只能连着衣服下去。"深厉浅揭，随时为义"（《后汉书·张衡传》），"摸着石头过河"，还体现了矛盾特殊性的观点和事物发展变化的观点。按照唯物辩证法，世界上的事物是千差万别的。不仅各人的身体状况不一样，这条河与那条河不一样，就是同一条河，这一段与那一段不一样，涨水期与枯水期也不一样。同时事物本身也是不断发展变化的，即使同一条河的同一个地方，随着时间的推移，或者出现了突然的情况，今天能蹚过去，明天就不一定能蹚过去。碰到这些情况，都要进行调查分析，从实际出发，使主观认识符合客观实际，因时因地制宜。以上关于过河的道理，也是我们搞好工作所应该遵循的原则和方法。"知己知彼，百战不殆。"我们的工作，大至社会主义现代化建设道路的探索，小至一个企业、一个单位的管理，都应从现有的实际情况出发，对各方面的因素进行周密的思考，审时度势，量力而行，才能获得成功。盲目地提出一些脱离实际的口号，就不能不违反客观规律，造成不可弥补的损失。

二是重在"摸"上。这个"摸"，就是坚持实践的观点，真正摸清情况，摸出规律性的东西来。"摸"的过程，就是探索前进、大胆实践的过程，就是研究问题、解决问题的过程。一个人要知道他能否蹚过这条河流，应先下水试试，摸摸深浅。当他脚踩不到实处，或发现水太深，就不应盲目地向前跨，而应退回来再想其他办法，如花几个钱坐渡船，或绕点路从桥上过去，实在不行干脆等一下，待条件具备了再过去。有人认为，这种办法太慢了，也有点消极。这个看法是不对的。这好比决策，我们每一项重大决策的做出，都要进行充分论证，进行可行性研究，制订周密的方案，使其建立在可靠的客观实际的基础上。在这个过程中，要反复比较，权衡利弊，特别是对有些一时吃不透、拿不准的问题，不要匆忙下结论，而应多看看、多听听、多想想。在普遍实施、推行重大决策时，还要进行试点，以了解它们的科学性和可行性，使之尽量完善起来。这样做，表面上似乎慢了，但由于步子稳了，避免了折腾、反复，实际上是更快了；这样做，看上去是笨功夫，其实是做好工作的前提和基础。因此，这样做也就不是消极的态度，而是积极的尽力而为的做法。

五　在实践中检验真理

认识的目的，就是要达到真理性的认识，以便正确指导实践，使主客观相一致。如何检验真理性的认识？只能靠实践。同样，也只有通过实践，才能发展真理。在实践中检验真理和发展真理，是坚持实事求是的思想路线的根本途径。

真理是人们对客观事物及其规律的正确反映，它的本性就是主观和客观相符合。人的主观认识，包括思想、理论、路线、方针、政策、计划、措施等，只有同客观实际相符合，才是真理，否则就不是真理，而是谬误。所谓检验真理，就是检验人们的主观认识同客观实际是否相符合，符合到什么程度。要进行这种检验，客观事物本身和认识本身，都不能做出回答；只有实践具有直接现实性，能够把思想和客观事物联系起来，使精神见之于物质，主观见之于客观。因此，检验是否真理性的认识，必须通过实践把主客观联系起来加以比较、对照，由实践做出判定。毛泽东同志指出："判定认识或理论之是否真理，不是依主观上觉得如何而定，而是依客观上社会实践的结果如何而定。真理的标准只能是社会的实践。"①社会实践是检验真理的唯一标准。有了这个标准，我们在实际工作中就能分清是非，区别正确与错误。凡是经过实践反复证明了的基本理论、方针和政策，就要坚持；凡是不符合新情况的某些个别结论、具体政策和办法，就要改变，不能墨守成规，死抱着不放。

在实践中检验真理，说起来容易，做起来却不那么简单，还需要我们从理论和实际的结合上注意解决好这样几个问题：

第一，正确认识群众的实践和个人的实践的关系。

我们说在实践中检验真理，这里的实践，不是指孤立的个人的实践，而是指人民群众的社会实践。一切真知都是从直接经验发源的。但是作为每个个别的人，包括担负领导工作的人，他们个人的实践相对来说总是有局限性的，只有群众的实践才是丰富多彩、日新月异的，是取之不尽、用之不竭的认识源泉；只有群众的实践，才是带全局性的，表现本质的实践。正如毛泽东同志指出的："真理只有一个，而究竟谁发现了真理，不依靠主观的夸张，而依靠客观的实

---

① 《毛泽东选集》第 1 卷，第 261 页。

践。只有千百万人民的革命实践，才是检验真理的尺度。"①人民群众是实践的主体，广大人民群众的根本利益同社会发展规律是一致的。因此，某种理论、路线、方针和政策符合广大人民群众的根本利益，为广大人民群众所真心拥护，就证明它与社会发展规律相符合，证明是真理，与之相反的则是谬误。毛泽东同志还结合中国革命的实践经验，把检验真理的实践标准同发展社会生产力统一起来。他指出："中国一切政党的政策及其实践在中国人民中所表现的作用的好坏、大小，归根到底，看它对于中国人民的生产力的发展是否有帮助及其帮助之大小，看它是束缚生产力的，还是解放生产力的。"②在肯定群众的实践的重要性时，也不能完全忽视个人的实践的作用。群众的实践是由无数千差万别的个人实践组成的，没有各种不同的个人实践，也就无所谓群众实践。群众实践由于受历史、生产力和科学技术发展水平等条件的限制，也有其不可避免的局限性。群众实践在一定阶段上也不能完全证实或驳倒某些理论、观点。而真理有时往往在少数人方面。但是一般说来，相对于十分广泛而复杂的社会实践，个人实践在一定范围内只能触及事物的某一方面和事物发展的某一阶段的特性，而不是事物的全面和全过程。因此，个人实践对认识真理性的检验，就带有相对性、不确定性，而群众的实践则带有绝对性和确定性。

第二，对实践效果的检验要采取辩证分析的科学方法。

用实践检验真理，在我们的具体工作中，就是以方针、政策、计划、措施等实施的效果作为衡量方针、政策、计划、措施等的尺度。但是，世界上的事情是复杂的，实践检验真理也不是一目了然的。对一种方针、政策等付诸实践后所产生的效果，应仔细分析，避免简单化。这里要注意区别几种情况：

---

① 《毛泽东选集》第3卷，第623页。

② 《毛泽东选集》第3卷，第980页。

　　一是近期效果和远期效果。一项政策、计划的近期效果是比较容易估计和衡量的，但对远期效果就必须进行慎重研究。有的从近期效果看是可以的，但从远期效果看则是不行的。有的从近期效果看并不十分理想，但从远期效果看却是可行的，这就要求我们既要重视眼前利益，又要着眼长远利益，并且善于把眼前利益同长远利益结合起来。

　　二是直接效果和间接效果。评估一项方针、政策、计划、措施，人们一般比较注意它的直接效果；又由于每一项方针、政策、计划、措施等都有明确的针对性，因此，它的直接效果的好坏，人们也是比较容易看得到和评估的。但是，某一项方针、政策、计划、措施的制定和实施，往往带来新的问题，出现新的情况，这就是间接效果。衡量方针、政策、计划、措施的效果，不仅要重视它的直接效果，而且要看它的间接效果。例如，有的乡镇企业产值高，利润也大，但要看它办得好不好，却不能只着眼于产值、利润，还要看它是否造成环境污染，是否浪费甚至破坏资源，就是说还要考察它的间接效果。只有全面考察它的效果，才能得出正确的结论。

　　三是经济效果和社会效果。经济效果是每一个生产单位所应该追求的，必须克服那种"只要政治账，不算经济账"的认识，但是在追求经济效果的同时，还要注意社会效果，不能单纯追求经济效果。

　　第三，要多次实践，反复检验。

　　在社会实践中检验认识的真理性，就是看它在实践中能否达到预期的目的。一般说来，成功了的，是正确的；失败了的，是错误的。但是任何实践总是在一定的时间、地点和条件下进行的，必然带有一定的局限性，不可能一下子完全或驳倒某种认识。还要看到，实践的成功与失败同政策、计划等的正确与否，也有一些复杂的情况。有时候政策、计划是正确的，但由于方法不当、工作不细等原因，在执行中走了样，造成一定损失。总之，用实践检验真理，并不是一次完成的，往往需要经过一个反复过程，经得住时间和实践的检验。例如，我国实行农业合作化，历史已经证明是正确的，而合作化以来的农村各项经济政策，如集体所有制的形式、生产责任制、自留地、家庭副业、多种经营、集市贸易等等，都是经过了20多年的反复实践，有了正反两方面的经验和教训，直到党的十一届三中全会以后，才基本达到了比较正确、比较稳定的阶段。因此，我们切不可根据一时一地的实践结果，轻易做结论，而要经过多次实践，反复检验，在大量可靠的事实基础之上，做出全面的、历史的、辩证的分析，力求做出比较合乎实际的结论。

决策与实施 ①

我们要搞好工作，达到预期的目的，就必须在调查研究、了解实际情况的基础上进行决策，即制定政策措施，拟制工作计划，决定重大事项等，并且认真贯彻落实，这就是认识世界和改造世界，就是决策的全过程。从马克思主义认识论的观点看，决策属于从实践到认识的阶段。决策活动所包括的认识世界和改造世界两个方面，是认识与实践相统一的过程。这里，我们就来谈谈决策及其实施的问题。

一　科学决策

决策（Decision Making）②一词，虽然是20世纪50年代才在美国开始出现的，但决策作为一项行动的选择，则在人类实践中早已存在。我们党在长期的领导革命和建设的实践中，有着丰富的决策经验，也提出过一些具有创造性的决策观点。但是，也毋庸讳言，我国过去在决策的制度、方式上也存在很多弊端，没有一套严格的决策系统，没有完整的决策支持系统、咨询系统、评价系统、监督系统和反

---

① 本文写于 1986 年，为未刊稿。

② 原意是"做出决定"，后来有人为了文字精练，把它译成"决策"。

馈系统，因而在决策方面发生过重大失误。党的十一届三中全会以来改革、开放、搞活的新形势，迫切要求领导者改变传统的决策观念，把决策的过程从经验上升到理性，使每一项决策理性化，摆脱个人直觉和感情色彩，真正建立在科学基础上。随着软科学研究的不断深入，我们在决策的科学化、民主化方面已有了重大进展。

党的十三届六中全会审议通过的《中共中央关于加强党同人民群众联系的决定》，积多年正反两方面的经验，明确提出要坚持从群众中来，到群众中去，建立健全民主的、科学的决策和决策执行程序，保证决策和决策的执行符合人民的利益。

所谓科学，就是对客观事物及其规律性的系统认识；因此，科学决策就是根据对事物规律性的认识来预测事物发展的方向，从而指导自己有目标地实践。在现代社会里，科学和民主是不可分的；同样，科学决策也包括科学化和民主化两个不可分的、相辅相成的方面。实现决策科学化，首先就要民主化。民主是科学的基础和保证。没有民主化，不能广开思路，广开言路，就谈不上尊重知识，尊重人才，尊重人民群众的创造和智慧，尊重实践经验，就没有科学化。反之，决策民主化必须有科学的含义，有科学的程序和方法，否则只是形式的民主，而不是真正的民主。

实现科学决策，要着重解决好以下三个问题：

第一，要有正确的决策指导思想。

应该明确，决策从本质上说，是一种带有社会价值取向的活动。在不同的决策活动中，包含着许多共同的科学技术手段；但是在一定的社会中，决策总是反映出决策人的社会价值取向及其所代表的一部分人的实际利益。因此，在不同的社会里，决策活动必然存在着不同的价值取向和利益选择。因而也必然存在着特殊的决策观点和决策依据。我们党是全心全意为人民谋利益的党。毛泽东同志曾一再教育广大党员，共产党人的一切言论行动，必须以合乎最广大人民群众的最大利益、为最广大人民群众所拥护为最高标准。我们在领导中国人民进行革命和建设过程中，一向关心群众的利益，把使人民群众得到物质利益和政治权利作为制定决策的根本出发点；还要看到，群众路线是我们党的根本路线和根本工作方法，作为共产党领导机关基本任务的决策活动，只有依靠群众，走群众路线，建立健全民主的、科学的决策和决策执行程序，才能保证决策和决策的执行符合人民的利益。这些，就是我国决策活动的社会价值取向和根本目的，是我国所有决策活动的重要指导思想。

第二，要遵循科学的程序和方法。

为保证决策的科学性，必须遵循科学的程序和方法。科学决策的程序和方法，是决策活动自身运动规律的表现，它实际上遵循着从实践到认识，再从认识到实践的辩证唯物主义认识路线。我们党一贯实行的"从群众中来，到群众中去"的领导方法，符合决策活动的运动规律，体现了科学的决策程序，我们要认真坚持。根据马克思主义认识论和人们决策活动的经验，具体的决策程序大体可以概括为以下3个步骤：

1. 发现问题，确立目标。问题就是矛盾。发现问题是决策的起点，因为有问题要解决才需要决策，有问题也就有了目标。在发现问题过程中应注意两点：一是必须从实际出发发现问题。发现问题是一个主观反映客观、从实践到认识、从外界向头脑输入信息的过程，因此必须遵循马克思主义的认识路线，坚持实事求是，是什么问题就提出什么问题。二是要抓住主要矛盾。领导者面对的问题往往很多，必须善于在众多问题中首先抓住主要的问题。问题提出之后，怎么解决，解决到什么程度，达到一个什么标准，都应提出一个明确的要求，这就是决策过程中确立目标的内容。目标的确立，必须注意到主客观条件，也就是要把握好目标高低的"度"；目标应是明确的，不能模棱两可。确立正确的目标，必须充分掌握所要解决的问题的性质、特点和现状，明确价值标准，并经过科学的预测和认证。

2. 拟订决策方案。就是寻找达到目标的有效途径。但哪个途径最为有效，就需要有多种方案供决策者选择。这是因为，实现目标涉及许多条件和内外因素。多因素的组合，可以设想出多种解决问题的决策方案来。我们以往多是由有关部门提出一个方案就做出决策，这方面的教训是很多的。没有对立面的方案，没有选择余地，没有比较，往往不能进行正确的决策。拟制决策方案，一般分为两大步：第一步为初步设计，即轮廓的设想。就是用系统观点，分析事物中的各种矛盾，然后从实现某一目标的整体出发，以不同的角度和多种途径，勾勒出各种不同的方案。第二步是精心设计。通过冷静的思考、反复的计算、严密的论证和仔细的推敲，完善方案的细节，提出实施本方案所需要的条件，并对可能产生的实践结果做综合估价。

3. 预测评估，方案选优。就是对制订方案阶段所提出的多个预选方案进行综合评价，在比较的基础上进行判断和选择。预测评估和方案选优紧密相连。预测评估是方案选优的前提，方案选优是预测评估的结果。在实际的决策过程中，二者往往是同时进行、不可分割的。这是科学决策的最后步骤。这一阶段通常是领导者的最主要职责，是领导者在决策活动中的"拍板定案"。

以上三个步骤是前后相继、排列有序的，但在制定决策的实践过程中，不能机械地截然分开，随不同内容、不同情况往往有交叉，可以适当合并或跳跃。但是，无论如何，制定决策都必须有严密的科学程序，进行严格的科学分析，反复比较、鉴别和论证；违背了科学程序，就会造成决策失误，给党和人民的事业带来损失。

第三，要严格执行民主集中制原则。

党委在决策过程中要严格执行民主集中制原则，充分发扬民主，认真倾听不同意见，在民主讨论的基础上实行正确的集中。我们的同志应当明确，群众路线和民主集中制，二者相互贯通，互相联结，都是马克思主义认识论在党的工作中的具体运用，都是我们实现正确决策的保证。毛泽东同志在1962年召开的中央工作会议上，从认识论的高度强调了坚持民主集中制的意义。邓小平同志1978年也重申了实事求是和发扬民主的辩证关系。①这说明，我们党历来强调民主集中制的方法论意义。民主和集中是统一的。在决策过程中，没有民主不行，没有集中也不能做出正确的决策。

在决策过程中，要求主要领导者必须带头执行民主集中制原则，充分倾听各方面的意见，特别要注意倾听不同的意见，不搞"一言堂"，不搞"一锤子定音"。但是，我们有些领导同志却自视高人一等，容不得不同意见，不愿进行民主讨论，一意孤行，个人说了算，这是很不对的。这些同志不懂得，不同意见对于正确的决策，有着重大意义：不同意见的发表，实质上等于提出了更多的可供选择的方案；不同意见之间互攻他短，各扬己长，就使各方案的利弊得以充分显现，从而可以取长补短；不同意见的争论可以激发人的想象力和创造力，彼此互相启示，开阔视野，深化思路，从而得到最优方案；不同意见的争论，也是统一决策认识的过程，一旦决策，就应同心同德、上下一致地实施，既减少了阻力，也不易走样，有利于发挥大家的主动性和积极性。因此，领导者必须打掉霸王作风，不是在口头上而是在实际上认真贯彻民主集中制。要造成一种空气，使人们心情舒畅，无所顾忌，敢于争论，敢于发表不同意见，认真开展民主讨论。

决策中正确对待不同意见，还要注意正确对待少数人的意见以及反对的意见。我们在决策过程中，要认真听取各种意见，多数人的意见要重视，少数人的意见也不能忽视。在一般情况下，多数人的意见往往是比较正确的。但有时真理也可能在少数人一边。所以，对于少数人的意见，既要让他们充分发表，还要认真考虑和对待。对于反对的意见，更要耐心地听取和从容地考虑。有的同志在研究讨论中听到反对意见后，就感到不舒服，甚至认为是找岔子，损害了自己的威信，火冒三丈，根本听不进去。这种态度是十分错误的。我们的同志必须出以公心，以党和人民的利益为重，重视那些反对的意见，坚持

---

① 参阅《邓小平文选（一九七五—一九八二年）》，第134—135页。

实事求是，在认真比较、分析的基础上，接受合理的反对意见或者反对意见中的合理部分，舍弃原来认识中的错误的或者不成熟的部分，纠正我们认识上的偏差和片面性。这样做出的决策就能够更加符合客观实际，工作也会搞得更好。

党委在重大问题的决定上，要实行表决。按照民主集中制的要求，党组织讨论决定问题时必须遵循少数服从多数的原则。由于我们过去对讨论决定问题的形式没有做出明确规定，在党的实际政治生活中又很少按照表决方式决定问题，就容易造成个人或少数人说了算的不正常状态。邓小平同志曾批评这种现象说："党内讨论重大问题，不少时候发扬民主、充分酝酿不够，由个人或少数人匆忙做出决定，很少按照少数服从多数的原则实行投票表决，这表明民主集中制还没有成为严格的制度。"①党的十三大对党章进行了修改，明确把表决制度写入党章。因此，要建立和完善党内表决制度。对于重大问题，通过表决来决定。个人有不同意见，允许保留，但必须服从和执行集体的决定。

二　加强决策研究咨询工作

搞好决策工作，坚持科学决策的程序和方法，不只是领导者的事，还必须依靠决策研究咨询机构，发挥它们的"智囊团""思想库"的重要作用。要看到，在改革、开放和社会主义现代化建设深入进行的今天，我们面对的是复杂的经济现象和社会现象。领导者必须善于处理复杂多变的新情况、新问题，从战略到策略，从宏观到微观，从全局到局部，从经济效益到社会效益，都要做出全面、科学的论证，制定和实行符合客观实际的决策。在这种情况下，做出一项比

---

① 《邓小平文选（一九七五——一九八二年）》，第290页。

较重大的决策，需要丰富的社会科学知识、自然科学知识以及有关方面的专门知识，而这往往不是一个人或少数人所能具备的，就必须借助于决策研究咨询机构，依靠各类专家，运用现代科学方法和先进技术手段提供决策咨询方案，为决策服务。这是实现决策民主化、科学化的一个重要和有效措施。

决策研究咨询机构没有决策权力，但却是决策机构和决策者的参谋部，起着十分重要的作用。它以科学研究的成果帮助领导者掌握信息，洞察形势，出谋划策，为决策服务。决策研究咨询机构之所以能发挥如此重大的作用，是因为：（1）它由各方面的专家、学者组成，科技知识水平高，作为一种团体，由于知识的互补，整体功能好；（2）它用科学的理论和方法进行考察和研究、预测和规划，效能很高；（3）它组织上独立，地位比较超脱，观察问题不易囿于本身的局部利益，认识比较客观；（4）横向联系广，信息渠道多，具有广阔的科学视野，了解情况和反映问题敏锐。因此，充分重视和发挥研究咨询机构的作用，领导者就能尽量扩大自己的智能基础，就能集思广益，全面权衡利弊得失，对情况做出切合实际的了解、判断和评价，从而有利于做出正确的决策。

党的十一届三中全会以来，随着改革、开放的深入，社会主义现代化建设事业的蓬勃发展，我们党和国家的决策过程发生了重大改革，决策研究工作有了很大起色，为决策服务的各类咨询机构也应运而生。大致有这么几种组织形式：一是专门的政策研究机构；二是决策科学的专业研究机构；三是各级科技情报机构、信息资料中心；四是各级专家委员会、学术委员会；等等。重视和加强决策研究、决策咨询机构的工作，应着重解决好以下三点：

第一，进一步提高对决策研究的认识，加强对决策研究咨询机构建设的领导。

决策研究咨询机构是通过决策研究、决策咨询来履行其职责的，它是一个智能机构、智能群体，是产出科学的观点、建议、方案的思想库，是为各级领导者决策服务的。领导者应该十分珍惜和尊重这种服务。但是，我们有些领导同志对此还缺乏足够的认识，认为决策研究机构不出钱、不出物，似乎可有可无。这种认识是错误的。根本原因是某些领导者不懂得决策研究工作的重大意义。要认识到，无论是决策或决策的执行，都离不开决策研究。建立各种形式的决策研究咨询机构，开展经常性的决策研究，有利于保证决策的正确，减少失误。决策研究也是实施决策的重要保证。通过决策研究，能够提高各级领导者和决策执行者对决策的理解和把握的水平，增强创造性地执行决策的能力，从而有利于决策的顺利贯彻。因此，领导者必须重视决策研究工作，加强对决策咨询机构建设的领导。

第二，支持决策研究人员的工作，发挥决策咨询机构的作用。

决策研究应该只尊重客观事实，崇尚真理，不迷信权威，不屈从个别领导人的意志；一切结论不能产生在研究工作之前，只能产生在研究工作之后，产生在经过实践的检验之后。因此，领导者要支持、鼓励研究人员发扬实事求是的精神，勇于独立思考，要使他们提出的意见、方案，不为某些部门的利害所影响，不为某些人的好恶所左右。这里需要强调四点：一是不能把协助领导决策的决策研究机构等同于秘书班子。秘书班子的任务是贯彻领导的意图，而研究咨询机构工作者是以独立的科学研究为领导决策服务的，衡量他们工作的好坏，在于能否提出真知灼见。二是必须让专家根据客观事实得出自己的科学结论。三是创造民主、平等、协商的良好环境。只有坚定不移地执行"百花齐放，百家争鸣"的方针，创造高度学术自由的气氛，才能才思泉涌，触类旁通，独立思考，提出真知灼见；也只有在高度的政治民主空气中，才能力排众议，言无禁忌，慷慨陈情。四是要把向专家咨询与向有实践经验的人学习结合起来。在我们的各级研究咨询机构中，应当吸收一些优秀的有真才实学的专家，也要充实一些有丰富实践经验的干部，并通过他们联系更多的人才，集中各方面的智慧，使他们能够真正发挥智囊的作用。

第三，要加强组织建设，充实、稳定、提高决策研究队伍。

各种形式的决策研究咨询机构都应发展。这里，着重谈谈加强各级党政机关政策研究室的建设问题。在目前众多的决策咨询研究机构中，各级党政机关的政策研究室起着相当重要的作用。作为政策研究的专门机构，它的主要任务是：紧紧围绕中心工作，就政策性、战略性以及其他重大问题进行调查和研究，并根据研究的结果，提出决策建议；根据需要，参与重要文件的起草工作，积累并编印有关资料，供领导同志参阅。党政机关政策研究机构与咨询公司一类智囊机构的区别，在于它不仅是为决策部门提供决策方案，而且更重要的职责是帮助决策部门选择决策方案。这类研究机构的突出特点是：一是从组织上，它的建立为领导决定重大问题配备了一批专门的研究人员，他们可以摆脱具体业务，专心致志地从事政策问题的研究；二是他们研究的课题都是比较重大的、急需解决的"热点问题"；三是他们由于身居领导机关或政府业务部门，有条件接触到各方面的有关资料；四是他们有充足的时间收集各种情况、资料，可以广泛地接触各方面人士和深入实际，全面细致地了解掌握情况；五是有条件担负起协调各类智囊组织的职责。因此，必须加强政策研究室的建设，选择有较高政治理论水平、政策水平，并有实践经验、热爱政策研究工作的同志充实政策研究队伍。

三　依靠群众与领导带头

我们共产党人所从事的一切事业，都是人民群众的事业，都依赖于和决定于人民群众的自觉与自愿，否则就将一事无成。同样，我们的一切决策，不论如何正确，要是没有广大群众的直接的拥护和坚决的贯彻，也都是无法实现的。毛泽东同志对此有不少精辟的论述。他说："我们的政策，不光要使领导者知道，干部知道，还要使广大的群众知道。……群众知道了真理，有了共同的目的，就会齐心来做。……群众齐心了，一切事就好办了。马克思列宁主义的基本原则，就是要使群众认识自己的利益，并且团结起来，为自己的利益而奋斗。""善于把党的政策变为群众的行动，善于使我们的每一个运动，每一个斗争，不但领导干部懂得，而且广大的群众都能懂得，都能掌握，这是一项马克思列宁主义的领导艺术。我们的工作犯不犯错误，其界限也在这里。"[①]实践证明，只要我们真心实意地相信群众，坚定不移地依靠群众，党的正确的路线、方针、政策就会变为群众的自觉行动。

依靠群众贯彻落实决策，就要向群众做好决策的宣传教育工作。我们的决策虽然是从群众中来的，是和群众的根本利益和愿望相一致的，但由于它是系统化、集中化了的群众意见，因此它同群众中的一些具体认识就有一定的差别，不一定会立即被所有的群众所理解、所接受。因此，就要向群众做艰苦细致的宣传动员和解释教育工作。这种宣传教育，贯穿于决策实施的各个环节，需要紧紧联系实际进行。在决策的宣传教育中，必须注意做到准确、全面。所谓准确，就是要吃透决策精神，准确地向人们宣传决策的内容，不能各取所需，也不能凭印象出发，搞想当然。特别是一些重大的政策界限，更要正确地向群众宣讲，不能含含糊糊，似是而非，也不能简单化。还要教育干部群众从我们党和国家的总目标、总任务出发对待决策，正确处理和协调集体利益和个人利益的关系。所谓全面，就是运用辩证的思维，把握决策的各个要点、各个方面，使干部群众对决策有一个完整的了解，不能忘记同其他方面的联系而孤立地强调一方。在有关方针、政策的宣传中，要克服片面性，防止左右摇摆，防止从一个极端走向另一个极端，防止一种倾向掩盖另一种倾向，并注意决策的连续性，宣传党的具体政策不能离开党的总路线、总政策。

---

① 《毛泽东选集》第 4 卷，第 1317、1318—1319 页。

　　把决策交给了群众，并不等于就能很快变为群众的自觉的行动，还需要实施正确的领导，做大量艰苦细致的工作，合理地科学地组织起来，才能保证决策的切实贯彻，要把群众组织起来，既要有一般的号召，又要从事于个别的具体指导；既要有一个精干的、联系群众的领导骨干，又要与广大群众的积极性相结合。为了更好地组织群众贯彻决策，还要在工作中关心群众生活，注意解决群众的实际问题。

　　我们强调在决策实施过程中紧紧依靠群众；同时，我们也十分重视领导机关和领导干部在贯彻执行决策中的带头作用。依靠群众与领导带头，这是互相联系的两个方面。列宁说过"群众主要是从亲身的经验中学习"①。领导机关和领导干部的思想作风如何，能否带头执行决策，对决策的落实影响很大。在这个问题上，我们的领导机关和领导干部一定要有充分的足够的认识。这是因为，群众往往是根据执政党各级干部特别是领导干部的言论，尤其是行动来看待党、评价党的，影响所及，关系到群众的情绪和积极性，关系到党的威信以及革命和建设事业的成败，决不可等闲视之。在这方面，人们总结了不少经验，例如"喊破嗓子，不如做出样子""打铁先得本身硬"等，说的都是一个道理。身教重于言教。无声的榜样胜过有声的命令。领导者为人表率，才有资格去教育群众、说服群众和带领群众为实现党的路线、方针、政策而奋斗。因此，要求群众做到的，自己首先做到；要求群众不做的，自己首先不做。否则，领导"唱功好，做功差"，台上讲得头头是道，慷慨激昂，台下却不和自己行动对号，那就会上行下效，妨碍决策的正确贯彻。

　　领导机关和领导干部要带头执行好决策，就必须正确地严肃地对待决策。我们党和政府的各项决策，特别是有关方针、政策的重大决策，是在马克思主义理念指导下，根据党的政治路线以及革命和建设的具体实际制定的，是符合无产阶级和广大人民群众的根本利益

---

　　① 《列宁全集》第9卷，第133页。

的，是指导工作、分析和处理各种复杂问题的依据。为了保证党的政治路线的实现，必须保证作为政治路线具体体现的各项方针政策能够得到认真的执行。只有统一政策，才能统一行动，步调一致地去夺取胜利。因此，对于党的方针、政策，必须采取严肃的态度，不准采取阳奉阴违、各行其是、各自为政的错误态度，不能合意的执行，不合意的就不执行，公开地或者变相地进行抵制，甚至随心所欲，标新立异，以感想代替政策，擅自另定什么"政策"；不准在群众中公开散布与党的方针、政策相反的意见，造成群众对党的方针、政策的误解和混乱。这里需要强调指出的是，各级领导必须坚持反对"上有政策，下有对策"的错误做法。应该明确，政策是党和政府为了完成某一任务而制定的行为准则，规定了什么该做，什么不该做，该怎么做，不该怎么做，以保证任务的完成。"对策"，即对付、应付的策略和办法，这是钻政策的空子，甚至歪曲政策以搞不正之风的恶劣行为。一些人把自己摆在国家整体利益的对立面，站在本单位、小团体的立场，抵制、干扰甚至破坏政策的实施。我们的领导同志一定要增强党性观念，从大局出发，坚决反对和纠正这种错误做法。

领导机关和领导干部还必须维护决策的严肃性，严格党的纪律，反对在决策问题上的无纪律状态和无政府状态。我们党历来重视这个问题。1948年，我党曾提出用最大的努力，克服在路线、方针、政策问题上的无纪律状态和无政府状态。当时之所以提出这个问题，因为这一年正是我国革命发展的极其重要的时期，中国共产党即将成为执掌全国政权的党。但在当时，一些党、政、军领导机关由于长期处于游击战争和被敌分割的环境中，形成相当严重的无政府状态和无纪律状态。例如，在执行土改、统一战线、工商业、宣传教育等方面的政策时，往往出现不经中央（或中央委托的领导机关）的同意，自由地、迫不及待地擅自修改中央的政策，执行自以为是的违背中央的路线和政策；在工作繁忙的借口下，采取事前不请示、事后不报告，多报功绩、少报错误缺点的不良做法，将自己管理的地方，看成一个独立王国。为了克服这些严重妨碍统一意志、统一纪律、统一行动的分散主义现象，党中央自1948年1月以后，连续多次发出指示，采取了一系列措施。由于我党坚决而又及时地纠正了在方针、政策问题上的无纪律状态和无政府状态，把全党的思想统一在党的正确路线、方针、政策上，从而夺得了解放战争的伟大胜利。党的十一届三中全会以来，党中央既要求各地解放思想，从实际出发，创造性地贯彻中央的各项政策，同时又强调要认真执行党的纪律，维护政策的严肃性。《中共中央、国务院关于一九八六年农村工作的部署》就指出："今后，各个地方和各个部门要维护党的政策的严肃性，提高执行政策的自觉性，在重大政策问题上不得各行其是，修改不适合情况的过时政策，必须通过民主集中程序。需要变通执行的，也必须请示报告，经过批准。执行中遇到困难时，要调查研究，积极探索，发挥主动精神，不能知难而退。"我们一定要遵循中央的指示，增强纪律观念，维护决策的严肃性，正确地、百折不挠地贯彻执行各项方针政策。

四　安排部署与检查督促

制定了决策，就要实施。前面谈的依靠群众与领导带头，都是实施中的重要方面。但是，要把决策化为实际行动，以达到预期的目的，还必须要有具体的组织工作。如果没有踏踏实实的组织实施工作，任何正确的决策也不可能实现，只能流为空谈。从这个意义上说，正确地进行决策固然重要，而组织实施尤为重要。安排部署、检查督促，就是组织实施过程中两项十分重要的具体工作。

安排部署，就是准备并创造实施决策的各种必要条件，主要包括三个方面：

一是拟订实施计划。任何一项决策，只是提出了确定目标和实现目标的基本途径，而不能代替具体的实施计划。在实施中，必须编制出具体的实施计划，确定实施步骤，安排进度。实施决策的计划一般可分为总体性计划、阶段性计划和局部性计划。总体性计划实际上是贯穿实施决策方案全过程的整体计划。但是，决策的实施需要一个过程，因此要根据实施决策本身的阶段性，编制每一个阶段的分期执行计划，即阶段性计划。同时，决策是一个由多种要素有机组成的系统，实施时还需要编制每一个要素的具体执行计划，这就是局部性计划。在编制计划时，要对实施中可能发生的问题做充分估计，留有余地，以便在执行过程中对偏离目标的情况实行有效的控制。

二是组织落实工作。这主要有两方面：其一是机构问题。原有的体制和机构如果基本上是适应的，那么只要做相应的调整就行了。如果不完全适应，那就或增或减，使之成为一个符合要求的体制和组织。为了保证有些重大决策的贯彻，需要设立专门的新机构。当然，在一般情况下不需要成立新的机构，以免叠床架屋，反而效率不高，影响决策的迅速落实。其二是干部问题，就是要慎选人才，负责决策的执行。"领导者的责任，归结起来，主要地是出主意、用干部两件事。一切计划、决议、命令、指示等等，都属于'出主意'一类。使这一切主意见之实行，必须团结干部，推动他们去做，属于'用干部'一类。"[1]要知人善任，把得力的干部安排在关键性的领导岗位上。这一点十分重要。没有这一点，"一切命令和决定不过是些肮脏的废纸而已"[2]。只要关键岗位上的干部得力了，他们就能根据情况的变化灵活机动地贯彻决策，就能团结和调动下属和群众主动地落实决策。

三是落实力量，协调关系。实施决策要有一定的物质保证，这就要把所需的财力、物力和人力相对集中使用。在任务很多的情况下，还要抓住重点，学会"弹钢琴"，正如列宁所说的："管理和决策的

---

① 《毛泽东选集》第2卷，第527页。
② 《列宁全集》第35卷，第542页。

全部艺术在于，适时地估计并了解应该把主要力量和注意力集中在什么地方。"①一项比较重大的决策，仅靠某个部门往往难以实行，还需要把有关方面的力量都组织到实施决策上来，协调好各方面的关系，互相配合，共同完成。应该明确，领导者协调的目的，就在于把各个局部职能联结在一起，形成新的"合力"。因此，一个领导者在精心组织决策实施过程中，不仅要使所属各部门、各单位、各成员都能忠于职守，防止失职现象发生，而且还要使所属各部门、各单位、各成员之间，能够分工合作，相互配合，避免顾此失彼和互相扯皮的问题出现。

不仅要有周密的安排部署，而且要有及时的检查督促。列宁说过："审查工作人员和检查实际执行情况——现在全部工作、全部政策的关键就在于此。"②检查督促的目的，就在于使信息反馈回路畅通，及时掌握执行进度，发现偏离目标的现象，并根据实施中所发生的不同性质的矛盾，做出相应的处置，以保证决策的正确实施。

检查督促工作，主要包括两项内容：

一是对于决策贯彻执行情况的检查。即检查对决策是在执行呢，还是被官僚主义者束之高阁了；是认真执行呢，还是被敷衍塞责，应付了事了；是正确地执行呢，还是被歪曲了。此外，还要检查在执行决策过程中，采用了什么手段和方法及其是否正当，是否遵守纪律，有无违法乱纪现象，以及执行过程中出现了什么问题，遇到了什么困难，等等。应当看到，即使是完全正确的决策，也常有少数地区或单位不去执行。他们对党和政府的决策采取了极不认真、极不严肃的态度，有的是工作马虎，拖拖拉拉，落而不实；有的是阳奉阴违，软磨硬推；有的甚至顶着不办，拒不执行。通过检查督促，对那些不认真贯彻实施决策的地方或单位，以及工作不得力的干部，可以起到

---

① 《列宁文稿》第3卷，第200页。

② 《列宁全集》第33卷，第197页。

陕西扶风法门寺古塔倒塌于1981年8月，这张照片拍于古塔未倒前。最晚也是1981年前半年所拍，当时，陕西省委政研室副主任何金铭同志带领作者等在咸阳、宝鸡调研。从右至左为郭华、叶梃、何金铭、作者、司机李浩奇。记得相机是我带的，所用胶片为"航空胶卷"，简装，效果实在不好。何金铭同志曾任中共陕西省委秘书长。他是一位思想极为活跃又极有才华的人，退休后任陕西三秦文化研究会会长，20多年来几乎每年出一本书。1995年作者收到他所赠《长安食话》，曾写了一首诗："岂惟文物冠天下，饮馔三秦源亦长。究考珍馐求典艺，采持乡野上高堂。名扬尽道曲江宴，风靡堪夸同盛祥。彩笔四年君漫话，寻思掩卷齿犹香。"

推动、促进的作用。还要看到，实施决策是一项复杂的工作，由于多种原因，在执行中会出现这样或那样的问题，影响或阻碍工作的顺利进行。通过检查督促，对于那些认真贯彻决策，但工作中确有困难，或者在执行中出现偏差的单位，可以帮助发现、弄清问题的性质和症结，给予指导，及时解决。

二是对决策本身的检查。任何决策都是主观对客观的反映，是领导者思想加工厂的产品，由于主观认识和客观条件的限制，往往只能是基本正确和接近实际，某些决策在实践中行不通或不能解决实际问题，也是有的。所谓对决策本身的检查，即检查领导机关制定的决策是否符合具体实际情况，究竟可行还是不可行，以及可靠的范围和程度怎么样；运动、变化、发展的实践，对实施中的决策提出一些什么样的新问题，哪些需要修改、补充、完善，是需要全部修改还是部分修改，等等。检查督促的过程，就是把决策放到实践活动中检验，从中发现主客观不一致的地方，通过纠正，达到主客观相一致的过程。

检查督促决策的贯彻执行情况，应注意这么几点：一是要在实践中检查。就是说，检查决策贯彻情况，不能光听口头上讲，不能只看纸上的计划，而必须到贯彻决策的实际中去，到群众中去，认真听取群众的反映，具体考察决策的执行情况。这里，尤其要防止搞花架子、做表面文章的现象，不为假象所迷惑，善于发现实施决策中存在的各种问题。二是检查督促工作要及时进行，不要等到问题成了堆，闹出了许多乱子，才去开总结会，算总账，进行纠正，要注意经常和下面的工作保持密切联系，随时掌握整个工作进程。这种检查也不是偶尔的一次了事，不能时断时续，而要建立一定的制度，有系统地经常地进行。三是必须有领导者亲自参加。领导者在做一般性了解、掌握面上情况的同时，还要深入检查一些单位或地方，抓住一两个典型，总结经验，教育和带动其他。领导者要注意把检查与指导服务结合起来，即不仅指出下面执行决策中存在的问题，而且要加强具体指导，帮助解决问题，或提供有关的必要条件。四是建立健全监督机构。监督机构的人员要党性强、作风正、无私无畏、刚直不阿，由具有这种品格的人组成党、政机关和企事业单位的监督机构，才能保证领导系统有令必行，有禁必止，顺畅而又准确地贯彻各项决策。

五　注重决策反馈

决策属于主观范畴，它是否正确，并不是在制定时就能够判定的，需要通过实践才能看出它是否正确地反映了客观外界的规律性。就是说，在决策实施中，还要不断地了解情况，不断地修正方案，使决策同客观实际相结合，这一过程就是决策反馈过程。决策、执行、反馈、修正，再决策、再执行、再反馈……如此不断地螺旋式上升，就能使决策更完善、更科学、更有效。

反馈是控制论中的一个重要概念。所谓反馈，通俗地说，就是由控制系统把信息输送出去，又把其作用结果返送回来，并对信息的再输出发生影响，起到控制的作用，以达到预定的目的。反馈是客观世界一种极为普遍的现象。例如，在人体运动中，大脑通过信息输出，指挥人体各部分的各种运动。同时，大脑又接收来自人体各部分与外界接触所发回的反馈信息，不断调节，发出新的指令。如果没有反馈信息不断输入大脑，那么人体运动就达不到它预定的目的。决策活动也是如此。在实际工作中，我们一些决策失误，而且延续时间很长，一方面是由于非科学的决策，另一方面也和缺乏有力的控制、监督系统有关。为了及时检验决策正确与否，就必须重视决策反馈，建立有效的信息反馈系统，及时把原决策与客观情况之间存在矛盾的信息输送给决策者，以便对原决策进行必要的修改和补充。

马克思主义的认识论告诉我们，由于人的认识总是受到科学技术条件和客观事物发展过程中暴露程度的限制，所以在实际工作中，我们所制定的各项决策，一般地说，毫无改变地实现出来的事是很少的，而是随着情况的发展在变化，部分地改变思想、理论、计划、方案的事是常有的，全部地改变的事也是有的。即是说，原定的思想、理论、计划、方案，部分地或全部地不合于实际，部分错了或全部错了的事，都是有的。因此，决策方案需要在实践中接受检验，不断地修正、补充、完善。在决策实施过程中，大致会出现三种情况：一是决策方案基本正确，但在某些局部性或个别非主要问题上与既定目标有偏离，决策方案与原来的客观实际之间存在非根本性的不符；二是决策方案总体正确，但与新出现的情况或偶然因素有着某些非根本性的不符；三是目标方案选错或出现新的情况，使原定决策方案无法实施。上述三种情况，都要通过信息反馈传输到决策机关，使决策机关及时接收实施过程中不断变化的信息，以便及时修正决策方案，或做出相应的追踪决策。

要及时准确地搜集、整理反馈回来的信息，就必须建立信息反馈系统。科学决策有两个重要条件：一是要有科学的决策程序，另一个是要有严密的、有效的领导体制。这个领导体制由智囊系统、决策系统、执行系统和反馈系统四个部分组成。这四个部分构成现代领导体制的有机整体，它们既分工明确，又相互配合；不是可有可无，而是不可或缺的。我国目前的决策反馈渠道有这么几个方面：一是领导机关的信息渠道，即党政机关本身的自我反馈；二是监督信息渠道，即各级人民代表大会和各级政协、各民主党派、各级纪检监察等的监督反馈；三是新闻信息渠道，即以新闻为媒介的间接反馈；四是民间信息渠道，即来自人民来信来访的直接反馈。应该看到，我们虽然有了这些反馈渠道，但情况的反映是不灵敏的，信息的来源是单一的和不完全的，在信息反馈上普遍存在着信息数量少、信息传递慢、重要信息漏报、反馈信息失真、信息质量差等问题。解决这些问题，就必须建立专门的信息反馈系统，并且努力形成多渠道的信息反馈网络。

要使信息反馈发挥应有的作用，就要在信息的筛选、加工、传递上下功夫。

第一，搞好筛选，提高信息质量。

信息反馈系统形成后，各种信息源源而来，但如果对来自各方面的大量信息材料不注意筛选，而采取有闻必报，"以多取胜"的办法，就会形成新的"文山"，使领导陷入浩如烟海的信息堆里。筛选是在受理的基础上进行的，根据需求，从大量、繁杂的反馈材料中筛选有用的信息，特别是那些带有动态性、萌芽性、苗头性的信息，提高信息质量。对反馈信息的筛选，一般有这么几种方法：一是综合筛选法，即将所有决策信息按系统分析，筛选有价值的信息；二是单相筛选法，即发现某一有代表性的典型问题，再通过调查论证揭示这一问题存在的普遍性；三是对比筛选法，即将涉及同一决策的两种截然相反的反馈意见和情况进行对比分析，从中选择接近或符合真实情况的一种；四是类比筛选法，即将涉及同一决策的多种相同或相近的意见和情况进行类比分析，择优而取。

第二，搞好加工，揭示信息本质。

加工是揭示反馈信息本质，提高输送信息质量的必要手段。目前，还存在对信息的综合和深度加工不够的问题，零星的动态性初级信息多，经过深入调研综合加工分析的信息少。对于反馈信息，必须坚持实事求是的科学态度，反对弄虚作假，同时要坚持辩证唯物主义的观点，进行认真的综合分析，由此及彼，去粗取精，从零碎到系统，从中找出带有规律性的东西。对于不同情况的反馈信息，要分别进行粗加工和细加工。

第三，搞好传递，实现信息的价值。

传递是指信息流通，它是信息最根本的特征之一。信息的价值是在流通中得以实现的，离开了流通，就等于失去了信息的价值。信息又有很强的时效性，它的使用价值的大小与提供的时间成反比，时间的延误，会使其价值衰减或消失。如果对决策反馈信息筛选、加工、传递不及时，延误了时机，就会使应该修订的决策不能尽快修订，应该纠正的失误不能迅速纠正，应该减少的损失不能最大限度地减少。信息反馈工作涉及许多环节，任何一个环节工作失误，对信息的输出都要产生影响。要做到传递及时，就必须注意传递方法的灵活性，改革陈规陋习，减少环节，简便手续，特别应注意提高机关工作效率。对一些带有全局性和突发性的重大信息，更要及时反映，不应间隔时间过长。

第四，必须重视信息负反馈。

信息反馈，有正的也有负的。如果反馈使系统的输入对输出的影响增大，导致系统的运动加剧发散，这种反馈叫正反馈；如果反馈使系统的输入对输出的影响减少，使系统偏离目标的运动发散趋向于稳定状态，叫作负反馈。领导机关在决策实施过程中运用反馈控制原理，从通常所说的"报喜"中，了解执行中的成效，推广好的做法和经验，其效果是加快向既定目标前进的步伐，这种信息反馈称为正反馈；反映贯彻执行中的问题、失误，即通常所说的"报忧"，使领导采取措施，以缩小或消除同既定目标的差距，这种信息反馈称为负反馈。在决策实施过程中，正反馈、负反馈都是需要的，负反馈尤其需要。负反馈能起到正反馈所不能起到的作用。我们制定和实施决策的目的，是为了解决问题，如果做出的决策与客观实际有差距，或者在实施过程中出现了新的情况、新的问题，而我们却只把眼睛盯在已取得的成绩和经验上面，看不到存在的问题，那么问题不仅得不到解决，甚至会越来越大，这就不能有效地制定和实施追踪决策；如果再有意识地夸大成绩，拒绝负反馈，更会铸成大错，酿成大祸。这方面我们的教训很多。

　　搞好信息负反馈，最根本的是要端正实事求是的思想路线。我们的干部要发扬我党"说老实话，办老实事，当老实人"的优良传统，自觉克服私心杂念。"忧"和"喜"是客观存在的。在向上级反映情况时，要有一说一，有二说二，光明磊落，胸怀坦荡，既不夸大成绩，也不缩小缺点和问题。作为上级机关，不但自己要实事求是，还要鼓励和支持下级实事求是地反映问题，支持信息工作人员如实上报情况，不捂不盖，不给反映问题的人"穿小鞋"。各级信息工作人员也必须坚持实事求是，树立对党对人民高度负责的精神。要有坚持真理、刚正不阿的品德，不能看领导脸色行事，不能对上级封锁信息或弄虚作假，不能搞倾向性调查，不能按领导划定的框框去收集信息。另外，还要加强学习，增强政治上的敏感性，提高鉴别能力，善于洞察问题；要改进作风，深入基层，认真倾听群众的呼声。

第二编

实践篇·陕西

我省农业在经济调整中要有个新发展[①]

　　举国上下话调整。在整个国民经济调整中，农业处在怎样一个地位，起着什么作用？弄清楚这个问题，对于我们自觉地贯彻执行调整方针，进一步发展我省农业生产，夺取今年农业全面丰收，有着重要的意义。

　　农业是国民经济的基础，粮食是基础的基础。这是中华人民共和国成立多年来的实践所反复证明了的真理。1962年，周恩来同志在陈云同志讲话中插话时，提到了这样一副对联："先抓吃穿用，实现农轻重。"横批是"综合平衡"。这副对联指出了实事求是搞好经济调整的重要原则，说明了农业生产，特别是粮食生产在国民经济中举足轻重的地位。农业的状况如何，农民的生活状况如何，决定着我省大局。我们说当前形势很好，首先是农村的形势很好。正是由于这几年农业的不断发展，稳住了农村这个大头，对全省经济、政治的稳定起了十分重要的作用。而三年困难时期的窘境，我们至今记忆犹新。对于农业的重要性，我们体会是深切的。

　　农业的持续发展是保证实现四个现代化的根本条件，我们要克服经济建设中的困难，实现国民经济调整的巨大任务，根本出路是大

　　① 本文为作者应《陕西日报》之约而写，刊载于《陕西日报》1981 年 3 月 7 日。署名为本报特约评论员。

力发展生产，关键又在于使今年的农业有一个好收成。试想一下，如果今年农业再严重减产，人民群众吃不饱肚子，农村这个大头就稳不住，以农产品为主要原料的轻纺工业上不去，人民消费和财政收入都要受到很大影响，这对整个国民经济的调整是很不利的。因此，大力发展农业，争取今年农业生产的持续增长，是保证调整和稳定国民经济的重要内容和条件。如果说，在调整中该退的必须坚决退够，该保的要坚决保住，才能把脚跟站稳，那么，首先就要把农业这个脚跟站稳，把农业这个基础保牢。也就是说，在调整中要使农业有一个新的发展，发展农业以促进调整。

经济调整的中心环节，就是要解决基本建设战线过长的问题。从我省的情况看，今年整个农口的基本建设投资比1980年减少50%，其他事业费也有所减少，这无疑给我们增加了很大困难。但是，我们必须从大局出发，为国家分担困难。国家的经济调整搞好了，困难克服了，支援农业的投资将会愈来愈多。同时也要清楚地看到，过去由于"左"倾路线的影响，农业建设上也有不顾国家和群众的财力、物力的可能，盲目上马、乱铺摊子的做法；不少事业习惯于吃"大锅饭"，不讲经济核算，不看经济效果，没有把钱管好、用好。以水利建设为例，我省大部分地方干旱缺水，应当把水利建设作为农业基本建设的重点，这是毫无疑义的；但多年来水利建设确实存在着摊子过大、战线过长的问题。据统计，全省现有在建的大中型项目10个，小（一）型工程84项。按原计划尚需国家投资4.3亿多元。如果按照今年的水利基本建设投资计算，需要13年才能完成。尽管水利基建投资已占到农业基建总投资的80%以上，事业费占到农业事业费的1/3以上，仍然满足不了水利在建工程的需要。因此，必须狠下决心，忍痛割爱，坚决把那些重复建设项目和财力物力难以保证、近期内不能配套受益的工程停下来。也只有通过调整，才能使我们的头脑清醒过来，彻底纠正"左"的错误，将有限的投资精打细算地安排好，充分发挥作用。

这次调整是清醒的健康的调整。调整是积极的方针。农业建设上

1983年，作者在陕西韩城县司马迁祠下留念。在韩城调查研究，写有《浪淘沙》二首，一是咏治山专业户：“沉睡岂千年，今竟喧喧，童山要改旧时颜。峁顶岭边专业户，意气方酣。　　致富路何宽，甘露涓涓，跼蹐焉可效衣蚕。疑虑尽除帆鼓满，绣水描山。”二是咏科技队：“又是一重天，棉黍翻番，队名科技不虚传。农事斯文今亦赖，虎翼平添。　　矢志敢登攀，幽奥精研，声光电化探微观。太史遗风犹溥畅，郁郁芝川。”

调整的重点是水利、农机、社队企业。不能简单地把调整理解为退，而是有退也有进。缩短水利基本建设战线，并不意味着放松或不搞农田水利基本建设了，而是要在缩短的战线上搞得更好更有效。要依靠集体和群众的力量，坚定不移地抓好基本农田建设，大力发展小型水利，积少成多，努力扩大灌溉面积。农机工业的调整已纳入机械工业系统，但如何把我省农村现有的2万台大中型拖拉机、6万多台手扶拖拉机管好用好，充分发挥这个很大的机械力量，是各级农机管理部门的一项重要任务。我省社队企业虽有一部分原材料无来源、产品无销路和与大工业争原料的企业，需要实行关、停、并、转；但总的说来还是发展不够，要采取有力措施，迈出更大的步子。因此，决不能一说调整，就以为水利建设统统不搞了，农机工业不发展了，社队企业要散了，其他各项事业都不干了。消极被动，无所作为，那是不对的；而是要一切从实际出发，妥善处理好农业内部积累与消费的关系，处理好当前生产与长远建设的关系，同时振奋精神，发挥主观能动作用，千方百计，把事情办得更好一点。

除了水利、农机、社队企业的调整外，还有一个农业内部结构和农作物布局的调整问题。实践证明，省委、省政府确定的关于关中、陕南、陕北不同地区的农业生产方针是正确的，各地应因地制宜地继续贯彻执行。但这项工作要积极稳妥，不宜过急过快。根据我省目前现状调整农业内部结构，要增加林业牧业的比重，大力发展多种经营。各地要认真贯彻省政府关于加快发展草食牲畜和蚕桑生产的决定，下决心把这两项投资小、收益大、见效快的工作抓上去。发展林特生产，陕南山区在我省是个重点。要把省上确定的生产建设方针具体落实到每个县、社、队，真正做到从实际出发，宜林则林，宜牧则牧，宜农则农。这里，还有一个需要引起重视的问题，就是正确处理多种经营和粮食生产的关系。

调整农作物的布局，发展棉油生产，发展林牧业和其他多种经营，就一个地区来说，必须与粮食生产水平相适应，不得影响粮食产量和上缴任务。现有农耕地需要退耕还林还牧的，就绝大多数地区来说，应在增加基本农田、增加粮食总产的基础上逐步进行。总之，要以粮食增产带动多种经营，用多种经营促进粮食生产。这里应该特别指出的是：今年扩大了油料作物的面积，争取今年食油自给；扩大了水地棉花面积，力争棉花产量有个新的突破，这就相应地减少了粮食作物的面积。所以，努力提高粮食产量，增加总产，就成为一项严重的任务。

在调整期间，农业要继续上，但国家在近几年投于农业的资金又难以增加，怎样解决这一矛盾？主要是靠政策，靠科学（包括改变农业生产条件），就是说，靠政策调动农民的积极性，靠群众的力量来实行科学种田。

两年多来广大农村发生的深刻变化，令人信服地证明了党的三中全会以来的路线、政策是正确的。从价格、税收、信贷、粮食征购和农副产品收购等方面做的一些调整；对自留地、家庭副业和集市贸易的限制的适当放宽，尊重生产队的自主权；逐步建立和健全各种形式的生产责任制等这一系列为群众所衷心拥护的政策，我们都要坚定不移地贯彻下去。切不可形势刚一好转，就想在政策上动手动脚，或者用"左"的眼光看待现行政策，甚至把由于历史原因、社会原因，以及工作上的失误造成的问题，归咎于政策，认为政策"过头了"或右了。因此继续肃清"左"倾路线的流毒和影响，仍然是农业战线上的一个重要任务。要按照中央关于"农业学大寨运动"问题的有关指示，认真总结本地区、本系统农业学大寨以及三中全会以来农业战线上的经验教训。由于各地的具体情况不完全相同，因此，不论是总结历史的或现在的经验教训，一定要采取实事求是的态度，切忌以一种公式去概括一切。既要解放思想，从"左"的框框束缚中解放出来，切实改正当前还存在的某些"左"的错误做法，又要防止由一个极端走向另一个极端。

政策的潜力还很大。当前，改善经营管理，贯彻按劳分配，加强和完善生产责任制，仍是进一步巩固集体经济、发展农业生产的中心环节。要组织干部、群众全面地、准确地理解文件精神，不能各取所需，各行其是。集体经济是我国农业向现代化前进的不可动摇的基础。实行农业生产责任制，一定要坚持农业集体化的方向。对中央文件所肯定的各种责任制形式，都应该从实际出发，因地制宜地选择和推行。允许有多种经营方式、多种劳动组织、多种计酬办法同时存在。已经建立并经过实践证明行之有效的，就要稳定下来，加以巩固和提高。从我省各地的实践看，专业承包、联产计酬责任制，是农业集体经济的一种很好的组织形式和比较科学的生产管理制度，应普遍提倡和推广。统一经营、联产到劳的责任制在很多地区已表现出很大的优越性，应该进一步完善，发挥作用。实行各种生产责任制，都要把集体利益和社员个人利益紧密地结合起来，把集体经济的优越性和社员群众的积极性结合起来。对目前若干地方已出现的只注意增加个人收入，忽视甚至损害集体利益的现象，要通过深入细致的思想政治工作，加以引导纠正。社员口粮分配，提倡按劳分配加照顾，也应允许人劳按比例分配的办法。实行按劳分配加照顾的生产队，必须认真解决对军烈属、五保户，以及人多劳少户的照顾问题。

要努力推广行之有效的农业科研成果，提高科学种田水平。我省现有农业科研成果200多项，但在生产上真正应用的并不多，这是一个很大的损失。实践证明，良种化在农业生产中有着重大的作用，一定要大力推广。要重点抓好新品种的推广和良种提纯复壮。全省良种面积要求由去年的1600万亩①扩大到2000万亩。要重视发挥武功这个全省农业科学中心的作用。农业资源调查和农业区划是科学指导农业生产和正确地调整农业内部结构的一项基础，各地应加强领导，认真完成。农业事业费的投放要保证重点，对关键性的技术措施、重要的农林牧副渔生产基地建设、干部培训等需要的投资和费用，各级财政应做优先安排。要认真推广农业科研成果，提高科学种田水平，就必须培训各级农业领导干部，提高他们的思想政治水平、政策观念，增加他们的科学技术知识，增强他们的经营管理能力。这项工作一定要抓紧、有计划地分批进行。

在调整中发展农业，就要下决心夺取今年农业生产的全面丰收。省五届三次人代会确定的今年我省农业生产的各项指标是积极的，经过努力是可以实现的。一是要有抗灾夺丰收的思想准备。对小麦威胁最大的是旱、病、虫、干热风，现在旱象已经有所发展，必须引起重视。对于可能遇到的各种自然灾害，都要早做准备。二是要狠抓增产的关键措施。措施一定要具体。比如小麦，根据水地和旱地的不同特点，在灌溉、中耕锄草、保墒、追肥上就要提出不同要求。棉花要完成年产230万担的任务，就要认真落实中央关于粮棉挂钩、超产奖励的政策，抓好品种改良、育苗移栽、建立和健全棉花生产责任制以及加强对棉花生产的具体指导。三是把肥料建设放在重要地位。多年来，

---

① 1 亩约合 666.7 平方米。

我省复种指数不断提高，高产作物面积扩大，养地作物减少，肥料跟不上去，造成土壤肥力严重下降，这就要把用地与养地结合起来。抓好农家肥，多种绿肥，多生产化肥特别是磷肥。四是不仅要完成粮食、棉花的生产任务，还要抓好林业、畜牧业，春播蔬菜、油料、烟草、糖料等经济作物以及各种土特产的生产，夺取农业的全面丰收。

加强和改善党对农村工作的领导，是完成今年农业生产任务和搞好农业调整的根本保证。

目前在不少地方，政治思想工作薄弱，思想比较混乱，加强对农村党员、干部与广大社员群众的政治思想教育，充分发挥党员的先锋模范作用，是当务之急。应着重抓好党的观念、党的纪律教育，坚持社会主义道路的教育，爱国家、爱集体的教育，社会主义民主和社会主义法制教育，以及艰苦奋斗精神的教育。使广大党员和干部认真执行党的政策，遵守党的纪律和政府法令，一切行动服从上级党组织的决定，同党中央保持政治上的一致。在抓好群众性的政治思想教育的同时，要加强基层领导班子建设，稳定基层干部队伍，组织基层干部学政策，学科学，学管理，支持他们的工作，帮助解决他们的实际困难。

加强和改善党的领导，关键是坚持实事求是和群众路线。各级领导都要走出机关，深入基层，亲自调查研究，就地解决问题。公社以上主要领导干部和主管农村工作的干部，都要蹲点和建立联系点，运用点上经验指导面上工作。要密切同农民的关系，有事同群众商量，重大问题的计划和安排，都要经过群众讨论，既不能强迫命令，也不能放任自流。对于各类矛盾要敢于正视，敢于解决，切忌绕着矛盾走。解决问题时，方针要明确，政策界限要清楚，提倡什么，反对什么，要态度明朗，毫不含糊。对一些不正确的做法，要通过深入细致的思想政治工作，把它引导到正确的轨道上来。

春光明媚，农村形势鼓舞人心。让我们团结起来，共同奋斗，珍惜和发展这个好形势，尽快把我省农业生产搞上去，为促进和保证整个国民经济的顺利调整做出贡献。

发展我省多种经营漫谈 [①]

一　首先从"左"的束缚中解放出来

我省自然资源比较丰富，发展多种经营的条件比较优越。在3亿余亩的总面积中，虽然耕地只有5780亩，人均2亩2分，但森林和宜林宜牧的荒山荒沙、草原草坡就有2.1亿多亩，人均7亩多，"七山一水"上大有文章可做。

陕北历史上畜牧业就占主导地位，是我省毛、绒、皮、肉的主要产地。黄河沿岸红枣林带早已形成。延安南五县土层深厚，既是粮食重要产区，又是发展药材、烤烟、苹果等经济作物得天独厚的地方。关中素称"八百里秦川"，自古就有"膏壤沃野千里"之誉，是我省粮、棉、油生产基地，小麦产量占全省的70%，棉花产量占全省的90%以上。这里发展多种经营的潜力也很大。关中驴、秦川牛、奶山羊、同州羊驰名全国。关中东部的花生、黄花，西部的烟叶、辣椒，在省里占有重要地位。秦岭北麓，以苹果、柿子为主的果树林带初具规模。陕南是以亚热带农业生产为特征的地区。汉中盆地是个"鱼米之乡"，稻田占全省水稻面积的80%以上，油菜籽产量占全省总产

---

① 本组文章共5篇，先后刊载于《陕西日报》1981年6月7日、6月10日、6月19日、7月4日、7月9日。署名为刘云岳、郑欣淼。

的38%。秦巴山区，占全省土地总面积的30%，森林茂密，植被覆盖率达70%以上，经济林木和山货土特产相当丰富，被人们称作"聚宝盆""钱串子"。汉中的棕榈、柑橘，安康的蚕茧、茶叶，商洛的核桃、板栗，以及广泛分布的油桐、生漆和多种名贵药材、野生动植物等，都有重要经济价值。在我省，种植业、养殖业、手工业、林特业、采集业、运输业、商业服务业等，都大有发展前途。

但是，从我省目前的实际情况来看，这些丰富的自然资源和87%的劳力资源都没有充分发挥出来，多种经营仍然是农业生产中的一个薄弱环节，门路不宽，品种不多，产地分散，经营不善，商品率低。全省尚有6000多万亩宜林宜牧的面积，至今还是荒山秃岭。特别是关中农区造林比较落后，长期没有引起人们的重视。畜牧业发展比较缓慢，大牲畜还没有恢复到合作化时期的水平。陕北草原严重退化，载畜量不高。陕南大量的青山草坡没有开发利用。渔业生产极为薄弱，还有7万多亩库塘有水无鱼，综合利用更谈不上。土特产品，我省虽有10多种在全国比较有名气，但产量很低，有些大宗商品至今没恢复到历史最高水平。

造成多种经营发展缓慢的原因比较多，但主要是"左"的指导思想的影响。长期以来，我们片面强调"以粮为纲"，使得多种经营的路子越走越窄，造成农、林、牧、副、渔比例严重失调。1979年全省农业总产值40亿元中，多种经营收入只有13.8亿元，占35%。这个比重，还赶不上1957年。那个时候，农业总产值只有21亿，多种经营收入11.98亿元，占57%。特别是"林彪、江青集团"横行时期，对集体多种经营和社员家庭副业左堵右截，一批二砍，带来很大的后遗症。十年浩劫期间养牛、养鸡被看成是"自发倾向"，编织、采集被说成是"不务正业"；社员手头一有钱就被称为"两极分化"，甚至被当作"暴发户"进行斗争，搞得人人自危。集体副业一发展就被斥为"偏纲离线"，当作"集体经济内部的资本主义"来批。在这方面，我省各地都有过沉痛的教训。

当前，我省多种经营迈不开步子的原因，仍然是受"左"的思想影响的束缚。有些同志对发展多种经营的重要性至今认识不足，怕多种经营发展了，影响粮食生产；怕"冒尖户"多了，出现贫富悬殊；怕家庭经营多了，削弱集体经济。有些同志思想不够解放，视野不够开阔，把自己的眼睛和工作只局限在粮食生产或"二分田"上，看不到"七山一水"。要使我省农村多种经营有一个新的发展，首先思想要解放，坚决纠正单一抓粮食，忽视多种经营的片面性和不从实际出发的主观主义倾向。我们的同志，要树立起大农业和大粮食的观点。头脑中有了这个观点，眼界就会宽广起来，看到农、林、牧、副、渔各业大有发展前途，只要使劲抓，遍地都是宝。

二　要把生产方针落到实处

党的十一届三中全会以来，省委根据我省自然特点，确定了三类不同地区的生产方针：陕北，要力争做到粮食自给有余的同时，逐步建设成为牧业和林业基地；关中，要建设成为主产粮、棉、油基地，并搞好多种经营的发展；陕南，在努力实现粮食自给或有余的同时，逐步建设成为林业、畜牧业和土特产品基地。这是一个全面发展、各有侧重的方针，实践证明是正确的。当前，重要的是继续落实。把总的生产方针具体地落实到每个县、每个公社、每个生产大队、每个生产队。

落实生产方针，首先必须认真搞好农业自然资源调查和农业区划工作，弄清本地"庐山真面目"。只有摸透了本地的优势、劣势，才能因地制宜，扬长避短，制订出适合当地特点的具体规划，比较自觉地按照自然规律和经济规律办事。比如关中，是我省重要的粮、棉、油基地，一些人总认为发展多种经营油水不大，好像只有陕南、陕北才适宜大力发展多种经营。这种看法是不全面的。事实上，关中5个地市有着发展林牧以及桑蚕、烤烟、苹果等经济作物的优越条件，是目前我省肉、奶、禽、蛋商品量最大的基地。1980年，关中猪、牛、羊、禽的收购量，占到全省收购总量的59%；鸡蛋占到55%；奶的收购，100%在关中地区。还有关中农区造林，投资少，见效快，得益多。地处渭北旱原的大荔县段家公社，全社2.5万人，近年来种了百万株泡桐，七八年后，就可创造价值7500万元，人均3000元。可见在关中地区，大搞多种经营与发展粮、棉、油生产同等重要，不能重此轻彼，搞"单打一"。

落实生产方针的一个重要环节，就是要统筹兼顾。处理好粮食生产和多种经营的关系。长期以来，由于"左"的思想影响，形成了一种偏见，好像要发展多种经营就势必影响粮食生产，似乎只有粮食过了关才能发展林、牧、副、渔。不容置疑，粮食生产是非常重要的，是国计民生的第一需要，必须抓得很紧，绝对不能放松。但不能只顾一头，不及其他。我们要的是以粮食增产带动多种经营，用多种经营促进粮食增产。在这个问题上，要把视野放宽一些。发展经济作物，有的是要占用一部分好耕地；有的可以不占好耕地，山沟、荒坡、河滩、盐碱地都能充分利用；有些门路根本就不用占地。种粮食还是种经济作物，一定要因地制宜，从实际出发，两利相权取其重。安康地委曾经算过一笔账，只要近几年省上在粮食上给他们适当调入几千万斤，到1985年，地委提出的多种经营规划实现之后，外贸出口总值就可增加到6300美元，仅厂丝、生漆、桐油、木耳四宗就可换回小麦13.8亿斤，超过全区1980年粮食总产。由此可以看出，发展多种经营是大有可为的。

落实生产方针，发展多种经营，一定要明确主攻方向，狠抓"拳头"产品。所谓"拳头"产品，就是具有发展潜力，有着广阔市场，对当地经济发展有举足轻重作用的产品。我省一些县、社，长期以来就有着颇具特色的多种经营项目，在省内外享有一定的声誉，有的还畅销国外。比如，榆林的地毯、"三边"的菜羊、洛川的苹果、大荔的黄花、彬县的晋枣、商洛的核桃、宁强的木耳、宁陕的天麻、安康的蚕茧、紫阳的茶叶、城固的柑橘、岚皋的生漆、镇坪的"八仙

左图是1983年作者与刘云岳（中）在陕西韩城县调查时，在芝川镇司马迁祠下合影。刘云岳同志曾任中共陕西省委研究室副主任、省委副秘书长、省委农村政策研究室主任，20世纪80年代前后作者跟随他做农村调查，获益良多。右图是2012年他来北京，作者陪他在故宫参观

党"、西乡的牛肉干等。近年来，有些地方注意发展自己的名牌产品，规模越来越大，有的一时产量还不高，但很有发展前途，也不能忽视。既要努力抓好传统产品，又要积极开辟新的路子。富平县的奶山羊、千阳县的养兔、洛川县的烤烟、武功县的玉米皮编织等，都发展迅速，引人注目。大量事实证明，只要瞅准项目，抓住重点，就可以把多种经营生产带动起来。

贯彻落实生产方针，还必须坚持长短结合，以短养长。既抓生产周期长的产品，又抓"吹糠见米"、容易见效的项目；既要抓本地大宗产品，又不忽视和丢弃有发展前途的小宗产品。同时还要教育群众，遵守国家政策法令，十分注意保护森林、矿山以及其他自然资源，禁止滥垦、滥伐、滥捕。

三　集体和社员个人一齐上

要把农村多种经营搞上去，必须认真落实党的政策，充分发挥多方面的积极性，集体和社员个人一齐上。

发展多种经营，主要应当依靠集体经济的力量，充分发挥集体经济的优越性。社队办的各种种植业、林特业、养殖业、手工业、服务业、采集业，是集体经济的组成部分。从各地经验来看，切实加强和努力改善经营管理，推行"四专一联"的生产责任制，是克服平均主义，调动社员群众搞好多种经营的有效措施。渭南县官路公社74个生产队，去年57个队的棉田实行联产责任制，结果比未实现责任制的队平均亩产高出57%，其他多种经营项目，都有个落实责任制的问题。专业承包、联产计酬责任制的效果尤为显著。西安市六村堡公社相家巷大队有个20亩水面的陂塘，去年由一人承包养鱼后，年产量由上年的5000斤增加到去年的11000斤，翻了一番。实践证明，专业承包是搞好集体多种经营的好办法。据统计，全省已有半数以上的生产队初步建立了这种责任制。当然，还要在实践中不断完善提高。没有建立的地方，应尽快建立起来。

在大力发展集体经济的多种经营的同时，要积极支持社员个人经营家庭副业。多种经营门类繁多，量大面广，不少项目集体统一经营不了，而又适宜于社员个人去搞的，就要放手让他们去干。总想把宜于个人经营的项目统统由集体包揽起来，常常事与愿违，造成产量低、收入少。比如兴桑养蚕，最适宜由户经营，可以充分利用庄前屋后的零星地块，发挥辅助劳力的作用。我省农业部门的一些同志建议，在全省如能建立2万个养蚕专业户，一年总产可达10万担，比现在全省总产的5.8万担高出近一倍。这是一个很好的建议。但是，在有些地方却推不开，甚至少数专业养蚕户的社员还遇到多方刁难。这是不对的。对于一利国家、二利集体、三利个人的事，决不能轻视或者排斥，而要与发展集体经济一样平等相待，积极支持，统筹安排。

关键在于积极组织和正确引导。各级领导要为社员广开多种经营门路出点子、找销路。榆林地区近年来社员家庭副业发展较快，去年5000户社员家庭副业收入上了千元。他们的一条重要经验是门路很多，有主有从。全区重点搞了猪、羊、大家畜、兔、蜂、鸡、蚕等"几大养"，葵花、红枣、花生、药材、果树、蔬菜等"几大种"和编织、粉条"两加工"。社员根据家庭条件，选择一两项以种植业、养殖业或加工业为主的骨干项目，收入就显著增加。关中小麦、玉米种植面积较大，有些县便组织社员搞小麦秆、玉米皮编织。武功县从事编织生产的人数已达8万多，产品畅销40多个国家和地区。可见，家庭副业门路多，潜力大，只要动脑子，想办法，填空白，补短线，社员靠副业也能富起来。在引导社员开展家庭副业的同时，还要帮助他们解决一些实际问题。富平县在扶持社员养羊过程中，县上规定，划给每只羊旱地一分、水地半分作为饲料地，并从农作物秸秆中抽出1/5分给养羊户做饲料；还建了47个良种繁殖站，改良当地劣种羊；请专家和技术人员给干部群众讲科学养羊的知识；定期对奶山羊检疫防疫；初步建立了生产、加工、销售一条龙的生产体系，使全县奶山羊发展到14万多只，户均1.33只。去年社员卖奶和卖羊共收入350万元，户均44元。当然，也要加强领导，过细地做工作，帮助社员在家庭副业中坚持社会主义方向。这样，就会使集体生产和家庭副业互相促进，共同发展。

四　要把加工业搞上去

要提高多种经营的商品率，创造更大的价值，使社队和社员群众得到较多的实惠，就必须把加工业搞上去。

　　我省多种经营加工业是一个十分薄弱的环节。全省山货土特产品有140多种比较有名，或产量较大，其中一些是重要出口商品，换汇率较高，但由于加工、包装等赶不上去，不少产品往往内在质量是第一，销售价格是第二，获得的利润却是第三。拿柿子来说，在香港市场上被当作高级水果，价格比鸭梨、苹果还贵，一斤柿子售港币3元，约合人民币9角。我省柿子资源极为丰富，1979年产量达176万多担，居全国第二位。但由于脱涩、保鲜、包装赶不上，又未能大量加工柿饼、柿酒、柿醋，仅收购3.92万多担，占产量的2.2％；出口港澳30多担，换汇很少。再比如深受国际市场欢迎的猕猴桃，我省年产量有700多万斤，在全国属产量较多的省份，但如何加工利用，至今并未引起人们普遍重视，基本上处于自生自灭状态。因此，必须认真研究多种经营加工业方面的问题，尽可能地提高社队的加工能力，把出售原料变成出售成品，把低级产品变成高级产品，把滞销货物变成畅销货物，这既能促进多种经营的发展，又能增加社队和社员的收入，实在是一举数得的大好事。

　　发展加工业，要从实际出发，就地取材，不搞"无米之炊"。这样做，不会与城镇工业争原料，不受其他单位的制约，还可以减少一些中间环节，节省费用和开支。但是，一定要把发挥当地资源优势同服从国家计划指导结合起来，着眼大局，服从整体利益。过去我们在这方面的教训是很深的，一说"大办"，就一哄而起，遍地开花；一见某项经营有利，就不顾全局，自由发展，结果重复建设，以小挤大，以落后挤先进，吃了不少苦头。因此，发展多种经营加工业，必须在努力完成农副产品收购计划、保证国家重点企业原料供应的前提下，统筹安排，合理布点。

　　多种经营加工业的门路很多。当然，有些加工项目需要一定的投资和设备，但相当多的则几乎无须摊什么"本"，生产队和社员都可以搞起来，比如编织、酿造、刺绣、家具等，这方面潜力就很大。从技术力量来说，农村也是不乏其人的。一些地方还有世代相传的"绝招"。比如，长安的"花辫"草帽、凤翔的"白辫"草帽、榆林的柳编等，都是在国内外享有一定声誉的传统产品，需要发展，也能够发展。在农村，不少多种经营加工业，原料充裕，技术要求也不太高，对农业生产有着直接的促进作用，更应积极提倡。

加工业的形式，应该多种多样，不拘一格。城镇的国有企业、集体企业与社队企业可以联营，社队企业与专业队、组、户、人可以合作，实行利润分成；也可以有所分工，社队搞粗加工，国有企业搞细加工，采取利润返还的办法，使社队多得一些实惠；还可以提倡多种经营的专业队、组、户、人之间的自愿联合，从事力所能及的加工业。发展多种经营加工业，还要从大处着眼，小处着手，利大的要搞，利小的也不能嫌弃，碎金琐玉都要看在眼里，尤其是一些适宜分散加工的土特产品更值得重视，做到积少成多。

为了提高加工能力，有关部门要认真研究农村多种经营加工业存在的问题，从技术、设备等方面给予必要的支持，搞一些基本建设。当前，粉碎、烘烤、采剥、切削、蒸煮、腌制、包装等方面的机械和技术，需要尤为迫切。应尽快设法解决。加工业搞上去后，就要积极开展供销业务，广开渠道，推销产品。

五　流通渠道要活

农村多种经营要大发展，流通渠道要多，中间环节要少，各项经济政策要有利于产、供、销问题的解决。

拿农副产品的购销来说，渠道少，环节多，是长期以来存在的一个突出问题。过去我们习惯于统购包销，"独家经营"，结果有些地方搞得很死，群众批评是"东西少了用鞭子赶，东西多了用刀子砍"。今后，如果再沿用这种老办法，多种经营的大门是很难打开的。当前，多种经营流通过程问题较多，有下面几个比较突出的需要逐个研究解决：

一是奖售问题。现在一谈到奖售，就伸手要粮食，似乎离了粮食就寸步难行。什么都要与粮食挂钩，事实上很难完全办到。目前与粮食挂钩的多种经营产品为数并不算少，棉、油、糖、肉、药、鱼等不少项目都挂起来了，对粮食的压力是很不小的。全省每年仅此一宗就是好几亿斤粮食。按1980年计算，我们把将近1/3的征购粮用于这一方面。但是，多种经营产品又何止这些？在我省，国家挂牌收购的就有600多种，如果都与粮食挂起钩来，那还了得！能否采取别的办法搞好奖售呢？实践已经做了肯定的回答。完成计划交售后的加价收购也是一种奖售。有的地方奖售给一些紧缺的工业品像"三大件"之类的东西，同样受到群众的欢迎。看来，要搞好奖售，不能拘泥于一种办法，应当是有粮办好事，无粮也办事。

二是资金问题。一般地说，凡是要开辟一个新的生产门路，总得出点"水"，投入一定资金。从我省实际情况来看，国家每年扶持多种经营的资金一千来万元。今后随着多种经营的发展，还会相应增加，但这个增加毕竟是有限度的。如何管好、用好这笔钱，不撒"胡椒面"，避免浪费，提高投资效果，是值得注意的问题。比如专业户养蚕，一户只要扶助200元，添置一些蚕具、簇具，当年就可以把投资拿回来。这样的投资，就是"好钢用在了刀刃上"。当然，投资也可以搞多渠道，地方可以自筹，群众可以集资，个人也可以自力更生，不能把希望完全寄托在国家身上。

三是价格问题。价值法则对生产是有调节作用的。农民从来不愿做折本生意，当觉着某种种植业、养殖业、林特业、手工业不划算的时候，就会很快掉头转向，对计划收购和市场供应造成不利的影响。这与我们有些产品的价格与价值相背离确有很大关系。而这种背离又表现为两种情况，有的价格过低，"谷贱伤农"；有的过高，"谷贵"也"伤农"。但是物价问题牵涉面很广，牵一发而动全局。一定要慎之又慎，严格遵守国家价格政策，不能随意提价。总的来说，应该是稳中有动，稳中求活。

　　四是收购问题。从各地经验来看，为了避免过去那种"少了到处叫，多了没人要"的现象，就要逐步推行农副产品收购合同制。据统计，1980年全省基层供销社与社队签订的合同就有7.3万多份，按照合同收购的农副产品值3.3亿多万元，占供销社收购总值的66%。实践证明，推行农副产品收购合同制，是用经济办法促进多种经营发展的一项积极措施。特别是在当前农业生产结构发生变化，农村广泛推行各种形式的生产责任制的新情况下，搞好合同制就尤为重要。各地应该广泛深入地进行宣传教育工作，使推行合同制度成为干部和群众的自觉行动。今后一、二类农副产品收购，都应逐步纳入合同之内，通过合同，把收购计划层层落到实处。三类农副产品收购，也要根据社会需要，在自愿互利的原则下，由收购部门与社队协商，签订合同，忠实履行，违者要负经济责任。各级收购部门既要认真收购短线产品，又要积极收购推销那些长线产品，处处为群众的利益着想，为生产的发展服务。

十个先进大队的调查 ^①

早从20世纪50年代初农业集体化以来，我省农村陆续涌现出一批先进集体和模范人物，他们像一面面旗帜，对全省农业生产的发展和集体经济的巩固起了示范带头作用。在当前农业经济体制改革的新形势下，这些地方的状况如何？这是人们普遍关心的问题。

最近，我们走访了礼泉县烽火、兴隆、袁家，兴平县^②窦马、北马，高陵县火箭，临潼县^③尚寨，大荔县雷北、八鱼，以及渭南县双王等10个先进大队。这些大队，多数是合作化时期闻名全省的老典型，有的是近年来崭露头角的后起之秀。我们欣喜地看到，这些队正在认真总结经验教训，继续解放思想，落实党在农村的各项政策，提高科学技术水平，不同程度地迈出了新的步子。

一　生产责任制进一步健全和完善

党的三中全会以来，这10个大队都建立、健全了多种形式的生产

---

① 本文原载《陕西日报》1981年11月27日，原题为《从实际出发不断巩固完善生产责任制　加强思想教育充分调动社员生产积极性——十个先进大队的调查》，署名为刘云岳、郑欣淼。

② 今陕西省兴平市。

③ 今陕西省西安市临潼区。

责任制，并注意坚持了以下几点：

坚持农业集体化方向。10个大队的共同特点是：集体家底厚实，公共积累多在百万元左右，人均占有500元；社员分配水平较高，一般在150元以上；人们充分尝到了集体化道路的甜头，集体经济真正成了他们的靠山。这类地区的干部、群众认为，建立生产责任制，一定要从当地实际出发，尊重群众意愿，不能"一刀切"，也不能望风行事。今春，袁家大队就责任制形式问题搞了一次"民意测验"，停产讨论三天，没有一个人愿意搞"双包"，还是要坚持小段包工、定额计酬。他们认为，"双包"适合于贫困落后的地区，不适合他们这些集体经济办得好的队的队情，既不能把"双包"看成单干，也不能搞"一风卷"。有人说，"集体化就是吃'大锅饭'"。烽火大队的干部、社员认为这种说法缺乏具体分析。他们说，集体化的路子是不容置疑的，问题是过去生产责任制不够健全，在分配上有平均主义，这是需要改进的；但不能把集体化与吃"大锅饭"画等号。这些先进大队的干部深刻体会到，在他们这里，不论选择哪种责任制形式，指导思想一定要明确，就是要从有利于巩固和发展集体经济，有利于发挥集体经济的优越性，又能充分发挥社员个人的积极性这个大前提出发，处理好统一经营和分工协作的关系。在这个问题上不能有所动摇。

坚持责任制形式的多样化。这10个大队责任制的形式有以下几种：一是专业承包，工副业生产都是这种形式，大田生产也还有个别大队是这样搞的。二是定额计酬，有两个大队。三是联产到组、到劳，这种形式占大多数。联产到劳，有的联秋不联夏，有的联棉不联粮。在一个大队内，也是多种形式并存。雷北大队三中全会以来一直搞的联产到组，有人说他们吃的"中锅饭"，但本队干部、社员并不这样看。今春他们为了从比较中鉴别哪种形式符合雷北的实际，在两个小队试办了棉花联产到劳，结果一个队因出现许多矛盾不好解决半途而废，一个队坚持了下来，但亩产低于联产到组。从他们大队来看，实行专业承包、联产到组还是比较好：一是人尽其才，有利于发

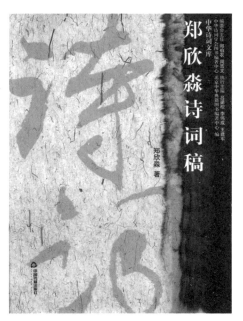

1981年，作者曾写过两首词：《江城子·访烽火大队》："泾河两岸看金黄，遍秋妆，起清商，爝火当时，风雨更煌煌。总统亦临田叟舍，谈稼穑，喜盈觞。 经营管理有良方。弊端匡，效功彰，珍重天时，人和自荣光。鼎力再赓开拓史，俱往矣，又新章！"《江城子·访袁家大队》："九嵕灵秀不寻常，璧成双，盛名扬。老树新花，千尺幼松长。队小何妨霄汉志，途阻远，骏高骧。 同心合力是康庄。气昂藏，日兴昌，浃髓沦肌，雨露正泱泱！砥柱中流犹兀立，风浪里，自争强。"

挥各自的长处；二是分工协作，有利于社会化生产；三是既能贯彻按劳分配，又有利于缩小社员收入上的过大悬殊。

坚持三兼顾的原则。先进大队的一个显著特点，就是能正确处理国家、集体、个人三者的关系，做到国家多收，集体多留，农民多分。据了解，兴隆、尚寨、窦马几个大一点的队，每年给国家贡献粮食都在百万斤以上。集体储备粮也多。窦马大队就有70多万斤，人均储备半年粮。社员从集体分得的口粮一般在600斤以上，加上自留地，光细粮也吃不完。在落实责任制过程中，他们强调要在发展生产的基础上，处理好"大河"和"小河"的关系，而不能采取挤国家、挖集体的办法去增加社员收入。他们也发现个别队在联产到劳时定产偏低，似乎社员得的越多，越能显示联产到劳的优越性。火箭大队第四小队，今年小麦亩产740斤，前三年平均产量为670斤，秋播时决定推行联产到劳，群众要怎么办就怎么办。第一次队上提出定产600斤，社员不同意；第二次降到570斤，社员还嫌高；第三次变为550

斤，才勉强通过。工副业也有类似的问题。这些队的广大干部认为，联产到劳好，好就好在它能解决吃"大锅饭"问题。关键是包产要适当，要在现有基础上增产，不是包得越低越好，不能一个劲往下溜。如果低于三年常产，那就是只要个人积极性，不要集体积极性，只顾一头不顾两头。

坚持在完善、提高上下功夫。这10个大队的干部共同认为，责任制没有到头，也不会封顶，还在继续前进，需要稳定下来，逐步完善、提高。特别是实行联产到劳以后，有一系列问题需要妥善解决，例如：正确处理生产队统一经营和社员分散作务的关系，把集体经济的优越性和社员个人的积极性恰当地结合起来；正确处理从事工副业生产和从事农田作物社员之间的劳动计酬问题，做到既有区别又大体平衡；以及困难户的照顾问题；等等。各队都在实践中积极探索解决的办法。八鱼大队第七小队在牲口队有户养、保本保值上已经有了一个具体的章法。全队40头牲口，虽然随责任田喂养使役到户，由于所有权牢牢掌握在生产队手里，不仅没有出现倒卖、乏瘦现象，而且喂得膘肥体壮，医药费节省了2/3，队上还打算帮助社员再增添30头牲口，达到每户一头。队长马廷海说：实行联产到劳后，队干部的担子是重了不是轻了，只要精心管理，没有解不开的疙瘩。

二 多种经营的门路不断扩大

这10个大队，就多数而言，在狠抓粮食生产的同时，重视广开多种经营门路，发展工副业生产，因而收益多，分配水平高，富得比较快。袁家大队是个"新富翁"。他们富得快，就是因为抓住了大搞多种经营这个关键，多种经营收入已占到全大队总收入的一半以上。去年全队劳动日值2元4角，今年尽管秋田作物比上年减产60%，总收入并不减少。劳动日值还可达2元5角。这个大队在帮助社员解决了住房、家具、电视机之后，正在修澡堂，着手给每户买一台洗衣机。但10个大队中，也有3个粮棉产量虽高，集体底子并不厚，社员有粮吃没钱花。火箭、尚寨两个大队多种经营收入仅占总收入的10%多，感到来钱路窄，日子比较紧张。实践使他们体会到，多种经营是生财、聚财之道，门路越多，钱路越广。

10个大队发展多种经营有些什么体会呢？首先是打开眼界，挖掘潜力。他们认为，发展多种经营，政策有潜力。现在购留、奖励、产销、加工等方面的政策还待继续落实，落得越实，群众的积极性越高。劳力有潜力。一般生产队都有1/3的剩余劳力。土地有潜力。烽火、兴隆、雷北几个大队有不少荒坡、沟壑、河滩等可以充分利用。就是在火箭、北马、窦马、尚寨、双王等土地比较窄狭的队，也可通过作物布局调整和间作套种等措施，增加经济收入。窦马大队，人均只有一亩八分地。他们算过一笔账，如果2800亩棉田套种大蒜，一年最低也可以收入14万元，比现在全大队副业的总收入还多。农副产品加工业大有发展前途。服务业有潜力。理发、照相和各种修理业农民迫切需要。过去一提起服务业似乎只是为城里人服务，现在在农村也是一个薄弱环节，需要加强。

其次，大处着眼，小处着手。火箭大队的干部说：我们队上工副业搞不上去，主要是吃了想"一镢头刨个金娃娃"的亏，小钱看不上，大钱捞不上，结果两头落空。这种思想曾在一些粮棉高产队比较突出。事实教育了他们：发展多种经营要从小事上着手，有些门路和项目看起来不显眼，好像是"碎金琐玉"，但只要积极兴办，坚持下去，还是大有可为的。兴隆大队之所以一派兴隆，就是他们点子稠，种植、养殖和农副产品加工业门路多，只要本队有条件，群众生活又需要，他们都积极去办，办一项成一项。我们在这个队吃了顿饭，亲眼看到所谓"开门七件事"，除了食盐、茶叶以外，其余都是本队生产和加工的。正是由于他们懂得了小和大、少和多的辩证关系，工副业像"滚雪球"一样，越滚越大，现在大队摆下10个大摊子，年收入30

多万元。从去年以来，用这方面积累给生产队盖饲养室96间，盖公用房12间，今年又拿出20万元为学校建造72间校舍，并帮助400户社员盖起了新房，其余300户社员明年年底即可全部住进新的居民点。大队支书郭尧升说："我们就是要把集体的家底越搞越大，让社员真正感受到集体经济的优越性，把心思、劲头用在发展集体生产的路子上来。"

最后，在办好集体工副业的同时，重视发展社员家庭副业。先进队一般集体工副业门路较多，但过去往往容易忽视社员家庭副业的发展，有放得不够开的问题。现在他们对这个问题都比较重视，积极支持社员养猪、羊、兔、貂、蜂等，同时从防疫、饲料、品种、资金、场地、交售等方面，认真研究，逐步给予解决。这些队的干部认为，过去总以为扶持集体工副业没有问题，一说到发展社员家庭副业就怕犯"方向路线错误"。现在认识虽然普遍有所提高，但弯子还没有彻底转过来。肃清"左"的影响，仍然是发展多种经营需要首先解决的问题。

三　科学技术的应用、推广有了新发展

先进大队之所以先进，与他们接受和应用科学技术是分不开的。王保京、刘述贤早已以农民科学家而闻名全省，他们领导的队，粮、棉长期稳产高产，主要靠的是科学种田。雷北大队虽然起家晚，但由于抓了科学技术，如虎添翼，上得很快。他们不仅把科学技术应用于大田，而且推广到多种经营，取得了显著的经济效果。这标志着我省农业科学技术的应用、推广进入了新的阶段。支部书记张有耀说，用政策调动群众的积极性是对的，但积极性起来之后，如何发挥、朝什么方向引导，是一个值得研究的问题。人常说，"庄稼活不用学，人家咋做咱咋做"；"庄稼，一枝花，全靠粪当家"。这是一种过时的传统观念，不打破就难以前进。雷北大队现在把学科学、用科学提到了最重要的议事日程，正在全神贯注地把社员的积极性引导到这方面

来，向生产的广度和深度进军。

雷北大队抓科学技术有四个显著特点：一是抓骨干。建立起27人组成的科技队伍。利用冬季，选拔初中以上文化程度的青年，集中100天，脱产学习作物栽培、植物保护、土壤肥料、良种培育等课程，结业后从理论和实践两个方面进行考核，合格的授予技术员职称，并与农、工、副专业组签订合同。进行技术指导，承担经济责任。二是抓试点。大队科研站专门从事新品种、新技术的引进、培育和试验。对棉花不打尖也能高产的理论，已经进行了两年的试验比较，积累了一些有参考价值的资料。对用合成饲料养猪，经反复试验，已经成功，达到了节省粮食、降低成本、加速育肥的目的，促使大队集体养猪场越办越兴旺。三是抓推广。瞅准一项，试验一项；引进一项，推广一项，一切着眼于经济效果。比如，玉米隔行去雄，总是怕麻烦，长期推广不开，去年下决心搞了1000亩，增产74000斤。四是抓组织。从上到下建立了与生产责任制、干部岗位责任制相结合的科学技术责任制。科研站包小队，技术员包作业组，用合同形式固定下来，超奖减赔，保证兑现。近两年来，雷北大队的社员群众科技水平普遍有所提高，不论是从事粮食生产，还是搞多种经营，都十分重视科学态度、科学管理，冲破了一些长期沿袭下来的"老框框""旧套套"。科学施肥即其一例。过去总是统一规定施什么肥、施多少斤，现在则根据不同地块土壤氮、磷、钾的含量，缺什么上什么，缺多少补多少。每亩小麦标准肥的施用量已由1979年的130斤下降到90斤，而麦子亩产却由400斤上升到600斤。在这里，科学技术的威力正在日益充分地显示出来。

四　思想政治工作必须加强

当前，在国民经济调整过程中，农村干部、群众的思想问题比较多。这10个大队的干部认为，出现这么多的问题不奇怪，也不可怕，可怕的是我们放弃领导，削弱甚至取消思想政治工作。过去曾把思想政治工作看成"万能"，这是错误的。现在有的人又走向另一个极端，说什么"社员联了产，干部不用管"，"实行大包干，工作最灵干"，以为用经济办法可以解决一切问题，取消思想政治工作，这同样是不对的。

这10个大队认为，要加强思想政治工作。最重要的是要解决好干部问题，了解干部，教育干部，支持干部。据了解，当前基层干部思想问题不少。有的由于学习不够，对党在农村的各项经济政策缺乏正确的理解，甚至持怀疑态度。有的习惯于只靠行政命令的办法解决问题。在多种形式的生产责任制建立以后，管理水平赶不上，适应不了新形势的要求，熬煎地说："社员的劲头鼓圆了，干部的事情麻缠了。"有的把基层干部参加劳动少说成是"甩手掌柜"，认为责任制推不开，基层干部是"绊脚石"，伤了他们的感情，心里有怨气；也有极少数基层干部产生了松劲退坡思想，不想干，撂挑子；个别人则想趁机捞一把，群众意见很大。针对这些问题，10个大队都注意抓了干部的教育工作。组织他们认真学习党的政策，肃清"左"的思想的影响，正确对待周围搞"双包"责任制的生产队，同时帮助他们提高经营管理水平，适应新的形势。

对于社员群众中发生的偷盗、损公肥私、破坏集体财产、扰乱社会治安等问题，不少队都制定了"乡规民约"。但他们认为，不抓思想政治工作，一味靠规章制度是不行的。在加强对社员的思想政治工作中，他们也改变了过去那种简单急躁的做法，而是把思想政治工作同社员的生产、生活结合起来进行，循循善诱，潜移默化。烽火大队在这方面就做得很有成效。大队党支部始终把群众的忧乐放在心头，谁家有了病人，谁家要娶媳妇嫁闺女，大队干部就去了解他们的需要，并切实给予解决。今年秋季下了长时间连阴雨，不少社员家房屋漏雨，大队干部便挨家挨户查看，当即把价值3000元的塑料纸分给社员去苫漏雨的房子，拿出上百根木料让社员去支撑危墙。社员群众从这些生活小事上深深体会到了集体的温暖，感受到了集体经济的优越性。党支部也通过这些事向社员进行爱国主义、集体主义的教育，提倡公而忘私、互助友爱的好风格。

这10个先进大队在总结经验教训中继续前进。我们由此想到了另外一个问题，就是必须正确对待这些先进典型。毋庸讳言，我们过去对一些先进队和模范人物，在宣传上确有"拔高""神化"的问题，结果使得他们脱离了群众。运动来了按照需要给人家"贴标签"，使他们违心地"上纲上线"，同时也由于"左"的思想影响，说了一些假话。旁人对他们有看法，他们对上级有意见。这些问题，上级要主动承担责任，不能责怪他们。我们这次走访的10个大队，虽然也有这样那样的缺点，但都是我省的先进单位，确实在壮大集体经济、发展生产、提高社员生活上做出了显著成绩。榜样的力量是无穷的。我们觉得，对于经过长期考验的真先进和实干家，还是应当实事求是地宣传他们的事迹，重视发挥他们的模范带头作用。也要教育他们经得起荣誉和挫折的考验，戒骄戒躁，虚心学习别人的长处，弥补自己的短处。要教育干部群众正确对待先进典型和人物，不能冷嘲热讽，要树正气、压歪气，号召大家学先进、争先进，以带动和促进我省农业生产蓬勃发展，取得更大成绩。

向科学技术要产量 ①
——大荔县雷北大队调查

雷北大队在抓科学技术上，又迈出新的步子。

一　生产怎样才能更上一层楼？

三中全会以来，党中央关于同心同德干四化的号召鼓舞着雷北大队的干部和社员。在新的历史时期，雷北大队怎样迈出新的步子？围绕这个问题，大队召开了解放思想讨论会。

雷北大队在生产上是靠苦干实干翻身的。随着农业基本条件的不断改善，生产也不断提高。但是同飞速发展的形势比较，同干部、社员的愿望比较，粮棉增长幅度却不够理想。经过讨论，他们找到了一条重要原因，就是科学技术水平低。有两件事情对大家启发很大。一是，1975年引进一批"郑引一号"小麦良种，属春性品种，但当时谁

---

① 本文原载中共陕西省委研究室《陕西通讯》，署名郑欣淼、李正纲。《陕西通讯》编者按："这个材料很有说服力。既生动地说明了农民对农业增产必须靠科学的迫切要求，又提供了使学科学、用科学成为群众性活动的一套新鲜的行之有效的经验，值得大力推广。雷北大队党支部的钻研精神和深入、细致、扎实的工作作风，对各行各业的工作也都是有用的，我们会从中得到有益的启示，值得推荐给大家一读。"《陕西日报》1982年3月28日转载。

也不知道什么叫春性，就按往年冬性品种的播期种了30亩，结果出现冬旺，冻死了大半。二是，前多年县上给了这个大队科研站一个恒温箱，由于电工看不懂说明书，安装时线路出了差错，一拉开关，价值1500元的仪器就烧坏了。总结经验教训，大家体会到，大干精神需要发扬，但不讲科学不行，大干还得加上巧干。为了使农业有个新的突破，必须切实抓好科学技术，向科学技术要产量。

搞科学技术离不开人才。大家又分析了雷北大队的状况，看到问题是突出的。全大队700多名劳力，其中40岁以上的占1/3，这些人勤劳，传统的农业生产知识掌握较多，但对现代农业科学技术基本不懂；30岁以下的青年也占1/3，他们多是初中以上文化程度，但缺少农业基础知识和生产技能，不少人在"四人帮"横行时没学下什么真本事，老农的一些传统技术也没有掌握好。大队、生产队干部，这是党在农村工作中长期培养起来的一支骨干队伍，但也缺乏科学技术知识和管理知识，指挥生产中时有失误。参加讨论会的同志认为，不能说雷北大队没有人才，但总的来看，文化知识少，技术素质差。急需抓好人才培养，进行智力开发。

解放思想讨论会开了四天，提高了党支部抓科技工作的自觉性，也做出了一些决定。但要真正抓好并不容易，还有阻力，主要是旧的观念和习惯势力在作怪。如何看待农业生产？怎样才算一个好农民？历来形成了一些奇怪的看法。工农兵学商，其他行业都讲究专业知识，唯独农业不大讲求这一点，只要是个劳力，似乎都会做庄稼。长期流行这么一些说法："庄稼活不用学，人家咋做咱咋做"，"做庄稼没有窍，只要水肥上得饱"。不少人认为，能在太阳底下出力流汗，就是好农民，理所当然地应得高工分；对于从事科研等脑力劳动的社员，认为挣的是"轻松工"，往往得不到重视。在这种思想影响下，一些有文化的社员，也觉得似乎自己知识多，反而成了短处。党支部就这个问题多次进行讨论。决定在社员中进行广泛的宣传教育，让大家懂得脑力劳动也是劳动，科学技术是重要的生产力，大家都来重视文化科学，学习文化科学。党支部还决定每年拿出5000个劳动日（约合七八千元）作为智力开发的投资。在分配制度上也进行了改革，以利于发挥人的聪明才智，以利于人才的培养、提高。

二　他们是怎样学科学、用科学的？

雷北大队在抓科技工作中，注意处理下面四个方面的关系：既坚持办好科研站，又改变以前搞一些力所不及的科研项目的做法，注重推广，着力于大田生产；既抓好科技骨干队伍的建设，又重视对农民普及科学种田知识，形成人人爱科学、讲科学、用科学的风气；既重点抓好粮食生产方面科技成果的推广，又用较大精力搞好多种经营方面的科技研究，促进农业的全面发展；既大力引进、推广新的农业科学技术，又重视总结农民传统的精耕细作的经验，把本队的丰产经验从理论上加以提高。

雷北大队抓科技，采取了以下几种形式：

一、开办农业技校。1979年，利用晚上学习，每周3次。从1980年以来，除坚持经常性学习外，冬季集中100天，脱产学习。凡具有相当初中以上文化程度的都可报名，经考试符合条件的就被录取。技校有两名专职教师，其余都是兼职。课程有植物与植物生理学、土壤肥料学、植物保护学、良种繁育学以及物理、化学等基础知识。还根据工副业发展需要，举办一些短训班。去年以来，有21人参加了中央农业广播学校的学习。计划到1983年，把全大队现有初中以上文化程度的250多名青年轮训一遍，培养一批农业科技人才。

技校围绕农业生产组织教学，把农闲时系统学习农业基础知识同按作物生长过程重点学习先进技术、丰产栽培经验结合起来。他们把这种做法称为唱"本戏"同唱"折戏"相结合。如粮食班内容安排大致是：12月至次年2月，系统学习小麦基本知识；3月至5月中旬，主要学习小麦返青、拔节、灌浆期的管理技术；5月下旬至8月，学习玉米的播种知识和丰产栽培技术；9月，学习小麦播种的技术措施。这种"热蒸现卖"的办法，深受学员的欢迎，学得懂，记得牢，用得上。

学习结束后，从理论和实践两方面进行考核，达到要求的，就授予技术员职称。技术员分三级，各级都有具体条件。现在全大队共有27名技术员，一级5人，二级5人，三级17人。

二、派出去，请进来。近年来，根据需要，大队陆续派出一些人到县以上有关部门和单位学习气象观测、土壤测定、节制生育和工副业方面的技术知识等。他们学习回来后，边实践，边传授，技术骨干力量逐步壮大起来。

请进来虚心求教。队上办一些企业，或安装一些比较复杂的机器，都请县有关部门来人指导，利用这些机会学习技术知识。

20世纪70年代初，与澄城县同事在洛惠渠龙首坝下留影。从右至左为作者、南云瑞、吉焕云、李正英。龙首坝是一座石拱滚水坝，处于澄城县与蒲城县交界的洛河下游。因建于汉武帝时创建的龙首渠的渠首段而得名。该坝由著名爱国将领杨虎城倡导，近代水利科学家李仪祉主持规划，总工程师孙绍宗率队勘测并全面负责工程实施，工程师李奎顺具体设计，于1934年5月动工兴建，次年6月竣工。当时的国民政府主席林森亲笔题写了"龙首坝"坝名，并在坝东建亭立碑留念

三、根据生产需要，组织攻关，边实践边学习。雷北大队1970年小麦亩产才200斤，近几年来一直在500斤上下打转转。大队农科站对此进行重点研究，发现对小麦生产影响大的，一是播期问题，一是冬春灌水时间问题。1980年小麦减产，3个技术员写了《试谈小麦减产的原因》一文，有理有据，认为这一年减产的主要原因是低温而不是干旱。1980年种麦时，他们根据多年来气象资料，按照积温推算法，找到了最佳播期，解决了迟播苗稀、苗弱的老问题。他们又从本大队实际出发，总结出一套麦田灌溉的经验：冬灌抢在11月，寒冬腊月不浇麦，春灌严格按照地温要求和麦苗强弱办事，不搞"一刀切"。这样，便夺得了1981年小麦亩产621斤的最高纪录。再拿施肥来说，过去农业成本高，施肥过多是一个重要原因。这几年来，他们以土壤养分测定、植株营养诊断为依据，确定施什么肥和施多少，同时推广深施、穴施等方法，提高了肥效，减少了浪费。从1978年以来，全大队氮肥施用量，平均每亩减少20多斤，一年就节约上万元。每攻破一道难关，科技人员的水平和增产的实际效果就随之提高一步。

三　掌握正确指导生产的真本领

雷北大队曾发生过这么一件事：1978年冬，部分小麦发生了红蜘蛛灾害，大队通知有关队喷药防治，其他队都紧急行动，只有一队队长毫不在乎，结果30亩小麦，亩产才120斤。后来大队分析了这件事，认为一队队长有责任，但主要还是制度上的问题。多年以来，农业生产上只有生产责任制，没有技术责任制，技术员的作用就不好发挥，队干部的责任心就难以增强，生产任务的完成就没有保证。这样，技术责任制就应运而生了。

建立技术责任制后，队长的任务是搞好生产过程中的思想工作、组织工作和后勤工作，生产技术都由技术员负责。技术员有权有责，在他的职责范围内，队干部不得干涉，否则，要承担由此造成减产的损失。在大队科技组的领导下，一些技术员和作务组直接签订合同，进行技术指导，承担经济责任。1981年大队农科站成立了科技指导中心组，又与6个棉花作务组签订了技术联产合同。试办结果都很好。他们还制定了技术员补贴制度。技术员指导的田块超产，同其他社员一样分成享受超产奖；减了产，除同社员一样分担经济责任外，不再发给技术补贴。

随着学科学、用科学热潮的兴起，要求干部既要有好思想，又要有真本事，就是能掌握科学知识，正确地指导生产。党支部号召大家刻苦地学习科学技术。大队几个主要干部都做出了样子。张有耀平时学习抓得紧，在粮食生产上有一套，被评为一级粮食技术员。副支书张润叶，过去就是务棉能手，1973年曾创造了棉花亩产240斤的纪录，这几年和其他妇女一起，摸索出本地棉花高产的一套经验，使全大队棉花多年来亩产稳定在百斤以上。现在7名支部委员中，5人获得技术员职称。7个生产队，有6个队的队长或副队长是技术员。

雷北大队把让内行当领导作为发展农业生产的重要保证来抓。不管是农业或工副业单位，凡是不懂业务，又不肯钻研的干部，就及时进行调整。大队面粉厂从1978年以来，每年亏损2000多元，负责人不懂技术，不懂管理，亏了也找不出原因。1981年另派了一个对机器和电的知识较懂的青年去负责，加强了管理，使企业大变样，光电费就节约1200元。

雷北大队还注意发挥回乡知识青年在学科学、用科学中的作用。过去，一些青年人觉得学过的东西用不上，农村没有用武之地，不安心搞农业。事实上，这批人是科学技术的生力军，他们有文化、有钻劲，只要加强教育，正确引导，还是大有作为的。党支部基于这个认识，积极支持他们学技术，创造条件发挥各人的长处，有了缺点就帮助，有了成绩就表扬，让他们成了技术攻关的尖兵。女青年石凤丽，在党、团组织的关怀下，大胆搞小麦高产试验，苦钻技术，1979年3

亩示范田获得亩产1079斤的好成绩，被命名为"全国新长征青年突击手"。支委、科技组长张庭腊，副大队长许兴无、杨晓，农科站站长张刘五等，都是二三十岁的青年。他们为青年做出了样子，使原来不安心农业生产的也安心了。青年人勤奋好学，也带动了社会风气的变化。社员们反映说：这下把青年引到正路上了。

大中型企业的产品扩散及其
与街乡企业的协作联合①
——宝鸡、咸阳两市的调查报告

最近，我们就大中型企业的产品扩散及其与城市街道、农村乡镇企业的协作联合问题，在宝鸡和咸阳两市做了点专题调查。深感这方面大有可为，是加强企业横向联合，调整城乡产业结构，搞活城乡经济，加速我省经济发展的一个重要突破口。现简要报告如下：

一　大好时机

目前，大搞产品扩散与协作联合是一个大好时机。这并不是一个新点子。过去20多年来，发展社队企业中，也搞过产品扩散或厂社挂钩，但多数是靠行政办法，甚至靠刮"共产风"，没有生命力，不长久。现在的情况同过去大不一样了。不仅城市街道企业、农村乡镇企业发展生产迫切需要，而且城市的大中型企业也有此需要，积极主动

---

　　① 本文原载中共陕西省顾问委员会办公室《情况与建议》第 5 期（总第 22 期，1985 年 1 月 29 日），《经济改革》（陕西）1985 年第 2 期转载。署名为朱平、郑欣淼、范西成。时任中共陕西省委书记的白纪年批示将此文印发 1985 年 2 月召开的中共陕西省委工作会议，批示说："朱平同志这个调查报告很好。即印发到会同志一阅。看来，通过扩散产品，发展协作联合，加强横向联系，是可以挖掘和提高经济效益、产生新的生产力的。这个经验值得各地借鉴。"

了。经济体制改革给企业放权，发展横向联系，城市的大中型企业要变成经营型、开发型的企业，也都迫切需要扩散产品，与城乡小企业搞专业化协作。特别是国防军工企业，最近在中央确定"保军转民"的方针以后，许多厂子纷纷要求"大转、特转、急转、快转"，与地方企业发展联合协作，生产民品。这是千载难逢的好机会，应当充分看到这个大搞产品扩散、发展联合协作的大好形势。

许多材料说明，我们搞产品扩散的潜力很大。据宝鸡金台区调查，驻在该区的143个厂子，每家都有大量的产品要扩散、外协。宝鸡石油机械厂每年需要对外协作的产品产值就有5000多万元。宝鸡烟厂每年从河南定做包装箱，产值就达上千万元。咸阳彩色显像管厂，每年外购协作件产值达9000万元。西北橡胶厂，每年外协的化工材料有20多种，咸阳市准备上其中的4种，产值就有610万元。大中型企业这些需要扩散和外协的产品，相当一部分都是当地城乡小企业可以协作、能够生产的，而且就近协作好处很多。例如咸阳彩色显像管厂，它的外协产品质量要求比较高，而去年当地街乡企业为它搞的协作件就有7种，产值达数百万元；今年还准备上几个项目，仅偏转线圈一项产值就可达3000多万元。咸阳彩色显像管厂所在地的安村，为它加工包装箱，产值四五百万元，利润六七十万元，社员每家仅从这一项中得到的收入就达上千元。两寺渡村队办厂子还吃了该厂的两种下脚料，产值就有200多万元。我省现有大中型企业200多个，国防军工企业100多个，分布在全省许多地方，这方面潜力很大，大有可为。

宝鸡、咸阳两市委正是清醒地看到了这种情况和形势，抓住了有利时机，去年有计划地、有领导地搞了这方面工作，取得了显著成效。据宝鸡去年11月份不完全统计，部、省属企业与市、县企业共达成68个协作项目，预计产值1000万元，利税165万元。咸阳去年扩散产品增值，约占市县工业新增产值的10％。两市在这方面已摸索出一些初步经验。

二　大有好处

从两市去年来搞的一批大中型企业产品扩散及其与街乡企业的协作联合中看，这件事有重大的战略意义，好处很多：

第一，带动和促进城市产业结构的调整，有利于冲破条块分割和改变"大而全"的状况。过去城市企业有"三多三少"：大中型企业多，小型企业少；全民企业多，集体企业少；骨干企业多，配套企业少。搞产品扩散与协作联合，出现了改变这种不合理产业结构的苗头。驻宝鸡金台区的大中型企业有50多个，而区属和街道企业仅有27个，为那些大中型企业配套的几乎没有。去年经过产品扩散和协作联合，新增街乡集体企业124个；为大中型企业配套和正在配套的项目23个，已增产值500多万元，实现利润50多万元。例如石油机械厂给该区长寿乡机电厂扩散了3个铆焊件，产值150多万元。金台区两个村子办了一个工厂，专为宝鸡叉车四厂生产一种部件，产值就达40多万元。产品扩散，还有利于促进企业向专业化发展。咸阳铸字机械厂向6个街乡企业扩散了零部件，在没有增加厂房、设备、劳力、资金的情况下，两年产值、利润、税收都可翻一番，职工每人去年平均增加奖金270元，而且厂子在产品扩散后，腾出了力量，正在开拓更新换代的新产品。有些为大中型厂子配套的小企业，也在逐步走向专业化，成为专为大中型企业生产某个零部件的专业厂。

第二，带动和促进了农村产业结构的调整。农村产业结构调整，重点是发展乡镇企业，而大中型企业产品向农村的扩散，对乡镇企业的发展、提高，将是一个有力的推动。现在的大中型企业产品扩散，乡镇企业占很大比重，而且是建立在自愿互利基础上的，有很强的生命力。在企业承包之后，有些强企业的车间以至班组，也有这个积极性，主动与农村乡镇企业搞协作联合。因此，这种协作联合，比过去有更大的广泛性和群众性。

第三，成为促进小城镇建设的桥梁。大中型企业的产品扩散，相当一部分是扩散到大中城市周围的县城和集镇。咸阳纺织机械厂需要扩散铸件产品1500吨，去年已将200吨扩散到三原、泾阳、武功、永寿等4县，今年拟扩大到500吨，再增加杨陵、淳化、礼泉等3个点。礼泉柴油机厂已成为咸阳铸字机械厂的专业配套厂，为该厂生产铅锅等部件，去年产值30万元，今年可达150万元左右。秦都区街道和乡镇企业围绕彩色显像管厂搞配套，已经出现以显像管厂为中心的电子城的趋势。三原大程乳品机械厂，虽然是一个乡办企业，但围绕这个厂正在兴办一批配套和服务的企业，使这里正在形成一个新兴小集镇。类似这样新兴的小城镇，年产值在千万元以上的就有泾阳的永乐店、礼泉的千都、三原的鲁桥等，还有以科学研究为中心的杨陵区，以生活服务为主的秦都区古渡乡。随着产品扩散，必然会出现一批小城镇，逐步形成小群体。现在大城市压力很大，住房、供水、交通、公用事业等都很紧张。以西安市为例，35年来，机动车辆增加了110倍，自行车增加了550倍，而道路仅增加了3.7倍，这是近年交通堵塞、事故不断的一个重要原因。从这里可以看出，抓产品扩散，对促进小城镇建设、减少大城市压力，有着重大意义。

第四，增强了中心城市的辐射力、吸引力。咸阳市地方工业去年新增产值不到6000万元，据不完全统计，属于扩散到周围县城和集镇的就有500多万元。宝鸡金台区两个乡，去年乡镇企业新增产值537万元，属于产品扩散的约占30％。西北机器厂仅在岐山县就向13个厂扩散零件1000多个。这样，就大大增强了城乡的经济联系，增强了城市对农村吸引和辐射的经济实力。产品的扩散，既是促进街乡大办集体企业治穷致富的捷径，也是引导农村工副业为城市大中型企业配套服务的好办法。这不单促进了城乡生产上的联系，也带动了商业、金融、信息的交往，特别是加强了城乡人才、技术的交流。这种联系和交流，正在有力地改变着长期以来城乡分割、很少往来的封闭状况，正在建立一种新型的城乡关系。闻名全国的北京"白兰牌"洗衣机，它的电机就是我省乾县电机厂生产的，今年这个厂为白兰总厂生产电机订货65万台。从这里也可以看出产品扩散对增强城市辐射的作用，对我们是很有启示的。中心城市的作用，不完全在于行政区划的归属，而主要在于经济的辐射力和吸引力。

三　大做文章

看来，大搞产品扩散和协作联合，应当成为冲破条块分割、改变"大而全"的封闭状况、调整城乡经济结构、搞活城乡经济的一个重要突破口，我们应当在这方面大做文章。宝鸡、咸阳两市在这方面已经取得了一些初步经验，概括起来说，主要有以下几点：

第一，要认真解决这方面的思想认识问题。无论是大中企业还是小企业，无论是全民企业还是集体企业，都要充分认识到，扩散产品、走专业化协作的路子，是社会化大生产的客观趋势，是贯彻对外开放、对内搞活经济这一既定国策的必然要求，也是于国、于民、于己都有利的事业。大中型企业要着重解决过去封闭状态下形成的"大而全"思想，克服放不下大架子、不相信街乡企业、怕麻烦等种种糊涂观念，提高扩散产品的自觉性和积极性。街乡企业要着重解决不自觉的盲目状态和单纯的"揩油"思想，提倡主动、真诚的合作，当好配角。

第二，要坚持自愿互利的原则。不搞"拉郎配"，主要靠善于运用经济手段。大中型企业要通过扩散产品、扩大能力、改善经营来增产值增利润，应从技术指导、人员培训等方面，给协作的街乡企业进行扶持和帮助，开始时还可以适当地多让一点利。街乡企业要讲求信誉，按时按质按量完成任务，搞协作不要一开头就想得大利，只要有利于发展协作关系、形成生产能力，开始也可以少得利、得微利。

为了保证扩散产品的质量，协作的双方还可采取"请进来，派出去"的办法，给协作单位传授技术，派培训人员。通过产品扩散，带动和促进技术扩散。还应该运用经济杠杆，例如实施增值税，促进联合协作。在主要运用经济手段的同时，也可辅之以必要的行政干预。

第三，协作的形式应是多种多样的。协作，或者是以优质、拳头产品为龙头，或者是以骨干厂为龙头，形成生产配套成龙。从协作的形式来讲，多是街乡企业搞来料加工、来件组装，不改变所有制和隶属关系，这是普遍的、大量的；也有的是合股经营，由大企业出设备、出技术，地方出场地、出劳力。从协作层次上说，有的是厂子和街乡企业协作，有的是车间甚至班组同街乡企业联合。这些协作联合，开始多是松散的、不稳定的，也出现了一些经济实体和相对稳定的联合，应坚持两条腿走路，不能强求一律。宝鸡、咸阳两市也还出现了打破条块和所有制界限，由部、省属和地方企业、街乡企业组成的生产联合体。"渭阳"摩托车联合制造公司，就是典型一例，它是由兵器工业部的渭阳柴油机厂和宝鸡市的7个小厂联合组成的，参与协作生产的有七八十家。去年生产摩托车15000辆，现在正组建新的生产线，预计到1987年，可以达到年产30万辆的生产能力，产值近3亿元，实现利税9000万元。

第四，要有专抓产品扩散、协作联合的班子和相应机构。咸阳市1984年成立了这方面的专门机构，由一名副市长任组长，主要是负责了解大中型企业需要扩散的产品品种，帮助确定协作点，编制协作实施方案，监督会同执行，解决协作中的具体问题。在专门机构中，抽调了一批懂行的技术人员，并吸收了大中型厂子的外协人员参加。去年以来，这个机构在组织产品扩散和开展协作联合方面做了大量工作，熟悉了情况，积累了经验。鉴于目前地方党政同志对大中型企业特别是军工企业缺乏了解，同时组织产品扩散和专业化协作又是一个非常复杂、细致的工作，看来，在一些地方建立这样的机构和组织，是很有必要的。

　　目前，我们在这方面亟须大做文章。建议各级党政领导同志，对这件事予以充分重视。望动员各个经济部门、各大中型企业和地方小企业，都应将产品扩散和组织协作联合当作一件大事来抓。做好思想工作，并从政策、法令和经济组织工作等方面，做出一系列相应的规定，以利调动各方面积极性，上下左右，大家动手，大搞大中型企业产品扩散，同街乡企业协作联合。这件事真正搞好了，相信我省城乡经济会有一个较大的发展。

方法与思路三议 ①

一　领导机关要为基层和企业服务

过去，我们一直强调改进领导机关作风，也做了不少工作，收到了一定成效，但还不尽如人意，办事拖拉、"文山会海"的积弊未能根除。有些同志总认为领导机关是基层和企业的"上司"，你只能围着我转，我却不能跟着你走。在这种思想支配下，某些领导干部脱离实际，脱离群众，照抄照搬，满足于当"传达室"，至于基层和企业的群众在想什么、盼什么，他是不大关心的。因此，对下面提出的问题常常心中无数，久拖不决，违时误事。有时一个并不复杂的问题，也要转来转去，甚至寒来暑往，尚在"研究"之中。许多时间性很强的请示报告，待到层层批转下来，早已成了"明日黄花"。"门难进，脸难看，事难办"，这是基层和企业对有些领导机关不良作风的尖锐批评，很值得我们深思。

领导机关为基层和企业服务，实质上就是为人民服务。不能为基层和企业服务，为人民服务就是一句空话。某些领导机关的同志，总有一种特殊感和优越感，对下级摆架子，打官腔，表现得盛气凌人。

① 以下三篇，为作者应《陕西日报》之约而写，分别载于《陕西日报》1984年12月16日和1985年1月10日、1月13日，署名"本报评论员"。

194

特别是对那些上访群众，不是满腔热情地接待，按照党的政策恰当地处理他们提出的问题，而是漠不关心，问题一拖再拖，几乎到了麻木不仁的地步。问题的严重性还在于，这类现象多了，许多人便见怪不怪，习以为常，成为难以改变的积习。

共产党的领导机关是为人民服务的权力机构，不是旧时代的"官衙门"，它的唯一宗旨就是全心全意为人民服务。如果领导机关脱离了它赖以存在的基础——基层和企业，脱离了应与之血肉相连的人民群众，它就会成为空中楼阁。因此，要改变那种长期形成的让基层和企业围着领导机关转的局面，就必须从思想认识上来一个转变，把对上级负责和对下级负责、为基层服务和为人民服务统一起来，破除那些在机关工作上长期形成的过时的思想、观念，树立新观念，建立新规章，摸索新经验。明确了领导机关的宗旨、服务对象和重点，机关作风才可能有一个根本的转变。

领导机关作风的一大弊端，就是缺乏时间观念，办事效率低。人们常见的那些毫无准备的会议、不着边际的报告、模棱两可的批示以及毫无意义的繁文缛节，就是这方面问题的表现。从根子上说，是受小农经济思想的影响，也是旧时代"日出而作，日落而息"的缓慢生活节奏的反映。它有悖于社会主义经济建设的基本要求，与当前经济体制改革的形势也是不相适应的。深圳经济特区有一个响亮的口号："时间就是金钱，效率就是生命。"这既是企业管理的指导思想，也是一切领导机关应该遵循的原则。在改革步子加大、生活节奏日渐加快的今天，情况不断变化，时机稍纵即逝，有些问题必须限期解决，有的事情需要很快拍板，如果还是慢慢腾腾、拖拖拉拉，就会贻误工作。因此，领导机关要像那些先进企业一样，有很强的时间观念，办事要讲究效率，能一天办完的事，决不拖到第二天；能一个人干的工作，决不推给其他人；能在现场解决的问题，决不沉溺在无休止的"研究"之中。

党的十二届三中全会关于经济体制改革的决定指出，体制改革了，组织机构和思想作风也要改。这不是过去所说的一般的改进，而是社会主义上层建筑领域里的深刻改造。努力把领导机关作风改好，当前要着重抓好以下三点：

第一，调查研究，精心指导。现在的改革是在相当广阔的领域和相当深刻的程度上展开的，广大干部对此并不熟悉，这就要求党和政府的各级领导人保持清醒头脑，进行精心指导。党中央对改革的总方向和基本原则做了明确规定，但如何与本地区、本单位的实际相结合，还必须做大量艰苦细致的工作。各地区、各单位的情况不同，改革的内容、步骤、方法就应该有所不同，既不能"一刀切"，也不能"一哄而起"，更不能脑子一热就仓促拍板，而必须一切从实际出发，坚持调查研究。本地区、本单位哪些方面应革应兴，步子怎么走，突破口在哪里，一定要深入实际，深入群众，进行系统的、全面的、周密的调查研究，尊重群众的首创精神，及时总结、集中和推广。改革的步子要积极而稳妥，看准了的事情要当机立断，看准一条改一条，看不准的先试点。

第二，党政机关实行岗位责任制。领导机关工作效率不高的一个重要原因，就是职责不清、赏罚不明，形成了如人们所说的"干的干，看的看，看的还给干的提意见"等忙闲不均的怪现象。这就必须实行岗位责任制，把职、权、责、利统一起来，要划清每个机关工作部门和工作岗位的任务及职责范围，保证职责到人，权力到人，利益到人，而不允许遇事推诿，出了问题无人负责，或者敷衍了事。这里，最关键的就是要加强群众对干部，特别是对领导干部的监督，提倡民主推举、评选、考核干部，确立奖勤罚懒制度，把那些长期"混岗"的人换下去，把忠于职守、有文化、有魄力的人提上来。只有这样，才能从根本上解决问题，才能形成你追我赶，争当先进的良好风气。

第三，提高领导机关干部的素质。机关工作能否搞好，关键在于机关干部的思想水平、业务素质如何。我们要重视提高机关干部的素质。一方面提高政治素质，就是对改革要有正确的认识，对搞好改革，实现四化翻两番，要有强烈的责任感，能够把自己的业务工作同四化建设的宏伟大业联系起来，勤奋努力，勇于创新；另一方面提高业务素质，就是要掌握科学文化知识和专业知识，要有干实事的真本领，能够出色地做好本职工作。我们相信，随着广大机关干部政治素质和业务素质的不断提高，随着党和政府的各级领导机关作风的转变，一定能促进经济体制改革健康地向前发展。

二　到群众的实践中去指导改革

到实践中去，到群众中去，调查研究，寻求真知，这是在新的历史时期每一个领导者都应掌握的真本领。

当前我们领导工作中的一个突出问题，就是一般号召多，具体指导少。有些同志对本地区、本单位、本部门的实际心中无数，若明若暗，或只知其一，不知其二。因此，中央的指示，上级的决定，如何同本地区、本单位、本部门的具体情况相结合，从哪里着手，说不出个道道来，提不出切实的措施，只能一级一级往下转；工作布置之后，又不能深入一点，取得经验，解决实际问题，推动全局。这样，他们的工作就往往停留在会议上、文件上和口头上。为什么会出现这种一般号召多、具体指导少的问题？主要原因就是不重视调查研究，或者调查研究搞得不深不细致、不经常。

应当看到，我们的干部普遍缺乏两个方面的知识：一是现代科学、技术知识不够，二是实际知识也不够。经济体制改革是一项艰巨的创新工程，几乎没有固定的模式可循，我们还缺乏系统全面的实践经验，在我们面前还有许多未被认识的必然王国。这就要求广大干部既钻研科学，向书本学习，又必须把调查研究摆在重要地位，向实践学习。过去那种不动脑筋、照抄照搬又偷懒的作风不行了，不求有

20世纪70年代初与朋友在澄城县乐楼前留影。从右至左为鱼云峰、姚炳旭、陈智邦与作者。澄城县乐楼原名城隍庙神楼。创建于唐贞元十三年（797），明万历十年（1582）整修重建，更名乐楼，始为今貌。石柱石础等部分构件仍为唐时原物。为全国重点文物保护单位

功、但求无过的混日子作风也不行了，而要锐意进取，勇于开拓，创造性地探索和解决问题，对各项工作进行有效的指导。

随着现代科学技术的进步，调查研究工作也面临着挑战。我们一些同志在调查中，比较重视定性分析，而不注重定量分析，有时候单凭经验和估计做判断，缺少准确、完备的数据和精确的计算，同时在方法和手段上也缺乏改进，这就势必影响到调查研究的工作效率和成果质量。因此，我们要在马克思主义指导下，在坚持和运用好传统的调查方法的同时，十分重视新技术、新方法的应用和推广，以便广泛地、准确地收集各种信息和数据，使调查研究更好地为改革服务。

改革是亿万群众探索和创新的伟大事业。广大群众处在社会实践的第一线，是改革的主人。领导者的责任，就在于通过调查研究，及时发现、总结、推广群众的新创造、新经验，倾听群众的呼声。只要我们坚持这样做，就一定能找到克服困难、解决实际问题的好办法。

三　把改革想得宽广一点

胡耀邦同志在关于陕西工作的谈话中，提出要把改革想得宽广一点，不要看得太窄、太浅。领会和贯彻这一精神，对于我们自觉地坚持改革的正确方向，促进改革的不断深入，有着十分重要的意义。

把改革想得宽广一点，就是要认识到，改革牵涉到各个方面，不仅要经济改革，而且思想路线、规章制度、组织机构以至生活方式、风俗习惯都要改革；拿城市改革来说，不仅包括工业、商业、服务业，而且涉及科技、教育、文化等部门。各行各业都有改革的任务，每个人都肩负改革的担子。改革不能依赖少数人，也不能光靠某几个部门，而应该在党的路线、方针、政策指引下，发挥每个人的积极性和创造性，集中群众的智慧和力量，同心同德去进行。事实上，各行各业都是密切相关的，如果不全面改革，某个部门、单位的改革也难以搞好。

建立促进社会生产力发展的充满生机的社会主义经济体制，是这次改革的基本任务；通过改革建设社会主义四化强国，实现翻两番的目标，是改革的目的。把改革想得宽广一点，就是要时刻牢记改革的基本任务和目的，而不能目光短浅，或仅就一时的、个别的现象看待改革，真正做到"议大事，顾全局，懂本行"。不能只考虑局部，不考虑全局，更不应为了个人、局部的利益而损害社会的安全、生产的发展、人民生活的改善。有些人忘记了改革的基本任务和目的，忘记了国家建设的大局，而把个人与小单位的利益当作改革的出发点和归宿，利用职权为个人和小团体牟取私利，任意涨价，乱收费用，损害社会和消费者的利益，还美其名曰搞活经济、改善生活。这是歪门邪道，是对改革的亵渎！

改革是不断探索和创新的事业，没有成熟的经验可遵循。把改想得宽广一点，就要求我们正确对待改革中的缺点和失误，不能求全责备。求全责备违反马克思主义的认识路线。在实践中达到主观和客观之间的符合，不可能一蹴而就，需要经过多次的反复，需要经历一个过程。在改革的实践中，自然会有一个从不完善到比较完善、从不成熟到比较成熟的过程，全国农业生产责任制的发展过程，就是有力的证明。那种要求改革只能十全十美，是不符合实际的；那种一出问题大惊小怪、风言风语，只会窒息改革中的开创精神。"回复故道的事是没有的，一定有迁移；维持现状的事也是没有的，一定有改变；有百利而无一弊的事也是没有的，只可权大小。"看来，鲁迅先生当年关于文字改革的这一段话，今天对我们仍有教益。

建立健全农村社会经济技术服务体系初探①
——从渭南、蒲城、合阳、韩城四县（市）调查谈起

一、去年以来，联产承包责任制调动起来的广大农民群众的生产积极性，被不失时机地引导到调整农村产业结构、发展商品生产上来。据我们最近在渭南、蒲城、合阳、韩城四县（市）的调查，各地在产业结构调整上做了大量工作，取得了不少成绩，迈出了重要的一步。在近几年保证粮食稳定增产、工农业总收入增加的基础上，种植业中除棉花外的经济作物产值比重增加；林、牧、副、渔在农业中的比重增加（大体占两成）；工、建、运、商、服在农村经济中的比重增加（大约占四成）；乡镇企业在农村总收入中的比重增加（约占三成）；农村商品生产率也有所提高。这几个县（市）过去都是著名的棉粮产区，经过去年以来的调整，原来那种单纯的粮棉型结构已开始打破。各县从当地的实际出发，运用近年来农业区域规划调查成果，充分注意发挥本地优势，去探索自己应走的路子。这类地区，一般都是在确保粮食稳定增产的基础上，因地制宜地形成种、养、加（加工）、采（采掘）型的产业结构；发展商品生产中，既注意打"麻雀战"，又狠抓拳头产品和骨干项目。农村经济开始出现了合理协调发展的好势头。

---

① 本文原载中共陕西省顾问委员会办公室《情况与建议》第 24 期（总第 41 期，1985 年 9 月 24 日），《经济改革》（陕西）1985 年第 7 期、中共中央党校《理论动态》610 期（1985 年 12 月 20 日）转载。署名为朱平、郑欣淼。

二、在调整产业结构、发展商品生产中，也存在不少问题。当前最突出的是产前、产后、产中的社会经济技术服务工作跟不上。生产者迫切要求提供技术、信息、购销、加工、储运等方面的社会化服务工作，种植业还特别要求解决灌溉、机耕、防虫、良种等缺乏统一管理和协作所造成的许多困难，而这方面我们原有的经济技术服务体系很不适应，亟待改革，新的社会化服务体系又未建立，商品生产的发展遇到不少困难。这是一方面。另一方面，正由于缺乏社会化的经济技术服务组织，一家一户的生产经营没有同国营或集体经济挂起钩来，缺乏与之联系的经济实体和纽带，因此分散的商品生产难免存在很大的盲目性。有的"一哄而起"又"一哄而下"；有的办起了奶粉厂，但没有足够的奶源；有的大种药材，却又不知市场需求如何；有的乡一下子办起了几十个打夯机厂，邻近的乡以至县上也办，现在大家都在愁销路；渭南地区许多地方大种花生，已由4万多亩发展到59万亩，但加工赶不上，销路也不太好，卖不上价。加之，由于一家一户分散经营有一定的局限性，规模效益差，商品率也较低。归根结底，这些都反映了千家万户的分散经营，越是生产专业化、商品化，越要求经济技术服务工作必须有与其相适应的社会化、专业化的发展，而当前在商品经济已开始发展和较为发展的地方，这种不适应的状况已日益明显地成为前进道路上种种矛盾的一个症结。

三、解决上述矛盾的根本出路在于，随着商品生产发展的需要，去逐步建立健全农村社会化的经济技术服务体系。这是农村广大商品生产者的迫切要求，是农村商品生产发展的必然趋势，也是建立具有中国特色的农村社会主义商品经济所不可缺少的极为重要的一个方面。联产承包责任制的建立，极大地调动了农民群众的生产积极性，并为发展商品生产开辟了广阔的前景，作用是巨大的、深远的。但是随着商品生产的发展，它必然要求建立与之相适应的多层次以至更高层次的各种社会化经济技术服务体系。如果这方面的工作跟不上，就会使生产受到阻碍，甚至连简单再生产的循环，包括从生产到流通、交换、分配等各个环节，也会发生某些"中断"。只有建立起各种社会化的经济技术服务体系，才能更好地满足广大商品生产者对经济技术服务的各种要求，才能建立起与千家万户商品生产者密切的经济联系，也才便于通过这些经济实体和纽带，去引导并把他们的活动纳入国家有计划的商品经济的轨道，尽量减少盲目性。这是一种既有利于搞活微观经济，又便于加强宏观控制的有效途径。当前的问题是，我们从事农村工作的不少干部，对这一点缺乏明确的充分的认识，还没有看到它的极端重要性，缺乏紧迫感。同时，广大干部还不懂也不善于去做这方面的工作。因此，亟须把这件事提到农村工作的议事日程上来，当作当前农村工作的一件大事来抓，当作调整产业结构、发展商品生产的一个重要环节来抓。

四、建立社会经济技术服务体系，必须按照商品生产发展的需要去逐步建立。既要充分重视这项工作，又不能操之过急，这是由商品生产发展的客观需要及其社会化、专业化的程度来决定的。从这几个县（市）的经验看，一般的应以自下而上为主，与自上而下相结合，先从行业、专业着手，搞产、供、销"一条龙"；要成为经济实体，搞企业化经营，实行有偿服务；切实遵循自觉自愿、平等互利的原则，参加者自愿组合，行政上可加以辅导；要因地、因事、因时制宜，切忌"一刀切"，搞形式主义，劳民伤财。

先从行业、专业去着手建立，不是自上而下搭架子、铺摊子，一下子就搞综合性的服务组织，这是各地带有普遍性的经验。渭南市阁村乡是以建材业为主的专业乡。全乡有机砖轮窑40座，从业人员占全乡总劳力的62.8%，去年产值占全乡工农业总产值的52.3%。这个乡的建材服务公司和机砖技术协会也应运而生，从机砖销售、煤炭购进、提供信息等方面开展服务，定期进行技术交流，现场鉴定评比，促进建材质量提高。合阳县路井乡在今年大种西瓜的情况下，成立了西瓜协会，瓜农自愿加入。协会与农户预约，从广州等地购回良种；又向群众介绍新的栽培技术，西瓜成熟后，组织了100辆汽车、拖拉机，负责运销，共经销了800万斤。蒲城县孙镇乡的辣椒成了"秦椒"的后起之秀，打入了国际市场，已有专业村8个、专业组40个，集中连片种植4000多亩。乡上为此建立了植保公司，与辣椒专业户直接联系，从育苗、栽培、管理到烘烤，都适时给以技术辅导。还从西北农学院请来老师讲课，从武功科研中心买回建烘炉的专利，并组织供销社、贸易货栈与专业户挂钩，提供肥料、农药，或负责收购运销。至于农副产品的加工，像羊奶、编织产品等那样，分散生产，集中加工，或统一组织运销，这在各地已屡见不鲜。类似这种按某项产品的专业需要，把生产过程中的统与分适当结合起来，因事、因时制宜地组织协作和服务工作，这在当前农村商品生产中，是带有一定的规律性和较为普遍的适应性的。许多地方的经验告诉我们，按专业村、按商品生产基地去组织经济技术服务工作，不仅生产者有迫切要求，容易搞，而且好处很多。第一，容易同国有经济或集体经济的各部门、各行业以至国家各经济管理部门挂起钩来，便于通过各种经济联系和经济实体把千家万户的分散生产经营活动吸引到有计划商品经济的轨道上来，减少盲目性；第二，有利于促进种植业的连片作业，便于统一组织和管理灌溉、防虫、机耕等作业的协作生产；第三，便于利用先进的生产设备，推广科学技术，组织群众互相学习，共同提高；第四，有利于促进商品生产适当集中，发挥规模效益，提高商品生产率，形成产品优势。因此，建立社会化经济技术服务体系，应先从专业村、商品生产基地或行业做起，再逐步形成综合的、多层次的、完备的网络。这是从纵的方面来讲的。

五、建立村（行政村，即原大队）、组（原生产队）一级基层经济服务组织，也十分必要，绝不可忽视。几年来的实践证明，只按产业或行业建立经济服务组织，而没有村、组一级地域性的基层服务组织，是不行的。国家的各个经济部门，如果样样事情都直接同千家万户的农民打交道，而没有基层地域性的经济组织把它适当地组织起来，事实上是很难做到也很难做好的。现在，农村各种经济合同量大面广，一个县就有多少万份，纠纷很多，没人认真去管，谁也管不了。水利设施普遍遭到破坏，机耕地减少，种子混杂，病虫害严重，许多这类该统的事没有统起来，群众意见很大。因此，在基层建立一定的经济服务组织，把一家一户办不成的事办起来，把群众要求统而又宜于统的事统起来，国家各个经济部门才便于通过这些组织把工作深入到群众中去，得到群众的支持，在群众中生根，群众的迫切要求也才能得到及时解决。这是从横的方面来说的。只有把纵横两个方面的经济服务组织恰当地结合起来，上下相通，左右相连，逐步地形成一个网络，才能建立起一个较为完备的农村社会经济技术服务体系。

建立村、组级的经济服务组织，不仅是必要的，而且是完全可能的。各地就有这样一些好的经验。蒲城县三合乡实行机耕、浇地、防虫三统一的做法，对我们很有启示。这个乡从乡到村、组，在"统"字上下了很大功夫。全乡210眼井，都承包给了群众，每眼井附近划拨一亩半"养井田"，作为对承包户的报酬，并核定了包干任务，落实了井、泵、渠道、电线、树木的管理责任。灌溉效率和设备完好率都大大提高，承包户仅"养井田"和设备维修费包干的收入可达千元以上。今年抗旱时，全乡1.4万亩棉秋田都浇了水。这个乡还解决了统一机耕问题。从1983年开始，乡、村、组三级做了四五十天准备工作，动员群众连井耕作，乡上统一供油，统一规定深度，统一作价，又从乡办企业每年拿出1万元，耕一亩地补助4角钱，并较好地解决了犁沟、地畔等问题，前年耕了2.5万亩，去年3万亩，今年又增加到3.5万亩。防虫上，乡、村、组也统一组织，收到了较好的效果。群众反映说，该统的统起来了，打架、偷盗的少了，社会治安也好了，干部不白拿补贴了。可见，基层经济服务组织能不能建立起来，主要在于工作。许多地方该统的没有统起来，生产受影响，群众有意见，完全是工作问题。只有把基层经济服务组织建立起来，把群众要求统和宜统的事统一起来，不仅可以直接地更好地为群众发展商品生产服务，而且有利于克服基层无人负责的现象。现在基层工作无人负责，一些地方的组织甚至瘫痪半瘫痪，群众埋怨干部只拿补贴不干事，干群关系紧张是一个普遍存在的大问题，也是一个有多方面原因的比较复杂的问题。从建立基层经济服务组织入手，使基层干部把精力花在为群众搞好经济服务工作、排忧解难上，去学会并善于做好这方面的工作，可能是改变这种状况的一个重要问题和有效途径。

基层经济服务组织，是设在行政村还是设在组？这是许多地方提出的一个有争议的问题。从我们所到的几个县（市）看，多数地方倾向于在原来一村一队（生产大队）而又有经济实体的地方，一般设在村一级，但不"一刀切"；如果村民组（原生产队）有企业或有条件办企业的，也应允许去办，不要强求一律。不管设在哪一级，基层经济组织都要面向一家一户，直接为群众的生产服务。切戒单纯行政命令的办法，要善于用经济工作的办法去搞好服务工作。可以搞有偿服务，但不能乱收费用、乱摊派，加重生产者的负担。这种组织的建立，也应按照商品生产的需要，一项一项去办，不宜普遍搭架子，搞形式。至于基层政企是否分开，多数地方认为难解难分，倾向于一个机构、两个牌子，但要把行政工作与经济工作不同的工作方式、方法加以区别。

六、国家、集体、个人一齐上，多种经济形式、多种经营方式、多种渠道相结合。国有经济和为农村服务的企事业，在资金、技术、物资等方面占有优势，从事农村服务的原有和新兴的各种合作经济组织也有着不容忽视的重要作用，在建立健全农村社会化的服务体系中，两者应作为主体，发挥主渠道的作用。一些投资小、见效快、收益大，适宜农户或联户兴办的服务项目，应积极支持农民去办。这方面的潜力也很大，好处很多。蒲城县贾曲乡有个农民叫权发喜，在县药材公司支持下，在本村搞起中药材服务。他与药农签订合同，提供种苗，进行栽培指导，帮助修建烘炉，印发技术资料，负责收购，受到群众的称赞。去年带动全乡2000户农民种药材6300亩，今年预计收入可达80万元，本人每年收入超过1万元。合阳县在去年植树造林中，群众创办了林木保险公司，实行林木保险责任制。林木投保交纳保险费，公司派有专人巡逻看护，林木损失照价赔偿。现在全县已有94％的乡、村成立了这种公司，共投保树木367.2万株，收缴保险费53400元。今春以来，共查获损失树1007株，赔偿7000多元。这种保险责任制的推行，使林木护理工作逐步专业化、企业化，盗毁林木的案件大为减少，解除了群众造林的后顾之忧，并带动了其他事业的发展。类似这种群众兴办的服务项目，正在农村不断涌现，对于国家、集体所经营的服务事业也是一个很重要的补充。总之，国家、集体、个人三方面的服务渠道，缺一不可，要发挥各自的特点和长处，互相配合，互相补充，互相学习，互相促进，使之成为一个有机的整体。

原有的农村服务体系和企事业急需加以整顿和改革。诸如农技、农机、种子、水利、供销、信贷等管理体制和经营方式，同当前调整产业结构、发展商品生产的要求很不适应，必须通过改革，做到面向基层，切实为农民服务。特别是供销社，虽经几年来的整顿、改革，但效果不显著。目前主要问题是，一些干部的思想顾虑多，怕恢复"民办"性质而丢掉"铁饭碗"，怕物资被平调。有必要进一步进行整顿、改革。要在做好思想工作的基础上，针对存在的问题，采取切实可行的措施，并通过上放（放权）下促、外逼内改相结合的办法，使其在变"官办"为"民办"、改全民为集体上有所突破，端正业务方向，发挥应有的作用。

七、借以引导以联产承包为基础的新的合作经济进一步健全和发展，这应成为建立农村社会经济技术服务体系的一个着眼点。这种服务体系的主要任务是为发展商品生产服务，同时也应注意发挥对千家万户生产者的引导作用，使其成为党和国家通过各种形式联系、引导广大农民的一种经济纽带和工具。要把商品化和合作化一致起来，发展农村社会化的服务事业，我们的方针是国家、集体、个人一齐上。"特别要支持以合作形式兴办"（见中央〔1985〕1号文件），逐步做到以各种形式的合作经济为主体。对联产承包责任制要进一步完善。

群众要求统而又宜于统的事，要由村或组统一办起来，使基层这一级成为上下相通、左右结合的服务网络中一个不可缺少的纽带。土地分户承包划分过分零碎、不便耕作的，要在适当时候进行调整。过去的财务和债务没有清理的，要花一段时间去清理，这不仅是群众的要求，而且有利于利用闲散资金，有利于改变那种将集体财产"分光拿光"的不良思想，也有利于挽救一批干部、改善干群关系；并要建立和健全新的制度，改进经营管理。对联办的服务性的合作企事业，要积极支持，帮助研究和解决存在的问题，改进、完善合作制度，促进健康发展。目前，各地联办的服务性的经济组织，正在不断涌现，无论是合作的成员、合作的方式还是合作办的项目，都是多种多样的，合作经济因素的大小及其特点、作用也各自不同，应当认真研究、总结，对其有普遍意义的好经验，要进行推广。对原有的服务性的合作经济，要通过整顿、改革，真正变成群众性的、服务性的、合作性的企事业，并实行企业化经营。以上这些，都是就建立服务性组织本身要注意逐步合作化的问题，这是一个方面。另一方面，社会化经济服务组织还起着引导、促进农村经济逐步走向合作化的重要作用。这些组织主要应通过自己的经济活动，发挥其在千家万户同国营、集体经济之间相联系的纽带和桥梁作用，把分散的生产经营活动吸引到国民经济有计划发展的轨道上来，扶植和支持各种合作经济的发展。

八、建立农村社会经济技术服务体系，是继联产承包责任制后又一次改革中的一个主要课题。这次改革能不能取得突破性的进展，在很大程度上看这方面的工作搞得如何。这方面改革的基本任务和目的，就是要解决为广大农民治穷致富、发展商品生产如何搞好服务、协调、引导的问题，解决各个方面不适应的问题。它比之包干到户更艰巨、更深刻，实质上是农村社会主义经济制度在实践中不断地自我完善，有许多特点和不同的要求。

诸如：（一）范围很广，内容复杂，又较分散，涉及有关农村经济技术工作的各部门、各行业以至党的建设、政权建设等，大量的

1984年，作者与朱平同志在四川乐山大佛留影

是属于各部门、各行业经济管理体制方面有关上层建筑的改革问题，又与农村社会经济结构的配置密切相关，在这方面势必发生不可忽视的这样那样的影响。（二）既要充分看到微观搞活的迫切需要，从各部门、各行业着手，坚决、大胆地改，让大家积极去办，又要从宏观着眼，综合研究，抓住迫切需要而又可能办的几件主要事情，有计划有领导地改。（三）如何建立具有中国特色的农村社会主义的经济技术服务体系，走出一个什么样的路子来，这对农村经济现在和今后的发展，有着重大而深远的影响，要经常关注。（四）需要探索、精心指导。我们既无章可循，不能照搬外国经验，又不可能先设想一个什么模式去硬套，也不能撒手不管，全靠按照中央确定的基本原则去实践、去探索、去研究，把群众创造的经验集中起来，坚持下去，摸出几条规律来。因此，对这样事关全局的大事，建议提到各级党委的议事日程上来，要拿到党委手中，密切注视，认真研究，精心指导，并动员各方去办。这就需要从领导思想作风上来一个大转变。第一，面向基层，面向千家万户，为基层工作服务，为广大群众治穷致富服务，为发展商品生产服务，为建设具有中国特色的农村社会主义经济服务，这些应成为我们当今从事农村工作的同志为人民服务和为最高理想奋斗的具体要求和具体实践。第二，办实事，深入第一线，调查

研究，发现问题，研究问题，解决问题。第三，培训干部，提高素质。学习党在农村的路线、方针、政策，还要学点政治经济学，学点经济工作基本知识和实际工作经验，更新知识。最近，省委就培训干部、抽大批干部下乡已分别做出两个决定，这是省委对农村工作所采取的两个重大决策。按照省委的部署，坚持认真搞下去，相信我们各级干部的思想会有一个大提高，作风会有一个大转变，工作会有一个大改进。

　　1991年，作者随同中共陕西省委书记张勃兴同志赴江苏考察学习，在参观常州市工业展览馆时留影。右第四、第二为张勃兴同志及夫人吴慧贞女士，右一为作者，左二为张建功同志

多种经营持续发展的辩证思考 ^①

——安康调查随笔

位于秦巴山区的安康地区，是我省多种经营的一个重要基地。近年来，国家大力支持，农民积极性高，发展势头很好。以林、特、药为主的多种经营项目恢复较快，有的还超过历史最高水平，一些县林特生产基地建设已粗具规模。在大农业内部，林、牧、副、渔产值的比例已占到总产值的40％多。但是，存在问题也不少，效益还不理想。可以说，安康多种经营到了一个重要阶段，即如何巩固、提高，充分发挥经济效益的阶段；好像面临一个"门槛"，跳过"门槛"，就能达到新的水平。对立统一是宇宙的根本法则。重视分析多种经营生产中的矛盾，辩证地思考其中的关系，对于促进多种经营持续发展，是不无益处的。

一 外延与内涵

这几年，安康多种经营重在铺摊子、抓面积，但是单产普遍低，质量也不太高，商品率上不去。拿几宗骨干项目来说，在不少地方，

———————————
① 本文原载中共陕西省委研究室内刊《调查资料》第27期（总第383期，1985年7月2日），收入《陕西经济改革调查报告选》，陕西人民出版社，1985年版。

桑树单株产叶不足2斤，平均亩产茧25斤；漆树，平均单株产漆1两，亩（100株）产10斤；油桐，平均单株产油3两，亩（60株）产18斤；油料作物，平均亩产90斤左右。久负盛名的安康茶，中华人民共和国成立前夕仅4万亩，去年发展到27万亩，总产也增至357万斤。但是一算亩产，却使人泄气，仅13斤多，以采摘面积计，不过22.7斤，既不到全国平均亩产76斤的1/3，也远远落后于20世纪50年代安康亩产50斤的水平。新茶树大都是1978年以前种的。"三年桐籽五年茶"，按说大多数已到盛产期，但投产的仅一半多，还有相当多的低产茶园，质量也不怎么高。据测定，安康茶叶中，绿茶重要品质标准——氨基酸高达3.08％～5.69％，含量比著名的西湖龙井还高。这样好的自然品质至今没有得到很好发挥，关键是采制技术上不去。平利县一些地方由于采摘和制茶技术上的差异，今年春茶初期上市，每斤相差1元左右。国内外都有一些高产茶园。日本全国茶树平均亩产已达250斤，我国浙江杭州创造了77亩平均亩产700斤的纪录，平利县示范茶场小面积单产也达到495斤。可见，提高单产，狠抓质量，潜力是很大的。

从外延和内涵两个方面分析多种经营的发展，那么抓面积、重规模是外延方面，攻单产、促质量就是内涵方面。我们应正确认识和处理外延与内涵的关系，亦即面积与单产、总产与质量的关系。抓面积是必要的，没有外延，内涵就是空的；但在形成一定生产规模的情况下，就不能再片面追求速度，盲目扩大面积，而要在提高单产、质量即在内涵上挖潜力。提高单产，应是今后安康发展多种经营的主攻方向。

在内涵上下功夫，应着重抓两点：一是加强管理。安康许多地方在林、特、药生产上，经营粗放，管理不善，有的项目，例如漆树，基本上没什么管理，任其自然生长。重采摘，轻管理，不仅浪费资源，还使人们失去信心。要在管理中求效益，在提高效益的基础上求发展。二是增加物质投入。安康地区多种经营以及整个农业生产发展水平还不高的一个重要原因，是农业的物质装备基础差，物化投入水平低。据有关资料，安康地区1980年每个农业劳动力拥有集体固定资产为113元，全国1978年为334元；全区1979年每亩耕地平均拥有农业固定资产26.9元，全国1978年为66.5元；安康1980年平均每亩耕地施用化肥20斤，比全国低50多斤；农田水利、农村用电、农用机械状况也都很落后。"将欲取之，必先予之。"必须重视投入。要指导和鼓励农民筹集资金，不断提高投入水平，特别要改变少数农民只取不予、掠夺式经营的落后习惯。当前最迫切的是增加化肥的投入。

二　传统与创新

安康地区不少林、特、药，都是传统骨干产品，这几年在发展中也注意了保持传统特色，这是好的，也是必要的，但重要的还在于创新。创新包括两个方面：一是引进新项目，发展新产品；二是推广新技术，改进旧的培育方法。任何事物都在不断地发展、变化。只有创新才有进步，只有创新才能进行竞争。但是不能不看到，新项目上得慢，新产品还不多，新的生产技术推广还不快。不少地方还只有桑蚕、茶叶、油桐几项，对发展新的不热心，许多群众还囿于传统的，实则是不科学的栽培方法。安康这几年多种经营的发展状况说明：不创新，连传统也保不住。创新问题，应提到重要的议事日程上了。

一些新技术的初步推广，已给安康多种经营的发展预示了广阔的前景。例如稻田养鱼、温棚务耳、玉米地套黄连、药材由野生变人工等，都很有说服力。稻田养鱼，稻鱼共生，互相促进。1983年安康全区稻田养鱼实收获3728亩，平均亩产鱼12.3斤，最高的达100斤，水稻也一般增产10％左右。去年收获3241亩，亩产鱼11.8斤。温棚务耳也是新技术。露天生产木耳，产量低，耳棒耗费多。温棚务耳，每架比不进温棚的产量提高约4倍。但是推广的步伐还很慢，至今只在一些点上搞。例如稻田养鱼，全区每年40万亩稻田，如果有1/4养上鱼，每亩产10斤，就是100万斤，而现在安康一年的水产品，才不过70万斤左右。新技术的潜力多么巨大！

发展多种经营的新门路，除过从外地引进个别的项目外，主要靠挖掘当地资源，善于变无用为有用。秦巴山区由于处在温带与亚热带的交界地带，成为南、北方动植物的交会场所；又由于山地的水热条件随海拔高度不同而引起植物垂直分布的明显变化，致使本区植物种类繁多，成为世界上有名的生物基因库之一。本区现存种子植物即达4000余种，约占全国的1/7，被利用的经济植物600多种。发展新门路，应当重视和开掘这个资源。有些野生植物，长期以来自生自灭，无人问津，派不上什么用场，似是废物，但随着人们知识水平的提高、消费领域的扩大，许多无名之辈顿时身价倍增，成为抢手的宝贝。这就是"废"与"宝"的辩证法。例如，有一种野菜叫薇，在安康荒山野岭随处可见。古人吃它。"耻食周粟"的伯夷、叔齐，曾用薇菜充饥，鲁迅以此为题材写了篇小说，名字就叫《采薇》。安康人却没有吃薇菜的习惯，视之如废物。近年来才知道，它不是废物而是宝。这种菜没有化学药物污染，含有丰富的蛋白质、矿物质和多种维生素，根状茎加工后的水可洗头洗澡，止痒，预防皮肤病，还有医治便秘等疾病的作用。它的味道十分鲜美，在国际市场上很畅销。这样，薇菜干就成了安康外贸出口的一项新商品。国家收购，一级每斤5元；小学生捋上几把，就能换回一个作业本。岚皋县去年稍稍抓了抓，就收购薇菜干17吨，农民增加收入10万元。类似薇菜这样经济价值高的植物肯定不少，关键是要我们去认识、去发现。

在城市园林和人们的庭院里，常见的多是一些传统花卉。在秦巴山区，野生花卉则不少见。我们驻足的安康地区招待所，院子里就点缀着一些从山上挖来的花木，婀娜多姿，万紫千红。这些生长在僻野山乡的花卉，以其独有的风姿，同样受到人们的喜爱。如何开发丰富的野生花木资源，把它们送到繁华的闹市，还没有引起应有的重视。开展花木经营，是商品生产的一条新路子。这件事其实也不难。只要切实抓起来，搞清花卉资源，掌握市场需求，组织农民进行养护性开发，应时把花卉运销到关中以及省外，秦巴山区的这一优势就会发挥出来。

三 单家经营与社会服务

农村实行承包责任制后，多种经营一般都以户为单位进行，这就给社会服务工作带来了新问题：一是多种经营规模越来越大，面对的又是千家万户的分散经营，原有的社会服务措施已不适应了；二是在放开、搞活的新形势下，原有的一些服务渠道不那么畅通了。例如，过去为了方便收购，药材公司抓天麻，供销社抓漆苗，粮食部门抓油桐等，从资金、技术上予以扶持和指导，并派有专人检查落实。现在收购渠道增多了，这些部门难以保证收购到所需产品，对服务工作就不那么热心了，致使有人收购，无人组织。

单家经营给社会服务工作带来了一定困难，但单家经营更需要完备的社会服务，需要与社会的广泛联系。这方面的经验教训不少。这几年来，农民最怕病虫害，这是多种经营的劲敌，常常造成毁灭性打击。紫阳县的金橘，汁多、味好、核少，颇有声誉，流传着"一船橘子下安康，两船苞谷回紫阳"的说法。从前年年底起，这个县具有生产能力的440亩橘园，全部发生矢尖蚧壳虫危害，虫害率40%，死亡树10%。矢尖蚧壳虫是一种刺吸橘树、杨树树叶而产生危害的害虫，只要防治及时，就不会造成致命打击。但由于防治力量不足，费用不够，一般橘农又缺少防虫知识，因此面对大面积发生的虫害，便束手无策。紫阳县产橘最高年份曾达120万斤，近年多在20万~40万斤之间，去年只产十万来斤。去秋今春，安康不少农村还发生了鸡瘟疫情，区、乡兽医站畜牧技术员奇缺，得不到及时防治；有些畜牧站购买不到疫苗，即便有了疫苗，也无人接种。这就给农民造成了损失，

1990年，平利县茶园调查时与地委书记封漫潮合影。封漫潮富平人，20世纪70年代末与作者同在一办公室工作多年。作者到青海工作后，他仍时寄安康茶，作者曾写过一首诗感谢："银针簇簇翠峰佳，细品漫含香齿牙。室内氤氲山野雾，杯中浮落阆宫花。无庸润吻吃三碗，浑欲通仙学八叉。一事别来欣告汝，高原亦爱奶酥茶。"

挫伤了他们的积极性，有的甚至倾家荡产，一蹶不振。

对于分散经营的千家万户来说，信息服务尤显得重要。紫阳茶的一个主要销路是西北少数民族地区，其中陕晒青茶最受欢迎。但是近年来烘青茶生产较多。1983年，发往青海省的61担烘青茶被拒收退回后，县上接受信息反馈，从市场需求出发，组织和指导茶农以生产晒青茶为主，以中、低档茶为主，满足了西北的需要，促进了茶叶生产。

社会服务工作必须适应多种经营蓬勃发展的形势，并且贯穿到农技、种子、植保、畜牧、饲料、农机、水利、供销、会计等各个方面。当前应着重抓好以下三点：一是提供良种。农民最盼良种。例如，他们反映，在同样的饲养条件下，良种猪的体重比本地猪要高出30％左右。二是加强禽畜疾病防治工作。除了建立一套防治系统外，还要重视市场防疫。在农贸市场设立防疫站，凡进出市场的畜禽都给注射防疫针，以杜绝病源。三是向农民提供技术服务，推广、普及科技知识。这方面已有一些好的做法。石泉县池河区开办了农民技术夜校，设立多种经营、畜牧兽医、作物栽培等班，招收初高中回乡知青113人，学制两年。还重视进行短期培训。1984年，区上先后举办了养鸡、养蚕、稻田养鱼技术培训班，受到群众的欢迎。

四　多种经营与乡镇企业

在安康，"无工不富"的思想被越来越多的人所接受，乡镇企业普遍受到重视。这是好事，是认识上的一大飞跃。但一些县、区、乡的同志认为，林、特、药生产周期较长，经营麻烦，不如采矿、建筑、建材等乡镇企业来钱快，"吹糠见米"，效益也高。因此，出现了重乡镇企业、轻多种经营的看法，有的地方撤销了多年来存在的多种经营机构，劲头不如以前大了。

把乡镇企业与多种经营对立起来，重此轻彼，是没有理由的。实践表明，两者是农村经济腾飞的双翼，具有同等重要的地位。工业可以致富，多种经营同样是富裕之路。宁陕县发挥当地资源优势，将黑木耳列为主攻项目，搭架2.2万架，点菌占到68％，仅此一项全县户均收入34.4元，并出现了油坊坳等三个万斤乡。岚皋县支河乡新华村，扩大药材生产，实行药粮间套，去年全村药材收入6.2万元，户均2695元。林、特、药生产由于立足当地资源，见效虽然不很快，但比较稳当，且有后劲。发展乡镇企业，必须因地制宜。有采矿条件的当然要搞采掘业，但也没必要与种植业对立起来。更要看到，以种植业为主的多种经营能为乡镇企业提供原料，围绕多种经营办乡镇企业是一条好路子；乡镇企业办好了，又能为多种经营的发展提供资金、技术。大量事例说明，凡是乡镇企业办得好的地方，多种经营一般也发展快。因此二者是互相促进的关系。

在安康一些地方，林、特、药生产发展后，仅靠国家收购是不行的，从长远考虑，必须广拓流通渠道，建立初级加工厂，打开产品销路。同时，也只有经过加工，才能实现增值。1斤油桐籽加工成桐油，再加工成清漆，每斤桐籽则由收购价0.27元增值到0.7元，增长1.6倍。收购紫阳中等混合茶，每斤1.3元，经过粗加工，销售价为2.4元，增加了1.1元，如果再搞精加工，经济效益会更高。许多丰富的野生植物资源，也只有经过加工，才能增加收入。例如，安康全区猕猴桃年产量1260万斤，目前仅能加工127万斤，品种也不多。可见，开展多种经营加工十分必要，围绕多种经营兴办乡镇企业也大有作为。

安康各县已有一些多种经营加工企业，但效益普遍不高。在乡镇企业中占有较大比例的木材加工厂，多数只能生产锨把、抬杠或包装箱，有的干脆靠卖原料过日子。因此，这类企业要在加强管理、提高技术、增强效益上下功夫。安康县五里镇乡，利用本地资源，办了个油漆化工厂。开始质量差、品种少，生产不景气；后来招聘技术人员，改造设备，面貌有了很大改变。这个厂去年生产油漆、松香水等各类油漆制品27种124吨，产值45.97万元，获纯利润5.98万元。年前这个小厂已与青海、甘肃、河南、西安等省市17个单位签订了销售合同，并在四川达县设立了分厂，越办越红火。这个小厂的事例很有说服力。只要思路开阔，加工业的门路就会宽广起来，经济效益也能不断提高。

青年贫困户：落后山区的一个重要问题[①]

——志丹县周河乡的调查

在经济发展较快的地区，二三十岁的青年正如鱼得水，在商品生产的舞台上大显身手。但是，我们在志丹县周河乡调查中，却发现这儿相当一部分青年已沦落到贫困户的行列，日子十分窘迫：有的负债累累，有的存粮不够过冬，有的靠出外打短工挣点钱，有的干脆待在家里听天由命。这些人自身条件还都不错，身强力壮，智力健全，且具有一定的文化知识。干部群众对青年贫困户并不怎么同情，对把他们列为扶贫对象很有意见，这个情况引起了人们的注意。我们在调查中感到，这为数不少的青年贫困户已成为落后山区的一个重要问题，必须正视它，研究它，解决它。

在沙道子、麻地坪、东武沟3个行政村的6个村民小组，我们首先对30岁以下当家的45户，逐户登门访问。这45户的生活状况大致可分为三种类型。一是比较富裕的，共4户，占总户数的8.9％。他们的共同特点是具有经济头脑，有一技之长，除从事农业外，还干建筑、建材、运输等行业。麻地坪村的李应村，17岁开始学木工，后又学泥瓦工，现为建筑队的领工，年收入3000元以上。二是生活一般的，共27户，占60％。他们老实、本分，主要务农，并有少量的家庭养殖，家

① 本文原载中共陕西省委研究室内刊《调查资料》第2期（总第412期，1986年1月11日），署名为郑欣淼、王同信、吴长令、王宏斌。

中存粮较多，温饱不成问题，但经济上并不宽余，手头常缺零花钱。三是生活困难的，共14户，占31％。这些户常有温饱之忧，当然贫困原因比较复杂。大致说来，在30岁以下的青年中，生活较好的约占10％，一般的60％，贫困的30％。

青年贫困户在整个贫困面中，占到多大比例呢？从我们调查过的几个村、组来看，占30％以上。麻地坪村5个村民小组，贫困户46户，其中30岁以下的17户，占37％；沙道子村毗邻县城，条件不错，也是周河乡人口最多的一个行政村，村子正式确定的扶贫对象共62户，30岁以下的竟占37.1％。

通过调查可以看到，在30岁以下的青年人中，贫困户约占百分之三四十；在所有贫困户中，30岁以下的又占10％以上。据我们对周河乡其他村的调查，这两个30％以上，并不是个别的现象，而带有一定的普遍性。这些青年贫困户的出现，既有青年自身的责任，也有社会方面的原因，大致是这么三种情况：第一种是人多劳少，负担较重，或是结婚欠债较多等原因造成的，约占这些户的60％。第二种是打算从事农业以外的产业来发家致富，但由于缺乏经济头脑，经营不善，结果既没有挣来钱，又没有种好地。"一根扁担两头空"，变成了贫困户。这类户约占30％。还有10％是不务正业、好逸恶劳的懒人，他们沾染了不少坏毛病，有的把承包地转包给别人，自己当"甩手掌柜"；有的经常耍赌、酗酒，东武沟村一个23岁的青年，身强力壮，但不好好作务庄稼，锄地粗糙，施肥少，18亩地产粮500斤，亩均仅27.8斤。这样的贫困户，当然要受到群众的鄙视、舆论的谴责。

我们在与青年贫困户交谈中，除过那些一贯好逸恶劳的懒人外，大多数青年一提起自己的处境，就很难受，觉得堂堂五尺汉子，不能养家糊口，还要带累国家，十分惭愧、不安。我们看到，这些青年有抱负，有追求，也有苦闷，有情绪。他们是想富起来的，有的人决心还很大，并做了许多努力，经历了不少坎坷，但事与愿违。据我们分按照中共陕西省委部署安排，1985年10月至1986年10月，作者率陕西省委研究室3位年轻人在延安地区志丹县周河乡蹲点一年，帮助建设基层领导班子，开展扶贫工作。从右到左为王宏斌、作者、王同信、吴长龄。作者有小诗记事，如："愧无点石变金才，任远扶贫步步来。绵薄我今曾尽力，但求实事不成灾。""心如静水远嚣哗，晨履凝霜晚戴霞。最是一天忙累后，夜阑伴读有清茶。""黄尘五月尚纷飞，雨雪冬春常少稀。最是斑斓秋色好，气清天朗翠微晖。"1998年作者重返志丹，又到周河乡政府寻旧，有诗记事："老窑叠屋貌翻新，灯火霜晨忆旧痕。庭院已无瓜菜围，相知犹有两三人。"

析，当前主要有三个矛盾在影响、制约着他们治穷致富：

第一，发展商品生产与视野狭窄、门路不广的矛盾。一些青年有强烈的致富要求，他们不满足于像父辈那样一年四季仅从土里刨饭吃，希望摆脱土地的束缚，努力发展商品生产。但是，在如何寻找致富门路上，许多青年缺乏商品生产知识，见闻不广，思路不开阔，尽管热情很高，但对于如何从本地实际出发，发挥优势，开拓致富门路，却心中无数，在认识上便出现了两种偏向：一是认为致富门路全在于农业以外的产业。然而在志丹这样长期贫困落后的山区，交通不便，信息不灵，商品经济刚刚起步，各类非农产业发展程度较低，能够容纳的生产要素十分有限，人们一说到致富，就都争着往建筑、运输、建材三个行业上挤，竞争过于激烈，利润较少，经营不善，还可能亏本。其实，致富门路宽又广，决不只限于运输、建筑、建材三个行业。在志丹这样土地广阔的地区，更具生命力的还是种（树、草、蔬菜、经济作物、药材等）、养（牛、羊、兔、猪、鸡等）、加（农副产品加工），在这些方面，也都涌现出了一批致富典型。二是总想寻找赚大钱的门路，用群众的话说，就是发"猛财"，不少人既想赚钱，又怕出力，加上眼高手低，结果"小钱看不上，大钱挣不来"，有的想养长毛兔，但又嫌剪毛麻烦，只想卖崽兔；有的离城很近，又有川道地，却不愿下功夫种菜，总想揽桩大生意，由于这些想法不切实际，又加上很少有人给予引导和帮助，便使他们感到致富无门。

第二，致富心切与缺乏技能的矛盾。这些二三十岁的青年贫困户，不少具有初中或高中文化程度，但他们既不会做农活，又没有其他专长，更缺乏经营能力，常常是跑运输折本，做生意赔钱。新风村有四户青年从事运输，由于经营不善，两户收入除维持拖拉机损耗外，所剩无几；一户亏损更多，欠款达4000多元。麻地坪村的砖瓦厂，由于质次价高，找不下销路，大量积压。搞养殖、种植需要专业技术，实行科学管理，这些从学校出来的青年对此则所知甚少，或者一无所知。1985年，周河乡多数村发生疫情，家畜家禽病死很多。据对麻地坪村22户的统计，就病死大牲畜10头、猪27头、鸡282只。由于缺乏防疫知识，青年们对此束手无策。沙道子村27岁的薛怀朋，就病死1头驴、3头猪，因没有牲畜，延误了农时，打的粮食仅能勉强过冬。而我们接触到的青年富裕户，几乎都有一技之长，但文化程度并不高，他们往往从小外出学艺或跑生意，经多识广，很显然，他们在实际经济生活中具有更强的适应性。这说明我们的学校教育与生产实际严重脱节，学生在校只能学到一些文化基础知识，没有掌握实在的生产技能，加上多年来我们忽视成人教育，青年回乡后得不到再学习的机会，这就难怪他们空有致富打算，而没有实在的致富本领。

第三，新思想与旧观念的矛盾。这些青年多年来受党的教育和培养，接受了不少新思想，他们有理想，不甘贫穷落后，向往和追求幸福生活，但是旧的习惯势力、千百年来的传统观念，也在时时侵蚀着他们。例如，由于小农经济思想的影响，许多人商品观念淡漠，缺乏开拓精神，不敢冒尖。在婚姻家庭问题上，旧观念对青年的影响更为突出。这里买妻婚姻比较盛行，前几年，结婚彩礼一般千元左右，近两年骤涨到两三千元。大多数青年成家之后便债台高筑，有些直到与父母分家时，还要带走一笔债务，而在债务清偿之前，他们就已开始生儿育女。这里不少青年十五六岁订婚，十七八岁结婚，有的不够结婚年龄，领不到结婚证，便非法同居，造成事实婚姻。青年中"传宗接代""多子多福"的观念十分浓厚，二十三四岁的青年，普遍有两个孩子，二十七八岁的一般已有三个。早婚、早育、多子，使得青年人过早地挑起了家庭生活重担，而他们的生活经验和社会阅历还远不能适应这种状况，许多人年龄并不大，但在生活重压之下，变得神情疲惫，老气横秋，根本没有青年人的朝气、锐气。年轻的妻子本来也是家庭的主要劳力，但因孩子拖累，只能守在家里料理家务，无法从事生产劳动。

除上述三个矛盾影响着青年致富外，他们还强烈反映，这几年党不管青年，团组织涣散，他们遇到困难无人过问。据我们了解，近年来，不少农村党组织很少活动，有些支部的"三会一课"制度基本停止，个别支部甚至几年都没有召开过党员大会，党组织尚且如此，对抓青年工作更是谈不上了，许多党支部不注意吸收青年入党，不少优秀的青年没有人去帮助、培养，党组织老化现象非常严重。麻地坪行政村有28名党员，年龄最小的已经37岁。团组织的状况更令人担忧，周河乡绝大多数团支部几年来都没有开展过活动，不少支部书记说不上本村有多少团员，东武沟行政村，15~28岁的青年共145人，只有9名团员，而且其中7名超龄；20岁以下的青年中，一名团员也没有。由于农村基层团组织严重瘫痪，起不到团结、组织、教育青年的作用，失去了对青年的吸引力，青年不愿入团，团员不愿参加组织活动，不少人农闲时无事可干，便酗酒、赌博、打架、闹事。

青年贫困户的出现给山区建设提出了一个重要问题。应该看到，山区这一代青年，与其父辈相比，文化程度较高，思想敏锐，接受新事物快，是农村改革的生力军，是振兴山区经济的希望所在，在今后一个较长的时期内，现在二十来岁的青年人，也是山区乡、村干部的主要来源。然而，山区青年目前的状况与他们所肩负的这种历史使命很不适应，因此，不仅要帮助青年中的一部分摆脱贫困，而且要充分调动和发挥他们的作用，使他们成为治穷致富的先锋，是关系山区建设前途的一个战略问题，我们必须高度重视。要着重在提高山区广大青年思想、文化和技术素质上下功夫，并且持久不懈地抓下去。

首先，要切实加强青年的思想政治工作。各级党组织要改变党不管青年的状况，把青年工作列入党委的重要议事日程。在山区，青年人对贫困落后的现状最敏感、最痛切，有少数人因此悲观失望，但更多的青年是想努力改变这种现实。加强青年思想政治工作，就要善于从本质上发现他们的积极性，保护他们的积极性。例如，对一些青年贫困户，农村常称为"懒人"，其实这是应具体分析的。有些的确是游手好闲的"懒人"，但也有的则是想大搞多种经营，发展商品生产，而被那些思想守旧的人称为"懒人"，受到诸多非议。党组织就要为这些积极进取的青年撑腰，教育他们树立远大理想，坚定致富的信心。同时注意做好群众的思想工作，把大家的认识统一到促进农村产业结构调整上来。现在团组织对青年缺乏吸引力，根本原因是团组织没有关心广大青年勤劳致富、科学致富的要求。这就给团的建设提出了一个新课题，团组织必须整顿。团干部要由那些致富有方，并热心为青年服务的人担任。团组织要把广大青年团结起来，组织起来，使他们在向专业化、商品化、现代化农业转变过程中有用武之地。

其次，加强智力投资，重视成人教育。这些二三十岁的年轻人，虽然不少有"初中""高中"的牌子，但由于十年动乱的影响，加上山区文化教育水平一直较低，许多人实际文化知识水平并不高，有的不过"略识之无"，与文盲差不多。因此在志丹这类比较落后的山区，应把加强智力投资、提高人口素质，作为山区经济起步、奋飞的基础来抓。要从两方面入手：一是重视发展职业中学，使学生在校就

1985年，中共陕西省委研究室工作组与周河乡全体干部合影。前排左数第三位为中共周河乡党委书记王荣祥同志，第四位为作者，第五位为陈启业乡长。王荣祥后任志丹县委副书记，患糖尿病多年，又发展到尿毒症，辗转病榻，我们一直有联系。2010年8月王逝世，作者填《浣溪沙》一阕纪念："执手西京已断肠，俱知痼疾在膏肓，乍闻噩耗亦难当。　　陌上曾寻杨柳色，村头惯听野山腔。廿年旧事怎能忘？"

能掌握一定的劳动技能；二是狠抓成人教育。当前，更要在成人教育上多下功夫。在山区扶贫款的安排上，建议把成人教育作为一项重要内容来抓。例如，结合志丹县农村产业结构调整，发展商品生产的需要，帮助乡、村举办各种果树栽培、牲畜防疫、畜种改良、科学种田等短训班，使更多的青年能够学到实在的本领，县上农、林、水、牧等有关部门，也要尽可能地为农村青年提供技术指导和咨询服务。同时，可以与有关高等学校、中等学校取得联系，选派一批青年出去培训，鼓励农村有志青年报考各类农业函授学校。

最后，绝不能放松计划生育工作。人口出生率高、儿童抚养不良、教育不充分，是导致山区人口素质差，贫困面貌难以改变的重要原因之一。但是，山区许多青年并没有认识到这一点，"传宗接代""多子多福"的陈旧观念仍然十分浓厚。1985年中央关于计划生育工作的七号文件下达以后，一些人片面理解文件精神，放松了计划生育工作，在一些山区出现了人口失控现象。在我们调查的青年贫困户中，因子女多、负担重而致贫困的竟占50％以上，问题十分严重。我们认为，如果不坚决控制人口的增长，要提高人口素质就是一句空话，在贫困山区尤其如此。因此，对前几年计划生育工作所取得的成绩，要充分肯定，一些切实可行的具体措施，还要继续贯彻执行。

1987年上半年，作者参加中央党校学习，7月份结业后乘汽车回陕，与同在党校学习的牟玲生（中）、李凤阳（右）同志在翻越太行山时留影

对如何进一步深化改革的思考和建议 [①]

　　我觉得有几个问题需要研究。一是城市大规模搞经营承包以来，事实上出现了企业的短期行为。农村中改革搞大包干、承包比较成功，但是农村也出现了农民的短期行为。今年以来，这个问题已引起各部门的重视。农民务农积极性下降，不愿意种粮与我们上级政府的政策倾向和一些经济行为的诱导有关。例如有些地方随便提一些口号，不切实际地估计农民的收入，提倡高消费，有些干部以农村盖房多少作为衡量政绩的一个方面，甚至给农民贷款盖房，对农民的经济短期行为起了诱导作用。造成农民短期经济行为的另一个原因是生产资料价格上涨，农村服务体系没有建立，农民的一些应该解决的实际困难没有解决。去年陕西省有30%多的小麦白籽下种，没有使用化肥。农民自身的消极因素也是一个原因。有的同志把这一因素总结为稍富即安，实际是以前的"几十亩地一头牛，老婆孩子热炕头"的思想。另外，近几年农村劳动力转移，离开第一产业，特别是种植业。转移的劳力主要是农村的能人，一般文化程度较高。因此，搞种植业的人的素质急剧下降，一些常规技术、实用技术出现后退现象。农民的短期经济行为的原因还在于承包经营制不健全。承包制重视了产出，忽视了投入。有的地方采取了措施，

　　① 本文原载《经济社会体制比较》1987 年第 5 期。1987 年 7 月 7 日，该刊编辑部邀请部分在中央党校学习的地、市负责同志，就当时改革中存在的问题和如何进一步深化改革举行座谈会。此为作者在座谈会上的发言。

如土地划分等级，规定要达到的土地等级，达不到规定等级的、让土地荒芜的要处罚。但是多数地方搞得不太好，对农民的短期经济行为有些束手无策。在城市推广承包制应认真研究农村搞承包以来的经验教训。我不认为承包方式一定产生短期经济行为，但是如果简单化地看待这种方式，照搬农村的一套，就可能出现短期行为。我们在推广一项重大的措施时应该对这一措施本身进行深刻的研究。在城市推广承包应研究农村中短期经济行为与我们制度不健全的关系。应引导企业增强后劲，使企业感到搞一点风险投资是划得来的，有利可图。二是城乡经济改革的配合问题。前几年由于城市没有改革，农村改革的环境相对稳定。农副产品收购价格提高，农民得到了实惠。现在情况不一样，城市改革后对农村的压力相当大，乡镇企业越来越困难，不仅仅是经营管理方面的问题，主要是与城市的矛盾问题，原料开始紧张，城市企业改进产品质量，增加花色品种对农村企业的产品销路造成压力。城市一些部门没有正确理解改革，采取许多坑农骗农的措施，如提高生产资料价格，把自己的困难转到农民身上。过去农民进城搞运输，现在城市发展第三产业，国有企业承包，自己搞运输。另一方面，城市所需的原料如羊毛，农民也待价而沽，还搞掺假。城里人觉得农民精了，农民觉得城里人坑农民也比较厉害。搞城市改革不能离开农村这个环境，农村改革也一步离不开城市改革的深入。这两者之间的关系如果搞得好，就能互相促进，搞不好就会互相影响。三是比较研究应该先是一个一个方面如政治体制、经济体制、文化方面进行比较，然后加以综合比较研究。现在是否应该把政治、经济、文化加以综合比较研究。去年国内有文化研究热，有的人认为我国的传统文化中，儒家思想主流还是好的，证据就是日本在管理方面都是搞儒家那一套，多数人不大同意这种看法。我觉得日本现在风行的儒家思想怕与我国长期形成的儒家思想不一样，日本的儒家思想有日本的国民性，日本的民族性，是在日本的土地上成长起来的。日本在管理方面似乎很重视儒家那一套，但经济体制毕竟与我们不同。现在我们研究经济体制、管理方法、文化背景，但没有把这三者联系起来。

重视解决农民的短期经济行为问题 [①]

农业生产是物质与能量转换的过程，有一个投入与产出的问题。农业生产又具有周期长、风险大的特点，要求农民必须确立长期经济行为。作为农业生产主体的农民是否确立长期经济行为、重视物质技术投入，是农业能否持续稳定发展的关键。

值得注意的是，近一二年来，在农业特别是粮食生产上，一些地方的农民出现了短期行为，突出表现在积极性有所下降，投入减少，急功近利，缺乏长远打算。据陕西省农村社会经济固定观察点1000个样本农户调查，1986年与1985年相比，资金投入每个劳动力平均增长10％，投工量户均增长3.3％，但是新增投入的主要方向是非农产业。1986年第一产业户均占用资金比上年减少3.6％，第一产业费用占总费用的比重由88％下降到77％；第一产业投工量户均与1985年持平，但总投工量的比重却由68％降到66％。今年以来，这种趋势仍在发展。农业问题主要是粮食问题。邓小平指出："农业上如果有一个曲折，三五年转不过来。"因此，重视解决农民的这种短期经济行为问题，使他们从长远着眼，积极增加投入，对于加强农业的基础地位、促进国民经济的长期稳定发展，有着十分重大的意义。

[①] 本文为作者1987年上半年在中央党校进修部一班学习时写的文章，1987年8月19日《陕西日报》刊载。

造成农民短期经济行为的原因比较复杂，概括起来，有以下几个方面：

——上级领导的指导思想和政策倾向对农民的影响。有些地方的领导对近年农业的发展盲目乐观，认为农业已过了关，粮食棉花似乎多得不得了，对农业不再那么重视了，用在农业上的精力明显少了。有的片面地看待"无工不富"，忽视"无粮不稳"，甚至以为"务农必穷"，在农村产业结构调整中，只注意第二、三产业，很少过问第一产业。还应看到，有些地方的领导本身就存在短期行为，常常是换一任书记就改一次目标，变一套办法。为了任内有成绩，什么快就上什么，忽视了农业的长远建设。例如，有的把农村盖新房的多少当作衡量经济成绩大小的标准，便不从农民的实际出发，掀起了一股盖房热，甚至贷款予以扶持，结果不仅把本来可以用在生产上的一部分资金引到盖房上去了，还使一些农民为此背了债。在一段时间里，我们又过高地估计农民的富裕程度，不切实际地强调提高消费水平，宣传"能挣会花"，搞什么"彩电村"等，使不少农民的消费支出超过了生产支出的增长，有的甚至超过了纯收入的增长速度，形成了消费支出大增、农业投入减少的畸形结构。可见，这些指导思想，对农民起了诱导作用，影响了他们的务农积极性。

——一些实际存在问题对农民投入的影响。一是在农村各业中，农业（特别是种植业）投资效益低，而粮食作物又处在利润的谷底，加上生产资料涨价，收费不合理，农民感到务农种粮不合算。1986年，陕西省小麦每亩物资费用比1984年增加4.43元，每元投资收益却下降0.24元。就是在农村经济比较落后的延安地区，投入工副业一个工的收入，也等于种植业的3倍。在粮食能够自给的情况下，从事非农产业和经济作物能给农民带来更多的利益，部分农民便将生产重点转移到非农产业和经济作物上，导致生产要素过多过快地转移。二是社会化服务体系没有建立起来，农民单家独户难以办到的事往往得不到解决，买难卖难的事时有发生，致使多数农民不能跳出"小而全"和旧式经营框架。加上传统观念的影响，耕地向种田能手集中的进程缓慢，很难形成规模效益，造成农业劳动生产率下降。三是一些政策没有落实。粮食合同定购"三挂钩"多数没有兑现。去年由于化肥紧张，陕西省有30％多的小麦白籽下种，出现了多起农民哄抢供销社化肥的事件。有的地方土地承包期短，农民怕政策变，搞掠夺性的经营。

——农民自身的消极因素阻碍着他们向农业的深度和广度进军。突出表现在"小富即安"的思想上。一些农民手头有了钱，盖了新房，置了"三大件"，便感到差不多了，满足现状，不求进取，缺乏社会化大农业的思想准备，有的甚至把个人的生产资料也转卖给了他人，准备吃老本、享清福。"小富即安"实质上是一种小农经济的保守落后的旧观念，是目光短浅的表现。也正由于这种旧观念的影响，不少农民的投资意识薄弱，不知道多投资，也不善于投资。据陕西省1000个样本农户调查，1986年积累率为12％，人均用于扩大再生产的支出只有27元。然而另一方面，请客送礼吃喝成风，红白喜事大操大办，修庙宇，搞封建迷信，则不惜大把花钱，颇为慷慨。还有一个值得注意的情况就是农民中的许多"能人"已转向非耕作经营，农业劳动力素质下降，有些地方已出现技术后退现象。

要使农民确立长期经济行为，在增强农业后劲上下功夫，当前应着重抓好以下几点：

第一，强化以农业为基础的观念，提高农民务农的积极性。

各级领导机关要牢固地树立农业是国民经济的基础的观念，不可稍有懈怠，搞宏观经济，必须把农业放到一个恰当的位置上；要清醒地看到农业生产中的潜在问题，认识到20世纪末实现人均粮食800斤、总产9600亿斤目标的重要性和艰巨性；在指导农村工作中，要有全局观念和战略眼光，防止和克服片面性；各个部门都要为农业发展做贡献，而不能随意涨价，更不准坑农、骗农。当然，重视农业、重视粮食，并不是说又要回到"以粮为纲"的老路上去。"以粮为纲"的路走了20年，实践证明它是一条使农业萎缩、后退的路子。加

20世纪70年代中期，作者在渭南地区韩城县农村调查时与同事留影。中为作者。

强农业的核心问题是深化农村改革。只有坚持继续改革、努力增加投入，才能使农业持续稳定地发展。要做好对农民的教育工作。要教育农民正确处理当前和长远、积累和消费的关系，着眼长远，在发展生产上下功夫；教育农民破除陈规陋习，反对大操大办，继续提倡勤俭持家，教育农民冲破小农经济传统观念的束缚，树立长远致富思想，搞好农业基础建设。不仅要教育、引导农民，还要做大量的艰巨的工作，帮助农民解决实际困难，通过增加种植业的实际收益来提高和保护农民的积极性。例如以工补农，实行粮食合同定购"三挂钩"，开展种植—养殖—加工综合经营，实现土地适度规模经营，增加科技方面的"软投入"，拓宽致富门路，完善县、乡、村服务组织，等等。这一系列措施的实施，使农民的投资得了利，感到种地划得来，才能够使农业成为人们乐于从事的一般产业，也才会使农民有积累和扩大再生产的积极性。

第二，稳定政策，完善立法，为农民创造良好的投资环境。

党在农村的有关政策还要进一步落实，特别是开发政策和承包政策、一部分人先富起来的政策，国家对粮棉油的优惠政策等，不仅要大力宣传，而且要通过认真贯彻，继续完善，使农民亲身感受到政策的连续性。在条件成熟的时候，还要使正确的政策逐步法律化，以保持政策的稳定性。我们过去不大重视法律的作用，随着农村改革的发展，亟须加快具体制度、条例、章程和法规的建设，使农村逐步进入法治时代。例如，现在农村财产关系已发生了很大变化，农民家庭自有财产迅速增加，农村生产资料的自有化趋势在发展。据陕西省1000个样本农户调查，1986年平均每个农户实际占有的主要财产4380元，比上年增长13%，其中生产性固定资产增长19%；农村生产性固定资产，以农户自有为主，占88%。因此，就需要对农村财产关系制定明确的保护性法规，不然农民不放心，就不敢投资扩大再生产了。再如，为了鼓励农民增加对土地的投入，保护地力，防止掠夺式经营，杜绝撂荒现象，就要把发包者和承包者的权利和义务，用一定的章程、法规确定下来，规定农民在承包期内不仅要产出，而且要投入，按土地质量划分等级，升奖降罚。落实了政策，有了法规，就能给农民创造一个有稳定感、安全感的良好的社会环境，激发他们长远致富的积极性。

第三，建立促进农业持续增长的积累机制，发挥农民的投资主体作用。

当前，农村投资模式已发生了结构性的变化，由以国家和集体为主导的二元结构变为以农民家庭为基本层次，国家、集体、个人同时可介入的多元结构。国家的投资是重要的，特别是那些大型农业基础设施的投资，主要应由国家和地方政府承担。但是在国家财力有限的情况下，就应让农民积极增加对农业的投资。事实上农民投资的潜力是很大的。1980—1986年的7年间，陕西农村人均纯收入每年增加29元，1986年农民人均储蓄突破100元。如果平均每个农民在扩大再生产方面能增加10元投资，全省就是上亿元。因此，农业投资的主体可以说是农民。在重视国家投资的同时，要注意建立农户的微观积累机制。在有条件的地方，可用优惠的信贷政策诱导农民加强投入。除及时发放生产贷款外，对农民添置农业机械等固定资产，可以发放低息贷款，或由集体贴息。一些较大的投资项目，农民一家一户难以承担，可以通过股份制来筹集资金，投资折股，以股受益。鼓励农民进行开发性投资，充分利用本地资源。还要从农村剩余劳动力多的情况出发，组织农民积极投工，搞劳动积累，兴办农田水利基本建设和交通建设。为了引导农民投入，还要重视搞活农村资金融通。要适当降低信用社准备金的比例，贯彻多存多贷的原则，实行利率浮动，有效地吸收农民手中的游资。要积极发展民间信贷，方便群众。农村保险事业也要有个发展，有条件的地方，可以支持农民举办合作保险，消除农民的风险感。

我们相信，只要认真落实党在农村的政策，帮助农民解决实际困难，广大农民就能确立长期经济行为，增加投入，从而保持农业长盛不衰的发展后劲。

1991年在陕西汉中调研，在川陕公路广元一带留影。从右到左为王健夫（时任中共汉中地委政研室副主任）、陈延文、作者、冀银泉、苟朋娃、李林

承包企业厂长的战略意识 [①]

——宝鸡调查随笔

最近，我们在宝鸡市考察了工业企业经营机制改革情况。1987年以来，宝鸡市工业企业承包经营责任制发展态势是好的。市属37户企业，截至8月底，已有23户实行了为期4年的承包经营责任制；其中13户大中型企业，除西凤酒厂实行特殊政策外，实行承包经营的11户。尽管宝鸡的企业承包经营还有待完善、提高，有些问题要进一步研究解决，但"包"字进企业，已初步显示出了效益。据对市属22户承包企业的调查，1月至8月底，工业总产值比上年同期增长10.20％，实现利税比上年同期增长3.9％。全市预算内工业企业总产值比上年同期增长9.34％，实现利税比上年同期增长3.43％，承包企业比面上企业分别高0.68％和0.47％。

当然，搞了承包，并非就万事大吉、一切问题都解决了。考察中，我们与厂长（经理）座谈，倾听了他们的反映和苦衷。处于企业中心地位的厂长，既充分体会到承包经营的好处，决心大展宏图，也遇到不少难题，感到压力巨大。企业目前面临的形势是严峻的。厂长普遍觉得有四难：一是生产资料轮番涨价，企业消化有困难；二是资金紧张，发展生产有困难；三是市场变化急剧，企业适应有困难；

---

① 本文原载中共陕西省委研究室内刊《调查资料》第40期（总第526期，1987年12月5日），署名为杜鲁公、郑欣淼。

四是内部分配上的"大锅饭"，彻底打破有困难。一部分企业还未从困境中走出来。在这种情况下，有的厂长考虑眼前多，考虑如何保国家利税与职工收入多，对企业长远发展想得少，对精神文明建设想得少。总起来说，就是战略意识不那么全面，不那么强了。看来，承包经营的普遍推行，既对金融、物资、劳务等配套改革提出了要求，也对厂长提出了更高的要求。作为一个社会主义企业家，厂长不仅是职工利益的代表，而且是国家利益的代表，因此应有更高的素质，时刻保持清醒的头脑。在当前市场机制尚不健全、宏观控制尚不完善、企业行为尚不规范的情况下，厂长更要增强战略意识，自觉地抓好重大的、带全局性的、具有长远意义的事情。这种战略意识，主要包括发展意识、竞争意识、民主意识以及全面建设的意识。

一　重视技术改造，增强企业后劲

从宝鸡看，企业承包经营中反映出来的问题，最突出的是行为短期化，它表现在短期生产行为、短期分配行为和短期投资行为上。厂长的任期有限，但企业却要长期发展。要使企业保持旺盛的生机与活力，必须克服短期行为，不断增强企业的后劲。为此，在承包合同中，就应有抑制短期行为和消费基金失控的约束措施，例如把承包企业的资产增值作为重要的承包指标写入合同，实行工资总额（基本工资和奖金）与实现利税挂钩，国家应保障企业由留利转化来的积累基金的所有权等。对厂长来说，则要有战略眼光，站得高看得远，不仅看到企业的今天，还要想到它的明天、后天；不仅看到企业自身的利益，还要十分关心国家的利益；要把改革与发展结合起来，着眼于增强企业自我发展机制，促使企业行为的长期化。

增强企业发展后劲，主要抓什么？抓技术改造，依靠技术进步。宝鸡酒精厂、西凤酒厂、陕西机床厂、宝鸡车辆厂等企业之所以后劲大，发展势头好，就是由于这几年搞了技术改造，使老企业焕发了青春。实践证明，立足现有基础，加速企业技术改造，走内涵增长的路子，是我国经济建设的一条重要方针。宝鸡市市属工业企业大部分是20世纪50年代兴建改造的，目前普遍设备老化，工艺技术落后，技术改造任务相当重。但技术改造不可能一蹴而就。一项比较重大的技术改造项目，往往需要五六年，甚至用上10年才能见效。这样，在有的厂长看来，在较短的承包期内对技术改造投资，只能是"前人栽树，后人乘凉"，因此就不大重视技术改造，而主要靠拼设备，拼人力增加产量。这样下去，正如有些职工说的，连家底也会拼光。

从宝鸡一些企业的实际看，技术改造当前应着重解决三个问题：第一，提高技术改造投资效益。"六五"期间，宝鸡市技术改造是有成绩的，但问题主要是投入高、产出低，平均每投入1元，才增加产值1.5元，增加税利0.28元。随着投资体制的改革，承包企业更要重视投资效益。要抓重点，上水平高、效益好的项目，要抓好引进技术的消化吸收，并尽快使之产生"放大效应"。第二，克服资金不足的困难。目前企业普遍资金拮据，自我改造、自我发展的能力严重不足。解决这个问题，关键是进一步解放思想，放开眼界，聚财生财。同时还要合理使用企业留利。在承包中，宝鸡市已注意对技术改造任务大的企业让利扶持，上缴利润基数低于上年的实际水平；对过去属于"快牛"、上缴利润实际水平较高，且急需进行技术改造的企业，予以照顾，重新确定上缴基数。企业留利多了，不能只顾增加职工收入和消费，应当重视用于发展生产和技术改造。第三，搞好职工培训。有的企业承包后，对智力投资的兴趣下降，重使用轻培养，长期下去，是会吃大亏的。

二　重视产品开发，形成竞争优势

实行承包经营，企业既包盈，又包亏，不能像过去那样躺在国家

1990年出席陕西省潼关县社会经济发展战略规划论证及评审会时留影。从右至左为作者、孙宏光、杜鲁公、秦瑞云。孙宏光时任渭南地区乡镇企业局长，秦瑞云原任中共陕西省委副秘书长、省委办公厅副主任，时任省体改委副主任，杜鲁公为省经济技术社会发展研究中心总干事

身上舒舒服服过日子，厂长普遍感到有风险、有危机感。有的厂长只怕弄不好砸了锅，缩手缩脚，谨小慎微，缺乏角逐市场的风险意识，不敢打进攻仗，不敢去竞争。这种精神状态是不好的。风险是有的，但是承包经营也强化了企业的利益刺激机制；或者说，承包企业有压力，也带来了动力。竞争是商品经济所固有的。承包企业要生存、要发展，必须树立强烈的竞争观念，敢于面对强手，敢于承担市场风险；不仅开拓国内市场，而且要参与国际市场竞争，到国际市场上拼搏。不进则退。因循守旧，四平八稳，充其量只能维持企业的现状，不会使企业得到长足的发展。

企业靠什么去竞争？靠产品。产品是工业企业同外界环境相互联系的主要媒介，是企业发展的根本，应把开发新产品、开拓产品市场作为企业战略规划的中心。随着科学技术的发展，产品的生命周期在不断缩短；人们的消费需求也不断变化，消费者的要求也越来越高。

适销对路的好产品，常常能强烈地激发起消费欲望，诱导人们的消费需求，迅速取代老产品而占领市场。竞争和创新紧密相连。企业如能适时地推出新产品，就可以在激烈的市场竞争中赢得优势，站稳脚跟，求得发展。在宝鸡，有的企业之所以能转危为安或起死回生，就是由于抓了新产品的开发，适应了市场的需要。例如陕西机床厂，前些年亏损严重，曾是陕西38个亏损大户之一。在磨床任务不足的情况下，他们瞄准市场，开发了家用洗衣机。几年来先后发展了三个型号的单桶洗衣机，两个型号的双桶洗衣机，最近又研制出了普通喷淋双缸、半自动喷淋双缸、带电脑套缸全自动洗衣机三种新型号，使家用洗衣机产品基本达到系列化。该厂的双鸥洗衣机，在全国评比中连续两年名列前茅，行销20多个省市，由开始的年产5万台提高到30万台。这个厂同时重视发展磨床生产，近年来开发了28个品种34个规格的磨床，其中17种产品填补了国家空白，有5个产品牌号获得省优和部优产品称号，不仅畅销国内，而且打入了国际市场，出口量逐渐增加。此外，像宝鸡车辆厂的农用运输车、宝鸡水泵厂的泥浆泵、西凤酒厂的系列低度酒、宝鸡叉车公司的8种新产品等，都增强了企业的竞争能力。因此，厂长在这个问题上应该有战略意识，有魄力，始终抓住开发新产品、开拓产品市场这个中心，敢做商品竞争的强者，在竞争和创新中充分发挥承包经营责任制的优越性。

三　重视思想建设，培养企业精神

作为一个有远见的社会主义企业家，不仅要抓好企业的生产经营，而且要重视企业精神的培养。人是要有一点精神的，企业也应有自己的集体精神。企业精神是时代精神在企业的反映，是企业职工群体素质的思想表现。一个企业形成了自己特有的积极的精神，如效益观念、竞争观念、主人翁思想、集体英雄主义风格等，就会使职工有一种内在的行为标准和规范，对所在企业怀有深厚的归属感情，团结协作，尽职尽责，为实现企业目标而努力。企业精神的培养，也可以说是企业文化的再塑造问题。我国20世纪50年代鞍钢的"孟泰精神"，60年代石油部门的"铁人精神"等，都曾发生过深刻的影响。在宝鸡，也有一些企业对培养企业精神比较重视。例如，部属的宝鸡石油机械厂，多年来在全厂培育以"创新""拼搏""爱厂""负责""文明"为主要内容的"宝石精神"；省属的秦川机床厂经常向职工宣传"秦机精神"即冒尖精神，号召职工发扬冒尖精神，办冒尖企业，做冒尖贡献；市属的五一造纸总厂提出了"做主人，干实事，创新路，讲贡献"的"五一精神"，并确定了厂歌、厂徽、厂树、厂花，鼓舞职工热爱"五一"、献身"五一"。

但并不是所有企业都能重视培育企业精神。一些承包企业的厂长认为当前困难多，任务艰巨，整天抓生产经营都忙不过来，哪里还顾得上务虚？殊不知，培养企业精神是一个战略性措施，是一项基础工作，也是精神文明建设的一个重要内容。企业搞了承包，实行责权利相结合，极大地调动了职工的积极性，凝聚力也大大增强了。厂长应抓住这个有利时机，坚持两个文明建设一起抓，强化企业职工的群体创业意识，逐步形成创新、严谨、精益求精、勇于开拓的企业精神。当然，培养企业精神要从本企业实际出发，突出个性，不能照搬。同时，企业精神的形成是一个逐渐的过程，要大力倡导，积极培育，不断实践。积极的企业精神的形成，对于发展商品经济、完善承包经营责任制有着重要的意义。

四　重视职工意愿，实行民主管理

宝鸡市市属工业企业已承包的23户中，实行集体承包、厂长负责的21户，占91.3％。旧体制下厂长无权，现在搞了承包经营，厂长说了算。这当然是很大的进步，有利于企业决策，提高工作效益。

但是，有的厂长在权力增大的情况下，认为企业搞得如何全靠自己，对职工群众的意见、要求不那么重视了，民主意识不那么强了，"一朝权在手，便把令来行"，想怎么干就怎么干。如何防止厂长无视下情、滥使权力，根治旧体制下"家长制""一言堂"的弊端，是一个重要的问题。

实行承包经营的企业，职工还是不是主人翁？还要不要民主管理？答案是肯定的。毫无疑问，承包以后，厂长个人的经营决策水平和管理能力对工厂兴衰至关重大。但同时也应看到，个人的力量毕竟是有限的，一个企业的发展，离开了职工群众的积极性和创造性，厂长个人本事再大也没用。还应看到，职工的个人命运是同本企业的命运连在一起的。企业承包之后，每个职工的切身利益与企业的经营生产结合了起来，职工比过去更为关心企业的经营生产。宝鸡市有的企业曾调查过职工对承包的反映，其中不少是对厂长的担心，例如：担心厂长滥用职权，重用亲信，疏远能人；担心厂长只求近利，乱发奖金、实物，丢掉传统的主导产品，丧失技术优势；担心新产品开发个人说了算，决策失误，造成损失；担心承包后，都把精力集中在生产经营上，思想政治工作难以开展；等等。厂长负责制、承包经营，同上述现象并无必然联系。但职工的这些担心还是应当引起注意，以便把工作做得更好。我们是社会主义国家，国有企业和集体企业是职工的共同财产。实行承包经营，是要形成一种促使企业不断改进经营管理的经济机制，并没有改变企业的社会主义性质。厂长要牢固树立职工主人翁地位的观点，增强民主意识，遇事多和职工群众商量，依靠群众克服困难。在正当行使职权的同时，要尊重和发挥职代会在审议重大决策、监督评议行政领导、维护职工合法权益等方面的权利和作用。

陕西农村人口控制目标及素质问题的研究[①]

一 农村人口现状的严峻性

陕西省的农村人口，在中华人民共和国成立时占全省总人口92.7％，到1985年占85％。农村劳动力的比重，也占城乡经济活动人口的75％。由于人口自然再生产的惯性规律，以及前段人口政策宣传和执行中的问题，在当前农村深入改革、生机勃发的大好形势下，人口现状十分严峻，问题相当严重，可以说已处在危机之中。

一、人口基数在迅速扩大，增长幅度高于全国平均水平，且呈上升趋势

陕西的人口基数，1985年突破3000万大关，近两年在迅速扩大。据1％的人口抽样调查，到1987年7月1日0时，推算全省总人口达3067.8万人，比1982年人口普查时的2890.4万人增加了177.4万人，人口自然增长率年均11.98‰。最近5年超过了旧中国从1840年至1949年这109年间增加人口（120万人）的总和。1949年是中国人口增长的分水岭。陕西人口也由1317万人发展到1986年的3046万人，增长

---

① 本文为陕西省农村发展研究中心的科研课题，课题主持人为郑欣淼（陕西省委研究室），参加人有侯辅相（陕西财经学院）、梁乃中（陕西省计划生育委员会）、李相启（陕西省委研究室）、刘奕频（西北大学）。

1.31倍，年均递增率2.31％，超过了同期全国人口年均递增率1.78％的水平。目前陕西的人口占全国的比重是2.9％。而土地面积和粮食总产量占全国的比重，仅分别为2.14％和2.5％。人口规模的扩大，必然引起人口密度的增加。1949年陕西的人口密度为每平方公里64人，1986年已增加到148人，也超过全国平均人口密度（109.9人）。不仅关中平原形成全国人口过度集中的高密度带（每平方公里500~700人）之一，而且陕南山区的人口密度已达100人以上，是山区生态环境恶化、脱贫致富举步维艰的根本原因之一，陕北则早已超过1977年联合国防止沙漠化会议提出的半干旱地带人口压力临界指标，即每平方公里20人的水平。凡此说明，陕西长期的人口失控，已酿成严重的苦果。更为严峻的是，从1984年以来，陕西农村人口出现了新的失控，主要表现是：

1. 人口自然增长率上升幅度大

"六五"期间陕西人口年递增34.2万人，为12.1％。增长速度相对稳定。但1986年却大幅度回升，比1985年增加44万人，比上年度多3.17％。

2. 育龄妇女人群比重增加

1986年陕西15~49岁的育龄妇女达828.9万人，占总人口的27.4％。其中处于生育旺盛期妇女（21~29岁）比上年增加37.6万人。全省育龄妇女的总和生育率已由1957年的3.24下降到1980年的2；但1981年后新婚姻法颁布，回升到2.36，其后徘徊在2~3之间，1986年为2.76。

3. 初婚年龄下降，峰值提前

早婚率升高而晚婚率降低。7年来，陕西的初婚年龄下降0.8岁，1986年的初婚女性达27.56万人，比前一年增加1.74万人；1987年15~19岁组仅占已婚总数的4.5％，1986年上升为19％，提高了3.2倍。生育峰值同期下降1岁组。与此同时，早婚率升高3.4％，而晚婚率降低18.5％。1987年上半年，全省不到法定年龄结婚的人数占结婚总人数的20％，而这基本上都发生在农村。在农村结婚不登记同居者，不是个别现象。与此同时，二胎及多胎率明显上升。独生子女领证率全省农村占6.99％。有5个地市的计划外二胎率在20％以上。

以上是从全省来说的，但是早婚、早育与多胎生育，95％出现在广大农村。当前人口失控、盲目生育，问题也主要在农村。

二、人口失控原因剖析

人口科学是一个十分复杂而庞大的系统工程。除了人口再生产过程的自然规律起作用，经济、社会及文化、习俗的影响，政策的干预等诸因素互相联系、综合制约，任何一环节的重大失误都有可能导致严重后果。近几年人口失控、出生率反弹回升，也有自然的、经济社会的和执行政策中的原因。

1. 人口再生产周期性的内在因素

在上述人口变动总量中，人口机械增长的迁移变动基本稳定，人口出生率上升则起了决定性作用。人口再生产周期性规律，大体是在不受外界严重干预的条件下，每25~30年人口翻一番。可见，当前的生育规模，决定于历史时期相应年份的出生人数。陕西1962—1972年持续11年的生育高峰期（年出生76.4万人）已开始进入婚育。预计1987—1990年育龄期年递增17.9万人，进入婚龄期的年均增加2.1万人；如维持1986年生育水平不变，预计"七五"末期人口自然增长率将突破20％，陕西总人口达3215万人；20世纪末将达到3620万人，大大超过计划控制指标。

2. 政策宣传和执行中的问题，是农村人口反弹回升的动因

人口政策牵动千家万户，事关切身利害，反应十分灵敏，应保持相对的稳定性，切忌大的波动。从20世纪70年代以来，我省推行计划生育政策深入人心，并取得了显著成效。1984年中央关于调整计划生育政策的7号文件符合农村生产力水平实际，纠正了工作中的"一刀切"及强迫命令作风，有利于农村社会安定团结，提高了党和人民政

府的威望。但是，不少地方由于对控制人口的严峻性、长期性、艰巨性和敏感性认识不足，具体政策、实施步骤不细和措施不力，以及宣传上的片面性，执行中的简单化，一度思想比较混乱。一方面，有的片面强调群众"满意"而放松了细致的思想政治工作；另一方面，政策完善的本身又刺激了人们的生育愿望。这就致使延续10余年的计划生育工作有所放松，很多地方甚至无人负责，陷入瘫痪。结果并没有做到开"小口子"的同时堵"大口子"。例如，三原县由1983年前连续受表扬奖励的计划生育先进县，变成人口失控的后进县，1985年的出生率达21.23‰。陕北吴堡县1985年的人口自然增长率为17‰，多胎率为28.4%，使许多贫困户又陷入"越穷越生，越生越穷"的恶性循环。

3. 农村现实的经济社会环境，存在着人口失控回升的土壤

首先，陕西农村生产力发展水平仍然相当落后，远没有摆脱手工劳作、铁犁牛耕的局面，个人的体力或工匠技艺是农村劳动的主体。劳强劳多往往是发财致富的优势，孤儿寡母经常是贫困的根源。特别是现在农村基本以家庭承包经营为主，这种生产方式对劳动力提出的客观要求，一是家庭必须有男性劳动力；二是人手少了不行；三是新的劳动力必须及时接替。这些客观要求综合为生育上的观念是：必须有男孩，至少2个或越多越好，早婚早育。所以说，作为独立生产单元的家庭经济，客观经济规律在引导及支配着顽强的生育愿望，而且是重男轻女，这是不以人们的主观意志为转移的事实。

其次，老年人口"老有所养""老有所安"的问题，短时期内还难以妥善解决，因此古已有之的"养儿防老"，就成为合理的生存需要。如今陕西农村的村一级和村民小组，好多都没有公共积累和提留，连正常补贴也发不出去。许多过去"五保户"问题解决得好的地方，现在也无人管理。企图依靠国家或外来投资普遍解决农村的社会福利保障，也是不现实的。

再次，农村的抚养费用低廉，也不存在待业安置问题。中国农民

以勤劳、忠厚、节俭著称于世。时至今日，陕南山区农民生活贫苦的程度，个别达到令人难以想象的地步！我们不能用现代城市生活的标准去设想农民赡养人口的费用。例如陕北就有"多一个孩子一瓢水"的说法。十分低廉的抚养费用，为农村人口早生多育提供了可能性。随着商品经济的发展，农村出现的剩余劳动力，还可以离土离乡，搞劳务输出，不像城市青年，家庭不必担心待业安置问题。

三、人口隐患问题

我省农村人口增长幅度的上升，使人口与生态环境的矛盾更为突出，存在着极大的隐患。我们这里着重分析人口—耕地—粮食三者之间的关系，就能够深切地认识到问题的严重性。

1. 人口与耕地

人地关系问题即人地相关论，是个传统性的研究课题，广义的人地相关论，指人与地球上整个自然界的关系，狭义的系指人与土地的对比及粮食供求的关系。在农村人口学的研究中，人口的数量和素质及其与土地、水等自然资源的平衡，是一个极为重要的因素，因为在一定的经济条件下，资源的生产力有一定限度，某些资源对人口只有一定的负荷能力，在人口与资源之间保持着动态平衡。据有关资料，我国农业资源的最佳负荷量是7亿人口。10亿人，人口与资源失调，正是目前生态失控的直接原因之一。

耕地在我国农业生产中是最稀缺的资源。据测算，播种面积每增加1%，农业总产值相应增加1.26%，而劳动量每投入1%，农业总产值仅增加0.66%。陕西的耕地问题，最重要的是后备资源不足。"秦中自古帝王都"，作为我国最古老的农业发达地区之一，适宜农耕的土地早已被充分利用。黄土丘陵和秦巴山地的垦殖指数，已超过了自然允许的限度，陕北陡坡耕种，陕南倒山种田，均说明耕地数量不足，后备资源贫乏。由于人口增长过快，粮食压力过重，加上自然经济的束缚，陕西的人均耕地已减少到了安全警戒线。

生态环境恶化，引起水土流失，土地沙漠化，干旱、洪水等自然灾害频发，导致耕地数量减少，质量变劣。土地生产呈下降趋势，加剧了人地关系的矛盾。

值得严重关切的还在于，陕西现有耕地在急剧减少，且多为低平的良田沃土。1949年全省耕地6577万亩，人均4.99亩，1986年年末是5385.4万亩，人均1.77亩，净减少1191.6万亩。前20年递减20万亩，1975—1985年递减41.9万亩。据有关资料，"六五"期间新开荒地174万亩，减少耕地457万亩，净减少283万亩，年均56.6万亩，等于每年在陕西地图上抹去了两个高陵县的耕地。上述所有减少的耕地，约有2/3是在人口稠密、城镇集中的关中平原。在历年减少的耕地中，粮田均在80%以上。

有鉴于此，要大声疾呼，珍惜每寸耕地，稳定粮田面积。为保证省内粮食自给，1990年以前，年减少的耕地不能超过30万亩，非农用地面积控制在10万亩以下，而粮食播种面积不应低于78%；后10年到2000年，减少的耕地年均不得超过27万亩，其中粮田稳定在75%以上。对于重要的农业高产基地，名、特、优农产品商品基地和专业蔬菜地，尤应妥为保护。

2. 人口与粮食

面对人口膨胀的境况，对于粮食形势必须做出头脑清醒的反思，千万不可盲目乐观或掉以轻心。陕西的人粮关系相当紧张，可概括为3个问题：

（1）*粮食生产条件未摆脱靠天吃饭，具有脆弱性和徘徊期。*

中华人民共和国成立已经37年了，陕西人民仍然没有彻底摆脱吃饭问题的困扰，这有多方面的原因，但粮食生产的基本条件没有改变、现代科学技术的运用极低、农业自我改造的能力十分单薄，这是要害之所在。多年来，陕西粮食总产量偏低不稳，曾出现多次大幅度摆动。例如1956年大丰收，粮食总产量达108.7亿斤，而1957年陡降为88.8亿斤。1964年粮食总产量仅80亿斤，但1965年突然上升到

125.3亿斤。1984年创历史最高纪录达204.7亿斤，到处喊叫"卖粮难"，大谈粮食转化，紧接着1985年又进入陕西粮食第四个徘徊期，连年爬不上200亿斤的台阶。陕西位于东亚季风区的末端，干旱和洪涝等自然灾害交替出现，粮食生产具有三年丰收、三年歉收和四年平收（"三三四"）的周期。在目前旱作农业仍占70％以上的情况下，应该立足抗灾，树立人定胜天的信念，重视农业基础建设，努力改变农业基本条件，确保粮食生产稳定增长，并与人口的增长相协调。

（2）粮食产销平衡处在低水平，有缺口。

陕西的粮食总产量1949年是66.22亿斤，1986年达到193.1亿斤，增长1.92倍，年递增速度2.9％；同期人口增长1.31倍，年递增2.3％。所以人均占有粮食产量由1949年的503斤到1986年的634斤，只增加131斤，年均增长3.5斤。可见社会人均粮食增长速度过慢，是我省经济基础不稳的重大问题之一。

陕西的粮食生产水平、居民营养状况均低于全国水平。1949—1986年全国人均增加粮食320斤，年递增速度1.5％，高于陕西0.6个百分点。1986年陕西社会人均粮食占有量比全国平均低102斤，居国内各省区第十六位。1949—1980年陕西与全国的人、粮增长速度比较，粮食递增速度（2.6％）慢于全国的3.4％，而人口递增速度（2.49％）却快于全国平均的1.94％。如此，陕西人均占有粮食与全国拉大差距，因粮食增长速度慢于全国所引起的人均占有减少，约占52％；而人口增长速度快于全国，所引起的人均占有减少，约占48％。

陕西粮食的商品率在20％左右，1986年是38.9亿斤，但随着城镇吃商品粮人口的增加，农转非6年增加120万人，所以粮食的统销量直线上升，由1978年的27.22亿斤，增加到1984年的33.95亿斤。今后城市工业、市场用粮，菜农、副食基地用粮，饲料转化用粮等将与日俱增。陕西粮食维持低水平的紧张平衡，立足省内自给，不留缺口，还需天时、地利、人和诸因素相互配合。

（3）粮食发展目标与农业后劲不足、种粮比较效益低的矛盾。

陕西今后十几年粮食发展目标是三步走：1990年总产量220亿斤，人均700斤；1995年250亿斤，人均750斤；2000年280亿斤，人均800斤。从现有基础分析，我省粮食迈大步，与完成人口控制目标任务同样艰巨。因为陕西农村面临的不利因素是：农业投资大量减少，农业科技力量薄弱；水源不足，工程老化，渍涝蚕食，有效灌溉面积萎缩；品种混杂，病虫害重新蔓延，绿肥、农家肥有限，化肥不足，地力下降，耕地锐减等，农业后劲严重不足。与此同时，从农村政策开放以来，经济搞活了，生产门路多，种田的比较效益下降，农业第一线的能人、强壮劳力削弱；加上政策不完善，"买难卖难"时有发生，农民种粮食的积极性受到挫折。这些问题，必须通过艰苦细致的工作，通过深化农村改革，去逐步解决。

二　人口控制目标与对策

解决我省农村人口问题，关键是进一步落实计划生育政策，严格控制人口数量。1982年确定我省人口控制目标，到20世纪末为3450万人，即1982—2000年的19年间，全省只能增加546万人，年平均增加28.74万人，约相当于人口自然增长率9‰。但从1982—1985年4年的执行情况看，年平均自然增长率已达11‰左右，年增长人口已近30万。而这几年人口结构受1961—1963年人口再生产低谷的影响，出生人口较正常年份偏低。实际上，1982—1985年4年人口统计误差较大，偏低近10%，实际年增长已突破30万。1985年以后，人口回升势头加快，因此，原定的人口控制目标已难实现。1985年，经国家批准，将我省20世纪末的人口控制目标调整为3520万，农村人口大体控制在2870万以内。即使这样，我省人口发展形势依然十分严峻。考虑到从现在到20世纪末的12年间，我省人口机械增长将达到30万人，实际上到20世纪末，全省人口总数为3550万。

我省人口控制目标能否实现，有两个重要的制约因素：其一，如前所述，我省人口发展已处于生育高峰期，这种人口再生产周期性形成的庞大人口群，加剧了工作的艰巨性，这种惯性规律带来的人口压力，是相当沉重的。这是控制人口工作的客观制约因素之一。其二，我们的工作基础还十分薄弱。就全省情况看，农村基础工作较好的仅有汉中地区。就多数地、市而言，工作稍一懈怠，超计划生育的势头就会接连高涨。总的说，大口子没有堵住，超计划生育问题严重，放任自流现象在不少地方存在，开歪口子的问题在一些地方仍然没有刹住。这是控制我省人口增长的主观制约因素。应当看到，这一因素是可变的，是我们应当尽力加强、尽快解决的主要方面。

我省计划生育工作的重点在农村，难点也在农村，农村计划生育工作与城市相比，工作质量相差近1/3，人口的自然增长率高出2~3个百分点，目前尚无十分明显的转变。我省人口控制工作的成效，从总体看，取决于农村人口控制工作的进程。可以说，我省的人口问题，实质上是农村人口问题，控制了农村人口的过快增长，也就控制了全省人口的过快增长。

我省计划生育工作在全国处于中下水平。主要原因是农村计划生育工作一直处于比较后进的状态。解决问题的根本途径在于加强农村工作，加强基础工作，这是促进全省计划生育工作深入发展、改变农村后进面貌、解决我省人口问题的治本之策。为此，建议采取以下对策：

一、坚持计划生育政策的稳定性、连续性和严肃性

我省的基本生育政策是：提倡晚婚晚育、少生优生；提倡一对夫妇只生育一个孩子；区别对待，分类指导，有计划地安排确有实际困难和特殊情况的夫妇生育二胎；严禁计划外二胎和多胎；严禁早婚早育。在这个基本生育政策中，包括主要生育政策，就是一对夫妇只生育一个孩子。除了按《陕西省计划生育条例》（后文简称《条例》）规定的特殊情况者外，对绝大多数夫妇来说，提倡生一个；照顾政

策，按分类指导的山区和有实际困难的夫妇，按规定经过批准照顾生育二胎；优生优育政策，即不准近亲婚配和生育；有遗传病残的夫妇不准生育，虽无遗传病残但夫妇双方智力低下、没有后天教养条件的不准生育；不准早婚早育。这一基本生育政策，集中体现在《条例》之中。根据对我省人口年龄结构状况测算，考虑到各地不同的情况及计划生育工作能够达到的实际水平，全省妇女总和生育率应为1.6左右。严格执行我省《条例》，人口控制规划就能够如期实现。这一基本的生育政策需要继续和长期稳定，至少15年不变。在这期间，不宜多变和突变，并保持相对连续性，完善政策的某些措施则应谨慎妥当。

1. 继续深入开展计划生育宣传工作

要运用各种群众喜闻乐见、行之有效的形式，使广大干部群众真正认识到计划生育与"四化"成败、人民生活的密切关系；认识到搞好农村计划生育的重要性、紧迫性和艰巨性。要反复向干部和群众讲清楚，党的计划生育政策仍然是提倡晚婚晚育，提倡一对夫妇只生一个孩子。各级计划生育部门，要严格控制生育指标，严禁乱开口子，任何人都不能对计划生育政策断章取义，乱加解释。要在全省农村每年进行1~2次规模较大、工作较深入的省《条例》宣传普及活动，使成人，尤其是育龄夫妇明白《条例》是我省地方性立法，明白《条例》的基本指导思想和具体规定，增强依法办事、模范执行《条例》的自觉性。

2. 严格执行政策

我省农村不少地方执行计划生育政策不够严肃认真，敷衍塞责，有的随意降低经济处罚标准，有的用指标送人情，出具假证明等，扩大了生育面。必须维护政策的严肃性。对于违反《条例》超生的，必须按规定处罚，坚决落实兑现。鉴于这方面的问题甚多，建议在1988年内将此列为重点，全面清理、兑现。对领导干部、党团员和计划生育干部超生的，以及通过歪门邪道达到超生目的的，除经济处罚外，还要建议本人所在党团组织和行政单位给予党纪、团纪和行政处分。对这些人严了，才能说服教育群众。今后，建议把政策兑现的情况与干部职责、经济利益挂钩，切实落实责任。

二、适应农村生产方式的变化，改革计划生育工作

我省农村家庭联产承包责任制普遍实行以来，农村经济形势与经营方式发生了历史性的变化。家庭经济已成为农村基本的、普遍的经济形式。农民的生产经营活动，主要由家庭进行，收入来源也主要靠家庭经营，家庭既是物质生产单位，又是人口生产单位。以往的计划生育管理办法，已不能适应农村这种变化了的情况。农村生产方式的改变对人口发展的影响主要表现在3个方面：一是农村比较富裕了，很多农民认为多生孩子养得起。在目前农村生产力水平落后的情况下，一些人多劳多的家庭富得快，在客观上促进了缺劳家庭希望多生育将来快致富的生育意愿和生育行动。二是一些农民认为，"多生孩子吃自己的粮，不用国家管"。这种从一家一户考虑的思想认识，导致了生育的盲目性。三是现行的管理办法与生产分散经营、人口流动加大的实际不相适应，不少地方处于放任自流的状况。因此，必须根据农村变化了的情况，采取与之相适应的管理办法，建议在广大农村：

1.加强宣传教育。把一家一户的生育行动，与一个县、全省乃至我国经济发展战略目标联系起来，层层开展算账对比活动，认识县情、省情、国情，提高思想觉悟。

2.建立10~15户为一组的计划生育联系组或中心户，互帮互学，动员群众自我教育。建立党员联系户制度，或在村组一级建立计划生育协会，发挥老党员、离退休职工、计划生育积极分子作用。

3.针对缺劳户、弱劳户的实际困难，帮助治穷致富。在农村，对于这些家庭，各级组织应帮助他们发展家庭副业，优先安排他们参加乡镇企业生产，使他们尽快脱贫致富。同时，把对农村"五保"老年人的养老院和敬老院当作农村现有社会福利建设的起点和重点来抓，真正

解决好农村孤寡老人的生活问题。广大农民从现实中看到了依靠生育人口致富是不可取也是办不到的，就会坚定实行计划生育的信心。

4.加强流动人口管理。据西安市调查，市区流动人口日平均已达51万多人，其中60％来自农村。建议尽快制定全省性的流动人口计划生育管理办法。采取条块结合，计划生育、公安、工商等部门密切协作，解决流动人口计划生育工作无人负责的状况。

三、强化基础工作

家庭是生育的基本单位，计划生育工作面对的是千家万户，工作量大面广是这项工作的突出特点。我省计划生育工作网络不健全，基层工作基础薄弱。全省至今仍有100多个乡镇没有计划生育专职干部；已经建立的107个县区计划生育宣传技术站，多数因缺少设备、房屋和经费，无法开展工作。把计划生育和控制措施落实到育龄夫妇身上，是做好计划生育的保证，而要做到这一点，加强基层工作，强化基础工作，就成为重要的组织保证。根据我省实际，在加强基础工作方面，建议从3个方面入手：

1.建立村组两级强有力的工作队伍

村要成立计划生育领导小组，由村主任、党支部书记、村副主任、妇女主任和乡村医生5人组成，有一名村副主任和妇女主任主抓计划生育工作。组设宣传员，一般由组长或妇女组长担任。形成行政工作网络，并明确职责和报酬，把他们的工作实绩和报酬联系起来。

2.乡镇建立计划生育服务站

它主要负责宣传、节育措施落实和避孕药具发放3项任务。一般有两三个人，一两间房舍，两三千元的器械，坚持常年为农民育龄夫妇服务。乡镇服务站可以结合婚姻登记，让他们上一次节育课或看一次展览，进行晚育教育。

3.建立群众工作网络

主要是普遍在村一级建立计划生育协会，团结一大批农村计划生育积极分子。这样，从政府指导、技术服务、群众工作3个方面把工作的基点扎根于农村基层，必将大大改变农村计划生育工作。

四、加强分类指导，狠抓后进转化

我省计划生育工作后进面大，是造成全省工作后进的重要原因。从目前情况看，10个地市中工作处于后进状况的有4个地市。在全省107个县区中，处于后进状态的县有27个，占1/4。还有一些县虽未列入后进，但实际工作质量很低，如米脂、神木、宜君、延安市、吴起县等，计划生育率不到60％，有的县多胎率高达34％。计划生育工作后进的地县，同时又是我省经济比较落后的地区。因此，抓好这些地方计划生育工作后进状况的转化，不但对于控制人口增长，而且对于振兴经济，都有十分重要的意义。

改变后进地区计划生育面貌，建议采取更加切实有力的措施：

1. 从指导思想上，要十分明确地提出贫困地方党政领导的中心任务就是发展经济、控制人口。这一指导思想要为这些地区各级领导认识并付诸行动。

2. 要明确目标，落实责任，强化计划观念。建议依据后进状况的不同情况，分别提出目标，限期改变面貌。如工作因素为主导致后进的西安市雁塔区、临潼、蓝田、长安县①、铜川市郊区和渭南地区的白水县等，要通过一两年的努力，逐步把计划生育率提高到90％左右；经济和工作因素同时存在的地方，如延安、榆林、安康、商洛等4个地区的后进县，近年内首先要把多胎率压下来，通过几年的努力，把计划生育率提高到85％左右。在目标实施中，改中期人口计划承包责任制为年度计划承包责任制，年底明确目标签订合同，年初对上一年计划完成情况进行考核，完不成计划的追究责任，以增加各级领导责任感。

---

① 今西安市长安区。

3. 在经济、技术两个方面予以更多的支持。在经费上，建议由省包干，以鼓励工作向主动方向发展。除各后进县加强宣传技术站、服务站建设，加快节育技术力量的配备和技能提高外，建议实行城市医院与后进县区技术挂钩协作，定期选派技术人员进行业务指导。

五、增加经费投入

计划生育不但有很大的社会效益，而且有显著的经济效益。其社会效益主要表现在生育和婚姻道德观念的转变，新的社会主义婚育观的确立以及家庭、人际关系和人们与社会责任感的强化。其经济效益主要表现在少增人口，减少消费，实际上意味着社会财富的增加。据估算，我省1972年开展计划生育工作至今，以1972年净增加人口为基数，与逐年增加人口比较，少生290多万人口。按这些人口1~10岁每年消费匡算，相当于少消费粮食50多亿斤，国家和集体少支出抚养费22亿多元。实际上，这些年计划生育总投资为1.8亿元左右，其经济效益为1∶12.2。值得引起注意的是，我省计划生育投入逐年减少，如1984年为2600多万元，1985年为2300万元，1986年为2000多万元，1987年虽略有增加，仍然不能满足工作需要。计划生育是一个新部门，工作任务十分艰巨，工作条件很差。据实际需要匡算，计划生育经费投入，以农村人均1元、城市人均5角较为符合目前实际的需要。这样，年经费应保持在2700万元左右，且应随着经济发展逐年有所增加。从基层建立宣传技术机构、改善工作条件的实际需要出发，年投入尚需增加500万元左右。

根据我省经济状况，在当前财政困难的情况下，解决计划生育经费问题，需要从改革寻求出路。建议：

1. 省财政增加一些投入，地市财政要改变投入甚少的状况，增加一些经费。

2. 实行经费包干。县对乡按人口数和工作量包干经费。省、地县把经费主要投入到宣传和落实预防节育措施上。这样做有利于促进经常性的预防工作，有利于取得乡镇财政的支持，有利于发挥现有财力的作用。

3.充分发挥现有超生费的使用效益。据调查，全省超生费有亿元以上，管理亟待加强。目前挥霍、乱支乱用、挪用甚至贪污等问题时有发生，急需制定切实可行的管理办法。建议上调30%~40%到县，用于宣技站建设和必要的事业投资，以缓解经费紧张的矛盾。

加强党政对计划生育工作的领导，是搞好这项工作的关键。除各级政府加强工作外，在党政分开的情况下，各级党委不能放松对这项工作的领导。要把控制人口的实效，列为各级领导干部政绩考核的重要内容，作为干部岗位责任制的主要职责之一。计划生育又是一项社会系统工程，涉及政治、经济和文化生活的各个方面，各有关部门，要同计划生育部门密切配合，全民动手，共同搞好控制人口增长工作。

三　从战略高度努力提高农村人口素质

限制人口数量与提高人口素质，是我国人口政策不可分割的两个方面。当前，对于人口数量多与经济发展的矛盾，已引起越来越多人的关注，但对于提高人口素质，对于人口素质与经济发展的矛盾，还没有引起人们的足够重视。从加快农业经济发展，改变农村落后面貌，以及从国家昌盛、民族兴旺发达的长远利益来看，提高农村人口素质，是具有深远意义的战略问题。

人口素质是指人体本身所具有的认识和改造客观世界的条件和能力。一般来说，人口素质包括思想素质、科学文化素质以及身体素质3个方面。马克思主义在肯定社会生产方式是人口存在和发展的基础，经济发展制约着人口素质提高的前提下，还承认人口特别是人口素质，对社会经济发展有重要作用，它能促进或延缓经济的发展，从而影响整个社会的发展进程。随着生产力的发展，在现代社会，生产日益社会化，技术构成不断提高，对劳动人口数量的要求也相对减少，对人口素质的要求却正在并且必将日益提高。因此，不断提高人口素质，使劳动者的智力得以最大限度开发，已成为当今经济发展的一个极为重要的条件。在我省农村，这个问题更显得至关重要和迫切。

中华人民共和国成立后的30多年来，随着经济的发展和人民生活水平的提高，陕西省农村人口素质也在逐步改善。特别是党的十一届三中全会以来，由于改革开放，人口素质发生了很大变化。从体现人口素质的主要内容来看，身体素质有了明显改善。我省农村人口死亡率由20世纪50年代的10％以上下降到20世纪80年代的5％左右，人口平均期望寿命由35岁上升到68岁；思想素质发生了深刻的变化，特别是近几年，旧观念、旧传统遭到有力的冲击，新思想、新观念在逐步确立；文化素质有很大提高，同1964年人口普查时相比，具有大学、高中、初中和小学文化程度的人数，分别增加了1.29、5.75、4.23和0.79倍。全省已有68个县（区）实现了基本无盲县，占全省农业人口的65％，全省文盲、半文盲的比率由1977年的35％下降到12.5％。

但是，从经济和社会发展的客观要求来看，人口素质提高是不快的，还存在着不少问题。

一是我省农村人口的健康水平比全国的平均水平低。目前，全省人口（含城市人口）死亡率比全国平均值高0.7个百分点，平均期望寿命低两岁左右。陕西地方病和某些传染病、常见病的病情还相当严重，属全国重发病省份之一。全省受地方性甲状腺肿、氟中毒、克山病、大骨节病、布氏杆菌病等威胁的病区总人口达2000多万，患者255万人，因病致畸致残和丧失劳动能力的154.5万人。尤其在一些边远山区，由于经济文化落后、地方病和遗传性疾病、近亲婚配以及医疗卫生条件差等原因，残疾低能人口所占比例惊人。据安康、商洛、汉中3个地区28个县的调查统计，共有农业人口697万，痴呆傻残就有17.6万人（不含轻度的），占2.53％，海拔1000米以上的高山区，竟占到10％左右。

这不仅给家庭造成拖累，而且给国家造成负担，成了一个严重的社会问题。

二是文化教育落后。与农村教育事业的发展和四化建设对人才的要求不相适应。1986年，我省农村人口中，具有小学文化程度的占45.3%，初中文化程度的占24.5%，高中文化程度的占8.1%。全省还有45岁以下的青壮年文盲、半文盲160多万人，文盲、半文盲的比例较全国高1.67个百分点。我省尚有占农村人口20%的大片贫困地区，贫困的主要原因是劳动力素质差，缺少文化科学知识。实践告诉我们，治穷必先治愚。

三是劳动人口中科技人员比例小。劳动者的文化程度是劳动力素质的一个重要方面，但对于四化建设来说，它只是提供了一个基础，更直接、更现实的是实际技术素质。这方面的状况比文化程度要差得多。陕西农业科技人员共有15920人，平均每万名农业人口中只有4.8个技术人员。截至1986年年底，全省乡镇企业从业人员205万，其中各类专业技术人员不到2000人，平均每187个企业才有一名专业技术人员。全省300多万35岁以下的初高中毕业生，"有文化、没技术"是普遍现象，很不适应农业现代化建设的需要。农村的乡土人才数量既少，结构又差。据对延安地区的调查，平均每11个劳动力中有一个乡土人才，他们基本属于传统工艺型，能工巧匠占33.8%，以木匠、石匠居多；交通运输人才占15.9%，绝大多数为手扶拖拉机手；加工业多属简单的磨面、碾米、榨油等项目，真正的科技人才很少。农村劳动力文化科技素质普遍太差，已成为农村产业结构调整、农业现代化的限制性因素之一。

四是思想保守，发展商品经济的意识差。陕西地处我国内地，从公元前11世纪开始，先后有12个朝代在这里建都，封建的、封闭的小生产思想根深蒂固。关中平原、汉中盆地，土地肥沃，气候也适宜农业发展。农民按传统方式耕作，即可获得温饱，因此一般都思想守旧，不愿离乡外出开拓新的生产门路。

从我省农村实际出发，提高人口素质，要立足长远，打好基础。在坚持对农民进行共产主义理想和道德教育，使之变革观念、提高思想素质外，近期应着重抓好以下几点：

一、重视智力开发，大力发展教育事业

劳动者的智力，即文化科学知识、生产经验和劳动技能，主要是通过教育培养和生产实践获得的。开发智力资源，关键在于发展教育，发展我省农村的文化教育事业。

1. 继续抓好普及教育

我省的普及教育是搞得比较好的，今后应注意改善山区教学条件，提高小学教育质量，对生活困难不能上学的学龄儿童实行小学免费教育，实现普及初等教育。

2. 要进一步抓好农民教育

对现有劳动力的文化教育，主要靠举办农民夜校、扫盲班和互助互学、自学的方法进行。目前，全省办起了县、乡、村农民文化技术学校5750所。今后应在巩固和提高上下功夫。

3. 要积极兴办职业技术教育

我省现有县以下的农村职业学校151所，在校学员800多人，在全国处于落后状况。据统计，1984年全国平均每万人口在农校、职业中学的学生为32人，陕西为16人，而甘肃为17人，宁夏为27人。农村职业教育发展缓慢，最大障碍是思想认识上的问题。有些人包括我们干部在内，看不起职业学校，认为进高中是正儿八经地上学读书，进职业学校似乎低人一等。这种观念反映在我们工作上，表现为片面追求升学率，轻视职业教育。近几年，全省每年的初高中毕业生有几十万人，而升入大学的只有少数人，绝大多数学生读完中学后要直接参加生产劳动。他们虽有一定的文化知识，但缺乏一技之长。很难适应农村经济发展的需要。合阳县恢复高考制度10年来，考上各类高校的学生1454名，但是由于不重视职业技术教育，考不上高校的学生则没

有用武之地。因此，提高农村职业教育声誉，加快农村职业教育的步伐，把大批初中、高中毕业生培养成为有文化、懂技术的劳动者，是我们的当务之急。各县（区）要在做好工作的基础上，力争转一两所普通中学为合格的职业中学，同时，要按照"多规格、多形式、大家办"的方针，提倡有条件的单位都来办职业学校。此外，还要切实解决好职业技术教育的经费、师资以及毕业生的出路等问题。

二、大力开展科技普及培训工作，引导农民走科学致富的道路，在实践中提高素质

对于农民从事商品经济活动来说，不仅需要掌握一般文化基础知识，而更重要的是需要有商品意识、生产技能和经营能力。普及性技术培训是农民群众掌握某些生产技术、经营能力的最快办法。我们应动员社会各个方面来办这个事业。有条件的乡镇企业，要尽可能地按照"先培训，后就业"的原则招收从业人员，同时要积极开办业校和夜校，提高在职人员的技术素质。各种学会、科普协会、专业协会，要根据农时季节和各种生产项目技术要求，及时地对农民进行技术培训。科技培训的重点是回乡知识青年。近两年，各级科协、科委、团委、妇联、农林、教育、乡镇企业局等单位互相协作配合，在全省开展了知识青年实用技术培训工作。现在，全省10个地市，50多个县都成立了培训领导小组，制订了适合当地情况的培训规划和实施方案。他们按照"实际、实用、实效"的原则，选准易推广、致富快、深受农民欢迎的项目，面向千家万户，开展培训。进行农民培训，应突出"短、平、快"，即学习时间短，以短为主，长短结合；教学内容及其深度要适应农村生产力水平和农民接受水平；运用技术于生产实践收到的经济效益要快。近几年全省共有近100万名农村青年参加培训，其中有50%的人掌握了1~2门的实用技术本领，开始走上了依靠科技致富的道路，有一部分正成为科技示范户、生产能手，2%的人达到农民技术员水平。这是一件意义极其深远的伟大事业。我们要继续

深入、广泛地开展这一工作。坚持多层次、多渠道、多形式、多门类一齐上的办法，进一步推动省、地、县、乡、村、户"六个轮子"一起转，实现县县、乡乡、村村搞培训。省、地、县以举办高层次的长训班为主，培训师资和骨干，乡、村抓普及、抓推广。认真做好后续服务工作，建立完善培训体系，使之逐步走向正规化。

经验证明，根据一些开发经营性项目，下派科技人员，推广、普及实用技术，培养当地人才，是提高农村人口科学文化素质的一条有效途径。省果树研究所在洛川、礼泉推广苹果生产先进技术，省瓜果研究所在大荔搞西瓜早熟品种推广、地膜栽培技术普及，使得这些地方的"拳头"产品享誉省内外，农民中学习先进技术已成热潮。地处秦岭深山的留坝县，1984年开始在全县大面积推广木耳、香菇的人工栽培技术，把培养当地农民技术队伍作为先导。3年多来，先后从外地聘请专家、教授25人，举办全县性培训班20期，听众达5000人次。并从上海、湖北、江苏请了30名技术员在生产实践中给农民面对面传授技术、驻点指导，使该县多种经营有了突破性发展，迅速成为我省一个重要的食用菌生产基地。截至1987年年底，留坝县95％的农户都有规模不等的多种经营项目，86％的农户从事木耳、香菇生产，仅此两项，总产值可达700万元，占全县工农业总产值的1/3以上，农民人均纯收入450元，居汉中地区第三位。

三、发展农村医疗卫生事业，搞好地方病防治工作

人口是劳动力的源泉，人口身体素质的好坏，对劳动力质量有重要影响。提高人口身体素质，就要发展医疗卫生事业，根除地方病的危害。我省的卫生工作虽然取得了很大成绩，但农村卫生工作基础薄弱、人才缺乏、三级医疗卫生网不健全、贫困山区缺医少药等问题都很突出。全省要把卫生工作的重点转移到农村，尽快健全县、乡、村三级医疗卫生网，提高医疗保健能力，这里的关键是要解决经费和人才问题。卫生事业所需经费应采取国家补助、村组筹集、群众负

担"三个一点"的办法解决。全省卫生事业经费的增长不得低于财政收入增长的速度，并应逐年有所增加。各级财政应增设一些专款，主要用于改善贫困山区办医条件，人才培养和疾病防治上。对政策性亏损，国家要认可。应实行几个一齐上的方针，支持和鼓励社会各方面兴办医疗卫生事业，所需人才也要多渠道解决。近两年，高校采取定向招生、定向培养、定向分配的办法为农村基层培养人才，是个好办法，应进一步扩大。各地应重点办好中等卫校。此外，要制定一些支援农村卫生事业的政策规定，并形成制度。如城镇卫生单位定期派人下乡巡回医疗，医疗卫生专业毕业生分配工作和县以上卫生技术人员晋升，必须先到农村工作一年以上等。

搞好地方病防治工作，有效地保护劳动力，提高病区人口素质，是加速两个文明建设的一项基础工作，病区各级党委和政府应把地方病防治工作当作造福子孙后代的一件大事，列入重要议事日程，有专人分管，健全专业防治机构，充实防治队伍，落实防治措施，提高防治工作的社会效益。要充分调动各有关部门和病区群众的积极性，认真贯彻防病治病与脱贫致富相结合的方针，密切配合，共同努力，尽快根治地方病，对重点地方病地区都要拿出符合本地区情况的有效根治办法。

对陕南秦巴山区的痴呆傻和低能人口问题，必须采取坚决有效的措施加以解决。建议：

1. 大张旗鼓地宣传婚姻法，严禁近亲、痴呆傻、精神病、梅毒、麻风等病人结婚，坚持实行婚前检查，孕期检查，搞好妇幼保健工作，发现畸形、病胎，实行引产。

2. 家庭成员中"五种残疾人"多或男女主要成员是痴呆傻，全家生产、生活不能自理的，如有条件，可由乡镇或村建立痴呆傻人管养所，把他们适当集中起来，实行统一管理。生活费用采取力所能及的劳动挣一点、乡村筹划一点和国家救济一点的办法解决。对于智力发育不全，但有一定劳动能力的，进行分散扶助管理的办法。可推广一些地方建立干部、党员联系包干较轻度痴呆傻人的经验。

3. 搞好水源改造和碘盐加工、供销工作，防止和尽量减少各种地方病的发生。

四、实行人口流动政策，促进文化、科技、思想、信息以及人种基因交流

人口流动是社会经济发展，特别是商品经济发展的客观要求。但是，我们长期以来奉行封闭的人口政策，限制人口流动，把农民，尤其是边远山区农民，紧紧地束缚在一个极小的闭塞区域，关闭了与周围环境的交流，成为妨碍农村进步的一个重要原因。列宁说过："迁移意味着造成人口的流动。迁移是防止农民生苔的极重要的因素之一，历史堆集在他们身上的苔藓太多了。不造成人口的流动，就不可能有人口的发展。"①人口流动作为人类自身的历史过程，具有提高人口素质，促进科技进步，加快经济社会发展等多种社会功能。因此，建议：

1. 在山区人口居住分散，交通、信息闭塞的地方实行移民并村的政策。山区最贫困的地方大都集中在交通闭塞的边远山区，同时地方病、遗传病也多发生在这些地方。在这里，人口居住分散，建设重点难以突出，投入与产出的经济效益不高。无论是基础建设如电、路和商业、教育、医疗等网点，还是专项投资，都要求具有规模效益，否则，四面开花必然经济效益不好，况且国家财力有限，这些网点不可能下伸到每个穷乡僻壤的小山村，他们单家独户，就地进行低层次低水平的垦殖生产，也很难形成建设力量。把这些居住分散的村民相对集中起来居住，就可以克服上述弊病，既有利于加速基础设施建设，改变生活条件，也便于教育和管理，改变落后的生活方式和劳动方式，对于智力开发、克服各种疾病、提高劳动者素质有着重要意义。

---

① 《列宁全集》第 3 卷，第 216 页。

2. 加速农村剩余劳动力的转移。随着农村改革和生产力的发展，将出现越来越多的剩余劳动力。因势利导，做好工作，促进剩余劳动力向林、牧、副、渔各业和第二、第三产业转移。这种转移是多层次、多方向的流动；有的不离土不离乡，就地在农业内部转移，生产领域扩大了；有的离土不离乡，就地务工经商，人口相对集中了；有的离乡不离土，外出临时帮助耕种土地或长年在异地承包土地；有的离土又离乡，外出或进城务工经商，是人口流动比较充分的一种形式。上述人口流动基本是"两栖型"和"候鸟型"的，一般户口不变，带有临时性、多变性的特点。无论什么形式的流动，都会改变农村信息闭塞、思想禁锢的状况，促进劳动力素质的提高。

3. 改革劳动人事制度和户口管理制度，促进人口合理流动。这个问题亟须从总体上研究，把科学调整和分布人口问题作为人口计划的一个重要问题，纳入经济社会发展变化计划之中，把人口流动提高到与控制人口数量、提高人口素质同等重要的地位予以研究、规划。政策上应按照科技进步的要求，制定人尽其才、才尽其用的人口流动政策。如，用城乡劳动力合理流动的政策取代城乡之间隔离的政策；放宽户口管理政策，允许农民进行合理的迁移，这无疑都会促进思想、文化、技术和其他信息的交流。此外，还应看到，扩大人的活动半径，进行多流向、多层次的人口迁移，可冲破过去狭小的通婚圈，促进人种基因交流，降低近亲婚配率，既能增强人口体质，又能提高人口平均智商。

协调城乡关系促进农村经济稳步发展 [1]

当前农村诸多问题，一个基本的深层的原因，在于长期实行的城乡隔绝的体制。深化农村改革，增强农业发展后劲，可以从不同的角度去研究和思考。我们认为，把农业发展同整个国民经济的发展联系起来，把农村改革同城市改革结合起来，从协调城乡关系入手，是解决农村发展问题、逐步实现城乡一体化战略目标的一个带有根本性的选择。

一 陕西城乡关系的现状及基本对策

现代城市与传统农村之间的矛盾，即"二元结构矛盾"，是当代世界发展中国家普遍存在的问题，在商品经济条件下，城市现代经济的发展强度和积累能力比农村高得多，市场机制调节各种生产要素向城市集聚，遂使现代经济的比重越来越高并最终占据支配地位。因此，典型的"二元结构矛盾"是开放性的，本身具有从"二元"向"一元"的内在转化机制。

---

[1] 本文原载中共陕西省委研究室内刊《调查资料》第 38 期（总第 609 期，1989 年 8 月 8 日），署名为郑欣淼、侯辅相、王同信、吴长龄。

我国正处在传统经济向现代经济转化中，城乡矛盾的存在是必然的也是正常的现象。但是我国的特殊性在于，城乡关系受到超经济力量的强制，排斥了商品货币关系，城乡之间固有的经济联系被切断，代之以行政的、组织的手段，从农村集聚资金，强制积累。例如：国家通过统购统销制度，垄断了城乡产品交换；通过价格管制，把农产品价格压得更低，剪刀差相对量更大；户籍制度阻隔了城乡劳动力流动，农民失去择业的权利；人民公社制度剥夺了农民的财产权利，强制他们留在土地上，并不得不依附于行政组织。在"左"的思想指导下，城乡关系问题常常转化为政治问题，并以政治运动的方式解决经济问题，"文化大革命"时期割"资本主义尾巴"式的政治强制，更达到登峰造极的程度。超经济强制力量造成了一个举世无双的城乡隔绝体制，城乡经济被人为分割，城市居民相对于农村形成特殊的利益群，就业、住房、食品消费、医疗等方面受到国家福利制度的保护。因此，我国城乡关系的实质是超经济强制力量排斥商品货币关系，阻隔了城乡生产要素的流动和转移。它所带来的严重问题是，城乡之间的转化机制被抑制，随着现代经济的发展，城乡矛盾和对立不仅没有消减，甚至许多方面还有所加强。

陕西是国家运用超经济强制力量推动现代产业发展的典型省份。中华人民共和国成立以来，在国家的大规模投资下，建立起了以机械、纺织、电子等产业为主的现代工业框架。因为它不是社会经济发展的必然结果，而是依靠中央投资从外部"植入"的，所以商品经济受到严重压抑和排斥，经济生活中的集中化程度、封闭化程度更为严重。特殊的省情和区域因素，使我省同全国特别是东部地区相比较，城乡隔绝更严重、矛盾更突出。主要表现在以下几个方面：

第一，城乡经济的内在联系更差。依赖城乡隔绝体制成长起来的城市经济，天然地缺乏同农村经济的血肉联系。分析我省城市经济的内部结构，可以发现：一是全民所有制的比重高。1986年，在全部独立核算工业固定资产原值中，陕西全民所有制企业占92.5%，比全国高7.4个百分点，比东部地区的广东、江苏、浙江、山东等省高出10~30个百分点。二是重工业比重大。1986年，陕西重工业产值占56.3%，比全国的43.5%高12.8个百分点。三是大中型企业比重很高。1986年，陕西大中型企业工业产值占全省58.2%，比全国高11.5个百分点，比东部4省高17.1~38个百分点。城市经济的这种结构性偏差决定了它在功能上有两方面的重大缺陷：一方面是吸纳农村劳动力的能力低；另一方面是向农村的经济技术转移和扩散十分困难。

第二，城市对农村的依赖程度更高。1987年，我省农业提供利税占财政收入的比重和以农产品为原料的轻工业产值占轻工业总产值的比重，分别比全国高1.8倍和1.3倍，这表明工业对农业的依赖程度、农业在资金积累中的作用更大，也意味着我省必须用更严厉的手段从农村聚集资金。据匡算，由于不合理的剪刀差，1953—1980年，我省农民为国家提供积累200多亿元。同期全省全民所有制基建投资270亿元，其中，工业投资154亿元，占全部投资的57%；农业投资19亿元，占7%。这表明，到改革前为止，全民基本建设的绝大部分，全部工业投资，是由农民通过价格剪刀差提供的。

第三，城市化进程更加滞后。中华人民共和国成立以后，我省非农产业发展很快，农业份额急剧下降。从社会总产值结构看，1949年农业占67.5%，1980年为25.1%，下降了42.4个百分点。但是，与此同时，城乡人口结构变化则很小，城市化进程严重滞后。1949年，我省农业人口占88.1%，1980年占84.3%，31年中农业人口仅仅下降了3.8个百分点。1987年，我省的城市化水平为18.1%，比全国低1.7个百分点。城市化进程的停滞，使农民长期困守在封闭、落后的传统经济中。大量劳动力滞留农村，又使农业劳动生产率难以提高，土地的压力越来越大。

第四，农业的落后状况更加严峻。（1）农业发展速度低于全国平均水平。1952—1980年，陕西工农业总产值由19.69亿元增长到142.73亿元，增长6.2倍。其中，工业总产值增长29倍，年均递增

12.3%；农业总产值增长2.4倍，年均递增3%，低于全国同期3.6%的增长水平，与工业的高速增长形成鲜明对照。特别是粮食等主要农产品增长十分缓慢。改革前的1980年，我省人均粮食267公斤，仅比1949年提高6.7%；人均棉花2.9公斤，比1949年低14%。（2）农民人均纯收入同全国的差距不断扩大，位次下降。1984年为全国倒数第三，1985年、1986年为倒数第二；同全国的差距，1984年为93元，1986年为126元。（3）资金积累规模十分狭小。据全省农村经济调查资料，1986年我省农村人均实际用于扩大再生产的固定资产支出只有16~17元，比1985年仅增加3元左右；从占用资金看（即劳均占用生产性固定资产加上费用形态的流动资金），1986年全部调查户劳均510元，扣除折旧后，仅比1985年增加25元，积累率只有5%。

城乡隔绝使农村利益受到过分的侵害，迫使农民不得不起来否定这个体制。改革中，农民获得了财产权和择业权，解脱了对行政组织的依附，投资和积累的机制在农户经济中逐步形成。这是我国经济改革的一个重大进展，有力地推动了农业生产和农民收入的高速增长。1978—1984年，我省农业总产值增长53%，年均增长9%，是党的十一届三中全会以前26年平均增长3.4%的2.6倍。1983年，我省农民人均纯收入236.11元，比1981年增长33.3%，年均增长15.4%。同期，城镇居民生活费收入为449.4元，比1981年增长12.6%，年均递增6.1%。城乡人民收入差距从1981年的2.25∶1（以农民为1），缩小到1983年的1.9∶1。改革使长期紧张对峙的城乡关系得到缓和。

然而，1985年以后，形势逆转。一方面，工业持续高速增长，由此产生对农产品和农村市场旺盛的需求；另一方面，农业增长乏力，徘徊不前，主要农产品供需缺口越来越大。1984—1987年，我省工业总产值[①]年平均增长11.8%，农业总产值增长2.6%，仅仅只有工业的不足1/5。粮食连续4年徘徊不前，人均占有水平和全国的差距越来

---

① 新口径，包括村及村以下工业。

越大。工农业增长结构失衡，引起城乡居民收入增长的同构性反映。1987年，我省城镇居民收入838.31元，比1983年增长86.5％，年均增长16.8％。同期，农民家庭人均纯收入329.47元，仅比1983年增长39.5％，不足城镇增长率的1/2。特别是1986年，城镇居民收入指数高达24.4％，是农民收入指数的18.7倍，相差悬殊。城乡收入差距重新扩大，1987年城乡居民收入比为2.5∶1，绝对差距508.84元，比1981年的222.07元增长了1.3倍。因此，1985年后，城乡关系再度紧张起来。

造成这种局面的原因，从现象上看，是国家政策上两方面的失误。一是投资政策。"六五"以来，国家对农业的投资，特别是对关系到农业长期稳定发展的基本建设投资大幅度下降。"六五"期间，全省农业基本建设投资3.31亿元，比"五五"时期的6.48亿减少48.9％，投资份额由8.6％下降到3.6％。1986年投资份额进一步下降到2.1％。农业投入下降，要素准备不足，无力支持非农产业的高速增长，由此产生尖锐的矛盾。二是价格政策。为了确保城市居民生活和工业原料的基本需求，国家对关系国计民生的粮、棉、油等大宗产品实行事实上的统派购制度，价格压得很低。比如：我省近几年小麦收购价比市场价一般要低0.2元／公斤。而一些放开经营的产品，在需求刺激下价格大幅度上涨。如苹果产地价格已达2元／公斤左右。农产品价格扭曲和扩大了农业和非农产业比较利益的差距，当农民根据价格信号做出反应后，粮棉生产便陷入严重困境中。

但进一步深入分析就会发现，国家政策上的失误，就其实质而言，则是由于到目前为止，改革还没有从根本上触动城乡隔绝的体制，超经济强制力量依然是城乡关系的基本点。政策上的"城市偏差"，源于经济生活的内在要求。实践和理论分析表明，超经济强制力量的作用，就是要使农业仅仅维持简单再生产，城乡利益结构仅仅维持起码的平衡。既不能使农业破产，城乡利益结构倾覆，否则就会引起巨大的社会震荡，也不能按价值规律任其发展。只有这样，才能

269

最大限度地获得实现工业化的资金。这就不难解释，为什么中华人民共和国成立40年来，城乡之间始终在矛盾和对立中循环往复，为什么在治理整顿中，普遍地出现了不惜牺牲农村利益，强化行政手段的现象。这也清楚地说明，中国改革和发展问题始终不能忽视从工农、城乡关系方面来考虑和把握。

怎样才能摆脱城乡利益矛盾的这种恶性循环，重建城乡关系？我们认为，打破超经济强制，实现城乡经济一体化，是把农村社会经济发展置于良性循环基础上的一个带有根本性的选择。1984年，沈阳、宝鸡等市就提出了这样的主张并进行了积极的探索和实践，取得了很大的成绩。但就目前的情况看，城乡一体化无论是理论上还是实践上都还有许多问题需要研究，其中两个基本问题需要有明确的回答：（1）什么是城乡一体化？（2）如何实现城乡一体化？

我们认为，城乡一体化就是在市场机制调节下，城乡生产要素毫无障碍地自由流动，资源合理配置，城乡经济一体运行。这里，核心的问题是要素自由流动。如果城乡要素不能自由流动和转移，不能择优配置资源，就谈不上城乡经济的一体运行。必须明确的是，城乡一体化并不等同于城乡差别的消失和农村工业化、城市化的最终实现。在社会发展的一定阶段，城乡差别是必然存在的。

建立城市领导农村新体制，是城乡一体化的长期目标模式。实现城乡一体化的目的就是要在城市领导农村的方向上理顺城乡关系。这必须彻底冲破城乡隔绝体制，实现经济运行机制的根本转移。显然，这是一个长期的任务，要进行艰苦的努力。这不仅因为实现城市领导农村体制必须在确立企业的生产主体地位、分解和界定政府职能及市场体系的发育等方面取得突破，而且因为在城乡隔绝中，城市利益根深蒂固，企图短期内加以改变不仅会遇到既有利益结构的障碍，而且已形成的社会心理也很难承受剧烈社会变革带来的冲击。因此，城乡一体化长期目标模式的实现，事实上将会和整个国家的市场化改革进程同步发展。

但是，在此以前，城乡隔绝状态并不能马上冲破，而城乡利益矛盾却十分尖锐，尤其是在目前的治理和整顿中，旧体制在某种程度的复归给农业发展带来许多实际困难。在这种情况下，城乡一体化的起步应从协调城乡利益关系入手，即通过制定正确的政策并采取切实可行的措施，着力矫正严重斜向城市的国民收入分配结构偏差和政策偏差，为城乡经济特别是农村经济发展创造健康的政策环境。从陕西农村经济改革与发展的实际看，近中期内，城乡关系的协调要紧紧围绕对农村经济影响最大的农村工业、农副产品产销、乡村城市化等3个相互联系、相互促进的问题展开。

二　协调城乡工业，促进农村工业稳步发展

1987年，陕西全省乡镇企业总产值为88亿元，第一次超过了农业总产值。其中工业总产值48.4亿元，占全省工业总产值的1/5。乡镇企业成为全省国民经济的重要组成部分。但随着城市大中型企业的逐步搞活、国家紧缩银根、控制基建规模，在信贷、税收方面的优惠相对减少，主要工业原材料实行专营，乡镇企业在生产技术和产品销售方面受到越来越大的威胁，原有的优势逐步削弱，自身的弱点则日益暴露，面临严峻的挑战。解决乡镇工业面临的诸多矛盾和困难，从总体上、长远上考虑，要调整城乡工业布局，实行城乡产业合理分工，优化资源配置效益，应该明确，发展乡镇企业，并不是要在我国农村建立第二个独立的工业体系。当前应着重抓好以下5点：

一、合理的产业政策是协调城乡工业关系的前提

首先，在指导思想上，把城乡工业放到同等重要的地位，作为整个工业的统一体系来研究制定发展战略，统筹规划、合理分工。其次，利用政策牵导推进城乡工业，形成合理的结构"错位"。避免和

缓解城乡工业之间的争挤矛盾。城市工业应以高技术、资金密集型为主并向基础产业、新兴产业拓展，如飞机、汽车、家用电器、精密仪器仪表、高档耐用消费品、精细化工等等。原有的以农产品为原料的加工企业应向深加工、"高精尖"方向发展。农村工业以劳动密集型产业为主，如建筑建材、纺织服装、采矿、食品、饲料、造纸等。第三，可以考虑在关中地区特别是沿陇海铁路的县城、大集镇开辟各类工业小区，像吸引外资那样，吸收城市大工业、外省企业、乡镇工业来投资办厂或联合经营，形成若干个各具特色的工业小区。

二、搞好城乡配套改革，促进城乡工业协调发展。近期应把重点放在产权改革和扩大工业资源的市场调配额度上，培育市场体系

我省农村每年有5000多个企业发生严重亏损和倒闭。城市中其他一些效益好、产品发展有前景的企业也急于扩展作业空间。加速城乡工业相互间的兼并、拍卖与转让，是一项重大改革措施。可以加速城乡生产要素的优化组合，另一方面可以促进企业向专业化和社会化方向发展。

主要工业原材料实行专营，对于几乎完全依靠市场调节的乡村工业十分不利。我们认为，对实行专营之后的钢材、10种有色金属、重要化工原料，除保障城镇居民生活和国家重点建设的需要外，对城乡企业应一视同仁，公开牌价，随行就市。有些特别紧俏的工业原料，甚至可以进行拍卖。

三、采取灵活措施，把近年来出现的城乡工业横向联合引向深层

一是大中城市工业的外协项目，应本着就近、就地、经济合理原则，向农村工业扩散产品，开展专业化协作，组建一批企业集团。二是大面积推行股份制。岐山县兴中工业公司，与省内外及香港章德公司等联合，农村以土地、厂房、劳力入股，工方以资金、技术、设备入股，先后办起6个工厂，年产值达3000万元。利益共享、风险共担的联合，有着强大的生命力。

四、乡村工业自身的发展壮大，也是城乡工业走向协调的一个重要方面

城市以农产品为原料的加工企业有着很大的发展惯性，并不会拱手让出。改变这一格局，除国家政策引导外，更重要的是乡村工业要发挥自己的优势，开发骨干产业和龙头产品，提高商品批量和市场占有率。汉中地区的乡镇企业起步较晚，但后来居上，1987年总产值达6.5亿元，实现税金比上年增长幅度居全省第一。汉中的重要经验，就是搞规模经营，由过去的"麻雀战"转向"兵团战"，在竞争中形成整体抗衡能力。现在汉中已经形成建材、食品、采矿、化工、竹藤棕草编织等六大支柱产业，占到该区整个乡村工业产值的90%。这几大行业中，全区有年产值超过百万元的企业45家，构成了汉中乡村工业的主体。可见，一个地区，一个县，只有抓骨干产业、拳头产品、重点企业，形成一定的规模，才能提高市场占有率。只有不断地提高产品质量，开发名优产品，才能在竞争中立于不败之地。

五、实现城乡科技一体化，是协调城乡工业关系的关键一环

陕西的科技力量雄厚，但农村科技力量却十分薄弱。设备陈旧、技术落后、人员素质差，已成为制约乡镇企业进一步发展的严重障碍。实现城乡科技一体化，对促进乡村工业技术进步至关重要。一是继续放宽政策，鼓励、支持国有企业、科研机构的管理人员、技术工人到农村工业搞技术承包，或领办、创办各类企业。二是开放城市大工业、科研单位和大专院校的实验、监测、检验设备，为乡村工业进行有偿服务。三是农村工业应树立风险投资、"二次开发"观念，以强烈的科技进步意识引进、吸收、消化城市的科技成果，加速产品升级换代。

三　协调产销关系，城乡共建农副产品基地

农副产品的生产和供应，是城乡利益的焦点，也是影响城乡关系的一个突出问题，1988年前半年，陕西省零售物价指数比上年同期上涨13.6％，仅食品一项影响物价总水平上升7.6％。同时，棉花、烤烟、蚕茧、羊毛也全面吃紧，"羊毛大战""烟叶大战"此起彼伏，价格暴涨暴跌，生产大起大落，严重挫伤了农民发展商品生产的积极性。解决这些问题，一方面需要国家对农业采取适当的保护政策，另一方面，要从协调工农、城乡关系出发，尊重价值规律，逐步建立起城乡利益勾连的运行机制。在这一过程中，作为城市工业要适当让利于民，流通体制要真正向少环节、多渠道、开放式、产销一体化的目标逼近。中近期可以设想从以下几个方面入手：

一、以农产品为原料的轻纺加工企业，要把原料基地当作"第一车间"建设好

随着农村经济搞活，农民把有限资金投向高效产业，加之乡村工业的崛起，使得长期凭借行政手段获得低价原材料的城市工业原有的太平日子难以为继。解决这个问题，不能再走行政命令的老路，而只能靠自己，不仅要眼睛向内，注重内部挖潜、加强管理、降低成本，构筑起工业企业依靠技术进步、自我发展的新的积累机制，而且要树立战略眼光，在互惠互利、等价交换的前提下，真正把建立稳定的原料基地作为企业的"第一车间"、作为长期的任务抓起来，这是建立新型城乡关系、促进城乡一体化的重要环节。我们设想，从努力协调城乡经济关系这一目标出发，让城市中那些大型农副产品加工企业，把经营范围从单纯的产品加工延伸拓展到农产品生产领域，使毛纺厂成为养羊业的组织者，棉纺厂成为棉花生产的组织者，丝绸厂成为栽

桑养蚕业的龙头，等等。让它们担负起变革小农经济为现代化农业的重担，从而走出一条中国式的借助于工业企业开发农业生产的新路。

二、在副食品基地建设上，建立多种形式的城乡利益结合体，走多元化道路

解决城镇居民副食品供应问题，仅靠政府出资或单纯行政命令让农民种菜养猪是不现实的。我们应当鼓励大厂大矿、供销、外贸等单位、部门与农民以不同方式合作，结成新的利益共同体，共建各类基地。在近几年商品生产的实践中，我省各地市先后摸索出一些新的经验和做法：（1）厂村共建型。即工厂出资金、设备，农村出土地、劳力，联合经营，利润分成。（2）补偿贸易型。即工厂或各类国营商务机构，借资扶持农民办副食品基地，农民用提供的产品归还贷款。（3）技术承包型。即工厂凭借自身的技术、管理优势，承包农村一些较大的养殖场，既满足本厂需要，又提高了经济效益。

近几年，当一些大宗农产品生产大起大落，严重挫伤农民积极性和危及市场供应时，不论是理论界还是决策层，都赞同建立农产品风险基金制度，但究竟怎样实施，似乎还没有定论。我们感到，上述诸种形式发挥了城乡、商农、工农、贸（外贸）农多方面的积极性，既密切了工农关系，又减轻了政府的压力，是值得大力提倡的。

三、积极推广"大荔模式"和"高陵模式"，使农产品基地建设向高层次发展

"大荔模式"。大荔县农业生产自然条件较好。过去是我省一个典型的"高产穷县"。这几年，根据市场需要调整产业结构，形成了几个具有鲜明特色的基地。1987年除给国家上缴公购粮8000万斤外，棉花产量32万担，占全省40%；花生占全省总产1/3；水果产量达1.4亿吨，"同州西瓜"驰誉省内外，种植红枣、种植黄花菜、养鱼也形成一定气候。在经营环节上，除棉花外，西瓜、鱼、花生都是产销直接见面，中间

环节少，农民得到实惠。1987年年底这个县的农民人均储蓄居全省第一。

"高陵模式"。作为关中"白菜心"的高陵县，过去农村经济是单打一搞粮食。从1984年开始，这个县农民发挥离西安较近的区位市场优势，发展庭院经济，搞"笼养鸡"，实行孵化、育雏、产蛋、销售、防疫、饲料生产一条龙。1987年总产量1100万公斤，平均每户农民从中收入700元。西安市民每吃4个鸡蛋，其中就有一个是高陵的。

这两个县的共同经验是：规模生产，集约经营，产销一体，科技先行，注重服务。推广大荔、高陵经验，一要根据市场需要，运用农业区划成果，选准本地的骨干产品和优势产业；二要搞好产前产后服务，建立各种专业协会，普及推广适用技术；三要适当集中，实行规模经营，不断扩大商品批量和市场占有率，从而与高层次的市场联结，向产销一体化迈进。

四、在流通方式上，积极试办农副产品期货交易

农副产品的特点是量大质低，鲜活易腐，并且受自然、季节、区域影响较大，现货市场供求和价格波动在所难免。期货不同现货，它特指预先付出少许保证金，在将来某一确定日期、某一地点按约定价格，交割既定数量、品质并结清货款的商品。期货交易是解决大宗农副产品生产、供应、销售及价格等方面现有问题的重要措施。前面讲的工农共建基地，其实也是一种期货交易。我省试办农产品期货市场，品种上可先选择那些供求数量大且不稳定、生产周期长、便于储运的商品，如花生、辣椒、棉花、羊毛等。

四　重点加强县城建设，提高小城镇水平，积极稳妥地推进农村城市化进程

1978—1988年间，我省城市由原来的6个发展到11个，建制镇由

1978年的80个猛增到370个，增长了3.6倍，数十万农民以多种多样的方式进城从事运输、建筑、服务等行业。农村城市化步伐明显加快。中近期要在科学设置城镇体系的基础上，重点放在加强县城建设、完善市管县体制、提高小城镇发展水平等方面，以加速农村劳动力向城镇和工商业的转移。

一、加强县城建设，重点发展一批县级小城市，增强城市对农村人口的吸纳力

今后应在继续发挥西安这个中心城市作用的同时，有步骤有计划地建设一些中等城市，提高现有的宝鸡、咸阳、铜川市的规模。与此同时，城市发展的重点应放在县城建设上，发展一批县级小城市。初步考虑，从现在起用10年左右时间，把我省1/7的县城建设成10万人以上的小城市。具体设想改县（区）设市的有临潼、户县、蒲城、华阴、兴平、乾县、三原、凤翔、城固、南郑、黄陵、阎良等。非农业人口目前已近10万的兴平、户县和城固、阎良这几个县区，国家"一五"期间和三线建设时摆布了一批重点工业企业，以此为基础，促进地方工业、农村工业为之配套和协作，必将带动本地区经济发展。临潼、华阴、乾县以旅游业为支撑，引导农民从事旅游服务业和旅游商品生产，蒲城、黄陵县以建材、煤炭、电力工业为支撑，三原、凤翔、南郑以农副产品加工业为起点，都有着良好的发展前景。以每个小城市吸纳5万人推算，上述12个市加上原有的延安、榆林、商州、韩城市，总共可消化农村剩余劳动力近百万。这对我省农村经济发展将起到很大推动作用。

二、不断完善市管县领导体制，带动农村经济的发展

从1983年起，陕西在西安、宝鸡、咸阳、铜川市实行了市管县体制。从这几年的实践看，它对发挥中心城市的作用，带动周围县区和农村经济发展，起到了一定作用，收到较好效果。但也存在一些不

容忽视的问题：一是市均带县过多。全国目前实行这一体制的市，平均带县4.6个，陕西4市平均带县6.5个，确实存在着"小马拉大车"的问题。二是城市工业基础相对薄弱，功能不够健全，辐射力不强。据统计，1987年江苏省的苏（州）、锡（无锡）、常（常州）、通（南通）4市市区工业总产值平均67.5亿元，陕西同一级别的宝鸡、咸阳、铜川3市平均不到14亿元。三是市级机关的指导思想和领导方式还没有根本改变，有忽视农业、放松对农村工作领导的现象。针对这些问题，我省近期内不宜再铺新摊子。现有的4市已带26个县，搞好了，将对全省社会经济产生重大影响。因此，今后一段时间，应着重在完善、提高上下功夫。首先，破除城乡分割、重城轻乡的旧观念，强化城乡一体的新观念；破除单方面要求"农村为城市服务"的思想，树立相互服务的新观念。其次，发挥市管县优势，调整产品和产业结构，促使城乡发展成为相互融合、你中有我、我中有你的新体制。第三，转变政府职能，把城乡经济作为统一整体，总揽全局，通盘考虑。

三、提高现有小城镇的水平，使之真正成为连接城乡经济的桥梁

目前陕西的小城镇，数量已经不少，但普遍存在着规模小，交通、供排水、通信等基础设施简陋，以及占用耕地过多，资源浪费大等问题。我们认为，陕西小城镇建设，今后在数量上不宜盲目扩大，也不能随意降低建制镇的标准，重点应当放在提高现有小城镇水平，特别是一些基础好、发展前途比较大的小城镇上，使之真正成为连接城乡经济的桥梁。（1）合理规划，加强基础设施建设。要以发展生产、繁荣经济为中心，根据当地的经济流向和优势，确定小城镇的发展方向和服务半径，预测能够吸引的常住人口，并制订出与此相应的中期和近期建设规划。（2）尽快落实国家有关政策，为农村人口进镇落户创造条件。根据我省的实际情况，可适当放宽农民进镇落户的梯

次。县城镇和一些中小城市都应敞开城门，采取"新人新政策"，并不需要政府加大补贴，还可以促进城市自身的发展壮大。（3）注重培植、发育小城镇的特色。我省一些发展快的镇，都有其鲜明的特色。榆林镇川的皮毛、长武的槐米、乾县的化纤布等远近闻名，有的已成为全省以至全国的专业市场。但多数镇的特色并不明确，培植、发育镇的特色，是提高小城镇水平的关键一环。

《中国农村改革十年》书影

陕西农村私营经济发展的理论思考 及政策建议 ①

一 对农村私营经济发展的几点思考

党的十一届三中全会以后，农村私营经济有了较快的发展。私营经济的发展，对于发展社会生产力，活跃城乡经济，方便人民生活，吸纳剩余劳动力，都发挥了重要的作用。但也存在着不少问题。

为使农村私营经济走上健康发展的轨道，我们认为，当前必须明确以下三个问题：

一、农村私营经济是社会主义经济的必要补充

在农民占绝大多数的具体国情下，要实现四个现代化，使人均国民收入从现在的300美元左右到20世纪末达到800~1000美元，农民问题是一个首要的根本性问题。集40年社会经济建设之经验教训，解决农民问题，必须充分尊重农民的意愿和创造性，在国家计划和政策扶持下，放手让农民依靠自己的力量，运用多种所有制形式，采取多种经营方式，自主经营、自负盈亏地发展乡镇集体企业、联户企业和个体工商户。10年农村改革取得的巨大成就充分说明，实行公有制为主

① 本文曾载《经济改革》（陕西）1990 年第 3 期、《农业经济问题》1990 年第 5 期，署名为郑欣淼、王同信、吴长龄。为 1989 年陕西省农村发展研究中心课题，被评为省农研中心课题研究优秀成果二等奖。

体、多种经济成分并存，是适合生产力发展要求的。

私营经济是社会主义经济的必要补充，这是认识私营经济最为核心的问题。在我国条件下，私营经济是社会主义的"帮手"而不是"对手"。我国现阶段的私营经济，是在国家政策允许和鼓励下，重新生长和出现的一种经济成分，是一支有利于社会经济发展的力量。"坚持公有制为主体，发展多种经济成分"的方针，决定了在我国所有制结构中私营经济具有依附于公有制的显著特征。它不可避免地要通过各种方式，直接或间接地与公有制发生联系。在坚持公有制为主体的前提下，允许私营经济健康发展，不会导致资本主义。发展个体、私营经济与搞"私有化"有着本质的区别。当然，私营经济，特别是以雇佣劳动为基础的私人企业的存在和发展，必然与社会主义发展的整体目标产生一定的矛盾，私营经济固有的弊端也必然对社会主义经济产生一定的消极影响，这是毋庸置疑的。国家必须通过经济的、行政的、法律的手段，从动态方面把握私营经济发展的"度"，使其发展严格限制在不影响公有制的主体地位，充分发挥它们的积极作用，限制和克服其消极作用。

二、要注意城乡私营经济的差异性

目前，人们普遍把城市和农村的私营经济放在一起，忽视它们的差异。我们在调查中发现，城乡私营经济具有一些明显的不同点：

1.从经营人员素质看，农村高于城市。1988年，陕西省城市个体私营企业从业人员11万，从总体上看，多数人素质不高。农村则不同，从业人员多是农村比较优秀的劳动力。据陕西省委农研室与原国务院农研中心等单位对97户私营企业的调查表明，农村私营企业的经营者具有年纪轻、文化水平高、阅历比较广的特点。97户私营企业创办者中，创办企业前的职业构成是：16.5％的人曾在乡镇企业工作，8.2％的人搞家庭作坊，3.1％的人曾在国有企事业单位工作。在他们的社会经历中，10％的人曾在国有企业工作或当过国家干部，11.3％的人是退伍军人，7.2％的人当过教师，18.6％的人当过乡镇企业管理人员和供销人员，17.5％的人当过村干部。很显然，这样的政治素质及社会阅历，是城市个体私营业主难以相比的。

2.从产业构成上看，农村工业、建筑业高于城市，商业、饮食服务业低于城市。1989年上半年，陕西省注册登记的私人企业，农村809户，城市314户，它们的产业分布是：工业，城市39.1％，农村66.9％；建筑业，城市1.6％，农村17.7％；商业，城市29.6％，农村10％；饮食服务业，城市14％，农村2.2％。

3.从户均产值看，城市高于农村。农村个体户平均每户自有资金2294元，平均创造产值10036元；城市平均每户自有资金1628元，平均创造产值10352元。城市个体户平均自有资金比农村低29％，但产值却高3.1％。造成这种状况的重要原因，是城乡私营经济发展的社会经济条件存在着较大的差别。

在城市，私营经济的发展受到许多因素的制约。首先，发展空间较小，全民所有制和集体所有制经济在城市占据绝对的统治地位。个体、私营经济不仅比重很小，而且主要集中于商业、饮食业。即使在这些领域，公有制经济仍发挥主渠道和骨干作用。因此，个体、私营经济只能在全民和集体经济的夹缝中生存和发展。其次，难以吸引高素质的劳动力。一方面，改革还没有从根本上触动"铁饭碗"，职工对国家有很大的依赖性；另一方面，城市私营经济发展的最初动因，是为解决待业青年和无业闲散人员的就业问题。但由于国家对城市人口就业基本上采取包下来的政策，绝大多数待业青年只是在个体经济中过渡一下，一有机会便转向全民或集体企事业单位。个体、私营经济中从业人员素质差，使城市和私营企业的内在活力受到很大限制。再次，社会地位比较低。一方面，个体户享受不到国家对行政机关、全民、集体企事业单位的各种优惠、福利保障；另一方面，个体户的经营作风、思想道德水平低劣，影响了他们的社会声誉。因此，城市个体、私营业主的较高收入与较低的社会地位，存在着强烈的反差。

农村私营经济的出现，不单纯是为了解决一部分人的就业问题，而是农村商品经济发展的必然产物。家庭联产承包责任制的推行，确立了农村商品经济的微观组织基础。就经济性质而言，家庭联产承包责任制具有二重性：一方面，家庭作为地域性合作经济组织的一个层次，完成着相应的经济和社会职能；另一方面，作为自负盈亏的生产主体，是个人财产的拥有者及生产经营活动的决策者，这又具备了个体、私营经济的某些特征。这种二重性决定了农村经济发展的两种现实存在的可能性：一个是集体经济进一步发展壮大；另一个是在家庭经营的基础上，部分有一技之长或有商品经济头脑的能人自我积累、自我发展，逐渐向个体、私营经济发展。

从宏观方面看，国家从来也没有对农村人口就业实行包下来的政策，因而在改革以后，农村劳务市场能够很快成长起来，劳动力实际上已进行着比较自由的流动；除了粮棉油等重要农产品必须完成国家计划以外，农村经济主要受市场调节，价值规律成了引导农民经济行为的基本力量。因此，农村实行"大包干"及商品经济的发展，在很大程度上为私营经济的发展提供了可能性。

三、应把"积极发展，强化管理，正确引导，兴利抑弊"作为农村私营经济继续发展的指导思想

目前，由于私营经济发展存在的问题较多，必须加强管理，兴利抑弊。我们要坚决按照中央和国务院的部署，加强个体私营企业的税收征管工作；查税补税，整顿市场，打击违法经营活动。但这绝不是说"国营、集体、个人一齐上"的方针错了，私营经济不该发展或发展过头了。在坚持社会主义方向、坚持以公有制为主体的前提下，个体、私营经济还要发展。在强调加强私营经济管理的同时，也要谨防出现另一种偏向，即借加强管理之机，随意取消或限制私营经济的发展。我们认为，当前要坚持用"积极发展，强化管理，正确引导，兴利抑弊"的指导思想，统一各方面的认识和行动。

在宁夏考察学习时留影。从右至左为王宏斌、苟朋娃、作者、吴长龄、王同信

二　加强农村私营经济管理的对策建议

加强农村个体、私营经济的管理，是一项十分紧迫的任务。我们必须运用行政的、法律的、经济的、思想政治工作等多种手段和方法，进行综合治理，引导它们健康稳步发展。

一、开展对个体、私营经济的整顿工作

针对农村个体、私营经济存在的突出问题，有必要对农村个体、私营经济进行一次全面整顿检查，并把它当作贯彻党的十三届五中全会精神、搞好治理整顿的一件大事来抓。检查整顿的重点在：坚决取缔无照经营，改变超范围经营状况；打击非法交易活动，取缔贩卖各种票证、倒卖国家明令禁止自由上市的商品；制止打击假冒伪劣商品

的生产和销售，解决"挂牌"企业问题。为了加强集中统一领导，改变目前谁都不管、部门之间互相推诿的状况，我们建议，成立个体、私营经济协调小组，由当地政府主管领导挂帅，工商、税务、财政、乡镇企业、城建、交通、供销等部门负责人参加，统一负责私营经济管理重大政策措施的研究和制定，理顺管理体制，协调工商、税务和乡镇企业等部门的管理职能和范围并检查执行情况，组织指导对私营经济的检查整顿工作。

二、切实加强税收征管工作

首先，要严肃税纪法纪，把目前正在开展的查税补税专项检查深入进行下去。对于重点行业（农民建筑业、运输业、采矿业）、重点户（偷漏税大户、个体批发户）要集中力量、集中时间，严肃查处。金融、工商以及公、检、法等部门要密切配合，协调税收保护税法。对个别触犯刑律的偷漏税大户，要坚决追究刑事责任。其次，强化执法手段。为了适应个体、私营经济发展较快、税收征管量大而宽且难度很大这一特点，切实保护国家税源，应提高税务干部的权威性，赋予税务干部依法处理问题的权限。在税收征管任务重、个体私营经济比较集中地区，有必要配备机动性的税务警察。第三，改革和完善税收征管办法。在个体户和私营企业中，要实行严格的会计制度。可在一些地方先试办"联户会计"或"会计事务所"，逐步改变"双定"征税办法，严格执行代征代扣制度。此外，对城镇繁华地段、旅游热点、交通要道从事个体经营的饮食摊点、商业门店要提高税率，收回超额级差收益。

三、尽快研究制定一些地方性的配套法规，把个体、私营经济的管理逐步纳入法制轨道

目前，要把研究制定地方性的配套法规提到议事日程上来。地方政府应组织力量，以《中华人民共和国民法通则》和国务院《中华人

民共和国私营企业暂行条例》为指导，结合本地实际，尽快制定和颁布一系列管理办法、条例及实施细则，逐步把个体私营经济的管理纳入法制轨道。近期应着手研究的有：关于私人企业用工、劳动保护管理办法，关于个体、私营经济收费管理办法，关于解决"挂牌"企业的政策意见，关于个体、私营经济经营范围的若干规定，等等。

四、逐步解决某些私营企业产权模糊的问题

"挂牌"企业是在特定的历史条件下形成的，涉及的问题很复杂，处理起来既要贯彻治理整顿的方针，又要有利于搞活经济。对于集体只出"牌"、既没有资产投入也不承担任何风险的企业，要坚决按照私人企业重新登记注册，对于个人承包集体企业的，必须认真估算原集体资产的收益、折旧和增值情况，不能让个人借机"合法"侵占集体财产，对集体有投入但未明确合作关系的，有的应允许挂靠单位通过购买产权的办法完善为集体企业；有的要通过政策引导，促其向集体、联办企业发展；有的则要进一步研究，妥善解决。

五、清理现行的多种收费情况，坚决制止各种乱摊派，切实保护个体、私营经济的合法权益

在加强个体私营经济管理过程中，一方面要制止违法经营；另一方面，对诚实劳动、合法经营的个体劳动者应切实保护，鼓励他们在国家政策允许的范围内积极发展。一是对目前正在施行的向个体工商户的多种收费情况进行一次清理，哪些该收、哪些不该收以及收费标准，应在整顿中摸清底数，由当地政府协调小组研究决定，各地区、各部门不能随意设立名目，提高标准。

六、抓紧对个体、私营企业主的思想教育和业务培训

重视和开展对个体户、私营企业主的教育培训工作，是加强管理的重要一环。从内容上看，过去对职业技术教育强调得多，而思想教

育、职业道德教育重视不够，这一点现在亟待加强。（1）思想政治教育：包括党的方针政策教育，照章纳税、为国家做贡献、为人民服务等教育。（2）法制教育：主要包括国家有关法规、法令等。各地在农村普法教育过程中，个体户应作为一个重点。（3）职业道德教育：遵纪守法、公平交易、卫生常识、服务人员基本规范等。

教育的方式应灵活多样。一些季节性较强的行业，可在歇业期间进行。个体、私营经济集中区，可利用已有的乡镇企业学校、职业中学开设"个体班"。此外，要严把开业登记关，实行资格审查和考核制。

陕西省中低产田改造研究报告 [①]

按照我省制定的经济发展战略目标，全省粮食总产在今后10年要连续跨上3个台阶，即1992年220亿斤、1995年250亿斤、2000年280亿斤，简称"258方案"。这是一项十分艰巨的工程。增加粮食生产可以采用多种办法，如扩大产田播种面积、提高复种指数、增加化肥用量、实行机械化、推广优良品种等等。我们认为，从陕西实际出发，下大决心改造中低产田，提高土地生产率，则是一条最现实、最重要的途径。

一　我省中低产田的现状与增产潜力

所谓中低产田，是以粮食作物亩产量为标识，对农耕地综合生产力水平的一个相对划分。目前农经理论界和实际工作部门，有的采用播种亩产，有的采用耕地亩产，从与我省农村现状相近这一角度出发，本文采用耕地亩产。到1989年年底，全省共有耕地5327万亩，其中高产田1100万亩，占全省的21％，主要分布在汉中坝子和关中老灌

① 本文原载《陕西农村发展对策与思考》，陕西人民教育出版社，1991年10月。署名为郑欣淼、侯辅相、王同信、吴长龄。

区。这里土壤肥沃，地势平坦，光热水等自然条件优越。汉中坝子水田年可两熟，耕地亩产高达2000斤左右。关中老灌区耕地亩产为1162斤。这里是全省农耕地的精华所在，也是农村经济文化最发达的地区。中产田1200万亩，占23％，主要分布在以下3个区域：

一是关中灌区。主要是关中新灌区，面积约500万亩，包括宝鸡峡引渭灌区、交口抽渭灌区、东雷抽黄一期工程、潼关抽黄灌区等，宝鸡、凤翔、岐山、扶风、乾县、潼关、渭南等8个县（市）约有40％的耕地都处在新灌区。1987年新灌区耕地亩产为716斤。上述关中老灌区中有近200万亩水利设施老化失修或盐碱化严重，也属于中产田。

二是渭北旱原区。面积约600万亩，其中300万亩水浇地包括在关中新灌区之中（本文下同），另外300万亩属旱平地。该地区处于关中原向陕北丘陵沟壑区过渡地带，原面开阔平坦、黄土层深厚，耕性良好，光照充足，年降水500毫米以上，有利于农作物生长。1988年耕地亩产为400斤。

三是陕南浅山丘陵区。有耕地200万亩，主要分布在汉中的南郑、城固、勉县、洋县、西乡、宁强等县及安康、商洛的少数地区。1988年粮食亩产为500斤。这里气候条件好，降水量较多，不仅适宜麦、油等作物生长，也能满足一年两熟的需要。

低产田3000多万亩，广泛分布在陕北高原，渭北地区的高原沟壑山地以及陕南寒山区。

形成中低产田的主要原因有4条：

一、干旱仍然是制约粮食增产，以及制约全省农村经济发展最主要的矛盾

我省地处内陆，属于亚热带湿润气候向暖温带、中温带、半湿润半干旱气候的过渡地带。大陆性十分明显而强烈，降水时空分布不均。陕北榆林地区的年降水量仅为350~450毫米。全省旱地占到总耕

地面积的67.7％，其中陕南占其耕地的75.6％，关中为24％，陕北为91％。完全可以说，干旱成为全省从南到北最普遍、最主要的气候灾害，成为限制耕地生产力的主要矛盾。渭北地区5年一大旱、3年一小旱。即使正常年份，小麦生长季节降水量仅有60~70毫米。陕北一般旱灾3年一次，持续半年干旱导致一料未收的5年一次，全年干旱造成绝收的10年一次。

二、由我省耕地本身的特点所致

我省耕地中，坡耕地面积大，6度以上的坡耕地占耕地总面积的53％，其中25度以上的陡坡地占16.6％。全省80％的耕地处在水土流失区，加重了水分缺乏，限制了地表水和地下水的利用，加剧了干旱的威胁。另一个特点是地力薄、养分低。以全国土壤养分分级标准衡量，我省土壤养分大部分处于低级或较低级。全省土壤有机质含量＜1％和全氮含量＜0.075％的耕地各占60％，速效磷＜10ppm的占80％以上。

三、灌区水源严重不足，田间水利配套差，有相当一部分设备老化失修

特别是关中新灌区，设施面积与实际灌溉面积差距较大。一是水源严重不足。据有关部门调查，宝鸡峡灌区严重缺水，渭北其他新灌区用水保证率不足50％。二是渠系不配套，新灌区的斗分渠建筑物中约有30％配套不全，有200万亩土地没有得到平整，实际是挂名水地。三是部分水利设施老化失修严重。中华人民共和国成立前修筑的关中"八惠"与陕南"三惠"均已运行了四五十年，急需进行改造。三原县机井70％是超期服役，武功县200眼机井有一半老化。

四、农村经济发展水平较低，农户对土地再投入能力比较弱

中低产田是相对于高产田而言的，一般来说，高、中、低产田的

分布与农村经济发展水平呈正相关。中低产地区的农村经济也比较落后。据调查，新灌区亩施化肥只相当于老灌区的一半。渭北旱原化肥亩施用实物量比全省平均水平低近20斤，陕北一些边远山区根本不施肥，人称"卫生田"。投入少、地力薄，必然导致粮食产量低。

我省中低田所占面积大，是客观存在。但它是一相对动态的概念，当主客观条件发生较大变化后，耕地的生产力水平就会发生相应的变化。20世纪70年代以后，我省修建了关中几个大灌区，大搞土地平整，使得全省粮食产量连续跨过了150亿斤、180亿斤这两个台阶。从这个意义上说，中低产田面积大，粮食增产的潜力也大。只要各方面措施跟得上，预测中低产田在今后5年增产潜力如下：

（1）关中新灌区500万亩与老灌区中的近200万亩水利设施老化失修或盐碱化严重地区，在今后3~5年加以重点改造，配套建设，可增粮食25亿斤左右。（2）渭北旱原区。这是我省第二大粮仓。1980—1987年粮食总产递增率为7.9%，高出全省平均水平3个百分点，上缴公购粮已占到全省的22%，该地区除去300万亩水浇地与900万亩低产田，余下的300万亩旱平地，粮食亩产能由现在400斤提高到500斤，就可增产3亿斤。（3）陕南浅山丘陵区200万亩经过改造，粮食亩产由现在的500斤提高到800斤，可增产粮食6亿斤。（4）3000多万亩低产田。渭北旱原的900万亩低产田如果都达到该区现在的平均产量，可增产粮食10亿斤，加上陕北地区的"四田"建设，整个低产田增产粮食15亿斤是大有可能的。

以上4项合计，增产粮食可接近50亿斤（上述推算参考了高尔丰等同志的有关研究成果）。

通过上述研究、分析可以看出，我省中低产田的增产潜力的确很大。再从陕西目前农村综合经济发展水平来看，从改造中低产田入手增加粮食生产也是一条必由之路，原因有3条：其一，我省可开垦的宜农荒地只有500万亩，耕地后备资源严重不足，且投资大、周期长、见效慢。全省农业垦殖指数已达17.3%，高出全国平均水平7.3个百分点，不仅没有大片荒地可开，而且有相当数量的不宜耕种的25度以上的陡坡地需要逐步还林还牧。其二，我省农村粮食作物与经济作物播种面积之比为85：15，全国平均水平接近75：25。多种经营所占比例低、骨干项目少是我省农村商品经济不发达、农民收入水平长期不高的一个重要原因。现在和今后相当长时期内，由于比较利益的作用，经济作物所占比例将会越来越高，换句话说，力求通过压缩经济作物扩大粮田面积是不现实的。加之国家建设、乡镇企业、农民宅基等发展需要，农用耕地特别是粮食作物用地将是一个减少的趋势。其三，我省1989年农业复种指数为136.5％，1979年为133.2％，10年中才提高了3.3个百分点。根据我省农业光、热、水、气资源条件和农民群众的耕作习惯、经验，在短期内复种指数不可能有较大提高，在农村现行体制要大面积推行机械化也有困难。总之，在现有的种子、化肥等综合生产力水平条件下，应把改造中低产田、提高单产作为我省粮食上台阶的主要战略措施。

二　改造中低产田的方针

改造中低产田，就是通过工程、技术、生物等社会经济配套措施，改善耕地的生产条件，提高土壤肥力，使土地的综合生产力得到有效的提高。我省中低产田的改造，应遵循这样一个方针：突出重点，先中后低；科技先行，水肥突破；多管齐下，综合治理。

一、要在 20 世纪末以前的 10 年，即"八五""九五"期间，首先以 1200 万亩中产田的改造为主

其主要依据为：一是上述中产田地区的自然条件和社会经济条件较好。关中新灌区地处关中台原地带，从整体上看，其自然条件与关中老灌区大体接近，根据现有的生产环境和实践情况，短期内完全有

可能迅速达到老灌区的生产水平。渭北旱原中产区土地平坦，土层深厚，日照充足。陕南浅山丘岭中产区光、热、水、土等农业自然条件配合较好，在我省仅次于汉中平坝区，上述3个区域农村经济发展较快，是我省农村多种经营和乡镇企业次发达地区，开发治理的综合条件比较优越。

二是投入少，见效快，增产潜力大。以化肥投入为例，据农业部门调查，每公斤标准化肥投入老灌区只增产1公斤多粮食，而投入渭北旱原和关中新灌区，正常年景可增产3公斤左右。中产区处于投入报酬递增阶段，经济效益较好。目前这类田存在的主要问题是，生产设施、物质投入和技术投入配套差，相互脱节。抓住薄弱环节，在搞好配套上下功夫，就可以很快提高耕地的生产力水平。近期内国家、地方财力有限，由于农村经济发展水平的制约及粮食价格的影响，农民个人投资也不可能很大。宏观和微观的资金状况，也决定了只能把有限的资金集中用于治理改造中产田，以保证粮食上台阶总目标的实现。

三是改造中产田与改造我省粮食供给结构的目标相一致。目前，我省粮食供给结构可以简单概括为：麦米不足，玉米有余。例如，1987年和1988年平均，平议价统算，小麦销大于购47.11万吨，所以要靠省际调节。根据这一情况，我们同意这种见解："在规划我省粮食生产时，不仅要确保总量的产需平衡，而且要尽可能做到结构平衡。"（见刘华珍《把增产小麦和大米作为发展粮食生产的主要任务》）我省中产田区以生产小麦稻谷为主，改造中产田与改善粮食供给结构的目标相一致，不仅具有明显的经济效益，而且有很好的社会效益。

二、要充分发挥科技的先导作用

近年来，我省在用科学技术改造传统农业、提高农村的生产力水平方面，已经形成了许多成熟的配套技术和有效扩散途径。实践证明，在落后的技术条件下，靠大量消费资源发展经济是没有出路的，只有发扬科技的潜在优势，走科技兴农的路子，才能有所作为，这是进行中低产田改造必须坚持的一条重要指导方针。

三、增加投入，力争在水肥方面有所突破

中低产田能否形成新的粮食综合生产能力，关键在于增加物质投入，改善生产条件。由于投入有限，必须选准正确的方向和突破口。我们认为，水、肥是两个关键环节和突破口，只要抓好水、肥及其配套，中低产田特别是中产田的综合生产力就可以获得大幅度提高。例如，改造关中新灌区中产田和陕南浅山丘陵区中产田的核心措施，在于提高保灌率，增施化肥和有机肥；改造渭北旱原中产田的关键则在于推广旨在提高耕地蓄水保墒能力和土壤肥力的旱作农业技术。因此，今后10年，力争在水肥方面有所突破，是中低产田改造的关键措施。

四、多管齐下，走综合治理的道路

改造中低产田是一项复杂的社会综合工程，必须把工程措施、技术措施、生物措施和社会经济措施紧密结合起来，相互配合，综合治理。指导思想上，要坚持4个结合：

一是坚持与农业区域开发相结合。改造中低产田是农业区域开发的一个主要内容。我省农业区域开发的重点区域"两大片"（渭北旱原、关中灌区）和"两小片"（陕南浅山丘陵区、长城沿线风沙区）的开发，与中低产田改造的重点区域是一致的。目前，需要有具体措施，以便在农业区域开发中，使中低产田的改造落在实处。

二是坚持与粮食基地建设相结合。1986年4月，经省级有关部门协商，确定了48个粮食基地县，其中关中平原19个，渭北旱原16个，汉中平地6个。粮食基地县的自然资源、水利条件、科学技术和交通条件均较优越，是我省粮食的主产区。但在不少基地县中，中低产田的

面积也很大，如蒲城县不仅是我省也是国家的重点基地县，中低产田约占35％。48个县中，粮食生产总量在2亿斤以下的有14个县，农业人均粮食占有量低于全省平均水平的有11个县。利用国家和省上给予粮食基地县的投资及优惠政策，抓好中低产田的改造，是把我省粮食基地县尽快建设好的一项重要任务。

三是与农业科技推广计划相结合。目前，正在执行的有"星火计划""丰收计划"等等，对农村科技进步产生了很大的促进作用。把中低产田改造与科学技术推广计划相结合，就是要使这些计划具有更强的针对性，在改造中低产田中发挥先导作用。

四是与农村产业结构调整相结合。广大农民群众是改造中低产田的主体，改造中低产田必须以农民收入的稳步提高为基础。但在当前不合理的价格体系下，粮食是农产品中农民受益最少的产品，农民向粮食投入的内在动力不足。要把改造中低产田与调整农村产业结构相结合，积极发挥多种经营，推广洛川、淳化、大荔等地的成功经验，形成粮经结合的高效种植结构，兼顾丰粮与富民。这是"反弹琵琶"、加快中低产田改造的有效途径。

三　加快中低产田改造的措施和建议

一、坚持农田水利基本建设，改善农业生产的基本条件

1.搞好现有水利设施的配套、更新和改造，提高保灌率。这是中产田改造的一个核心措施。首先，要扩大水源。目前，全省有400万亩有效灌溉面积水源不足，浇不上关键水和丰产水。关中三大灌区常年引水量仅为设计引水量的57％，缺水量达6.77亿立方米。"八五"期间，要解决好关中新老灌区水源不足问题，通过水库坝、渠首加闸和新打机井等措施，增加200万亩实灌面积。其次，更新改造老化失

修水利设施。通过有计划地分期分批更新改造，在1994年以前，使万亩以上的灌区和5000亩以上抽水灌区设施完好率达到80％以上，渠道衬砌率达到60％以上，机井完好率达90％以上。三是防治水害。关中灌区要加强排水、排碱工程建设，改造盐碱地。陕南低山丘陵地区要以改土治水为中心，通过移土垫地、引洪漫淤等办法加厚沟台地、沙滩地的活土层；采用黄泥掺沙、增施有机肥和改造耕作措施等改造黄泥巴土冷浸田。四是强化灌溉管理技术，大力推广节水技术，积极推行小畦灌溉、沟灌、微灌，提高灌水的利用节率和增产效益。

2.平田整地，建设基本农田。缺肥缺水，坡耕地多，跑水跑土跑肥，是中低产田的主要障碍因素。建设无水利设施的基本农田，是改造中低产田，实现粮食生产稳定增长的重大措施。今后10年内，要新修基本农田500万~700万亩，变"三跑田"为"三保田"（保水、保土、保肥），使全省旱作基本农田达到2000万~2200万亩，力争实现陕南人均1亩水地和石坎梯田，陕北人均2.5亩"四田"，渭北人均2亩梯田埝地，基本解决低产地区人口的温饱问题。关中灌区200万亩未平整的土地，有水不能浇，要力争在"八五"前三年全部解决"水中旱"问题。

建设基本农田，要充分发挥劳动力资源丰富的优势，积极推行劳动积累工制度。我省近几年的实践证明，合理利用劳动积累工，是现行条件下大搞群众性农田基本建设的一个重要途径。1983年以来，汉中地区粮食生产连续7年稳定增长，一条重要经验就是依靠群众，大搞农田基本建设。从1983年起，汉中部分地区开始实行劳动力每年向农田水利建设投入一定用工的办法。1986年在全区普遍推行劳动积累工制度，确定了投工额度及办法。由于规则明确、制度严格，保证了农田水利基本建设用工。在推行劳动积累工制度中，各地都创造了不少好的经验，但还要进一步总结和提高，以便制定出适合当地实际情况的投工额度和管理办法。

二、加强肥料建设，培肥地力

中低产田主要分布在半湿润、半干旱地区，由于土壤贫瘠，有机质含量低，使有限的水分利用率下降，粮食生产长期在低水平徘徊。改造中低产田的另一个重要性建设就是培肥地力，"以肥调水"，提高水分利用率，从相对量上解决水分不足的问题。即使是有水资源可供开发，能够通过水利化增加水分的绝对供给量，也需要培肥地力，解决好水肥配套问题。故而在完成平整土地和基本农田建设之后，加强肥料建设，培肥地力，提高土壤有机质含量，是改造中低产田的一个不可逾越的阶段。

肥料建设必须坚持农家有机肥与化肥优势互补，不可偏废。在近期内，增加化肥投入，是提高中低产田粮食生产水平的一个关键措施。我省化肥投入水平较低。1988年，全国平均亩施化肥124斤，我省为86斤，低于全国平均水平38斤。分耕地类型看，1000万亩高产田亩施化肥基本与全国持平甚至略高一些，但中低产田的差距则很大。其中，投入状况最好的关中新灌区亩施化肥60斤，只相当于高产田的一半，陕北两地区平均亩施化肥27.4斤。中低产田化肥投入的落后状况，从另一个方面也表明了增产的潜力。以关中新灌区每斤标准化肥投入增长6斤粮食计，如果使关中新灌区化肥投入由每亩施60斤提高到120斤，达到关中老灌区现有水平，即可增产粮食9亿斤。为此，我省决定，近几年间再搞几个小化肥的改造项目，积极兴建年产30万吨合成氨的渭河化肥厂。这些项目在1995年建成以后，每年可增加化肥68万吨，届时化肥供给量还将有一定的差额。因此在增加化肥生产的同时，必须进一步采取切实措施，提高化肥投入效益：一是改变化肥投入结构，在保持1000万亩高产田现有投入水平的基础上，调整化肥投向，重点投向化肥投入产出率高的1200万亩中产田上，投入顺序依次为中产田、低产田、高产田；二是改进施肥技术，节约用肥，提高利用率。

化肥的短期增产作用十分显著，但是，改造中低产田的着眼点，不仅是谋求当年的增产，而且是要提高耕地的长期持续稳定的生产力，这就必须提高土壤肥力，特别是土壤的有机质含量。有机肥的投入，在中低产田改造中具有重要的战略地位。据省农经所运用多元回归分析的结果，有机肥的增产作用为27％。要把增施有机肥作为加强地力建设、提高粮食产量的一个根本性措施，积极扩大绿肥种植面积和秸秆还田面积。陕北要搞好草田轮作，要加强厕厩改造，发展农村沼气，增施农家肥。

三、推广适用技术，充分发挥科学技术的增产作用

推广适用技术是把科学技术转化为生产力的重要环节。在中低产田的改造中，要着重推广以下5项技术：

1.大办推广良种。推广良种是一项投入少、见效大的增产措施。据有关资料，全国良种的增产作用为15％左右，高的达到20％~30％。但目前，我省良种混杂、退化严重，缺乏多抗、优质、高产的优良品种。当前，推广良种关键是搞好种子建设，建立健全良种繁育体系，管理法规及技师检验监督系统。同时，抓紧接替良种的选育工作。

2.大力推广配方施肥技术、微肥使用技术、秸秆还田技术、改进有机肥积肥技术，提高中低产田的肥力。

3.大力推广旱作农业技术。近年来，以蓄水保墒为中心的旱作农业技术，在渭北高原和陕北丘陵沟壑地区取得了突破性的进展，成为运用科学技术改造中低产田的典型范例。在渭北旱原，通过推广抗旱优良品种，改善耕作技术如抗旱深翻、"合口过伏"、雨后耕耱、播前整地等，大大提高了粮食产量。省农科院在合阳甘井试办的基地，1987年在自然降水量只有324毫米的严重干旱条件下，运用旱作配套技术，使407亩试验地亩产达到600斤。在科学示范基地及示范点的带动下，合阳县50万亩旱地小麦平均亩产达到400斤。陕北地区"四法

种田"也有显著的增产作用。今后，旱作农业技术的推广工作，要在扩大面积和提高规范标准上狠下功夫。

4.大力推广规范化栽培技术。近年来，我省粮食生产耕作栽培技术，已由单项技术措施的推广发展成为区域性、综合性的规范化、模式化栽培技术，对粮食增产具有重大的促进作用。1988—1989年，我省在渭北旱原实施335.6万亩旱地小麦规范化栽培，小麦亩产483斤，比对照地增产86.8斤。

5.大力推广地膜覆盖技术。在陕南高寒山区和陕北丘陵沟壑地区推广地膜覆盖玉米，增产效果十分显著。延安地区地膜玉米每亩平均增产200斤，几乎比原产量翻一番。群众已经普遍认识到了地膜的增产作用。1990年延安地区农膜覆盖达18万亩，比1989年增长63.6%。

为了搞好上述5项技术的推广，要抓好这样几件工作：

一是建立健全技术服务体系。目前，全省有县级技术推广中心26个，达到有独立机构、有试验基地、有仪器和培训设施、有经营实体的"四有"乡镇科技站618个，分别占全省县（市、区）的27.8%和乡镇数的27.6%。但是，这些科技中心和科技站主要分布在高产区，中低产地区的科技服务体系很不健全，科技推广人员少，队伍不稳定，人员素质低。为了保证中低产田改造的成功，在"八五"期间，应以乡为中心，建立健全县、乡、村三级技术服务网络，结合当地实际推广5项适用技术。

二是上述5项技术应按系统和部门，进一步落实技术承包工作。

三是组织县以上科研单位的科技人员，到农村搞技术服务，解决技术难题，建立科技示范基地和示范点。我省农业科研单位的技术人员已经在全省范围内建立了22个示范基地，2500个示范点，对推动当地农村经济起了样板作用。但据了解，目前关中新灌区尚未有农业综合科技示范区，与其重点开发改造的形势很不适应。科技下乡的区域重点应做适当调整，重点是关中新灌区，渭北旱原和陕南低山平坝区及陕南陕北低产区，使广大中低产地区农业技术人员的业务素质、服务水平有一个大的提高。

四、用政策调动群众和地方改造中低产田的积极性

1.坚持谁受益谁负担，受益多投入多。在已经确定的重点改造区域，要充分发挥农民群众投入主体的作用，实行国家投资与农民投劳相结合。国家投资要适当集中，重点建设大型基础工程。受益地县要安排一定财力，配合基础性建设，受益群众必须投资投劳。为了加快中产田改造，要实行"受益多投入多"的原则，提高关中新灌区、东雷二期工程受益区、汉中引酉工程受益区等重点改造区域的劳动积累工额度，每劳每年应达30~40个工日。国家、地方、群众投资投劳要统筹安排，集中连片治理，力争短期内取得规模效益。同时，应鼓励非重点改造区域的千家万户，积极投资投劳，建设基本农田，为以后大规模的治理改造打好基础。

2.全面推行劳动积累工制度。各级政府应在统一规划中低产田改造的基础上，制定劳动积累工的实施办法，明确投工额度和投向，落实管理措施，保证兑现。要注意取之有度，用之合理，专工专用，不得无偿平调。

3.鼓励农民对自己的承包土地进行改造和提高。凡是坡地改为梯田、旱地改为水地，土壤肥力提高、低产变高产的，实行"四不"政策，即3年不增加包产指标，不增加水费，不增加农业税，不增加上缴提留。被改造土地的经营权长期稳定不变。如确需调整，必须付给改造者合理的土地补偿费。对农民个人和集体改造中低产田工程，要在资金和物质上给予资助。

4.把改造中低产田目标列入地、县、乡工作综合考察的一个重要内容。地、县、乡领导班子在任期内应规定明确的改造中低产田的目标，制定具体实施措施，定期检查、总结和评比，并作为政绩考核的重要内容。建立县级干部包乡包片、乡级干部包村包组、技术人员包项目的目标责任制，根据任务完成的好坏奖罚，对成绩突出的要给予

重奖。各级农业、水利、农科等业务部门要实行分工包干责任制，各负其责，奖优罚劣。

五、逐步建立中低产田改造基金

改造中低产田，需要大量资金投入，必须多渠道、多层次筹集资金。目前的状况是，只要政策措施得力，农民投入主体的作用可以得到比较充分的发挥。例如，渭北旱原农业综合开发总投资规模为1.52亿元，其中受益农户和集体负担8800万元，占58％。当前，在农业资金投入上，除去价格不合理引起的矛盾以外，问题的症结在于，各级政府财力有限，制约了向农业的投入。因此，多渠道开辟财源，增强政府能够掌握的投入能力，建立中低产田改造基金，是解决中低产田改造资金不足的关键措施。中低产田改造基金的来源是：

1.在农业发展基金中专辟中低产田改造专项基金；

2.抽取国营集体事业单位预算外资金的1％作为中低产田改造资金，全省每年约4000万元；

3.新开辟粮食技术改进费，按粮食部门经营数额，每斤粮食收取1分钱，全省每年约4000万元，其中25％用于中低产田改造。

为了保证我省粮食上台阶目标的实现，在"八五"期间，中低产田改造基金主要用于改造中产田，集中解决关中新灌区、渭北旱原、陕南低山丘陵3个重点改造区域的水利设施配套，适用技术推广及科技服务体系建设，搞好产前、产中、产后服务。

中低产田改造资金的使用原则：中低产田的改造着眼于提高耕地的持续稳定的生产力，因短期内难有较大的直接经济效益，在基金的使用上应坚持无偿补助与有偿借贷相结合，以无偿补助为主。

抓住时机　明确方针　扩大开放 [①]
—— 赴新疆学习考察报告

按照省委领导同志的意见，我们一行5人从10月5日开始，对新疆进行了为期20天的考察学习。我们着重考察了新亚欧大陆桥贯通的意义以及对我省的影响；了解了新疆开展周边贸易的情况和经济发展的构想；研究了我省利用这个机遇及时调整对外开放方针，加快对外开放步伐，搞好经济技术协作等问题。

一　新亚欧大陆桥的意义和贯通后的现状

1990年9月12日，新疆北疆铁路建成，在新疆博尔塔拉蒙古自治州的阿拉山口与苏联 [②] 铁路接轨，并开始试行通车。至此，连接太平洋和大西洋、横跨亚欧两大洲的第二座亚欧大陆桥贯通。这座大陆桥接轨后，引起国内外人士的广泛关注。日本、韩国和泰国已经提出利用这座大陆桥运送货物的要求。日本、韩国和我国台湾、香港的新闻媒

---

① 本文原载中共陕西省委研究室内刊《调查资料》第71期（总第702期，1990年12月26日），署名为郑欣淼、赵铁成、王同信、赵乃元、王宏斌。

② 苏联解体前包括15个加盟共和国。从1990年3月起，各加盟共和国纷纷宣布独立。中亚5国乌兹别克斯坦、吉尔吉斯斯坦、塔吉克斯坦、土库曼斯坦、哈萨克斯坦分别于1991年8月31日到12月16日宣布独立。

体进行了连续报道。东南亚一些国家和地区也对这座大陆桥表现出浓厚的兴趣。国内特别是沿海省市赴新疆考察团（组）接踵而来，有的与新疆签订了经济技术合作协议。新疆已经成了国内一个新的热点。

新亚欧大陆桥所处的地理位置极为重要。它连接和辐射30多个国家和地区，国内的辐射面占全国面积的80％，这对整个西部地区的开发和华北、西南地区经济发展具有重要的意义。和我国东北黑龙江地区相比，与新疆接壤的苏联哈萨克斯坦、乌兹别克斯坦、土库曼斯坦、吉尔吉斯斯坦、塔吉克斯坦等5个加盟共和国，人口达5000多万，约占苏联总人口的1/4，经济发展水平较高，新疆与这5个加盟共和国在人文历史、自然地理方面也具有悠久的历史渊源，这些都是与苏联西伯利亚毗邻的我国东北地区难以比拟的。而且，就两座大陆桥本身比较，新亚欧大陆桥比原有的大陆桥运输距离缩短1800多公里，把中国、苏联和东欧、西欧、中东的经济发达地区和有待开发的地区更加紧密地连接在一起，起着更大范围内国际商品交流通道的作用。把太平洋经济圈的货物从连云港启运，经第二座大陆桥运往欧洲国家，比经西伯利亚老桥的运输费用可节省两成，时间节省七成。初步估算，这座大桥正式营运后，仅欧洲物资转运一项，苏联每年就能收过境费40亿元，我国能收20亿元；20年内我国可增加效益7.2亿元，节省地方客货运费5.6亿元，创汇收入38亿元，经济效益十分显著。

经过实地考察，我们感到，近期新亚欧大陆桥不可能立即发挥太大的作用。全线到1992年才能正式营运。阿拉山口场站建设刚刚开始动工，北疆段铁路场站和营运的配套设施建设大部分还没有破土动工，这些都需要时间和投资。目前，新亚欧大陆桥各段的运力情况为：连云港至徐州段是单线，年运输能力1000万吨，现已饱和；徐州至宝鸡段，设计年运输能力4000万吨，但因沿线一些大小枢纽配套工程没有完成，如西安货场、新丰三级四场编组站等还在建设中，实际运输量只能达到3000万吨；宝鸡至兰州段虽已实现单线电气化，但设计年运输能力只有1200多万吨；乌鲁木齐至阿拉山口段设计年运输能力1000万吨，近期只能达到500万吨。在整个大陆桥正式营运后，沿线很多口区段也不可能很快达到设计能力。像天水段等卡脖子地段制约着整个大陆桥运输能力的发挥。原有的兰新铁路年运量为900万吨，现高达1200万吨，已超负荷运行，所能增加的运量十分有限。这对内地向西开放极为不利。

穿越西伯利亚的第一座大陆桥是重载铁轨，质量优于新大陆桥，两者运能相差较大。第一座大陆桥运输成本低于新大陆桥。经济效益较好，新大陆桥营运初期的运输成本不可能因运输距离缩短而降低。原有的大陆桥从符拉迪沃斯托克（海参崴）起程，苏联是完全受益者，而新大陆桥苏联只是部分受益者；原有的大陆桥对苏联西伯利亚的开发极为有利，苏联中央政府是直接受益者，这也是新大陆桥不可比拟的。据报道，苏联最近决定将符拉迪沃斯托克建成苏在远东的贸易港口，苏已向日本及韩国表明了此意，同时也邀请中国和朝鲜参加符拉迪沃斯托克的贸易活动。西伯利亚的整个开发是在苏联中央政府的控制下进行的，所获得的油、气资源，森林和其他矿产资源直接归苏联中央政府支配。第二座大陆桥所经过的苏联东部地区是苏联少数民族聚集的几个加盟共和国。这些加盟共和国是直接受益者，苏联中央政府只是间接受益者，由于苏国内中央和地方利益的矛盾，对第二座大陆桥完全发挥作用也是有不利影响的。

二　新疆对外开放现状和经济发展战略构想

新疆对外全面开放是从1983年开始的。1989年，新疆出口创汇达到3.6亿美元，利用外资近3亿美元，已经开业的三资企业共有53家。特别是近年来对苏联、巴基斯坦等周边国家和地区的贸易有了较快发展。1989年，新疆对苏联的地区贸易和边境贸易达到1.2亿瑞士法郎。从新疆出口苏联和巴基斯坦等国家的商品构成来看，主要是纺织品、家用电器、化妆品和其他轻工产品。出口商品中，新疆的产品占30％左右，外省市提供70％左右，但其中我省商品无论在品种还是数量上，所占比重越来越少。据新疆伊犁地区外贸局反映，1988年以前，还利用我省提供的纺织品、儿童服装进行对苏贸易，但是到去年我省就失去了这个市场。这固然有价格方面和不能适应苏方要求的原因，但更重要的是我省提供的商品质量较差，花色品种比较陈旧，竞争力不强。

从1991年开始，我国与苏联政府商定，两国间的贸易由记账易货贸易改为现汇贸易，可以用自由兑换的货币进行结算，但是苏联本身外汇非常短缺，在明年改为现汇贸易以后，也不可能有那么多的外汇来购买我们的轻工产品。因此，过去苏联用协定式记账贸易所获得的轻工日用产品，今后有可能通过地方和边境贸易的方式来换取。根据我们了解到的情况看，新疆地区的边境和地方贸易可能因中苏两国政府间取消记账贸易实行现汇贸易而受惠，预计明年新疆地区贸易和边境贸易可能会有较大幅度的增长。但是从1989年4月份开始，苏联政府对用于地方和边境贸易的钢材、木材、化肥和水泥等商品实行出口许可证制度，从而把上述商品的出口审批权上收到了中央政府，苏联与新疆接壤的5个加盟共和国不再有直接出口审批权，这使得苏方提供给我方的货源、品种大幅度减少，新疆对苏贸易经常出现顺差。苏联政府采取的这些做法，又在某种程度上限制了新疆与苏联5个加盟共和国进一步发展地区贸易和边境贸易。但根据新疆的同志反映，苏联5个加盟共和国，特别是哈萨克斯坦在苏联政府实行出口许可证管制以后，反应激烈，要求加盟共和国应有发展地方贸易的物资出口审批权。估计在苏联各加盟共和国的要求下，也随着苏联地方政府的外贸权限的扩大，苏联的出口许可证制度有可能松动。

1983年，我国政府也对新疆地区地方贸易和边境贸易实行出口商品只能用本地产品，不能到外地收购进行对外贸易，进口商品只能在新疆本地销售的政策。虽然这些限制政策在实际执行中有所突破，但对新疆地区进一步发展对苏贸易影响还是比较大的。我们在新疆看到，随着新疆地方贸易和边境贸易的发展，以及国内许多省市同新疆发展经济技术协作，进而发展对苏贸易和经济技术协作，这不但突破了中央的有关政策规定，而且内地有的省市还通过开展经济技术协作与新疆实行经济上的融合，来分享中央对新疆的某些优惠政策。从新疆出口商品的地区分布来看，主要集中在与新疆毗邻的哈萨克斯坦等5个加盟共和国以及两个自治州。目前，苏联这些地区的轻工产品相当缺乏，如食品类短缺50％左右；服装短缺40％左右，特别是儿童服装更缺；日用化工、家电等产品都是市场上争相抢购的紧俏货。但从我们了解到的情况看，苏联这些地区居民的生活水平还是比较高的，随着苏联对外开放深化，这些地区对进口商品选择将越来越严格，现在并非是我们给什么，他们就要什么。实际上对苏贸易存在着激烈的竞争。首先是来自国外的竞争。例如欧美以及日本、韩国等国家和地区以政府间贷款的方式，千方百计挤进苏联这个市场。其次是来自国内的竞争。虽然中苏两国在经济上互补性较大，但对我省来说，并非是东边难出，西边就好出。在商品经济的条件下，只有竞争出来的市场，不可能有空出来的市场。

虽然苏联轻工业发展相对落后，日用消费品缺乏，但从整体上来看，苏联的经济发展水平还是比较高的，与新疆相邻的5个加盟共和国经济是比较发达的。其中哈萨克斯坦经济发展水平在苏联15个加盟共和国中处于第3位，仅次于俄罗斯和乌克兰，是苏联的重化工基地。新疆与其相比，在经济、技术实力上还存在着较大差距，要依靠自己的力量进一步发展对苏贸易和经济技术协作有较多的困难。新疆先后同苏联洽谈了200多项经济技术合作项目，但谈成实施的只有7项，主要是帮助苏联建设了热水瓶厂、彩色扩印部、餐馆以及从事蔬菜种植业等。目前，苏联已开始进行工业结构的调整。从苏联哈萨克斯坦加盟共和国来看，轻重工业的比重为1∶9，但工业结构调整还需一个过程，因此苏联的日用消费品市场和轻工机械产品的市场容量还是比较大的。如果我们着眼长远，不能不看到，随着苏联经济结构的调整，日用消费品工业的发展，外国在苏联的日用消费市场就会相对狭窄。技术等级较低、花色品种比较陈旧的日用消费品将很难在苏联市场站住脚。针对这种情况，新疆根据新亚欧大陆桥贯通后出现的新情况和本地区经济社会发展的现状，制定了"全方位开放，外引内联，东连西出，向西倾斜"的新的经济发展构想，在加速本地资源开发、对内经济技术协作，对外贸易等方面都采取了一些新措施和打算，制定了有关加快同内地经济技术协作，进一步发展对苏贸易的政策。已经实行和即将实行的政策主要有：

1. 加强口岸建设

在已经开放的霍尔果斯、吐尔尕特、红其拉甫、塔克什肯4个陆地口岸和乌鲁木齐航空口岸的基础上，再增加阿拉山口、巴克图、老爷庙、红山嘴等口岸。目前新疆还分别与苏蒙有关方面进行具体的协商，以期早日开放这些口岸。在上述口岸中，开放的重点是位于新疆喀什地区中巴交界的红其拉甫口岸和位于博尔塔拉蒙古自治州中苏交界的阿拉山口口岸。

2. 加强同兄弟省区的横向联合

新疆抓住新亚欧大陆桥贯通后出现的亚欧大陆桥热这个机遇，在乌鲁木齐、奎屯、乌苏等地设立经济技术开发区，吸引内地人、财、物来新疆进行资源开发，发展市场前景比较好、技术等级比较高的产业。实行东联西出，共同开发中亚、西亚和中东市场。采取同兄弟省区相互协作的办法，组成多种形式的出口企业集团，以增强新疆在国际市场上的竞争能力。目前，新疆已开列了60多种经济技术协作项目，供内地省市选择。

3. 积极开展劳务输出

针对苏联劳动力资源缺乏，开展劳务输出潜力很大的特点，新疆组织建筑部门开展对苏工程承包，组织机械、纺织行业的技术工人到苏联同行业、同工种去顶岗，同时继续发展农业方面的劳务输出。新疆在解决劳务输出的费用、实物工资的转化、减免关税等方面，正在制定必要的配套政策，为劳务输出创造必要的外部条件。

从新疆采取的上述政策措施来看，只能说是一个大致的轮廓。还不是很清晰具体的。在具体实施过程中，新疆采取一事一批的方法，绕开国家对新疆发展周边贸易的某些限制。这种办法，也有不利的方面，就是变化较大，透明度不高，外省市在发展对新疆经济技术协作过程中不好把握。

三　新亚欧大陆桥贯通对陕西经济的影响

新亚欧大陆桥的开通，架起了一条沟通亚欧两大洲经济文化交流的现代丝绸之路。这条大陆桥横贯我省，必将对我省经济发展和对外开放产生巨大影响。

首先，这座新亚欧大陆桥的开通，为我省打开了一条向西开放的便利通道。改革开放以来，我省受地理位置和交通条件的制约，基本上是向东的单向开放，对外贸易、技术引进、外资利用的主要对象是日本、美国和我国香港地区。新亚欧大陆桥贯通后，从西安出发，经新疆阿拉山口出境，直通波罗的海沿岸、地中海沿岸，乃至荷兰鹿特丹，这要比过去向东出海，行程近了约1万公里，节省运输时间50%，节省运费30%，既快又安全，成本也低，为我省向西发展同苏东、西亚、中东和西欧各国的经济贸易往来提供了极便利的交通条件，从而使以往的向东单向开放转变为东西双向开放的新格局。

其次，新亚欧大陆桥的开通，必然促进我省资源的开发。对我们来说，这座大陆桥开通的意义，在很大程度上不在于通过它出口多少东西，而首先在于它对西部资源开发的重大影响。可以说，新亚欧大陆桥的开通标志着西部资源开发已经引起国家重视，被提上了议事日程。从我省看，随着国家能源生产建设重点西移，"七五"以来，已经开始了对神府煤田的大规模开发和黄陵煤矿的扩建。"八五"期间，国家对我省的投资仍然以能源开发为重点。在新疆，大规模开发塔里木盆地石油资源的序幕已经拉开。围绕石油资源开发，新疆规划进一步加快其农牧业资源的开发。甘肃、青海、宁夏等省区以黄河上游丰富的水能资源开发为重点，规划建设15座梯级水电站，总装机容量为1300多万千瓦。近年来，国家明显加快了对西北地区的铁路交通等基础设施建设。郑州至宝鸡的铁路双轨电气化和宝鸡至兰州单轨电气化改造工程已经建成并投入营运；兰州至武威单轨电气化工程也已完成；武威至乌鲁木齐已全部改换为内燃机车，最近铁道部又决定从武威南至乌鲁木齐全部改造成双轨电气化；作为兰州至宝鸡段分流线的宝中铁路已完成前期准备工作，即将进入全面施工阶段，上海至伊宁的"312"公路国道已基本建成。这些项目将大大改善西北地区交通运输的落后状况。从发展前景看，西北地区将以新亚欧大陆桥为依托，以煤炭、石油、水电等资源开发为突破口，带动有色金属等矿产资源的全面开发和高耗能工业的发展，以此推动西北地区经济振兴和国土整治。

第三，新亚欧大陆桥的开通，将有力地促进我省与西北兄弟省区的经济技术协作。新疆毗邻中亚、苏东市场，域内资源丰富，具有一定的产业规模，是向西开放的桥头堡，战略地位十分重要。但从目前看，新疆经济发展水平和经济实力与苏联中亚地区相比还有较大差距。面对强大的竞争对手，仅靠新疆甚至西北地区现有的经济实力都难以与之对抗，更对付不了向西开放的整个外部世界。基于这一现实，新疆、甘肃等省区提出了"东联西出"的对外开放战略，也就是要依托东部经济发达省市的人才、技术优势，联合开发西部资源，联合发展出口商品基地，联合创办外贸加工厂，联合开辟新的外贸通道和国际市场，一句话，联合对外。与东部沿海省市相比，虽然在总体上我省经济发展水平还有一定差距，但某些方面如科技人才等却毫不逊色，而且我省同西北各省区经济上有着天然和历史的密切联系。在西北地区，我省科技力量雄厚，加工工业有相当基础，经济实力最强，工业总产值占40％多，有着举足轻重的地位。西北地区又是我省的传统市场。因此，在发展同西北各兄弟省区的经济联合与技术协作中，我省有着"近水楼台先得月"的有利条件。从我国经济发展趋势看，区域经济一体化，区域共同市场的形成，看来是一个必然的过程。西北各省区经济结构有不少共同之处，相互之间的联合与协作，随着向西开放的扩大将会越来越密切。我们在考察中感觉到，西北各兄弟省区在加强西北五省区经济联合，尽快建立西北区域经济，充分发挥各省区优势，协调力量，共同开拓西部国际市场方面，对我省抱有很大希望。事实上，我省所处的重要地位和经济实力也决定了我们在向西开放中应该领先西北，发挥骨干与先导作用。

第四，新亚欧大陆桥的开通，必将推动我省以探古为主的旅游业的发展。旅游业的发展是以开放为前提的，新亚欧大陆桥将为我省旅游业的发展提供新的以西欧、苏东和中东国家为主的客源市场。这些国家国民收入水平高，外出旅游人数多，旅游消费能力强。尤其是西欧国家，在世界旅游业中，是最主要的旅游市场。西北地区是中华民族灿烂文化的发祥地，西安是古丝绸之路的起点，又是历史文化名城，有着丰富的古文化旅游资源，是国内外旅游热点，为世人所向往。古丝绸之路沿线至今保留着众多的古文化遗迹，又是维吾尔、回、藏、哈萨克等多民族聚居区。陕西可以联合西北各省区，加强西北旅游资源的联合开发和合作经营，开辟丝绸之路探古旅游线路，运用铁路、公路、空运、驼队等多种运输工具，组织多种富有古老文化传统和多民族特色的多姿多彩的旅游项目，吸引国内外广大游客。

新亚欧大陆桥的开通，为我们向西开放打通了一条便捷通道，为西北地区经济振兴开辟了更为广阔的前景。但是，我们要清醒地认识到，要抓住这一新的历史机遇，仍然面临着许多困难。向西开放，开拓苏东、中东市场，和向东开放一样，面临着激烈的竞争和种种制约因素：

第一，向西开放面对着强大的竞争对手，我们要有一个较高的技术起点。从对苏贸易看，苏联工业基础雄厚，经济实力较强。目前，它正在进行经济体制改革和产业结构调整。在此期间对轻工日用消费品有一定需求，但由于我省轻工业比较薄弱，因此对这一机遇的利用是有限的。苏联正在加快调整的过程。据报道，现在苏联有400多家军工企业已转向民品生产。1989年，军工企业生产的民品占苏联工业总产值的40％，1990年这一数字将超越60％。随着苏联对外开放的扩大，西方发达国家将在更大领域进入苏联市场甚至渗透到中亚腹地。我们面对的就是这样的竞争对手。从对西亚国家贸易来看，竞争也是非常激烈的。20世纪70年代以来，西亚国家致力于经济体制的改革和产业结构的调整，与西方发达国家的经济贸易和技术协作比较密切。所以，尽管对我们中低档的建筑、机电、纺织、劳务技术等有一定需求，但这方面东南亚、韩国等国有很强的竞争力，我们要真正进入西亚市场，难度还较大。因此，对苏和对西亚国家的经济贸易必须选择一个较高的技术起点，才可能有持续的竞争力。

第二，国家对西北地区资源开发将是有选择、有重点地进行，期望不能过高。近期内，主要是能源开发及其围绕能源开发必须进行的公路、铁路等交通基础建设。这是国家从整个经济发展战略以及从全国生产力布局出发，统筹考虑的结果。这虽然对西北经济发展有一定带动作用，但要发挥更大效益，则需要相关产业的发展，对此国家投资是有限的。我省属资源、加工混合型经济，经济发展主要依靠对现有加工工业的改造和提高，但目前情况表明，"八五"期间国家对我省的投资仍然是以煤炭为主的能源开发。因此，我省经济发展的资金形势依旧严峻。

第三，新亚欧大陆桥短期内难以发挥大的作用。新亚欧大陆桥计划1992年正式投入营运，而要真正成为国际过境运输通道，发挥效益，还需要一段较长时间。大陆桥开通初期，国家有可能因为全局利益而相应地限制或削减沿线各省区的货物上桥。

总之，新亚欧大陆桥的开通，既为我们向西开放提供了机遇，又使我们面临着严峻挑战。能否抓住这一机遇，关键在于我们的主观努力，在于我们扎扎实实、卓有成效的工作。我们要树立信心，发挥优势，抓住机遇，克服困难，迎接挑战，使陕西经济在双向开放中迈出更大的步伐。

四　对我省对外开放战略方针的一点看法

新亚欧大陆桥开通后，为适应由向东单向开放转变为东西双向开放的新形势，西北各省区都在积极寻找自己的位置，选择主攻方向。新疆、甘肃两省区提出了"东联西出，向西倾斜"的对外开放方针。我省也有人主张陕西向西倾斜。通过这次考察，我们认为，我省对外开放的战略方针应该是："扩大东线，开拓西线，东引西出，双向结合，全方位开放。"所谓向东开放，包括两个层次，即面对国内和国际两个市场，国内主要是面向东部经济发达省市，国际上主要是面向我国香港和日、美及西欧等发达国家和地区。向西开放同样包括两个层次，国内主要是面向西北各兄弟省区，国际市场上主要是面向苏东和西亚等国。其理由如下：

1.我省所处的地理位置决定了我们必须双向开放，东西结合。我省属于西北地区，位于我国西部最东端，是我国东西两大经济区的接合部，承东启西，连接西北、西南。这种居中的地理位置和交叉过渡地带的区域经济特点，虽然没有边疆和沿海地区对外开放桥头堡的便利条件，但却便于利用东西两方面的优势，东进西出，全方位开放，双向发展。

2.在双向开放中，必须以发展东线为主。要在巩固现有经济贸易关系的基础上发展与经济发达国家和地区的经济技术交流，引进先进技术设备和资金。换句话说，就是要将现有的向东的市场取向逐步转化为技术取向。

扩大东线，首先要巩固已经建立起来的东部市场。改革开放以来，我省对外经济技术往来的主要对象是日、美、东南亚和我国香港地区。以1989年为例，我省对日、美和我国香港地区的出口额为1.97亿美元，占年出口总额的62.2％。从日本和我国香港地区的进口额为0.84亿美元，占年进口总额的75.7％。显然，这种经过多年努力发展起来的商务关系和外贸渠道，是我们在开拓西部市场初期无法替代的，这也是我省引进先进技术设备，实现外汇平衡的基础，必须加以巩固和提高。

扩大东线，从更重要的意义上说，是由我省经济发展的阶段性任务所决定的。一般讲，发展中国家之间的经济贸易和技术合作，其性质是相互补充，互通有无，对国民经济的成长不具有决定性影响。我们向西开放，可以说基本属于这种情况。相反，发展中国家与发达国家之间的经济贸易和技术合作，对发展中国家发挥启发优势，实现国民经济跳跃性发展具有极大作用。我省已经具有相当雄厚的产业规模，现阶段经济发展的首要任务是以科技改造传统产业和老企业，挖掘内部潜力，提高产业素质和经济效益，改造的重点是机械、电子、纺织等我省优势产业，方向是高技术、高附加值产品，高创汇产品，为国民经济提供装备的成套设备和进口替代产品。这一任务决定了我省必须在自力更生、发挥本身科技优势的基础上，积极扩大对外开放，从西方发达国家引进先进技术和设备。1988年、1989年两年，我省利用外资71项，合同金额为4.09亿美元，从日本，美国，西欧和我国香港引进技术设备合同53项，金额为0.49亿美元。通过引进资金和技术设备，改变了我省企业技术面貌，缩短了同发达国家的距离。全省约20％的企业装备提高到了20世纪70年代末80年代初的国际水平，有的项目在国内领先，有的还是国际第一流水平。

另外，东西迥然不同的政治经济环境，也决定了我们对外开放的重点应该面向东部。西方发达国家不但科技先进，资本积累雄厚，而且经济环境相对稳定。而苏联和东欧国家正处于急剧的社会动荡之中，市场形势瞬息万变。海湾、中东国家剑拔弩张，火药味很浓，随时都有爆发战争的危险，缺少一个良好的国际经济环境。

3.积极向西开拓，要以东引为基础。向西开放，就是开拓西部市场，发展出口贸易。要把我省具有一定优势的建筑、机电、纺织等技术与产品积极推向苏东、西亚市场，扩大劳务输出，并保证在向西开拓时有一个较高的技术起点和较强的市场竞争力，就必须从东部积极引进先进技术设备。从目前看，我们对苏贸易有一定优势，即以制成品换取原材料，这与其说是一种经济优势，不如说是改革开放的优势，是东引的必然结果。今后，我们只有继续坚持对外开放，引进吸收国外先进技术，才能够保证"东引西出"战略的实现。

五 几点建议

为了尽快适应新亚欧大陆桥开通后对外开放的新形势，加快我省改革开放步伐，促进经济稳定发展，提出以下建议：

1.重视对苏东、西亚市场的综合研究

我省如何利用这条现代丝绸之路"走西口"，积极向西开拓，是一个战略性问题，需要组织力量，进行认真研究。建议加强对西部市场，特别是苏东和西亚市场的综合研究，探讨发展经济贸易和技术合作的可能性和途径，制定出相应的措施。

2.充分发挥我省科技优势，建设经济开发区和高技术工业园区，创办大商品出口基地

目前，西安高技术产业开发区和渭南经济开发区建设已粗具规模。咸阳市正在筹办电子出口工业区，省上对此应予以重视和支持。应该注意的是，经济开发区和高技术工业园区的建设要积极调整产品结构，创办大商品出口基地，即技术含量高、附加值高的投资类高档

　　1990年10月，作者率陕西省考察组赴新疆考察新亚欧大陆桥开通后对陕西经济发展的影响与机遇。新疆博尔塔拉州的阿拉山口是新亚欧大陆桥中国西部的桥头堡。考察组一行在阿拉山口边防站留影。从右至左为王同信、王宏斌、赵乃元、边防站负责人、作者、陪同的新疆自治区党委政研室负责人、赵铁城（陕西省外经贸委）。阿拉山口边防站陕西籍军人较多，曾作小词一首纪念：《西江月·阿拉山口边防哨所》："戈壁苍茫无际，军营兀立花芳，阿拉山口大风狂，战士凝神观望。　　身在边陲志远，心牵家国情长。三秦有幸好儿郎，誓保金瓯无恙。"

次产品出口生产基地。大商品基地建设，要以发展出口拳头产品的一体化综合性企业集团和引进外资为基础。为此，要切实加强对利用外资和技术引进工作的宏观指导，制定一个总体发展规划，围绕大商品生产基地建设，扩大利用外资和技术引进规模。

　　3.加强同西北各省区的经济技术协作

　　我省应在实施东西双向开放新战略的过程中，充分发挥地处东西接合部的地理优势、较强的加工工业优势和技术力量优势，采取更为灵活优惠的政策措施，加强同各省区的横向联合。我们要利用新疆、甘肃等省区实施"东联西出"战略的有利时机，把我省企业集团的力量扩展到新疆，从而在向西开放的桥头堡占领一席之地。

4.通过易货贸易，从苏引进机电成套设备，加强我省工业基础建设

目前，苏联中亚地区几个加盟共和国由于原材料出口受到莫斯科许可证限制，希望用其机电成套设备换取轻工日用消费品。青海省已通过这种方式引进了一套中型水电站设备。苏联某些技术设备比较适合我国现有经济发展水平。用轻工产品换取苏方机电设备是解决当前我省工业品积压、改善工业基础设施的一条出路，建议省上尽快考虑实施。

5.进一步深化改革，建立适应对外开放新格局的外贸体制，加快对外经济贸易体制改革

如推行出口代理制，把生产供货单位与外贸部门二者利益紧密联系起来，统一对外；抓好出口专厂和出口商品基地建设，实行优惠鼓励政策措施，多出口多创汇；积极开发除政府间协定贸易、地方贸易和一般商品贸易外的旅游贸易、转口贸易、多边贸易、补偿贸易、技术贸易、劳务出口、工程承包、"三来一补"和"三资"企业等灵活多样的对外经济贸易活动，努力拓宽外贸渠道，扩大外贸规模；争取省上建立直接的对外贸易口岸；加强宏观管理和检查监督，建立良好的外贸秩序等。

加强党委政策研究工作
促进民主的科学的决策①
——关于我省省、地、县党委研究室情况的调查

一 我省各级党委政策研究机构简况

党的十一届三中全会以后，我省各级党委的政策研究机构得到恢复和发展。1978年11月，省委决定成立中共陕西省委政策研究室，1984年4月改名为中共陕西省委研究室并沿用至今。省委研究室现有41人，34名干部中，大专以上文化程度30人，占88%；处级以上干部25人，占74%。室内设"两室六组"，即办公室、党刊室和6个研究组。1984年年底，省委又成立了农村政策研究室。省政府也先后组建了省经济社会发展研究中心、省农村发展研究中心以及省政府研究室。现在，省委省政府直属的决策研究机构共有5家。省委9个工作部门，除办公厅和两个研究室外，其他6个部门中，组织部、宣传部、统战部、政法委等4家也有政研室（处）。

全省10个地市委，都成立了独立的政策研究机构。西安、宝鸡、汉中3个地（市）委成立较早，机构一直没有动。渭南、咸阳、延安等地（市）委在1984年机构改革中撤销了研究室，1986年后又逐步恢复。10个地市委研究室目前共有干部120人，平均每个地区12人。编

① 本文原载中共陕西省委研究室内刊《调查资料》第46期（总第677期，1990年7月21日），署名为郑欣淼、王同信、吴长龄。

制较多的是西安、宝鸡两市，分别为20人、40人；一般地市在15人左右，少的也有7~8人。从人员构成上看，其中县处级以上的调研人员36人，占30％；科级干部44人，占36.7％；大专以上文化程度81人，占67.5％，中专18人，占15％。10个地市委的研究室主任，5个由地市委秘书长或副秘书长兼任。地市委研究室内一般分"三组一室"或"四组一室"，分别进行工交、财贸、农业、党建、政改等方面的调研以及党刊编辑工作。

107个县（市、区）中，党委设立研究室的共有92个，占86％。其中与农工部或经济部、农研室实行"一套人马、两块牌子"的有8个。还有少数县在办公室内设立一个调研组。县（市、区）委的研究室，共有干部597人，平均每个县6.5人，编制较多的县10多人，一般在7~8人，少的则4~5人。从职务上看，副主任科员以上的研究人员207人，占34.7％；从文化程度上看，大专以上317人，占53％，中专157人，占26％。

总的来看，政策研究工作越来越引起我省各级党委的重视，政策研究机构逐步得到健全，一支政治素质好、文化水平较高的调研队伍初步形成。

二　党委研究室近年来的主要工作

近几年，我省省、地、县三级党委的研究室，以服务决策为宗旨，深入开展调查研究，提出了不少好的意见和建议，做了大量工作。概括起来，主要有以下5个方面：

1. 围绕改革开放和党的建设中一系列重大问题开展调查，为各级党委决策提供依据和建议

主要通过四种方式：一是直接转化。研究室主动选择一些重大问题进行调查，所提的意见、方案又切实可行，直接以党委或政府文件

批转。据统计，仅1989年，省、地、县三级党委研究室撰写的调研报告就有290篇被党委、政府以文件形式批转。二是领导出题目，研究室组织力量进行调查和论证，最后拿出解决问题的具体方案或实施意见。三是间接渗透。研究室人员在为党委起草文件、为领导写讲话过程中，把通过调查得到的材料或形成的观点、建议，融入到文件、报告、讲话中去，这也是为决策服务的一个方面，因为领导的重要讲话大都是宣布或阐释党委重大决策的。四是总结推广经验。研究室注意总结一些好典型、好经验，引起领导重视，以此推动某一方面的工作。如延安地委研究室，总结了洛川县重点发展"烟、果、油"，带领农民脱贫致富的经验，对本地区农村产业结构的调整、发展主导产业、发挥当地优势产生了积极的影响。

2. 注意向党委及时反映政治经济生活中和工作中的突出问题，并帮助出主意、提办法

一是反映一些群众意见大、上下十分关注的热点问题。如廉政、物价和社会治安等问题。二是反映一些难点问题。就是领导机关也想解决但一时还没有比较可行的解决办法的问题。比如澄城县委研究室通过对本县6个村民小组332户农民宅基地使用情况的细查细算，认为"基本饱和、使用很不公平"，建议"依法管理""交无偿无限期使用为有偿使用"等。他们撰写的《农村宅基地使用制度亟待改革》的报告先后被省委研究室《调查资料》和中央农研室《农村工作》采用。现在该县是全省宅基地实行有偿使用试点单位之一，较好地解决了买卖庄基地、乱占滥用土地这一棘手问题。三是反映一些带有倾向性、苗头性的问题，以引起领导重视。三原县委研究室在调查中，发现不少农户在"绺绺田"边植树，影响左邻右舍，农户之间经常为此发生纠纷。渠岸乡一年间共发生民事纠纷650起，其中因树木引起纠纷的就有280起，占43％，成为当地一个不安定因素。他们及时向县委反映了这一问题，并提出了3条解决措施，引起了县委领导的高度重视，去冬今春全县集中解决了这一问题。

3. 用较大精力，对省情、地（市）情、县情进行了调查，为研究制定社会经济发展战略奠定了基础

调查研究省地县社会经济基本状况是这几年各级党委研究室所完成的重点工作之一。省委研究室从1983年起，就开始对我省基本省情进行调查和研究，进而又与有关部门一起，组织了对各地市、县基本状况的调查，先后编辑出版了反映省情的《陕西概况》《陕西县情》《陕情要览》等书，各地市委研究室和一些县委的研究室也都编印了反映本地社会经济基本状况的材料。这项工作已经取得了较大成效，成为本省广大干部了解全省，以及省外、国外的企业界、商人、学者了解陕西的必不可少的工具书。特别值得一提的是，基本省情、地情、县情的调查，为制定社会经济发展战略奠定了基础。这几年，各级党委研究室都牵头组织或参与了当地经济发展战略的研究和制定。

4. 完成党委交办的一些其他工作

大体上有三类：一是省委研究室和地县委研究室一般都承担党委一些重要会议如党代会、工作会议等的筹备任务和一些重要报告、文件、领导讲话的起草工作。二是各级党委研究室还具体负责政治体制改革工作、参与廉政制度建设试点等。三是受党委委托，搞一些改革方案的设计和试点。1986年，省委研究室和宝鸡市委研究室、省体改委一起，搞了宝鸡中等城市机构改革试点方案的调查设计及实施。澄城、三原等县委的研究室牵头搞了本县农村"土地小调整"方案设计和具体实施，其他地市、县委研究室也都不同程度地承担了党委交办的其他一些综合协调工作。

5. 承担各级党委的党刊和调研刊物的编辑工作

我们具体调查的四地（市）六县，党委研究室一般都办有两种刊物，一种是调研资料，一种是内部情况反映。有的还具体负责党委内部刊物的编辑，如《宝鸡通讯》《渭南通讯》等。

三　党委政策研究工作的基本经验

从调查的情况看，凡搞得好的研究室，都有这样一些共同的经验：

1.紧贴决策，努力促进调研成果进入决策层

我们在调查中感到，我省三级党委研究室对于"为决策服务"这一政策研究的指导思想是明确的。突出表现在各级党委研究室能够紧贴决策，密切注意和了解党委意图，主动地适应党委统揽政治、经济、社会全局的需要，紧紧围绕党委的中心工作，抓住一些具有战略性、全局性和长远性的问题开展调查研究。在课题的选择上，一般都注意把现实问题的研究与理论研究相结合，以现实问题研究为主；长短结合，以短为主；大中小相结合，以中小为主。由于各级党委在实际工作中，往往不仅需要了解正在进行的工作进展如何，而且更希望了解下一步需要干什么和怎么干，因此有些地市县委研究室还比较注意研究工作的预见性和适度的超前性。1989年那场风波过后，按照省委部署，我省省、地、县委研究室认真反思和总结造成这场风波的经验教训，及时组织力量，开展了加强党的建设和廉政建设、加强思想政治工作的调研活动，提出了许多好的意见和建议。同时，还加强了对社会敏感问题及群众普遍关心的问题的调研，了解和反映社会各阶层的思想动向、意见和要求，并提出了一些具有可行性的对策建议，这对各级党委及时了解社会动态，把握全局，起了很好的作用。

调研成果能否转化为党委决策，是衡量政研效果的主要标准。这一方面取决于领导决策的民主化科学化程度；另一方面则主要取决于研究室自己的努力。我省大部分地县委研究室能够通过直接转化、间接渗透、推广经验等多种形式，努力促进调研成果与决策相结合，发挥了研究室的参谋助手作用。同时，一些党委研究室还注意把为决策

服务和为决策的执行服务紧密结合起来，不仅努力使调研成果变为党委或政府的决策，而且在条件许可时协助有关部门促进决策的落实。

2. 注重调研成果的适用性和操作性

我省一些研究室很注重调研成果的适用性和操作性。他们的调研成果不仅是提几条原则性的建议，而且是已经深化或上升为具体的可操作的方案，甚至是几套方案，以供党委决策之用。例如，宝鸡市委研究室围绕市委提出的"城乡一体化经济发展战略"，开展了比较系统的调研活动，在认真进行可行性分析和论证的基础上，拿出了具体的实施方案，被市委、市政府采纳。又如，"寓富县于富民之中"是汉中地委指导全区社会经济发展的一条指导方针。地委研究室不仅在地委这个方针的形成过程中做了大量的调查研究和论证工作，而且组织全区各县市委研究室继续进行深入调查，努力把地委的这一方针变成各县市经济发展具体措施。如留坝县大规模开发香菇、木耳等多种经营"拳头"产品，南郑县实施"千户工程"大力发展家庭企业，城固县发展农民购销队伍搞活流通等，这些措施使"寓富县于富民之中"的经济发展指导方针得到了贯彻落实，从而有力地促进了全区经济的持续、稳定发展。

3. 党委重视研究室，善于使用研究室

我们在调查中感到，我省各级党委对研究室工作一般都比较重视，也很注意发挥研究室的作用。近年来，宝鸡市委研究室的工作很有成效，一个重要原因，就是市委的重视和支持。1986年，宝鸡市委就明确规定，市委研究室作为市委综合性的参谋机构和助手，最重要的是在市委决策中发挥参谋智囊作用；市委对重大问题提出决策，一般情况下先交研究室组织力量论证，不经论证分析，不提交会议讨论决定。我省不少地、县党委的主要负责同志亲自抓研究室工作，经常给研究室出题目，一起搞调查研究。西安、咸阳、宝鸡、汉中等地市及澄城、三原等许多县的党委，经常让研究室主任列席党委常委会，使研究室能及时了解全局，紧扣党委的中心工作和决策意图。

4.发挥组织协调作用，初步形成了一个多层次的调研网络

为党委决策服务，研究室的力量毕竟是有限的，只有发动、组织多方面、多层次的调研力量，才能多出成果。近年来，我省各级党委研究室在组织协调社会各方力量开展调查研究方面，做了许多有益的尝试，取得了较好的成效。一是联合承担带有全局性或方针政策性的重大调研课题。例如，1988—1989年，省委责成省委研究室进行"重点发展关中、积极开发陕南陕北"区域经济发展战略的实施调查，省委研究室就牵头组织了全省10个地市，43个部门，千余名干部及科研人员，开展了为期1年多的调研工作，形成综合研究报告和专题研究报告70份，应征对策专稿130份。二是建立多层次的调研网络。各级党委研究室的一个共同做法是，调研网络以党委研究室为枢纽，纵的方面有省、地、县级各部门、各调研部门，横的方面有一些学会、协会及大专院校，同时还聘请一些专家、学者及热心调研工作的老同志为特约研究员，从而形成了全方位、多视角的社会调研网络。据了解，省、地、县党委研究室普遍建立了特邀研究员制度，这不仅在一定程度上解决了专职调研力量薄弱的问题，而且调动了社会各方面的积极性，促进了调查研究工作的开展。三是开展各种横向联合。西安、宝鸡、咸阳等市委研究室参加了北方七省中等城市和全国八大城市党委研究室主任联席会。这些组织每年召开会议，联合开展调查研究，起到了沟通信息、共同提高的作用。

5.重视自身建设，既出成果，又出人才

我省各级党委研究室的同志在实践中认识到，要真正完成服务决策、当好参谋和决策助理的任务，必须搞好自身的思想建设，组织建设、作风建设和制度建设，使研究室成为一支政治方向正确、作风过硬、业务素质较高的队伍。各级党委研究室在选调人员时，一般都注意认真考察，反复研究。西安市委研究室在全市公开招聘调研干部，既保证了质量，又杜绝了进人上的不正之风。志丹县委研究室也在全县招聘调研干部，受到社会好评。据我们了解，在去年发生的动乱

中，我省各级党委研究室的同志坚守工作岗位，在政治上与党中央保持了高度的一致。这些年来，全省各级研究室不仅出了大量的调研成果，而且也培养了一大批干部。据调查，1985—1989年，10个地市研究室向外输送县处以上干部37名，县（市、区）委研究室向外输送副科以上干部254名。这些情况说明，各级党委研究室不仅是党委的"智囊团"，也是一个"人才库"。

四　党委研究室工作存在的主要问题

各级党委研究室相继恢复组建以后，尽管做了不少工作，但与一个参谋班子、决策助理的要求还有一定差距，实际工作中也存在不少困难和问题。

1. 决策研究、决策咨询工作在一些地方和部门还没有引起高度重视

有的领导同志至今满足于传统的决策方式，搞个人或少数人说了算，或把照搬照抄上级文件当成决策。有的把研究室仅看作是一个秘书班子，研究室的性质、地位、任务至今尚不明确。少数县委把研究室和农工部、经济部套在一起，有15个县至今还没有研究室。另外，名称也不一致，多数叫"研究室"，也有叫"政策研究室"和"调研室"的，这从一个侧面反映出研究室的工作内容、工作方式还不够规范。

2. 从研究室自身工作来看，也有亟待改进之处

从一些调研成果看，存在"五多五少"：（1）在题目选择上，注重长远的多，抓近期的、现实的热点问题相对较少；（2）在研究内容和力量安排上，经济方面比较多，党的建设和思想政治工作则显得较少；（3）从研究问题的角度上，反映正面的、经验性的多，而对一些带有倾向性、普遍性的问题则反映得少；（4）从研究成果的运用上，

对报纸杂志是否采用关注较多，而对是否被决策层采纳关心较少；（5）在研究方法上，定性的多，定量分析较少，提出的一些对策、方案显得空泛，可操作性不强。

3. 党委系统研究室之间纵向、横向联系少，沟通信息不够

研究室的主要任务是为同级党委决策服务，但上下之间也应有一个业务指导关系，地区和地区之间、上级研究室和下级研究室之间，也应互相沟通信息、交流情况。我省自从1979年开过一次调查研究工作座谈会后，至今11年再没有开过，因此地县同志强烈要求召开会议。从横向联系看，现在省委、省政府有5家直属的政策研究机构，人大、政协也成立了研究室。这些研究单位之间互相通报情况、协作攻关还不够，这就使有时出现重复调查情况。地市也有类似问题。

4. 资料信息工作不能适应政策研究的需要

据调查，10个地（市）当中，有6个地市研究室还没有专门的资料室。由于经费短缺，一些必备的书报杂志都没法订，有一个县的研究室仅订了5份报纸。

5. 调研手段比较落后

由于相当一部分县的研究室是近年来成立的，调研手段都比较落后，特别是一些必备的设施如汽车、微机、速印机、复印机等配备更差。据调查，全省各级党委研究室都没有固定的调研经费。

五 关于加强党委政策研究工作的建议

1. 各级党委要充分认识决策研究、决策咨询工作的重大意义，切实加强对政策研究工作的领导

党的六中全会指出，要建立民主的科学的决策和执行程序，并特别强调"要重视和加强决策研究、决策咨询机构的工作，发挥它们的参谋作用"。各级党委必须从贯彻六中全会精神，改进决策方式、领

导作风、工作方法的高度认识决策研究、决策咨询工作的重要性。

首先，重视决策研究、决策咨询工作是密切联系群众的具体体现。人民群众是我们党的力量源泉和胜利之本。"从群众中来"，就是党委在做出重大决策之前，广泛征求群众意见，接受各方面有识之士的咨询，向群众寻求真理；"到群众中去"，就是把党委的决策放到群众实践中去执行，并在执行中检验其正确与否。正确的决策只有变成群众的自觉行动才能实现。从这个意义上说，重视决策研究、咨询的过程也就是坚持走群众路线的过程。

其次，重视决策研究、决策咨询工作是科学决策的前提。这是由现代决策的重要性、复杂性所决定的。随着改革开放的深入，决策的内容日益扩大、复杂，所需的信息日益增多，牵涉的科学门类越来越广。在这种情况下，领导要做出科学决策，不能只凭个人的经验阅历，必须依靠集体的智慧和发挥决策研究咨询人员的参谋作用。参谋人员的"多谋"与领导集体的"善断"是现代科学决策的两个紧密联系而又互相区别的基本环节。重视决策研究、重视决策咨询工作是提高科学决策水平的有效途径。

再次，是否重视决策研究，是衡量领导水平高低的一个重要标准。领导者的基本职责就是决策，领导水平的高低主要反映在决策及决策的执行是否符合人民群众的利益。因此，领导者必须改变传统的决策方式，变个人或少数人说了算为发挥集体的智慧、进行多种方案比较的科学决策；变凭领导经验、照抄照搬上级文件为从实际出发、实事求是、创造性地贯彻执行上级方针政策。这就要求重视决策研究和决策咨询工作。

加强党委对政策研究工作的领导，当前应注重抓好4个方面工作：一是领导干部带头，重点抓一些带有全局性问题的调研课题。二是党委把一个时期要抓的工作及时向研究室通报，或让他们参加、列席一些重要会议，阅读重要文件，为研究室服务决策创造条件。三是党委在做出重大决策之前，可先交给研究室组织论证，提出多种方案，权

1979年陕南调查时，在汉中市勉县武侯祠合影。从右至左为作者、张怀宇、杨吉荣，右第一人为《陕西日报》记者

衡利弊。四是对研究室的调研成果要很好地利用，把研究室既当成参谋部，又看作一个重要的信息渠道。可考虑建立党委领导和政策研究人员的"定期漫谈会"，直接听取研究人员反映情况提建议。这种漫谈讨论不定题目，不拘形式，不论级别，要尽量搞得生动活泼。

2. 明确研究室的性质、地位和任务。政策研究不同于一般的调查研究，它服务的对象是决定大政方针要做重大决策的领导层

因此，党委研究室就是同级党委的综合性政策研究部门，它不仅要研究经济建设，还要研究党的建设、意识形态、政法工作等等，是为党委科学决策服务的智囊和参谋机构，处在决策助理、参谋部的位置，也发挥着信息库的作用。它的主要任务可以概括为4条：一是紧扣党委中心工作开展调查研究，拿出解决问题的意见和可供选择的方案；二是向党委反映重要的情况和问题，注重信息反馈；三是综合、协调本地区的调查研究工作；四是完成党委交办的其他工作。

这里有3个问题亟须解决：第一个是机构的建立和完善问题。省委贯彻六中全会决定的实施意见中指出，"各地、市、县委都要有专门

的政策研究部门"。在这个问题上，绝大多数党委的负责同志认识是明确的，但也有少数人对县一级设立政策研究室的必要性认识不足。我们认为，县是我们党和政府一个非常重要的层次，它不只是一个执行机构，还负有把上级方针政策和当地实际情况相结合的任务；不仅管工业、农业、财贸、文教、卫生，还有党的建设和思想政治工作等，决策的范围相当广泛和复杂。因此，设立独立的政策研究机构是县委进行科学决策的迫切需要。

第二个是名称问题。党委决策研究机构的主要职责是开展政策研究，为了使这一机构的名称更准确地反映其内涵，同时也鉴于中央已成立"中共中央政策研究室"，我们建议将"中共陕西省委研究室"更名为"中共陕西省委政策研究室"，地县也应叫"政策研究室"，名称上下统一起来对工作有利。

第三个是编制问题。各地市县委可从各级政策研究室担负的任务出发，配备一定数量和素质较好的研究人员，并注意保留骨干。

3.努力提高政策研究水平，使更多的调研成果进入决策层

对政策研究部门工作的评价应该而且可以有一个最基本的标准，这就是在一个时期内，调查研究材料所提的建议、方案有多少为党委所采纳，反映的情况是不是引起领导的重视。为了达到这一目的，从党委领导来说，要有科学的决策意识，经常给研究室出题目、定课题、交任务，及时听汇报并善于运用他们的调研成果。从研究室自身来说，就要不断提高政策研究水平，拿出更多的"拳头产品"来，用自己的成果确立应有的地位。

一是选题要"准"。即在"紧扣"党委决策上下功夫。作为党委的"外脑"，研究人员要站在党委的高度，既想领导之所想，又想领导之将要想，还想领导之应该想，从而使研究室工作与党委的中心工作紧密结合起来。

二是调查要"实"。在思想方法上要有实事求是的精神，报喜也报忧。反映的情况、得出的结论是实实在在的，而不是人云亦云，更不是

见风使舵。调查过程要有吃苦精神，多到基层去，多到群众中去，多搞实地调查，争取拿回"一手材料"，做到全面、真实、准确。

三是研究要"深"。政策调研工作给领导提供的不是一个调查的结果，而是一个研究的成果。因此要在综合分析上下功夫，进行多方案论证，反复比较；要善于把上级方针政策与本地实际相结合，力求做到求新、求精、可行。

四是研究人员之间要"比"。即在研究室内部力量安排部署上，引入竞争机制，互相比赛。对党委交办的重大课题，在室内可试行课题牵头负责制，人员自由组合，这既能发挥群智群策，又能提高单兵作战能力。

4.搞好党委研究室系统干部培训，提高研究人员的政治业务素质

在这次调查中，地县研究室同志普遍提出了培训要求，省委研究室已将此项工作列入今年计划。培训工作应分级负责，分步进行。省委研究室主要负责培训地区一级调研人员、县级研究室负责人和省委系统有关部委调研处（室）干部，总计约400人，计划在3年内轮训一遍。地市委研究室负责县（市、区）调研人员的培训。

5.建立党委的决策咨询组织，加强党政部门研究单位之间的联合与协作

建议省委尽快建立决策咨询委员会，成员主要由具有高级职称、有综合分析能力的专家学者和退居二、三线的思想敏锐、经验丰富的老同志组成。主要任务是对我省的一些重大战略发展目标、重要方针政策和措施进行分析和论证，提出意见和建议。

加强调研机构之间纵向、横向联合，这既是提高政策研究水平的需要，也是地县研究室和一些部门同志的迫切要求，具体设想是：

（1）党委系统的研究室，上下联系可搞成比较紧密型的。我们最近了解了全国13个省区，它们每年都召开一次或两次政研室主任座谈会。我省拟采取"两会一题"的方式。"两会"一个是调研协调会，主要是在每年年初邀请地县研究室负责人商议调研题目，交流经验，

评选优秀政策研究成果等；二是专题研讨会，就是对重大的调研课题，组织专题论证。"一题"就是以重点课题为中心，把地县同志组织起来，协同作战。

（2）同级政策研究机构之间可实行"调研定期通气会"。党委研究室应当发挥综合协调职能，主动加强同其他研究部门、业务部门之间的联系，互相通报调研题目或课题进度，或者联合攻关。这样既可沟通情况，又避免调查"撞车"。省上拟半年召开一次通气会，地县可多一点。

（3）研究部门要多和业务部门联合调查。实践证明，这样做既可以得到业务部门的支持，又能发挥各自的优势，提出比较切合实际的建议或对策，在形成决策后也便于落实。

6. 切实解决政策研究室的一些实际困难和问题

当前，应着重解决以下三个问题：

一是给政策研究室配备必要的装备和设施，如交通工具、打字

1992年春作者在陕西蒲城县泰陵调研。泰陵为唐玄宗李隆基的陵墓

机、速印机等。

二是重视资料室建设。如果说政研室是一个"参谋部"，那么资料室就是它的"信息库"。没有大量的信息来源，就不可能有科学的政策研究。各级政研室都要重视资料室建设，不仅满足自己研究的需要，还要及时向党委提供一些重要的信息情况。

三是除正常的办公经费外，要给研究室增拨专项调研经费。

增强观念　明确重点 ①
—— 谈银行在搞好国有大中型企业中的作用

　　增强国有大中型企业的活力，关键在于提高企业自身素质，练好内功，同时也必须创造一个良好、宽松的外部环境。作为国民经济运行的血脉的银行，与企业息息相关，在搞活企业上负有重要的责任。中央工作会议提出的搞好国有大中型企业的12条意见，其中有7条就和银行直接有关。实践证明，充分发挥银行的作用，是优化企业外部环境十分重要的方面。

　　去年以来，我省银行为了搞活国有大中型企业，实行了包括信贷倾斜、调低贷款利率、注入清欠资金等一系列政策措施，有力地促进了企业生产和销售的回升，出现了可喜的发展势头。但是任务仍很艰巨。发挥银行在搞好国有大中型企业中的作用，从银行来说，首要的是解决认识问题，具体来说，需要增强以下4个观念：

　　一是银企共荣的观念。我们企业的生产和经营的相当一大部分资金是由银行提供的。银行按照国家的信贷政策支持企业发展生产，搞好经营和销售，并向企业收取利息，维持正常的经营。这就说明，银行与企业在社会主义有计划的商品生产中，虽然担负着不同的经济职能，但却有着共同的社会责任和经济利益，是互相依靠、共存共荣的关系。世界经济发展史一再证明：商品经济越发展，金融和企业的关

　　① 本文原载《陕西金融》1992 年第 1 期。

系就越密切。必须明确，搞活经济是搞活金融的基础和前提。只有企业生产经营搞好了，经济效益上去了，银行的经营才能活起来，收益也才能增加。因此，不能把银行与企业的关系仅仅看作是简单的存贷关系，不能把对企业的贷款，看作是银行对企业的恩赐。特别是在银行企业化后，职能上出现了双重性，银行更要注意处理好国民经济大局与自身利益的关系，不仅要重视短平快项目的投资，更要向建设周期较长的国家重点项目的承担者大中型企业的投资上倾斜，满腔热情地为国有大中型企业服务。还要看到，由于搞活国有大中型企业是关系到发挥社会主义优越性、巩固公有制主导地位问题，因此，银行对国有大中型企业的支持，也是银行坚持社会主义方向的具体体现。

二是效益观念。一方面，银行要帮助企业从抓速度、抓产值转变到抓效益上来。重速度、重产值而轻效益，这是我们经济工作中的老毛病。1991年前三季度我省工业企业实现利润逐季增加，但仍没能改变利润总额负增长的局面，企业成本费用高，经济效益低的问题仍很突出。努力提高经济效益是我们今后经济工作的主要任务。另一方面，银行本身也要讲求效益，即保证使已投放出去的贷款周转快、效益好、充分发挥作用。现在银行投入企业的钱，许多变成产成品压在库里，形成资金浪费。1991年1—10月份，全省地方预算内全民工业企业产成品占用达34.82亿元，占同期工业产值的23.5％，比上年同期增长4.9个百分点。产成品资金占用长期居高不下的情况说明，企业的资金效益是很低的。银行要继续通过强化信贷管理，优化贷款投向，帮助企业压缩"三项资金"，清理拖欠货款，加速资金周转等，提高资金的使用效益。

三是积极参与的观念。银行是国家调节国民经济最直接、最有效的宏观调控手段之一，它担负着宏观调控和微观搞活的双重任务。因此，银行不只是从资金上保证企业的正常需求，而且要了解企业的情况，关心企业的发展，监督信贷资金使用方向，积极参与企业的经营、管理、销售。银行要深入企业实际，加强调查研究，帮助企业找问题，查病根，采取有力措施，如协助建立"厂内银行"，加强经营核算，提高管理水平等。

四是多方服务的观念。银行的工作就是服务，主要业务是存贷款。由于资金供应紧张的矛盾尚未从根本上缓解，银行贷款就那么多，可以贷出去的款也有限。但是，银行又有许多得天独厚的优势，如自身网络发达、联系面广、信息灵敏准确等。因此，银行对企业的服务，不能仅仅体现在贷款上，还应利用自身优势，为企业进行多个方面的服务，帮助企业开拓市场，搞好产销衔接等。银行在这方面已有很多好的做法，应坚持下去。

银行在搞好国有大中型企业上可做的事很多，是可以大有作为的。从陕西实际看，应重点抓好以下3个方面：

一 支持大中型企业搞好技术改造，推动技术进步

企业的生命力在于它的产品在市场上是否具有较强的竞争能力。要提高产品竞争力，必须依靠科技进步，加快新产品的开发。这也是从根本上搞活企业、实现产品结构调整、增强企业发展后劲的重要途径。陕西大中型企业多是"一五"和三线建设时期搞起来的，不少企业设备陈旧，产品老化，技改任务十分繁重。最近两年，国有大中型企业技改趋缓的一个重要原因是，企业效益下降，留利减少，技改资金严重缺乏。银行应把主要精力放在支持企业的科技进步上，多渠道筹集资金，加大科技与技改贷款的分量，促进大中型企业上档次、上水平、增效益。一是大力支持高新技术的引进、消化和吸收，支持高新技术产业的发展。投资的重点是发展高技术、高附加值、高积累、高出口创汇的产品。要积极支持办好西安高新技术开发区，办好西安电子城。二是促进科技成果转化。我省大专院校多，科研力量雄厚，科技成果比较多，1990年，全省重要的科研成果达440项，其中获得

1986年，陕西省经济技术社会发展中心组织了一次陕北考察活动，参加者来自陕西高校、党校、社科研究院等。作者受邀参加。此照片是考察组在宜川壶口瀑布所摄。中排从右至左第一人为作者，第三人为陕西省委党校孙浩。孙浩先生是作者多年的朋友，后到深圳发展，仍结合着社会经济问题进行研究，多有创见。作者亦有《黄河壶口瀑布》诗三首："恰如万马竞飞缰，碎雾冲天映夕阳。黄浪夹川刹收尽，壶中日月几多长？""九曲汤汤意气扬，但知夺路向前方。且看顽石漩涡洞，须信至柔为至刚。""气势犹如怒海潮，罡风飞瀑更雄骄。莫言寒沫湿衫履，伫立依依鄙吝消。"

科技进步奖的成果142项。这些成果，目前我省经济建设可利用的达80％以上。要通过加强厂校合作、厂所合作，促使科研成果的进一步转化。在现阶段的技术贸易中，卖方市场之所以难以形成，一个重要原因是一些科研成果缺乏中间试验环节，难以得到推广。如果说科技是第一生产力，那么，金融就是科研成果向现实生产转化的重要推动力。因此，银行的科技贷款，应重点解决科研成果中间试验环节薄弱这一难题。三是支持军转民的科技开发，发挥军工企业技术力量为国民经济服务。陕西是国家重要的国防工业基地，军工企业在规模、装备、技术上有着突出的优势，在民品生产上出现了起点高、发展快的喜人局面。目前，全省已形成民用飞机、新型纺织机械、摩托车、制冷设备、微型汽车、高级电梯等一批民品生产基地。要通过资金扶持，进一步发挥军工企业的技术优势，组织协调军工与民用企业之间的专业化协作，发展横向联合，提高军工企业与地方经济的融合度，加快军转民的步伐，扩大民品生产批量。四是提供科技信息，发展科技市场。利用银行点多面广的特点，搜集和提供科技信息，充当科技交易的媒介，为科技与企业牵线搭桥。

二 运用信贷杠杆促进结构调整

陕西工业经济效益下降的主要原因，还是产业、产品结构不合理，产品不适应市场需要，产成品积压严重，大量占用信贷资金，利息负担激增，致使成本上升，效益下降。据省工商银行1991年年初对1379户国有企业的5788种产品的排队，按产业政策，属保证发展的产品仅占48.29％，属限制的占43.73％，属禁止的占7.98％；按市场销售衡量，畅销产品占28.51％，平销产品占63.06％，滞销产品占8.43％。全省纺织行业约有1/3的生产能力放空，但由于受品种、质量以及成本等影响，积压仍很严重。近年来我们在结构调整上下了不少功夫，但由于增量调整投入强度不够，存量调整又受到条块利益的制约，收效甚微。调整产业以及产品结构，根本扭转结构性矛盾，对于解决我国经济深层次矛盾，改善企业生存和发展环境是十分重要的。银行运用信贷杠杆，在结构调整上能起到积极的作用。一是严格执行国家的信贷政策，真正做到扶优限劣。对于那些符合国家产业政策、产品在国内外市场适销对路、有竞争力、适合地方资源优化配置的大中型企业，要相对集中资金给予有力扶持，使其发挥规模效益，坚决停止滞销产品、淘汰产品和高亏产品的生产。对企业开发新产品、增产适销对路产品所需资金，要积极予以扶持。二是协助政府做好部分企业的关停并转工作。我省从1991年11月起，区别不同情况，对部分企业实行"关停、半关停、兼并、转产和限产"措施，这是一项重大决策。银行作为政府的参谋和助手，要出谋献策，协助具体落实。对于关停并转后企业的职工生活，金融部门，特别是各级保险机构，要在保险种类、资金来源等方面多开辟途径，妥善安排，切实解决实际困难，起到稳定社会、发展经济的作用。三是积极支持企业改组、联合、组建企业集团。这是企业组织结构调整与产业结构调整的重要方法和手段，有利于推动生产要素合理流动，不断开发优势产品，使企业逐步走上效益型发展道路。目前，陕西的企业集团已组建53家，发展势头很好。企业向集团发展使资金需求也转向大额和集中，银行应适应这种要求，多想办法，广开渠道，诸如通过直接参股、组织银团贷款等方式，支持企业集团的发展。

三　大力支持搞活流通

目前，我省工业企业的许多产品销售不出去，特别是不少工业品积压，有多方面原因，但流通不畅是一个不容忽视的重要原因。流通是社会再生产过程中的关键环节。流通与生产同样重要，并在一定条件下对生产起着决定性的作用。因此，要搞活国有大中型企业，必须搞活流通。去年后半年，陕西省发布了《关于进一步搞活流通若干问题的决定》，在社会上引起极大反响，贯彻落实好这一文件的内容，将对我省经济发展起到重要的促进作用。银行在这方面也负有重要责任。一是要做把国营大中型企业推向市场的工作。去年后半年，我省商业库存的不适销对路商品高达25亿元，情况相当严峻。银行要研究怎样运用特有的经济杠杆，促使一些只注重速度、"库存效益"而不注重资产增值、市场效益的企业，转变生产经营思想，迫使其根据国家计划的宏观要求，按照市场需要组织生产，消费者需要什么就生产什么，需要多少就生产多少，不能盲目生产，更不能边积压边生产。二是增强国合零售商业企业和供销社的活力。商业零售是商品流通的最终环节，直接为消费者服务。目前全省6万多个国合零售商业网点承担着社会商品零售总额80％的任务，但是相当一部分经营萎缩，活力不足，效益下滑。其中一个重要原因是资金不足。从1986年到1990年的5年间，全省工商银行系统流动资金贷款共增加123亿元，同期国营商业流动资金贷款仅增加7.29亿元。要增加投资，帮助国合商业企业解决存在的困难，为其创造一个平等竞争的外部环境，提高自我发展和组织、引导生产的能力，真正发挥"主渠道""蓄水池"作用。当前我省相当数量的国合商业基础设施落后，设备陈旧，适应不了流通社会化、市场化、现代化的需要，亟待改造、提高。银行应适当增加这方面的投入，加强仓储、运输等重要流通基础设施和大型商业网点建设，有重点、有步骤地改造扩建现有的陈旧设施，建设一批高标准、高质量的商业网点设施。

1992年7月，与王欣（左，时任中共陕西省委研究室副主任，后调任海南省人民政府副秘书长，法制局长）在陕西黄帝陵留影

农业深度综合开发：现阶段农业剩余劳动力的基本出路 ①

  一、农业剩余劳动力的转移，这些年来主要流向城镇和乡镇企业，这仍是今后应坚持的重要途径。但经过十来年已转移到一定规模和水平后，也出现了一些新的矛盾和问题，主要表现在以下3个方面：

  一是农民进城务工经商与城镇劳动力总量过剩的矛盾。1990年年末，全省城镇劳动力达509.9万人，其中待业人员11.2万人。城镇隐性失业又严重，企业富余职工约30万人。在大中城市和陕北陕南一些经济发展落后的县，问题尤为突出。如绥德县有3万多非农人口，1990年待业人员高达2633人，占全县非农人口的9％。据省劳动部门预测，1990—2000年，全省城镇需要安排的劳动力为205万人，计划安排192万人，期末待业人员数为13万人。城市虽然存在就业岗位的结构性空缺，即城市劳动力不愿干的苦、脏、累或收入较低的职业，但这些岗位又相当有限，而且受城市经济发展及其他因素的影响，工作的稳定性差。陕西省全民单位使用的农民计划外用工，1980年为16.17万人，1989年为18.36万人，10年间年均增加2000余人。还应看到，由于包括财政包干、分灶吃饭在内的传统管理体制造成的地区封锁、部门分割，农业剩余劳动力跨地域转移也受到很大阻碍。

  二是大批农业剩余劳力亟须转移与乡镇企业吸纳有限的矛盾。到

---

  ① 本文原载《人文杂志》1992 年第 5 期。

1990年年底，我省乡镇企业已有61.76万个，职工253.53万人。作为多年来农业剩余劳动力转移主渠道的乡镇企业，目前存在两个突出问题：第一，规模偏小，难以容纳较多从业人员。我省平均1个乡镇企业只有4.1人，年产值2.2万元。1990年比上年新增企业2.15万个，新增职工3.47万人，每个企业平均仅1.6人。近年来，乡村集体企业的比重继续下降。户办企业占企业总数的90.89％，这些企业规模都很小，吸纳不了多少人。第二，资金不足。由于资金原因，1990年全省乡镇企业建设项目、乡村企业本年新增加固定资产，分别比上年减少21.58％和41.15％。我省乡镇企业职工平均固定资产原值和流动资金为2700元，随着有机构成的提高，乡镇企业每增加1名职工，约需3000~5000元资金。今后国家对乡镇企业的投资，将主要放在产品的结构调整和技术改造上，新立项目的投资不会太多，主要走内涵扩大再生产的路子。我省乡镇企业从业人员，从1978年到1990年，平均增加16.5万；据规划，"八五"期间每年可吸纳10万人，"九五"期间每年20万人，10年间共吸纳150万人。因此，今后较长时间，乡镇企业难以保持吸纳劳动力主要途径的地位。

三是文化素质低与就业要求不相适应的矛盾。据省统计局抽样调查，我省农村劳动力中，初中以上文化程度的占44.5％，文盲半文盲占20.5％。近年来，农村中学辍学现象严重，新生文盲人口也有增长的趋势。一般来说，农村劳动者中有初中水平的就可适应商品经济发展的基本需要。据此衡量，全省农村有55.5％的劳动力不适应这种需要。贫困地区人口文化素质更低。志丹县11万人中，文盲与半文盲占人口34.14％。榆林沙区劳力，文盲、半文盲高达50％以上。农村劳动力中，没有经过专业培训的占92.1％。文化素质低，缺乏专门劳动技能，商品意识、竞争观念差，这些都难以适应第二、三产业发展的需要。

二、农业剩余劳动力转移尽管碰到如上所说的困难和矛盾，并不是说就可以慢慢来，对于它的紧迫性和重大意义，应有充分的认识。

首先，它是农民增加收入、脱贫致富的需要。大部分的劳动力聚集在日益狭小的耕地上搞种植业，投入农业的边际效益越来越低，这是一些地方农民收入下降、长期贫困的一个主要原因。中国的问题主要是农民问题。如果没有农民的小康，就没有全国人民的小康，没有农村的稳定，就没有全国的稳定。搞好剩余劳动力的转移，使广大农民过上富裕幸福的日子，这既是个经济问题，也是个关乎全局、影响深远的政治问题。其次，它是控制农村人口的需要。现在农村靠土地和劳力简单组合的就业结构，使得延续几千年的传统意识仍滞留在农民头脑中，客观上起着鼓励农民多生育的作用。只有把剩余部分的劳力转移出去，发展规模经济，提高效益，才有利于控制人口。再次，它是稳定农村以至整个社会的需要。一些在广阔天地里没有用武之地的年轻劳动力，面对高消费的诱惑，成为不安定的因素，有的盲目流入城市，带来一系列严重的社会问题。

以上认识是重要的，但还应从更深远的意义上、从战略的高度上看待农业剩余劳动力的转移。长期以来，我国采取的是向城市及工业大幅度倾斜的发展战略，双重二元结构（二元经济结构和二元社会结构的耦合）造成的强大的城乡壁垒，阻碍了生产要素的合理流动。在城市工业化迅猛发展的同时，农村人口城市化严重滞后，以致形成了某种意义上如世界银行于1982年所称的"无城市化的工业化现象"。当全国工业的产值已占工农业总产值的75.74％（陕西为72.13％）而就业结构中的73.99％劳动力（陕西为76％）仍然从事农业生产，这是一种不完全工业化。就业结构长期滞后于产值结构，使农业长期落后于工业，强化了二元经济结构，对国民经济发展十分不利。农业剩余劳动向非农产业部门转移，改变以传统农业劳动力为主体的劳动力分布格局，推进产业结构和整个国民经济增长机制的根本性转换，是国民经济发展对生产力和生产要素合理配置的要求，是实现国民经济现代化的重要先决条件，也是世界各国经济发展的共同规律。中国也不例外。尽管在转移的方式、方法、步骤上会有所不同，但人类进入了工业社会后的这个历史阶段是不可逾越的。因此，我们必须从完成中国社会结构现代化的战略高度来认识这个问题。

三、一方面，农业剩余劳动力必须转移，这是一个必然趋势；另一方面，目前又存在很多困难和矛盾，步子不能迈得太快。在这种情况下，就应该从实际出发，开阔思路，把总目标同现阶段所能做出的努力区别开来。随着农村经济的发展，商品货币化程度不断加深，资金投入越来越占重要的位置。由于目前农村正处于传统农业向现代化农业转换时期，农村商品化程度不高，资金短缺，而劳动力资源充裕，因此，应尽可能地考虑劳动力对资金的替代作用，即在农村广泛建立劳动力代替资金的产业结构。从这一实际出发，今后一个较长时期，农业剩余劳动力的基本出路是坚持农业的深度综合开发，即向农林牧副渔的深度和广度进军，扩大劳动力的容量。这也是增强农业后劲的重大战略措施。

四、通过农业深度综合开发来吸纳农业剩余劳动力，诚如上述，是由农业剩余劳动力转移的阶段性所决定的。农业剩余劳动力的转移是一个长期的历史过程，受多方面的制约和影响，与整个社会经济的发展密切相关，不可急于求成。因此它有着明显的阶段性。从我国国情出发，特别是从内地广大不发达省区和贫困地区目前农村经济的状况看，在现阶段，强调在大农业内部寻找出路，就地消化，这虽然不是最终目标，但通过农林牧副渔的深入开发，积以时日，为第二、三产业的发展积累资金、开辟门路，逐渐把剩余劳动力转向非农产业，却是一条十分现实的出路。也可说这是"反弹琵琶"。还应看到，这样做，与发展乡镇企业不是截然分开的，而是互相促进的关系。在农业深度综合开发过程中建立社会化服务体系，发展农副产品加工业，同时带动相关产业，以农带工、以工促农，将有力地推动农村经济的全面发展。

五、农业深度综合开发，从陕西来看，有着多方面的内容：

第一，治理荒山荒坡，防止水土流失。陕西是全国水土流失最严重的省份之一，流失面积达13.74万平方公里，占全省总面积的2/3，严重影响农业生产和生态环境。现已治理了46.8％，仍有一半多的任务要继续完成。无定河、杏子河、皇甫川、嘉陵江上游等水土流失地区要重点治理好。我省陕北陕南多是丘陵沟壑地区，仅重点小流域就有679条。近年来治理工作很有成效，重点治理范围已从黄河流域扩展到陕南长江流域，涌现出像无定河流域治理、榆林地区治沙、米脂县的泉家沟、长武县王东沟等一批小流域治理的好典型。要大力种草种树，绿化并开发荒山荒坡，加快小流域治理。

第二，大搞农田水利基本建设，改造中低产田。我省5327万亩耕地中，中低产田4200万亩，占总耕地79％。形成中低产田的主要原因是干旱。十年九旱，成为限制生产力的主要矛盾。灌区水源严重不足，田间水利配套差，有相当一部分设备老化失修。改造中低产田。一方面要大搞水利建设，在重点抓好东庄水库、东雷抽黄续建等大型工程的同时，需要再建一批费省效宏的中小型水库，并应着力抓好关中五大灌区的更新改造、挖潜扩灌和"方田"建设；另一方面要平田整地，建设基本农田。我省已涌现出了白河、长武、洛川、镇安等坚持不懈并取得显著成绩的先进县。今后10年内，要新修基本农田500万~700万亩，变"三跑田"为"三保田"。完成这个任务以及治理荒山荒坡，应主要靠劳动积累。据调查，开发农业中劳动投入量要占开发投资量的50％~60％。

第三，调整农村产业结构，努力发展多种经营。近年来我省农业多种经营有了长足发展，已成为农村经济的重要支柱之一。1990年，全省农业总产值中多种经营占到54.5％，农民人均纯收入中60％来自多种经营收入，农林特产税和烟叶税达1.57亿元。但是发展还不平衡，在不少地方多种经营生产仍是薄弱环节；资源优势利用不够，开发的产品一般生产规模小，拳头产品少；先进的科学技术和资源优势没有形成合理配置。如全省苹果种植面积已达297万亩，总产34.9万吨，但面积过10万亩的大县少，栽植名优新品种少，低产园多，渭北旱原挂果平均亩产201公斤，最低县只有25公斤。1990年，我省农民人均纯收入比全国低170多元，也说明多种经营生产潜力很大。要继续调整农村产业结构，大力发展多种经营生产。经验证明，粮食面积即使减少到总耕地的80％，只要努力提高单产、大搞间作套种，总产还会继续增加。从当地实际出发，既要在发掘有限耕地的潜力上做文章，更要在耕地以外各个领域的深度和广度开拓上下功夫。根据市场需要，选准支柱产业或拳头产品，从速开发，形成规模。继续抓好棉花、油料、烤烟、苹果、蔬菜、茶叶、蚕茧、生猪、奶山羊、食用菌等大宗骨干项目基地的建设。

第四，重视农副产品的深加工与系列开发，实现多层次增值。我省农副产品的深度加工总的来看仍很薄弱，各地都有相当一部分农副产品以原料卖出。我省乡镇工业中，农副产品加工业产值仅占乡镇工业产值的1/3。这不仅制约乡镇企业的发展，也是我省农民收入上不去的一个重要原因。要调整和完善城乡产业分工体系，即由现在的按产品分工改成按生产流程分工。要把适宜放在农村加工的农副产品加工业转移到农村。有些产品可以采取城乡联合或协作的办法发展加工，农村搞粗加工，城市工业通过技术改造和产品升级换代转向生产高档产品。农副产品的系列开发、综合利用，也大有文章可做。只要广开思路，围绕一个拳头产品或支柱产业，成龙配套，形成若干项具有一定规模的产业链，就能实现多层次增值，并带动乡镇工业的发展。

第五，引导农民兴办第三产业，进入流通领域。这些年来，不少农民纷纷兴办第三产业，除了交通、邮电、商业、饮食、服务业等传统产业外，还加快兴办技术服务、信息、旅游、人才开发和智力开发等新兴行业。在农村社会化服务体系建设中，农民自己兴办各种协会、研究会、联合体、专业户等自我服务组织，发挥了重要作用。全省长年从事此类服务活动的农民达60万人，占农村总劳力的5.2％。例如泾阳县坚持"民办、民管、民受益"的原则，扶持和完善农村专业化服务组织，已拥有各种专业协会、研究会20个，会员6218名，涉及

1977年，作者
在中共渭南地委与
同事合影

近10个门路。特别是大批农民进入流通领域，为解决农副产品的卖难问题立下了汗马功劳。目前高陵县有一支4000人的"倒蛋部队"，每天收购鲜蛋2.5万公斤，占日产蛋量的70％以上。礼泉县有一支3500人的苹果推销大军，1990年销售苹果2250万公斤，占到总产值的45％。随着农村商品经济的发展，社会化服务程度的提高，需要更多的农民举办第三产业，开发第三产业，特别在流通领域大显身手。

第六，大批劳动力从事农林牧副渔的深度开发工作，不仅是必要的，而且有不少有利条件：

一是潜力大。我省一方面农业资源确实不足，另一方面对这些资源的开发利用又很不够。从深度看，我省现有耕地中，占79％的中低产田全部改造一遍，亩增产按60公斤计算，仅粮食可增产25亿公斤，多种经营也会相应有个大发展。从广度看，尚有500万亩可供利用的宜农荒地，4000多万亩的林荒山坡，800万亩宜牧草地，黄河滩、渭河滩都有扩大养鱼的条件。

二是技术要求普遍不高。开发性农业一般需要的是适用性技术，例如种树种草、平整土地、治沙造田、养鸡养猪等，一般农民都会，就是较复杂的技术，只要认真学习，即使是文盲半文盲，也差不多都能掌握。留坝县山大沟深，交通不便，农民文化素质普遍低，但是通过长期培训，广大农民学会了食用菌生产。1990年食用菌收入960万元，户均1053元，人均246元，仅此收入占农民总收入的52.9％，全县70％以上的贫困户依靠食用菌生产脱了贫。

三是资金投入少，由于开发性农业主要靠活劳动投入，不需要过多的资金投入，因此一般农户都能搞，而且可以根据农活情况，在时间上自由支配，合理安排。

四是效果明显。这效果包括两方面：一方面是经济效益；另一方面是劳动力转移的效果。这两方面往往是统一的。有些项目，如种养业，比较容易见效，就是小流域治理等周期较长的工程，只要善于把长远利益与当前结合起来，成效也是显著的。这方面各地都有一些好的典型。属黄土高原残原沟壑区的淳化县泥河沟试验区，有7个行政村和1个国有林场，人口2992人，劳力1077个，可利用土地24545亩。"六五"期间，人均产糖383公斤，纯收入106元，是个贫困地区。从1986年被国家确定为黄土高原综合治理试验示范区以来，实行综合治理，深度开发，面貌大变。1990年人均纯收入1172.16元，人均产粮667公斤，种植业、林果业、畜牧业分别比1985年增长88.16％、46倍和102倍。1985年，劳动力利用率达到85.35％，各业比1985年多投工75163个，相当于解决了250个农村劳动力短缺现象，1989年9户长年雇工，雇短工者更多。1990年雇工累计达14036个工日，约合47个劳动力全年的工日。

第七，搞好农业深度综合开发，既要有农民的生产积极性，又需要加强领导，需要国家政策的支持、引导，也只有好的政策、措施才能进一步调动和保护农民的积极性。应着重做好以下几点：

1.各级政府要加强对农业深度综合开发的领导。一是要提高对剩余劳动力转移重要性的认识，统筹安排城乡劳动力，把农村就业的发展列入本地社会经济发展规划，使农村就业与城镇就业一道成为总体规划的重要组成部分。加强农村剩余劳动力转移和安排的计划，克服放任自流现象。二是各级政府要通过调查研究，编制好农业区域综合开发的总体开发的总体规划，最大限度地发挥资源优势和提高总体效益。所有开发项目，立项前要科学论证，立项后要科学管理。要因地制宜，合理组织，不搞"一刀切"，反对形式主义，爱惜民力，注重实效。三是在指导思想上，要重视把农民的长远利益与当前利益结合起来，在大搞周期较长的开发性建设中，努力发展见效快、效益高的项目，使农民能不断增加收入，保持生产的积极性。四是要在信息、技术、流通等方面扶持农民从事开发性农业，搞好社会化服务。

2.多渠道筹集资金，增加投入。农业深度综合开发主要靠活劳动，但又必须有一定的资金和物质做保证。一是把农业深度综合开发与农业区域开发、粮食基地建设、老区建设、扶贫等结合起来，可在上述几项专款中提取一定的资金，建立农业深度综合开发基金。各地也可统管这些资金，重点用于开发性农业，给予适当补贴。每年新增财力20%用于农业投入的资金，可主要用于农业深度综合开发中的贷款贴息，或用于可回收性投入。二是积极利用国外有关经济合作和基金组织的援建项目资金。近年来我省利用世界银行贷款建设商品鱼基地，无定河流域治理作为联合国粮食计划署的试验点，都取得了明显的效果。在这方面思想要更解放一些。三是发动群众、依靠群众搞开发，用优惠政策吸引农民投工投资。

3.制定并落实有关政策。一是全面推行劳动积累工制度。劳动积累工额度，一般地区一个劳动力每年不得少于70个工日，个别重点改造区域可达100个左右。不愿履行义务的，可采取必要的行政、经济手段予以处罚。二是进一步落实"谁承包、谁治理、谁受益"的政策，并允许继承。三是注重政策的稳定性与连续性，凡定了的就不要轻易变动，不失信于民。

4.加强技术培训，提高劳动者的文化素质和劳动技能。目前农村急需的是大量具有较高生产能力的劳动者。农业科技教育和培训，一定要加强实践性、生产性。一是结合各地的主导产业，大力举办各种类型的专业技术培训，重点培训农村干部、知识青年和复员退伍军人。二是在坚持扫盲、普及九年制义务教育的前提下，积极开展多种形式、多级层次的职业技术教育。大力推广农村初级中学"三加一"教育制度，把职业技术教育同农业深度综合开发结合起来。三是重视建立科技示范户，继续发展专业村、专业户。四是对经过农业技术教育并达到相应水平的农民，评定技术职称，或发给有关证书，对获得职称和证书的劳动者，在种养业承包和信贷、物资扶持方面给予优先。

陕西烟草工业发展的几个问题 ①

一　陕西烟草工业存在的问题

近10年来，我省烟草工业虽然有了长足进步。1980年，全省卷烟产量仅为29.7万箱，产值1.31亿元，到1990年，全省卷烟产量达到142万箱，产值17.06亿元，拥有固定资产3.5亿元。当年实现利税11.57亿元，占全省财政收入25％左右，成为陕西经济发展中名副其实的支柱产业。但在发展过程中也暴露出了一些不容忽视的矛盾和问题。

1. 宏观与微观

1990年，全国共生产卷烟3250万箱，年末工商库存达502万箱。从全国卷烟市场的容量来看，年销售量大致为3100万箱。按照淡旺季的销售量来看，合理的工商库存应维持在300万箱左右。这就是说，现在全国卷烟的工商库存多了200万箱以上，占压资金在300亿元以上。截止到1991年9月底，全国卷烟工商库存仍然居高不下。在此情况下，国家强化了烟草工业宏观计划的调控力度，严令按照国家计划生产，全年的卷烟生产总量要控制在3100万箱以内，年末工商库存要控制在350万箱以内。国家的宏观控制措施不可避免地与地方的微观经济利益发生冲突。

---

① 本文原载《计划与市场研究》1992年第1期，署名为郑欣淼、赵乃元。

在财政实行"收支包干、分灶吃饭"的体制以后，卷烟的产品税中央与地方共享。按环比超基数分成，中央财政仅分享超收部分的40％，大头归地方财政支配。所以，地方政府竞相投资扩大卷烟生产规模，竞相兴建计划外小烟厂。从我省来看，这种势头有增无减。在国家严令烟草工业限产压库的情况下，到今年9月底，我省卷烟工业企业已超计划完成国家下达的全年卷烟生产量，导致国家下令我省烟厂全面停产，而我省烟草工业卷烟生产能力为200万箱，大大超过国家的生产计划限额。在由国家烟草法规范的烟草专卖管理体制下，卷烟的生产、销售实施严格的计划管理，在这种情况下，一些地方上计划外小烟厂的势头仍方兴未艾，这既给我省现有的卷烟生产企业的发展造成不利影响，又必然冲击国家计划，最终造成人力、物力、财力的浪费。

2. 速度与效益

从我省烟草工业的发展过程来看，走出了一条速度效益型的路子。从1980年以来，我省卷烟工业以23％的发展速度递增，实现利税年平均增长30.5％。在全国性的卷烟产大于销的形势下，我省烟草工业速度效益型的发展路子可以说已经走到尽头，速度和效益的矛盾日益突出，已暴露出管理水平低、消耗高、浪费大等问题。1990年，单箱卷烟的烟叶消耗量我省为55.6公斤，全国为53.5公斤，高出全国平均水平3.93％；单箱卷烟煤耗我省为23.9公斤，全国为21.3公斤，高出12.21％；单箱卷烟实现利税全国平均水平为800元，我省为690元，低于全国平均水平110元，仅此一项，去年全省卷烟行业就少收入1.56亿元。这些情况表明，我省烟草行业高税收掩盖下的虚盈实亏问题日益突出。在国家采取生产限额的情况下，我省烟草工业发展速度势必受到遏制。整个"八五"期间，国家烟草生产计划不可能有大的调整，我省的卷烟生产量将维持在130万箱左右。如果烟草工业的经济效益没有较大的提高，必然对整个"八五"期间全省财政收入计划造成重大影响。

3. 内涵与外延

从我省六大烟厂的设备技术现状来看，远远低于兄弟省区的烟厂。"七五"期间，我们先走了一步，投资3.48亿元，实行外延与内涵并重的发展方针，赢得了先机。但从河南、甘肃、山西等邻近省区的烟厂来看，目前大部分已完成技改任务并转入正常生产，技术装备水平高于我省，卷烟质量明显提高，已成为我省烟草工业强劲的竞争对手。从我省"七五"期间烟草工业的固定资产的资金投向来看，主要用于卷烟生产能力的扩大。同期，全省计划外小烟厂的投资达1.6亿元以上，占到"七五"期间计划内烟厂固定资产投资的40％以上。"八五"期间，我省烟草工业的投资主要用于企业技术素质的提高，即着眼于内涵生产力的发展。但目前，计划外小烟厂的生产能力已达80多万箱，加上计划内烟厂200万箱的生产能力，大大超过了国家计划限额。计划外小烟厂与计划内大厂争资金、争市场的矛盾比较突出，内涵发展计划与地方计划外小烟厂外延扩张的矛盾日趋尖锐。

4. 产品与市场

1990年，我省卷烟产量在全国所占比重为4.3％，处于第九位。在我省卷烟产量中，甲级烟和乙级烟所占比重分别为19.5％和42.7％，

1990年10月在新疆考察时，作者与省委研究室赵乃元同志在高昌古城留影

比全国水平低了7.2个百分点和1.7个百分点，在全国处于第十二位和第十位。甲、乙级烟所占比重低于全国平均水平，所处位置也落后于总产量所处位置。这些情况说明，我省卷烟产品优质品率低，特别是在全国大区域市场内能够站得住脚的名优产品太少，竞争力比较弱。在全国卷烟生产能力过剩，卷烟市场趋于饱和的情况下，产品生产能力与市场容量的矛盾日渐突出，卷烟生产中已经潜伏着比较严重的市场危机。在甘肃、山西、河南等省区烟厂卷烟质量已有明显提高的情况下，我省卷烟产品在这些地区的市场面临着激烈的竞争。

"八五"期间，全国卷烟市场容量有限，国家对我省的卷烟生产限额不可能有大的变化。陕西烟草工业的出路何在？如何在市场夹缝中扩大我省卷烟的市场，获得相应的发展？途径就在于产品的创新、产品结构的调整和产量质量的提高。

二　创新、创优、创名牌是我省烟草工业跨上新台阶的关键

首先要使我省的甲、乙级卷烟的比重达到或略高于全国水平，优化卷烟产品结构，提高经济效益。其次，选择一个或两个企业，争取卷烟生产规模达到年产40万箱以上，每个企业在"八五"期间创出2~3个名牌产品。再次是要狠抓卷烟创新，下功夫抓好疗效型卷烟产品的开发生产，发挥我省中草药优势，形成系列化的疗效型卷烟产品，力争走出国门。最后是坚决淘汰一批产品质量低、消耗高、经济效益差的产品，在降低消耗、提高产品质量上大做文章，提高我省卷烟产品的市场适销率和竞争力。在未来的卷烟产品的市场竞争中，只有拿出质量更高一级、价钱更低一级的优质产品，才能打入省外的卷烟市场，争得发展的机会，逐步扩大自己的生产批量。

三　提高烤烟栽种水平，建好"第一车间"

发展卷烟生产必须立足于牢固的烟叶基础和烤烟栽种水平的不断提高。没有优质烟叶是难以生产出优质高档名牌烟的。但从我省烟叶的生产状况来看，"粗粮"太多，"细粮"太少，限制了我省卷烟质量的提高。而我省卷烟质量的提高，还有赖于"细粮"从"调味品"转为卷烟配方中的主用料。在我省三大烤烟产区中，陕南的安康、汉中地区气候湿润温暖，土壤多红壤和黄壤，属微酸性，质地较黏，排水透气性好，类似于云南主产烟区。一些地方所产烤烟的劲头、香气、可燃性均佳，大有代替云贵烟叶的希望。但从目前我省烟叶的栽种水平来看，其成熟度、色泽、香气质和香气量以及吃味还未达到优质烟叶标准。要实现陕西烟草工业发展的各项目标，就必须在提高烟叶质量上下功夫，消除供求波动对烟叶收购等级的干扰，把我省烤烟基地真正建成生产卷烟的"第一车间"，形成农工商、产供销、人财物、内外贸"一条龙"的管理体制。优化烤烟品种，提高中上等烟叶的比重，在"八五"期间，把我省中上等烟叶的比重提高到80％以上。同时，在汉中、安康选择一些地区，尽快建成可以取代云贵烟叶的生产基地，增加卷烟用料配方中省产烟叶的比重，争得卷烟生产发展的主动权，并逐步形成卷烟的风味特点，使烤烟生产的优势转化成卷烟生产的优势。

四　增加科技投入，提高烟草工业发展的科技含量

我省卷烟的创新和提高，还有赖于科技投入的增加。"七五"期间，我省烟草工业的科技进步虽然有了较快发展，但与全国相比，还有不少差距。全省烟草系统科技人员仅占职工总数的0.2％左右，既低

于全国烟草行业水平，也低于全省其他行业水平；科技机构不健全，烟草科研工作远远跟不上"两烟"（卷烟和烟叶）发展水平；我省卷烟工业企业设备落后的状况还未根本改观，先进设备仅占到30％左右，且有效作业率比较低，限制了烟草工业经济效益的提高。我省烟草工业企业亏损挂账日益增多，固然有管理方面的原因，但最重要的还是科技进步跟不上烟草工业发展的要求。

必须针对以上问题，从人财物等方面采取措施加以解决。在全省计划内的六大烟厂实行把10％~15％的产品税返还给工业企业，用于技术改造的倾斜政策。大胆吸引、引进国内外先进的技术和经验。尽快改变我们在技术装备上落后于兄弟省市的局面。力争提前两年落实"八五"期间技术改造规划目标，使产品技术水平和综合性技术指标达到全国先进水平，为我省烟草工业参与国内外激烈的市场竞争创造比较好的物质技术条件。

五　发展我省烟草企业集团

从我省实际情况出发，借鉴国内外企业集团成功的经验，以卷烟生产企业为龙头，组织发展紧密、半紧密型烟草企业集团，克服我省烟草企业单打独斗的局面，发挥集团整体优势，参与国内国际市场竞争，打破各地筑起的保护本地区卷烟制品的市场销售壁垒，扩大我省卷烟市场的覆盖面。

六　把所有烟厂一律上划到省管，统一财务管理，实施一级财政管理体制

针对全省卷烟生产、卷烟市场、固定资产投资、卷烟材料供应等

处于严重失控的混乱状况，应当把各地县小烟厂一律上划到省管理，同时统一各烟厂财务管理体制，改变烟厂多级财政管理办法，全省烟厂一律实行省一级财政管理体制。卷烟产品税除上缴中央财政以外，其余一律上收到省财政，遏制各地竞相扩大卷烟生产规模，盲目、非法地兴建计划外小烟厂的势头。对烟厂上划以前的各种财务挂账，在审计的基础上，明确各级财政的责任。在此基础上划清各级财政分担的比例，使企业轻装上阵。

历史的必然 卓绝的历程 [①]
——我党延安时期领导中国革命走向胜利的成功经验与启示

　　1935年10月—1948年3月，中共中央在陕北延安领导中国革命13年。

　　党中央率领中央红军刚到陕北时，我们党面临的形势十分严峻。党员由过去的30多万人下降到4万人左右，红军由30多万人下降到3万多人，全国十几个革命根据地仅存1个（几万平方公里，几十万人口）。中国革命正处在一个非常困难的低潮时期。但13年之后，当党中央离开陕北时，形势已经发生了根本性的转折。我党的党员人数已超过120万；我党领导的解放区已拥有大约240万平方公里、14800万人口、500多座城市和广大的乡村；人民解放军总兵力已超过200万，民兵200多万，在解放战争中牢牢掌握了主动权，并开始了战略反攻。之后，仅1年多时间，我们党就领导人民以势如破竹之势推翻了蒋介石国民党在中国大陆的反动统治；社会主义的新中国巍然屹立于世界东方。今天，认真研究我党延安时期领导中国革命奇迹般地从低潮走向高潮的历史经验，对于中国共产党人在当前云谲波诡的形势变化中迎接挑战，力挽狂澜，对于遭受重大挫折并处于低潮的世界社会主义事业经受考验，走向高潮，具有十分重要的现实意义。

---

　　① 本文原载中共陕西省委研究室内刊《调查资料》1992年第？期，中共中央政策研究室、国务院研究室主办《学习·研究·参考》1992年第7期转载。署名为郑欣淼、祝春荣、陈延文、孙亚政。

中国革命从低潮走向高潮，是历史发展的必然。但能否使这种必然性成为现实则主要取决于中国共产党自身的健康发展及其正确的领导。延安13年跨越土地革命战争、抗日战争和解放战争3个时期，这正是中国历史的转折时期，也是毛泽东思想不断成熟、丰富、发展的时期。以毛泽东为首的中共中央，已经懂得了把马克思列宁主义的普遍真理同中国革命的实际相结合，已经对正在进行的中国新民主主义革命有了较为完整、系统、明确的认识，已经能够比较得心应手地处理中国革命过程中的复杂问题，特别是武装斗争问题、统一战线问题和党的建设问题。这是中国革命在延安时期走出低潮的决定性因素。同时，在日本帝国主义妄图鲸吞全中国、民族矛盾日益上升为中国国内主要矛盾的形势下，"停止内战，一致抗日"成为一股任何人都无法抗拒的时代潮流。这就为国共两党停止内战、共同抗日奠定了基础，也给处于国民党直接军事进攻威胁下的我党、我军一次巩固、发展的机遇。这是一个重要的客观因素。回顾我们党在延安时期领导中国革命一步一步地从小到大、由弱到强的历程，我们深深感到，在这一时期，我们党紧紧围绕开展武装斗争这一中心任务切实加强党的思想理论建设，不断密切党与人民群众的联系，努力搞好经济工作，积极开展统一战线，认真实行民主政治，坚持进行武装斗争，是最基本的经验。

一　切实加强党的思想理论建设是延安时期我党领导中国革命走向胜利的根本保证

中国共产党是在和中国农民、小资产阶级的密切联系中发展壮大的。在这种小资产阶级成分众多的条件下，如何建设一个工人阶级的革命政党，是我们党的建设面临的严重课题。延安时期又是我党党员数量空前大发展的时期。这些党员大多出身于农民及其他小资产阶级，没有受到系统的马列主义教育和训练。党的干部队伍整体马列主义水平还不高，对马列主义与中国革命的具体实践相结合的基本方向还缺乏应有的认识。从第一次国内革命战争后期到1935年遵义会议这8年时间里，党的高层领导曾犯过几次大的错误，其中以教条主义为特征的王明"左"倾错误，在党内统治时间最长，对党造成的危害也最大，对此需要认真彻底清算。中共中央到达延安以后，结束了多年动荡不安的游击生活，有了一个相对稳定的"家"，使党有机会和条件安定下来，认真回顾总结自己的历史经验和教训，并系统深入地学习马列主义理论。延安时期，我们党始终重视对广大党员和干部特别是对党的高级干部进行马列主义教育，加强党的思想理论建设。延安整风就是其中一场伟大的马克思主义思想教育运动。

延安时期，党中央已经充分认识到，无产阶级领袖是组织领导革命运动，制定大政方针，把握方向的。对党的高级干部的马列主义教育重视与否，直接关系到党的事业的成败，关系到党的自身建设的强弱。毛泽东同志1938年在党的六届六中全会上指出："在担负主要领导责任的观点上说，如果我们党有一百个至二百个系统地而不是零碎地、实际地而不是空洞地学会了马克思列宁主义的同志，就会大大提高我们党的战斗力量。"①因此，在马列主义教育和延安整风运动中，我们党着重抓了高级干部的学习和教育。

党在延安时期对高级干部进行马列主义教育，主要是批判主观主义，包括教条主义和经验主义，主要是教条主义，解决理论联系实际的问题。当时，在党内，特别是党的一些高级干部，不注意调查研究，满足于一知半解，更为严重的是有些人只会片面引用马恩列斯的个别词句，却不会运用他们的立场、观点和方法，具体地分析和解决中国的现实问题。这一方面最典型的就是以王明为代表的教条主义者。王明的以教条主义为特征的"左"倾错误，在党的干部，特别是

---

① 《毛泽东选集》第2卷，人民出版社1991年版，第533页。

在党的高级干部中还有一定的影响。因此，批判和克服教条主义，确立理论与实践相结合的基本原则，就成为中国革命和党的建设亟待解决的迫切问题。

毛泽东同志在党的六届六中全会上所做的政治报告的最后一部分，即《中国共产党在民族战争中的地位》中，系统地阐述了党的建设的问题，第一次提出使马克思主义在中国具体化的历史任务。他指出：中国革命必须有马克思主义的科学理论来指导，这是毋庸置疑的，"但是马克思主义必须和我国的具体特点相结合，并通过一定的民族形式才能实现。马克思列宁主义的伟大力量，就在于它是和各个国家具体的革命实践相联系的"。对于中国共产党人来说，就是"使马克思主义在中国具体化，使之在其每一表现中带着必须有的中国的特性，即是说，按照中国的特点去应用它"①。从这种认识出发，党中央和毛泽东同志要求全党在认真学习马克思、恩格斯、列宁、斯大林的著作时，不应当把他们的理论当作教条，而应当看作行动的指南；不应当只是学习马克思列宁主义的词句，而应当把它当成革命的科学来学习；不但要了解革命导师所得出的关于一般规律的结论，而且应当学习他们观察问题和解决问题的立场和方法。为了搞好高级干部的马列主义教育，1941年9月，中共中央做出《关于高级学习组的决定》，规定在延安及各重要地点均成立高级学习组。以中央委员为范围，组成中央学习组，毛泽东同志亲自担任组长，王稼祥同志担任副组长。在延安参加学习讨论的高级干部有120多人，核心组有40多人。毛泽东同志在延安整风期间还连续发表了《改造我们的学习》《整顿党的作风》《反对党八股》等重要著作，深刻地总结了我们党的历史经验，分析了教条主义的危害性，阐明了对待马克思主义的正确态度。

为了帮助高级干部研究党的历史，总结历史经验，分清是非，

---

① 《毛泽东选集》第 2 卷，人民出版社 1991 年版，第 534 页。

提高执行正确路线的自觉性，中央除规定了主要学习的马列著作外，还将1928年党的"六大"至1941年11月间中央的文件、主要领导人的讲话汇编成《六大以来》，后来又把100多篇党的历史文件汇编成了《两条路线》一书，供高级干部阅读。参加整风学习的高级干部，认真阅读了党的历史文献和指定的整风文件，系统地回顾了党的战斗历程，对党的历史上几次错误，特别是对影响最大的王明"左"倾教条主义错误进行了多次讨论，剖析了错误的实质及其在政治、军事、组织、思想各方面的表现及其危害，清算了错误的思想根源和阶级根源，认真总结了历史上正反两方面的经验。为了给高级干部深入研究党的路线提供经验，在党中央直接领导下，中共中央西北局于1942年10月—1943年1月，召开了高级干部会议。会议的一个重要议题，就是开展对边区党的历史问题的讨论。与会人员批评了第二次国内革命战争时期曾在陕北推行王明"左"倾路线的一些人的错误，并对党内存在的自由主义、宗派主义以及闹独立性等错误展开了批评与自我批评。当时在延安的许多高级干部列席了会议。会议期间，毛泽东同志曾到会做了讲演。1945年4月20日，中共中央通过了《关于若干历史问题的决议》，充分肯定了以毛泽东同志为代表的党的正确路线，全面深刻地分析了党的历史上几次"左"、右倾机会主义产生的根源和危害，并对历次机会主义路线，特别是第二次国内革命战争时期以王明为代表的第三次"左"倾机会主义的错误做出了结论。通过认真总结党的历史经验，使全党思想达到了高度的团结和统一。

党内积极的思想斗争，是加强党的思想理论建设，克服各种非无产阶级思想的需要。延安时期，毛泽东、刘少奇、任弼时等领导同志，为搞好党的思想理论建设，为开展党内积极的思想斗争，做了充分的理论准备，写下了一批指导正确开展党内思想斗争的重要理论著作。如刘少奇的《论党内斗争》《论共产党员的修养》，李维汉的《举起自我批评的武器》，任弼时的《领导方法和领导作风》，张闻天的《论待人接物》等。另外，中央书记处还颁布了一系列关于开展党内积极思想斗争的决定和决议，详细规定了开展党内思想斗争的原则、方针、方法及每个共产党员对此应持的正确态度。毛泽东同志在《整顿党的作风》中提出的"惩前毖后，治病救人"，是开展党内思想斗争的总方针。当时在学习中，特别强调对个人思想、工作进行理论与实践相结合的批评与自我批评。每个人都要针对自己的小资产阶级思想及其他非无产阶级思想进行全面的历史检查，写出个人的思想自传，并着重总结世界观的转变，同时坚持从实际出发，开展两条战线上的思想斗争。

要坚持实事求是，做到理论与实践的统一，最根本的方法就是马克思主义指导下深入实际，调查研究。1941年4月，中央出版了毛泽东的《农村调查》一书，同年8月1日，中央又做出了《关于调查研究的决定》。决定指出：从中央到每一个党员，加重对于历史，对于环境，对于国内外、省内外、县内外具体情况的调查研究，方能有效地团结全国各阶级的革命力量，推翻日本帝国主义的统治。中央还成立了调查局，以加强对调查研究的指导。许多党的高级干部身体力行，

1991年11月，作者陪同中共中央政策研究室主任王维澄、副主任卫建林在延安考察学习时所摄。从右到左为祝春荣、武再平、王维澄、卫建林、作者、陈兆铎、孟范文

深入基层调查研究，掌握第一手资料。张闻天同志于1942年年初带头去基层调查，写出了《出发归来记》等著名的调查总结。党的高级干部的调查研究活动，不仅为全党端正思想方法树立了光辉的典范，更重要的是在实践上把马克思主义与中国革命实践相结合、理论联系实际，实事求是的思想路线向前推进了一大步。

延安窑洞里有马克思主义。坚持不懈的思想理论建设，从根本上提高了广大党员、干部特别是高级干部的政治理论素养，促使我们党在思想理论上的坚定和成熟，同时也形成了代表中国共产党人优良品德和体现中华民族性格的延安精神。也正是在党内普遍掌握了马列主义理论和中国革命实践相结合的正确方向后，以毛泽东同志为代表的正确路线才为全党所接受。延安时期，正是作为中国共产党集体智慧的毛泽东思想形成和成熟的时期。

二 不断密切党与人民群众的联系，是延安时期我党领导中国革命走向胜利的坚实基础

党的作风是无产阶级世界观在党和党员行动上的表现。毛泽东同志在《整顿党的作风》的报告中说："我们是共产党，我们要领导人民打倒敌人，我们的队伍就要整齐，我们的步调就要一致，兵要精，武器要好。"为了这个目的，就要有正派的作风。"只要我们共产党的队伍是整齐的，步调是一致的，兵是精兵，武器是好武器，那么，任何强大的敌人都是能被我们打败的。"[①]毛泽东同志把党的作风问题同党的事业的成败密切联系了起来。他在《论联合政府》一文中把党的作风概括为理论和实践相结合的作风、和人民群众密切地联系在一起的作风以及批评和自我批评的作风。在党的三大优良作风中，理论

---

① 《毛泽东选集》第3卷，人民出版社1991年版，第811—812页。

联系实际就是理论与人民群众的实践活动相结合，批评和自我批评就是接受人民群众的监督。因此，党与人民群众的联系是贯穿各种优良作风的一条主线。

延安时期，党中央和毛泽东同志非常重视党和人民群众的联系，把我们党的宗旨高度概括为"为人民服务"，要求党的一切行动、党的所有方针政策，必须符合人民群众的利益，所有党员干部都要把人民群众的利益放在高于一切的位置上。当时，各级党政干部坚持到基层去，到群众中去，把群众的意见收集起来，加以去粗取精，形成党的方针、路线和具体政策，然后再到群众中去，由群众的实践加以检验。延安和陕甘宁边区的党及政府的一系列文件大都经历了这样的过程。延安整风运动以后，各级党政干部更加自觉地放下架子，心甘情愿地做群众的小学生，同人民群众打成一片。特别是广大文艺工作者，他们在延安文艺座谈会以后，纷纷上前线，进工厂，到农村，为人民群众服务，写出了大量优秀的文艺作品。正因为延安时期党切切实实向人民群众负责，为人民群众谋利益，才使党与人民群众的关系达到了水乳交融的程度，才有领袖和普通老百姓互相拜年的动人情景，才会出现妻送夫、母送子，争先恐后参加子弟兵，千千万万人民群众用小推车、毛驴加扁担支援战争的那样一种惊天地、泣鬼神的壮丽场面。

廉政建设是党风建设的关键。延安时期，党特别重视廉政建设，制定了一套较为严密的制度和措施。

首先，以法护廉，严惩腐败分子。1938年8月，陕甘宁边区政府发布了《惩治贪污暂行条例》边区政府号召人民群众积极揭发控告贪污和其他各种违法腐败现象；并规定，共产党员有违法者从重治罪，党龄、地位、功劳、职务都不能成为赦罪、开脱的借口。1942年，在陕甘宁边区高干会议上就惩处了王华亭等6名贪污腐化的党员干部。更为有影响的，是对党的高级干部黄克功枪杀女学生刘茜一案的严肃处理。黄克功早年参加革命，曾参加过著名的两万五千里长征。到延安后，任原抗大6队队长，曾和原抗大15队女学生刘茜谈恋爱，后刘茜转入陕北公学，黄克功于1937年10月5日晚持枪逼婚不成，便枪杀了刘茜。事件发生后，陕甘宁边区高等法院经过严肃审理，决定判处黄克功死刑。同年10月9日，黄克功致信给毛泽东，要求念他10年艰苦奋斗，有功于党而留一条性命。毛泽东见信后立即召集政治局委员和中央军委的领导同志进行讨论，最后同意边区高等法院的死刑判决，并致信边区高等法院指出："正因为黄克功不同于一个普通人，正因为他是一个多年的共产党员，是一个多年的红军，所以不能不这样办。共产党与红军，对自己的党员与红军成员不能不执行比较一般平民更加严格的纪律。"①黄克功于当月11日在陕北经公审后被处决。这件事在当时影响很大，极大地提高了党和边区政府在人民心中的威信。

其次，各级领导人言传身教，时时处处起表率作用。为了克服困难，毛泽东同志亲自开荒、种地、修渠，他一再指示有关人员，订生产计划不要忘记他。其他中央领导同志也都能以身作则，勤俭节约，艰苦朴素。延安时期，周恩来和任弼时被评为纺线能手。朱德不但把自己的马让出去搞运输，而且还时常背上粪筐积肥。林伯渠同志身为边区政府主席，在他所住的一孔窑洞里，全部家当就是一堆书和一个铺盖卷。他坚持和工作人员一起吃大灶。他政务繁忙，还扛着镢头开荒种地，清早背着箩筐捡粪。谢觉哉老人涓滴归公，甘为人民做公仆。他在1943年为自己订的节约计划是："1.建议总务处设公马，我的2匹马加入，估计1年内有10个月可供公家生产用；2.每月10盒待客烟不要；3.衣服、鞋子、被单不领；4.种地1分，种植西红柿20株，秋白菜100棵；5.晒腌小菜100斤。"徐特立老人艰苦朴素，两袖清风。边区政府规定发放"老年津贴"，派人将一篮鸡蛋作为津贴，3次送给徐老，3次都被他退回。徐老71岁寿辰时，党中央在给他的贺信中讲："你痛恨官僚主义和铺张浪费，你的朴素勤奋七十年如一日，这个品

---

① 《毛泽东书信集》，人民出版社1983年版，第110页。

质使你成为全党自我牺牲和艰苦奋斗作风的模范。"称颂他是"艰苦卓绝人中牛"。

再次，建立监督机构，抑制腐败现象的滋生。延安时期，为制约某些以权谋私的不法行为和腐败现象的滋生，中共中央和陕甘宁边区政府采取了各种措施，建立了各种监督机制，来加强对各级干部的监督：

——各级参议会的监督。参议会"是超乎政府之上的机关，它有选举、罢免、创制、复决之权"，有监察及弹劾边区各级政府之政务人员的职权。边区各级政府是各级参议会选举产生的并受参议会之监督。参议会选举政府委员时，代表们对候选人民主评议，热心为公者褒，以权谋私者贬，选优淘劣，扶正祛邪。参议会尽监督指导之责，对改进政府的工作发挥重要作用。

——人民群众的监督。陕甘宁边区政府规定："人民利益如受害时，有用任何方式控告任何公务人员非法行为之权。"同时，各级参议会派干部到群众中开座谈会、调查会，征求群众意见，倾听群众呼声。一旦得到群众反映有公务人员违法乱纪，搞以权谋私，便立即调查处理，决不姑息迁就。

——党内监督。首先是通过党内政治生活的民主化，加强党员对党的领导干部自下而上的民主监督。中共中央规定："从中央委员以至每个党部的负责领导者，都必须参加支部组织，过一定的组织生活，虚心听取群众对自己的批评，增强自己的党性锻炼。"其次是严肃党纪，从严治党，防止党员由人民的公仆变为人民的主人。

——制度监督。有工作检查制度。陕甘宁边区政府训令各专署、县府按月根据规定的《工作报告大纲》汇报工作，"一月不报告工作，批评；两月不报告工作，记过；三月不报告工作，撤职"。既严肃了政纪，提高了工作效率，又及时纠正了工作中的缺点和错误。在生活待遇上也有明确规定。陕甘宁边区政府颁布了关于边区一级机关和专署、县市政府使用勤务、窑洞、马匹的规定。同时还规定政府工作人员每天1.4斤小米，7分钱菜金；边区政府每人每月2.9元；分区、县、乡干部每人每月1.5元津贴费。这样，既密切了干群关系，又防止了干部特殊化。

正因为党坚持密切联系群众，高举抗日民族革命战争的大旗，才得以使党无论在多么艰难的环境下，始终赢得人民群众的大力支持和拥护；也才使党的事业在环境极为艰苦的延安得以生存和发展。今天，只有当我们认真回顾和总结延安时期的党风建设成就时，才真正理解了，为什么延安当时物质生活如此艰苦，却有成千上万的进步青年和爱国华侨，冒着生命危险，历尽艰难险阻而奔赴延安。就是因为延安清正廉明，和腐败的国民党统治区形成了明显的对照；就是因为共产党的优良作风赢得了民心，使全国人民感到中国的未来和希望就在延安。

三 主要依靠自己的力量发展经济建设，是延安时期我党领导中国革命走向胜利的物质保障

陕甘宁边区地处黄土高原偏僻落后的贫困山区。这里抗战前根本谈不到工业；一半以上县份的人民不懂纺织；除粮食、羊毛外，其他一切日用所需，从棉布到针线，甚至吃饭用的碗均靠外来。

党中央和红军到达陕北以后，陕甘宁边区成为领导全国人民进行抗日战争的中心，由于坚持抗战和革命事业的发展的需要这里的脱产人员经常保持在7万人左右，最多时达到13万人，负担的脱产人数达到总人口数的10%以上；行政事业费开支也很大，庞大的财政开支远非群众所能负担。另外，由于延安在抗日战争时期的特殊地位，许多爱国青年和进步人士从各个地方奔赴延安，从而使这里不得不承担起边区政府和中央机关财政开支的大部分。更为严格的是，1939年以后，特别是"皖南事变"以后，国民党全部停发了供给八路军的军饷并加紧了对边区的

军事包围和经济封锁，使陕甘宁边区"鱼大水小"的矛盾更为加剧。正如毛泽东同志所说的："我们曾经弄到几乎没有衣穿，没有油吃，没有纸，没有菜，战士没有鞋袜，工作人员在冬天没有被盖的地步。"[①]所有这一切，都给陕甘宁边区的生存和发展在经济上提出了客观的要求。

党中央和毛泽东同志非常重视陕甘宁边区的经济工作，不仅以巨大的努力领导军民开展了轰轰烈烈的大生产运动，而且运用马克思主义的基本原理并总结自身的经验，从理论的高度阐述了发展经济与革命战争、财政与经济的辩证关系，论述了在革命根据地进行经济建设的极端重要性。革命是为了解放生产力。由于中国革命走的是农村包围城市和最后夺取政权的道路，所以当革命在局部地区取得胜利、建立革命政权之后，就面临着发展经济的任务。我们是共产党，我们的军队不能像国民党和别的任何阶级的军队那样，靠苛捐杂税以及其他手段掠夺人民来解决自己的给养，因此，一方面革命战争本身要求必要的物质供应的保证，否则革命战争将难以进行；但另一方面又要不因此而损害民力，相反的，还要使人民的经济生活因革命而有所改善。否则，就会军民交困或人民因战争而饥寒交迫，那就会脱离人民，使革命战争失去力量的源泉，甚至因此而遭到人民的反对导致革命战争的失败。当时毛泽东同志提出："我们不能学国民党那样，自己不动手专靠外国人，连棉布这样日用品也要依赖外国。我们是主张自力更生的。我们希望有外援，但是我们不依赖它，我们依靠自己的努力，依靠全体军民创造力。"[②]中共中央在统一全党认识的基础上强调：发扬自力更生、艰苦奋斗、勤俭节约的精神，开展大生产运动，"发展经济，保障供给"；并确定为一项长期的重要的战略任务。

延安时期经济建设中主要采取的政策、措施是：

1. 坚持公私兼顾、公私两利的原则。延安时期的经济是新民主主

---

①《毛泽东选集》第 3 卷，人民出版社，第 892 页。

②《毛泽东选集》第 3 卷，人民出版社 1991 年版，第 1016 页。

义的经济，它包括公营经济、合作社经济、个体经济和私人资本主义经济。为了陕甘宁边区经济的全面发展，必须照顾到各方面的利益，实行公私兼顾和公私两利的政策。边区发动机关、部队、学校开展生产自给运动，把它们的生产收入在"统筹统支"的原则下作为财政收入的一部分，从而减轻人民的负担。从陕甘宁边区的实际情况看，1941年取之于民的很少，只是在财政极端困难的情况下才多征了一些公粮，但仍注意不伤民力，后来随着大生产运动的深入发展，人民的负担逐步减了下来，到1945年征收公粮12.5万石，只占该年粮食总产的7％。发展经济，主要是帮助农民发展农业生产和鼓励、支持民办工业（主要是手工业）与民间运输的发展。为此，陕甘宁边区政府采取了许多有力措施，奖励劳动致富；认真实行减租减息和交租交息；奖励移民和发展互助合作运动；发放生产贷款；废除一切"劳民""伤民"的"动员"与会议，使人力、畜力和物力完全放到生产上去，在机关、部队、学校的生产与节约中也都实行了"公私两利"的政策。

1967年元月，作者由陕西省临潼县步行至延安串联，在延安留影。1990年作者曾有《延安吟》诗，记述当年心志："早年心志壮，徒步向延安。衾冷鄜州月，足胝金锁关。冰封河似练，旗舞队如丸。圣地今重谒，犹存一寸丹。"

中央和陕甘宁边区政府所属的许多单位，在生产运动中实行"二八分红制"，即生产成果的80％归公，20％归生产者个人。节约所得也同样按此比例分配。

2. 大力发展劳动互助与合作社。边区国民经济在私有制基础上逐渐由分散的个体经济组织起来，走上合作化道路，成为一种比较有计划有组织的经济。1942年10月的西北局高干会议之后，陕甘宁边区的互助合作运动走上了健康的蓬勃发展的道路，被视为大生产运动高潮的标志之一。陕甘宁边区的互助合作经济在各个领域都得到了发展。在农业方面劳动互助的主要形式是变工队等，它是在民间旧有的劳动互助的基础上发展起来的；在商业和供销方面则是建立合作社，开始是单纯地经营供销业务，后来在延安南区合作社的带动下，许多地方的合作社发展为包括供销、生产、运输、信用等业务在内的综合性合作社。这种合作社成为陕甘宁边区农村经济的中心，成为党和边区政府联系人民群众的经济纽带，特别是当时工业合作社和运输合作社的广泛建立，对边区经济的发展起了相当重要的作用。

3. 大力开展反封锁斗争。要解决当时经济上的困难，一方面必须立足于自力更生，努力发展边区经济；另一方面又必须大力开展反封锁斗争，这是相辅相成的两个方面。要打破封锁，就对外关系来讲，一是开展广泛的宣传，揭露国民党顽固派封锁边区、破坏抗战的倒行逆施，使对方在政治上倾向于我们；二是依靠我们自己的经济力量，在价格上给对方以优惠和照顾，并恪守货真价实、讲求信誉的商业信条，使对方感到同共产党领导的根据地贸易是放心并有利可图的；三是大力加强对边境关卡的统战工作，使其为出入陕甘宁边区的商业人员大开绿灯。通过以上工作，在很大程度上打破了国民党顽固派的经济封锁，促进了陕甘宁边区经济的发展。

四　正确地制定并实行统一战线的政策和策略，是延安时期我党领导中国革命走向胜利的重要法宝

枪杆子里面出政权。要夺取革命的胜利，必须坚持武装斗争，以物质的力量摧毁强大的反动势力，同时也要执行统一战线的政策和策略。统一战线是无产阶级在革命斗争中如何组织和领导同盟军的问题，是马列主义关于无产阶级革命斗争和无产阶级专政学说中的一个重大的战略策略问题。中国革命面临的敌人是十分强大的。要完成革命的任务，单凭无产阶级的力量是完不成的，这就不仅要勇于斗争，而且要善于斗争，要把一切可以团结的力量都团结起来，把一切直接的、间接的同盟军都调动起来，还要尽可能地把消极力量变成积极力量，组成最广泛的统一战线。还在大革命时期，我们党就同国民党建立了统一战线，共同反对帝国主义，反对封建军阀，进行了胜利的北伐战争，革命的形势空前发展。但是，由于我们党还处于幼年时期，还不善于处理统一战线中的各种关系，领导人犯了右倾机会主义错误，最后大革命遭到了失败。十年内战时期，我们党的领导出现了3次"左"倾路线的错误，特别是以王明为代表的"左"倾路线的统治达4年之久。在统一战线问题上，"左"倾路线对民族资产阶级以至上层小资产阶级，采取了"一切斗争""否认联合"的错误主张，鼓吹打倒一切，不要统一战线。这种四面树敌的孤家寡人政策，把各种可以争取的同盟军都赶到了敌人一边，将自己陷于孤军作战的境地，使革命受到了严重的损失。延安时期我们党统一战线的理论和实践，就是在认真总结两次国内革命战争时期经验教训的基础上形成的。

1.密切注视局势的发展和变化，不失时机地正确地制定和实行统一战线的政策和策略

1935年12月，党中央在陕北刚站稳脚跟，就在瓦窑堡召开中央

政治局扩大会议，批判了以王明为代表的"左"倾关门主义错误，确定了建立抗日民族统一战线的政策。会议通过的《中央关于目前政治形势与党的任务决议》指出"党的策略路线，是在发动团结与组织全中国全民族一切革命力量去反对当前主要的敌人——日本帝国主义与卖国贼头子蒋介石"[①]。12月27日，毛泽东在党的活动分子会上做了《论反对日本帝国主义的策略》的报告。报告指出：日本帝国主义要变中国为它独占的殖民地，"就给中国一切阶级和一切政治派别提出了'怎么办'的问题"。中国的工人和农民是要求反抗的，小资产阶级也是要求反抗的，民族资产阶级的态度有起变化的可能性。因此，党的基本策略任务，就是建立广泛的民族革命统一战线。毛泽东尖锐地批评"关门主义实际上是日本帝国主义和汉奸卖国贼的忠顺的奴仆。关门主义的所谓'纯粹'和'笔直'，是马克思列宁主义向之掌嘴，而日本帝国主义则向之嘉奖的东西"，并强调指出，"只有统一战线的策略才是马克思列宁主义的策略"。[②]

瓦窑堡会议之后，党中央采取切实措施，加强统一战线工作。在对国民党上层人物和军队将领的工作中，尤其加强了当时在军事上对陕北苏区构成直接军事威胁的张学良的东北军和杨虎城的第十七路军的统战工作，并取得了突破性的进展。在1936年的上半年，红军和东北军、第十七路军之间，实际上已停止了敌对行动，并分别与他们达成了互不侵犯、互相帮助、互派代表加强联络等协议。党的抗日民族统一战线政策在西北地区首先取得了重大的胜利。

1936年10月下旬，蒋介石调兵遣将，紧锣密鼓，准备对我陕北革命根据地进行更大规模的"围剿"。深受我党"停止内战、一致抗日"的抗日民族统一战线策略感召的张学良、杨虎城，多次劝说蒋介石放弃"剿共"，共同抗日。在劝说无效之后，张、杨二将毅然发动

---

① 《中共中央文件选集》（9），中央党校出版社，第609页。

② 《毛泽东选集》第1卷，第143页。

了震惊中外的"西安事变"。事变发生后，我们党提出了和平解决的主张。经过多方努力，迫使蒋介石做出了"停止剿共、联合抗日"的承诺。西安事变的和平解决，成为时局转折的枢纽。在这之后，全国范围的内战事实上大体停止下来，国共关系也取得了迅速发展。卢沟桥事变之后，全国抗日民族统一战线形成了，这对于抗日战争的全面展开和最终取得胜利有着十分重要的意义。同时，伴随着共产党合法地位的取得，也使我们党走出逆境，渡过一个重要关头，进入一个新的发展时期。

2. 在统一战线中，无产阶级政党要牢牢把握独立自主的原则

抗日民族统一战线，是国共两党为了反对日本帝国主义的入侵，停止了多年的内战，走到一起来的。蒋介石国民党是在中日民族矛盾上升为主要矛盾的情况下，迫不得已同共产党建立了抗日民族统一战线。阶级矛盾仍然存在，只是暂时退居次要地位。在这种复杂情况下，正确处理民族矛盾与阶级矛盾的关系，正确处理统一战线中统一和独立的关系，显得十分重要。中国共产党认真吸取了大革命时期统一战线的经验教训，从当时的实际情况出发，提出了我们党在抗日民族统一战线中必须坚持独立自主的原则。

还在1935年12月我们党反对关门主义、提出建立抗日民族统一战线的时候，毛泽东同时就高瞻远瞩地提醒党内注意1927年陈独秀右倾机会主义引导革命归于失败的历史教训。"没有疑义，威迫利诱、纵横捭阖的手段，日本帝国主义和蒋介石是一定要多方使用的，我们是要十分留神的。"[1]1937年8月下旬，毛泽东在洛川召开的中央政治局扩大会议上强调指出，中国共产党在统一战线中，必须坚持独立自主的原则，对国民党必须保持高度的阶级警惕性，一时一刻也不要忘记蒋介石想通过抗日战争消灭和削弱共产党和红军的阴谋诡计，必须保证共产党对红军的绝对领导。红军的调动，只能由中国共产党来决

---

[1] 《毛泽东选集》第1卷，人民出版社1991年版，第157页。

定，而不能由国民党决定。同年11月12日，毛泽东又指出，"'统一战线中的独立自主'这个原则的说明、实践和坚持，是把抗日民族革命战争引向胜利之途的中心一环"①。以后的事实的发展，充分说明了我们党这个决策是非常英明和正确的。

中共中央确定的在统一战线中坚持独立自主的原则，最初并没有为全党所充分理解。1937年11月底王明回国，他在中共中央12月政治局会议上否认党在抗日民族统一战线中的独立自主原则，主张"一切服从统一战线"，"一切经过统一战线"，建立全国统一的国防军，要我军服从国民党的统一指挥、统一调配、统一作战计划、统一作战行动，总之八路军应该统一受蒋介石指挥。在1938年3月政治局会议上，又把"五统一"发展为"七统一"。由于王明打着共产国际的旗号，因而蒙蔽了一部分人。毛泽东等人对王明的右倾错误进行了坚决的抵制和斗争。在党的六届六中全会上，毛泽东深刻地批评了王明的"一切经过统一战线"的右倾口号，指出："国民党的方针是限制我们发展，我们提出这个口号，只是自己把自己的手脚束缚起来，是完全不应该的。"②会议基本纠正了王明的右倾错误，再次强调了中国共产党必须独立自主地领导人民进行抗日战争，从而统一了全党的思想和步调。在党的独立自主原则的指引下，八路军、新四军深入敌后，发动群众，开展游击战争，不断打击日寇入侵，不断壮大人民抗日武装和抗日根据地。到1940年年底，我党领导的武装部队发展到50万人，还有大量的地方武装和民兵；在华北、华中、华南创造了16块抗日根据地，加上陕甘宁边区已经有1亿人口，在全民抗战中发挥了日益重大的作用。

3. 在统一战线中，无产阶级政党必须对同盟者采取又联合又斗争、以斗争求团结的方针

出于反对共同敌人的需要，不同阶级的政党和团体结成了统一战

---

① 《毛泽东选集》第2卷，人民出版社1991年版，第394页。

② 《毛泽东选集》第2卷，人民出版社1991年版，第540页。

线。但是，统一战线中同盟者毕竟代表着各自阶级、阶层和团体的利益，这样，同盟者之间难免会出现利益上的差别，出现摩擦，甚至会出现较为尖锐的冲突。正确地处理与同盟者之间的矛盾，保持和巩固统一战线以保证反对共同的敌人，是无产阶级政党在统一战线的实践中需要认真对待的复杂问题。我们党在抗日民族统一战线中，针对国民党蒋介石制造的各种摩擦和企图破坏统一战线的阴谋，没有简单地妥协、退让以保全统一战线，而是采取了又联合又斗争、以斗争求团结的方针，挫败了国民党的反共阴谋，保持了统一战线，为无产阶级政党正确处理与同盟者之间的矛盾和团结的关系提供了有益的经验。

历史事实充分证明："党的失败和胜利，党的后退和前进，党的缩小和壮大，党的发展和巩固，都不得不联系于党同资产阶级的关系和党同武装斗争的关系。"[1]中国共产党的巩固、发展、壮大，与正确地制定和执行统一战线的政策和策略息息相关。正因为这样，毛泽东称统一战线是中国共产党在中国革命中战胜敌人的3个重要法宝之一。我党延安时期的历史经验是一个大宝库。当我们今天面对世界社会主义运动现实的时候，更有必要从这个大宝库中汲取营养。

进一步把马克思主义普遍真理同中国革命的具体实践相结合，这是我们党领导中国革命从低潮走向高潮最基本的经验。我们共产党人是以马克思主义为指导思想的。但是，马克思主义的一般原理，不可能对任何国家的革命提供现成的公式。20世纪二三十年代，处在幼年时期的我们党，曾经一再犯过把马克思主义教条化和把外国经验神圣化的幼稚病的错误，这种错误几乎使中国革命陷于绝境。延安时期，毛泽东同志鲜明地提出了马克思主义中国化的问题，并在领导中国革命的过程中，把马克思主义的普遍真理同中国革命的实际成功地结合起来。毛泽东思想是中国共产党人把马克思主义普遍真理同中国革命具体实践相结合的产物，是中国共产党人集体智慧的结晶。延安时

---

[1]《毛泽东选集》第 2 卷，人民出版社 1991 年版，第 605 页。

期是毛泽东思想的形成时期和成熟时期。正是因为有了毛泽东思想的科学指导，中国革命才蒸蒸日上，取得了一个又一个伟大胜利。党的十一届三中全会正是坚持了毛泽东思想实事求是的灵魂，从而开创了改革开放的新局面，社会主义建设事业取得了巨大成就。科学社会主义的生命力，就在于同各个时代和各个国家的具体实践相结合。有中国特色的社会主义，就是科学社会主义在当代中国的体现。今天，当我们面临帝国主义咄咄逼人的"和平演变"攻势的时候，当我们国内还有许多困难和问题需要解决的时候，更加需要进一步坚持把马克思主义的普遍真理同中国革命和建设的具体实践相结合，坚持把马克思主义作为行动的指南，善于运用马克思主义的立场、观点和方法，去观察、认识和处理各种国际事务和国内各条战线的问题。历史的经验和当代国际共产主义运动的严重教训，都要求我们牢牢记住：必须进一步加强党的思想理论建设，坚持理论和实际相结合的原则，用马克思列宁主义、毛泽东思想统一全党思想；全党干部，特别是党的高级干部，必须忠诚于马克思主义。

过去是未来的钥匙。回顾党在延安时期发展壮大并领导中国革命走向胜利的光辉历史，我们更加坚信：不管国际风云如何变幻莫测，前进的道路怎样艰难曲折，只要我们信念坚定，头脑清醒，团结拼搏，实实在在把我们自己的事情做好，社会主义中国就会永远蒸蒸日上。社会主义在世界范围内必将取代资本主义。莫道云蔽日，终是太阳红！

试析所谓陕西民主革命补课问题 ①

　　"陕西民主革命不彻底"，是20世纪60年代在陕西影响颇为深广的一个论点。所谓民主革命不彻底，主要是指土地改革不彻底，也包括剿匪反霸、镇反、城市民主改革不彻底。认为陕西民主革命不彻底，主要是指关中不彻底，突出表现是漏划了大量的地主富农成分。事实证明，"陕西民主革命不彻底"以及因此而进行的民主革命补课，是在"左"的指导思想下形成，背离陕西民主革命的实际，并且在全省范围内产生了极大恶果的错误的口号和行动。

一　陕西的民主革命

　　土地制度的改革，是中国民主革命的基本任务之一。从土地革命到全国解放初的几十年里。陕西党组织准确理解、认真贯彻党中央和毛泽东同志关于民主革命的指导思想及各项方针政策，坚持从党的政策原则和陕西的实际情况出发，实事求是、积极稳妥地进行了几次大规模的土地改革，无论是陕北老区、半老区，还是关中、陕南新解放区，都较为彻底地完成了民主革命的历史任务，为陕西顺利进入社会

　　① 本文原载《陕西地方志》1993 年第 1 期（总 69 期），署名为郑欣淼、鲍澜。

主义改造和社会主义建设奠定了良好的经济社会基础。

陕西的土地改革，经历了3个历史时期：

一是1935年前后陕北老区大部分地区的打土豪分田地。初步废除了地主对农民的剥削，把土地分给农民，实行农民对土地的所有。

二是1947年前后陕北老区、半老区的土地改革。在老区的延安、子长、吴堡、靖边等21个县近150万人口的地区再一次进行了土地改革。据安塞、子长、志丹、吴旗、延长5个县统计，土改时划定的地富的户数，平均占到当时总农户的10.72%。最高的安塞县为15.3%，最低的延长也是7.2%。半老区（主要是黄龙分区）的土地改革在这之后全面展开。黄龙、宜君、宜川、洛川、黄陵等5个县约23万人口地区的土改，从1948年开始到1950年春节前后完成。

三是1950年10月到1951年7月新解放区的土地改革。1950年1月10日，在陕西省人民政府委员会第一次会议上，根据西北局关于关中地方党委书记联席会议精神，部署了新区的民主改革。在1950年7月召开的中共陕西省第一届代表会议上。省委书记马明方同志做了关于陕西省土改工作的报告。由于陕北老解放区及黄龙地区半老区的土改已经结束，这次土改主要是在新解放的关中地区、榆林长城以内汉族居住区和陕南地区进行。

新解放区的土地改革，是根据《中华人民共和国土地改革法（草案）》，结合陕西省的实际情况进行的。西北局和陕西省委既坚持中央政策原则，又从陕西实际出发。其中有两点是很突出的：

其一，实事求是地估计关中新区的阶级状况和土地关系。西北局和省委通过调查看到：关中地区土地较分散，地、富占农村总户数的6%左右，占有土地约为20%，在土改中应没收地主的土地和应征收的公地占土地总量的5%～6%；关中地区地主户数和所占土地比重都相对低于陕北（70%）和陕南（30%～45%）。由于弄清了关中地区这一"主要情况和特点"，并正确进行了阶级估量和土地关系分析，所以在土改中所制定的政策、计划，以及所采取的措施都能建立在实事求是的基础上。

其二，实事求是地划定农村阶级成分。省委在土改工作中强调，准确划分农村阶级成分，是搞好土地改革的基础，"这个问题上的急躁、鲁莽从事，就可以将农村中土地改革的阵营弄得混淆不清"；划分阶级成分必须根据中央颁布的文件，"认真地细致地去进行"，"必须占有材料，深思熟虑"；"允许被确定阶级成分的人参加会议，提出不同意见，以期达到与实际社会阶级成分完全符合之目的"，"阶级成分难于划定的，有争论的，应缓定，多研究，多请示上级"。在土改复查中，西北局明确要求，"凡可定为小土地出租者……不定地主"；强调要严肃对待错定成分和错误进行斗争的问题，凡是搞错了的，即使一事一人，也要严肃处理。习仲勋同志明确指出，"群众运动开展起来，就好像一渠河水放下来，必须紧张地注意两旁堤岸决口"。西北局和陕西省委敢于坚持实事求是，使土地改革既符合中央的政策，又紧密结合了陕西的实际，也显示了领导者对事业的忠诚和对省情的清晰了解。

为了坚决而稳妥地实行土地改革，陕西各级党组织和人民政府都加强了领导。在进行试点，取得经验后，调派大批干部深入农村，一般经过了宣传政策，发动群众，建立农会，查实土地，评定成分，废除封建债务，没收分配土地，建立基层政权，以及复查总结等阶段。在整个运动中始终贯彻了依靠贫农、雇农，团结中农，中立富农，有步骤有分别地消灭封建剥削制度，发展农业生产的方针和政策。配合农村土改，还在城市工矿企业同时进行了民主改革，清除了隐藏在工矿企业里的反革命分子和封建残余势力，做到了城乡协调，互相促进，顺利地完成了全省的民主革命任务。关中在土改中共划定地主、富农成分33165户，占当时总农户的2.35％；陕南共划定地主、富农成分65595户，占当时总农户的6.02％。在这次土改中，全省新解放区780万无地少地农民，共分得1080万亩土地、88万间房屋和1.1亿斤粮食。贫、雇、中农所占有的耕地，关中达到89.6％，陕南为87.2％。

关中、陕南在土改中还严厉镇压了一批罪大恶极的恶霸地主分子、土匪和一贯道分子。陕西土改的胜利完成，消灭了几千年的封建剥削制度，消灭了剥削阶级长期大量占有土地的现象。农民真正成为土地的主人，生产积极性空前提高，从而解放了农村的生产力，变工互助迅速兴起，文教卫生事业得到发展，人民政权进一步巩固，以工人阶级为领导的工农联盟进一步增强。

在全省新解放区进行土改的前后，还开展了剿匪镇反工作，以巩固人民民主专政。国民党政府及其军队在溃退之前，曾有计划地布置土匪、特务潜伏下来，开展"敌后游击"，对人民政权进行破坏。1949年年底，全省有股匪3万余人，其中少数活动于关中平原和陕北黄龙、榆林地区，大部活动于巴山、秦岭和麟游山区。1949年12月下旬，陕西省军区集中十九军全部及关中、陕南的地方武装，在当地中共组织的统一领导下，贯彻执行军事清剿、政治瓦解、发动群众三者结合的方针，展开全面进剿。到1950年年底，大股土匪基本被消灭，共毙伤俘匪特2.9万余人。1951年2月，贯彻执行《中华人民共和国惩治反革命条例》，在全省大张旗鼓地开展了镇压反革命的群众活动，对土匪、特务、恶霸、反动党团骨干和反动会道门骨干分子等，进行全面清理，并按照他们的罪行和认罪态度分别进行了处理。趁此有利时机，陕西军区又组织剿匪，直到1953年年底又陆续歼灭匪特2500名，在全省范围内基本平息了匪患。由于深入剿匪和彻底镇压反革命取得重大胜利，进一步稳定了社会秩序，保证了国民经济的恢复和发展。

对于陕西的土地改革工作，各级党的组织和广大人民都有客观公正的评价。当时的中共陕西省委书记马明方同志在土改后宣布，关中土改是按照中央人民政府土地改革法和刘少奇同志关于土地改革的报告，循着正轨稳步进行的；基本上发动了群众，比较准确地划定了地主和农村中其他阶级成分，进行了没收、征收和分配土地工作，农民的政治觉悟提高了，社会风气有了很大的转变。当时的西安市委常委方仲如同志在西安郊区土改完成后讲道，农民翻身后，在农村呈现一种兴奋、愉快、生产、学习的新气象。陕西的镇反同样是彻底的。

二 陕西民主革命补课"不彻底"论的由来

在我国开始转入全面建设社会主义的阶段后，党的工作在指导方针上有过严重失误，在政治上主要是阶级斗争扩大化的"左"倾错误，1962年9月，在党的八届十中全会上提出了关于在整个社会主义历史阶段，资产阶级作为阶级都将始终存在并企图复辟的观点，并提出要进行社会主义教育。1963年2月中央工作会议提出"阶级斗争，一抓就灵"。同年，中央先后制定了社会主义教育的两个决定（即"前十条""后十条"）。1964年5、6月间，中央在北京召开工作会议讨论社会主义教育运动等问题。会议认为，全国基层有1/3的领导权不在我们手里，提出要放手发动群众彻底革命，追查"四不清"干部在上面的根子。9月，中共中央发布了"后十条"修改草案，对形势的估计严重了，提出敌人拉拢腐蚀干部，建立反革命的两面政权，是敌人反对我们的主要形式；认为这次运动，是一次比土地改革运动更为广泛、更为复杂、更为深刻的大规模的群众运动；提出有的地区还要进行民主革命补课工作。修改草案提出："由于现在农村相当普遍地存在着阶级成分比较混乱的情况，在社会主义教育运动中，很有必要认真地进行一次清理阶级成分的工作，就是说，经过群众的充分讨论，对每一个家庭的成分进行审查和评定，并且建立阶级档案。凡是过去划错了成分的，都要改正过来。在某些民主革命很不彻底的地区，或者根本没有划过阶级的地区，还应当重新划分阶级。""在北方，在南方，都有一些地区民主革命不彻底或者很不彻底，在这次社会主义教育运动中，必须认真地进行民主革命的补课工作。在那些地方，只有彻底地进行了民主革命，社会主义革命才能顺利进行。"这就在中央文件中提出了"民主革命不彻底"和"民主革命补课"的问题。这些指导方针，对社教运动影响很大，造成了对基层干部打击面过宽、打击过重以致混淆敌我界限的"左"的错误。"陕西民主革命不彻底"问题的提出与升级，与全国当时这个大的政治环境有着密切的关系。

当时，中央西北局在弥漫全国的"左"的气氛下，把"千万不要忘记阶级斗争""阶级斗争，要年年讲、月月讲、天天讲"进一步升级为"阶级斗争，无处不有处处有，无时不有时时有"。西北局对陕西问题估计得更为严重，认为陕西的民主革命在不少地方是"和平转变""和平土改"，提出在这次社会主义教育运动中，对过去民主革命不彻底的地方，一定要下定最大的决心，以革命精神，坚决依靠贫农、下中农，放手发动群众。认真进行补课，有多少补多少，不要怕工作量大，不要怕麻烦。革命就是麻烦，怕麻烦就不能革命。

1964年，西北局要求各省委、自治区党委把这个问题列为重要议事日程。加以认真讨论，并在银川召开了陕甘宁青4省、区民主革命补课工作座谈会。座谈会认为，西北地区"除了很少数老苏区外，绝大部分地区土地改革都搞得很不彻底"，"集中表现是：基本群众没有充分发动，封建势力没有彻底打倒，贫雇农没有真正翻身"。会议提出，"应该在党内和干部中大讲民主革命不彻底的情况、原因和危害"，"纠正各种错误认识，……全部彻底地完成民主革命遗留下来的任务"。1964年，西北局在兰州召开扩大会议，对民主革命补课问题做了具体部署。1965年4月6日，西北局发出西北地区16个县社教座谈会讨论通过的《关于民主革命补课几个问题的规定（草案）》。

对所谓陕西民主革命不彻底的问题，在党内和干部中并不是一致的。当时中共陕西省委就认为，陕西民主革命基本上是彻底的。胡耀邦同志认为，"陕西社教搞得过火了"。赵守一同志也曾表示，阶级斗争是有的，但不是左一个斗争，右一个斗争，才是阶级斗争。为了把人们的认识统一到"民主革命不彻底"上来，1964年上半年，西北局农村工作部和调查研究室专门对关中进行调查，形成了《关于陕西关中地区民主革命不彻底的情况报告》。报告认为，关中不少的县土改时划定的地主富农，占当时总农户的比例普遍很低，其中相当多的地方的民主革命是很不彻底的。1964年，在长达20多天的省委四届二次会议（扩大）结束时，西北局负责人发言说，认识当前阶级斗争的形势必须进一步领会1/3的领导权不在我们手里的问题，民主革命不彻底的问题，思想战线上15年来基本上不执行党的政策的问题。他认为，从各方面已经揭发出来的材料，特别是从民主革命不彻底的情况看，问题可能要严重得多。如宝鸡县①清溪公社土改时划出地富44户，社教中又查出40户；蒲城县三合、翔村两个公社，土改时划出地富50户，社教中又查出170户。在分析陕西民主革命不彻底的原因时，他认为反动势力没有受到应有的打击，放走了大量的土匪，保护了大批反革命分子、坏分子，使得封建势力保存了相当雄厚的基础。因此，"陕西的民主革命任务还大得很，绝不是什么只剩下一点'残余'或'尾巴'了"。

这次会后，陕西对于民主革命补课工作进行了全面部署并实施。

三　陕西"民主革命补课"的实践

陕西民主革命补课，主要是在社会主义教育运动和"文化大革命"清理阶级队伍这两个阶段进行。

陕西社教运动从1963年7月开始。当年全省在103个公社进行试点，开展以清政治、清经济、清思想、清组织为内容的社教运动。运动初期，在清经济和整顿干部作风方面做了一些工作，受到群众欢迎。但是，由于中央关于社教运动的指示中对阶级斗争形势的估计严

---

① 今陕西省宝鸡市陈仓区。

重扩大化，工作中出现了不少"左"的做法。1964年9月，省委根据中央"后十条"和西北局兰州扩大会议要求，重新部署社教运动，使"左"的错误越来越严重。除在1/3的社、队比较系统地开展社教外，为了缩短战线，把原来确定的9个县和西安市阿房区共10个点，改为长安县、延长县、西乡县和阿房区4个点，采取集中力量打歼灭战的方式，从全省抽调大批干部，组成4个社教工作团，开展重点社教。

社教中，民主革命补课是一个主要内容。在西北局直接指导的长安地区（包括长安县和西安市雁塔、阿房两个区，68万人口）社教运动中，"补课"搞得尤为突出，影响很大。长安社教集中了从中央到公社5级抽调的1.2万名干部。长安社教工作团认为，长安民主革命不彻底，带来了严重后果：阶级阵营混乱，敌友我界限不清；有些政权根子不正，基层组织严重不纯，不少领导权被漏掉的敌人所窃据；长安地区已经有12.8％的大队干部、12.5％的党员被"演变"过去，33％的大队领导权不在我们手里；认为"全国解放十五年，长安贫下中农十五年没解放"，"贫下中农还处在水深火热之中"。因此，对原来在社教中执行的"三依靠"（依靠基层组织、依靠基层干部、依靠贫下中农）政策加以否定，把当地的基层组织和基层干部撇在一边。要求社教干部进村后，从"扎根串联"做起，发现和培养贫下中农积极分子，开展"四清"，进行"民主革命补课"，解决土改镇反两个不彻底的问题。社教中，首先从县委和县级领导班子开始揭阶级斗争盖子，接着便宣布县委基本烂掉，公社一级的班子多半烂掉或基本烂掉，57.5％的干部有各类严重问题。长安地区民主革命补课，补定漏划的地主、富农，以土改时农户计算，共3271户，占土改时总农户的3.26％，等于土改和以往历次运动所定数的1.2倍。补划和原定地主、富农共计5992户，占土改时总农户的5.97％。按当时社教的户数、人口计算，地主、富农占总户数的8.6％，占总人口的9.22％，补定地富分子共2036人，等于原有四类分子的60.6％，逮捕了17名漏划地富分子。对漏划地主和所谓土改时没收很不彻底的原划地主，以及近年有反动活动的富农的财产进行了没收，追回了"漏划富农"入社时长余的生产资料折价款。个别补课早的地方，还没收了富农的多余房屋。共计没收房屋10500多间（土改时原长安全县没收了1.5万多间），农具1.3万多件，家具8.9万多件，追回各种应追退的价款110多万元。贫下中农直接分到财产的共3.3万多户，占贫下中农总户数的38％，又在党员中清除了补定的"漏划地富分子"152人，县、区、社、队各级干部中清除了"漏划地富反坏分子"493人。

陕北的延安县①1935年就进行了土改，民主革命比较彻底。当时进行土改的地区，共7515户，划定地主、富农、豪绅共531户，占总农户的7.01％，不仅没收分配了地主、富农的土地、牲畜、窑房、农具、粮食等绝大部分生产和生活资料，而且还没收分配了大量的底财，有相当一部分地主被扫地出门。社教中，认为这些地方仍有漏划地富。因此，对没有经过土地革命的城郊地区，也普遍划了阶级成分，划定地富占土地革命时总户数的9.45％。全县农村共补定地富52户，加上土地革命时划定的地富531户，土地革命以后和上次社教补定的16户，共599户，占土地革命时全县总农户7716户的7.8％。没收分配房窑97间，农具、家具58件，入社时的长余生产资料折价款10093元。

陕南的西乡县土改时农村总户数53152户，土改和前两期社教共划地富4164户，占总农户的7.83％。社教工作团认为，该县民主革命基本上是彻底的，但也有少数队不彻底。全县在部分地区开展重点社教，补定了一批"漏划"，加上该地区土改时定的地富，地富共占社教地区总农户的8.01％。从全县来看，地富占到总农户的8％。

有的县的社教运动又和"文化大革命"的极"左"一套结合起

---

① 今陕西省延安县。

来，补定漏划地富的工作更是粗糙。蓝田县1966年4—11月进行社教，和"文革"结合进行，到7、8月份，工作队、组层层整风，大反右倾，助长了极"左"思潮，出现了乱揪、乱斗和严重的逼、供、信，造成了思想上、政策上的混乱，甚至运动前期的积极分子也被定成地富。

社教运动中进行民主革命补课，补定漏划地主、富农成分，在政策上主要有以下几点：

一是简单地套用中央关于地主富农在农户中应占8％左右的原则。西北局发的《关于民主革命补课几个问题的规定（草案）》中明确提出："原划和这次补划的地主富农的户数，以县为单位，按土改时的总户数计算，要控制在百分之六、百分之七，最高不要超过百分之八。"不少地方为了达到8％，就降低标准，硬性拼凑，把不少可定可不定或根本不是地富的农户定为地主、富农。

二是另定了小土地出租者占有土地的最高标准数。小土地出租者占有土地最高标准数，1951年土改时省人民政府批准决定了一个标准。但在1964年长安社教影响下，全省不少地方的社教工作团又规定了一个新的标准，两个标准规定的数量差别很大。如蓝田县土改时分为两类地区，最高标准数规定为平地60亩，坡地80亩，社教中平地降为30亩，坡地降为40亩。渭南县，土改时分为三类地区，最高标准数规定为渭河沿岸及渭河南部地区60亩，渭河北部地区80亩，渭河远北地区120亩。社教中把上述三类地区的标准数分别降为40亩、50亩、60亩。这样，就把一大批本不属于地主、富农的农户划成了地主、富农。

三是划定"新生地主"和"新生富农"。在农村社教中，延安、宝鸡等地发现有个别原为贫农和中农的单干户，多年来一直以雇工开荒、出租土地、放高利贷等形式进行剥削，认为他们已发展成为新生的剥削阶级，经陕西省委上报西北局同意，把这类农户定为新生地主或新生富农成分："凡是未入社的单干户，原来虽为贫农或中农，土改后一贯进行剥削，现在占有大量土地和耕畜农具，并以剥削为主要生活来源的，应按前政务院关于划分农村阶级成分的决定中有关区别地主、富农成分的界限，经过地委批准，定为新生地主或新生富农。其家庭成员中居于支配地位的，应给戴上新生地主分子，或新生富农分子的帽子。"

陕西民主革命补课比较集中的另一次，是在"文化大革命"的清队中进行的。社教中许多"左"的判断口号和做法，一直延续到"文革"中。1969年中共九大以后，陕西的"文革"进入斗、批、改阶段，主要是清理阶级队伍。当时陕西省一些领导人根据康生等人定的调子，认为陕西民主革命不彻底，和平土改，镇反不力，又包庇了一批地主、富农和反革命分子。因此，各地在清理阶级队伍中，便把补定漏划地富作为一项重要内容来抓。陕西省革命委员会1968年12月召开的"掀起农村斗批改新高潮"的潼关现场会议，在这方面起了十分恶劣的作用。

《关于建国以来若干历史问题的决议》指出，社教运动，"虽然对于解决干部作风和经营管理等方面的问题，起了一定的作用，但由于把这些不同性质的问题都认为是阶级斗争或者是阶级斗争在党内的反映"，"使不少基层干部受到不应有的打击"。在社教运动和"文革"中，陕西全省共补定地富58865户。这些户，绝大多数是错定的，造成了严重的后果，一是混淆了两类不同性质的矛盾。补定的地富成分，绝大部分是错划的，将不少劳动农民，甚至许多贫雇农划到地富一边。不少地方甚至把许多老党员、老干部的家庭错定为地富。蓝田县把汪锋、赵伯平、赵子和等地下党组织领导人，以及土改、合作化以来的老党员、老模范杨良才、杨培福等人的家庭错定为地富成分，有的还戴上地主或富农分子帽子，严重地搞乱了阶级阵线。二是造成了干部群众的相互对立。许多地方由于对社教中问题的看法不同，在"文革"中干部群众分成几派，势如水火，由互相辩论发展到武斗。蓝田县武斗中就致死105人。三是大大挫伤了干部的积极性。

1988年7月作者与鲍澜同志同游华山。鲍澜时任省委研究室办公室主任，后任陕西省地方志编纂办公室副主任

许多干部在运动中挨整，不少好干部由于家庭被错定为地富成分而受到株连，有的被错定为地主或富农分子。许多干部心有余悸，精神不振，不敢大胆工作。这些问题，给陕西省的经济发展和社会安定带来了很大的消极影响。

对于社教运动以来错定的地富成分，有的地方从1973年就开始着手复查纠正。但从全省范围内大规模地集中地进行这项工作，则是在党的十一届三中全会以后。

1979年1月，中共陕西省委召开全省三级干部会议。会议上大家认真学习党中央工作会议和十一届三中全会文件，澄清了陕西历史上遗留的一些重大问题。省委认为，"四清"运动中，有的同志提出"陕西土改不彻底""镇反不彻底"的口号，在全省范围内开展民主革命补课，错误地补划了大批地主、富农；"文化大革命"中，曾在陕西把持很大权力，终于投靠"四人帮"的那个人，又接过这个口号，大搞清队扩大化，打击迫害了大批干部和群众，造成严重后果。实践证明，陕西的民主革命基本上是彻底的，这两个"不彻底"的估计和采取的一系列做法，是完全错误的。这次会后，中共陕西省委发出了《关于纠正社教运动以来错定地主、富农成分问题的通知》。各地都认真抓了纠正错划补定地富的工作。经过大量艰苦细致的工作，到1979年上半年，这项工作全部结束。渭南地区共补定19440户地富，复查结果，只有72户维持了原来补定的地富成分。商县补定的1600多户地富，经过复查，只有4户确系漏划地富。蓝田县至1979年5月底，共纠正错定地富成分4394户，维持原定不变的28户，纠正的占补定的99.3％；全部撤销了运动中错戴的3835人的地主、富农分子帽子。全省错定的地富成分都得到了纠正。与此同时，按照中央精神，又给长期劳动守法的11.3万多名地主、富农摘了帽子。至此，"陕西民主革命补课"的遗留问题基本得到了解决。大量冤、假、错案的复查纠正，使社会关系得到调整，加上党在农村一系列富民政策的贯彻落实，极大地调动了广大农民的积极性，增强了人民内部的团结，加快了我省农村改革和农业发展的步伐。

20世纪80年代初与澄城县干部在临潼华清池留影

第三编

实践篇·青海

创名牌与保名牌 ①

今天《青海日报》头版头条是《高原"白唇鹿"走向全国　俏立市场潮头》的消息，3版又有一篇《我们只有一个"白唇鹿"》的文章，也可能是巧合，但我感到很有意思。前一篇说的是"白唇鹿"牦牛绒衫已走俏全国，可喜可贺；后一篇说的是"白唇鹿"作为我省为数不多的一个名优产品，尚需一个良好的生长发育环境，当务之急，是给以保护。两篇的意思都好，合起来是一篇完整的文章。我同意作者的观点，由此想到一个问题，就是如何创名牌、保名牌的问题。

我们知道，所谓企业的竞争，归根到底是产品竞争。名牌产品是高附加值、高科技含量、高市场占有率的产品。有了名牌产品，就

刊登在《青海日报》1996年3月4日的《创名牌 保名牌》

---

① 本文为作者 1996 年 2 月 5 日致青海日报社社长姚德明同志的一封信，刊登在《青海日报》上。

能在市场上有竞争力，就能产生很大的经济效益。有无名牌产品及名牌产品的多少，可以说是一个地区经济实力的体现。名牌体现着一定的文化品位，是文化与经济结合的产物，是企业素质、职业水平的综合反映。创造一个名牌很不容易。即如我们的"白唇鹿"，也是走过了多年的风风雨雨，凝结了多少人的心血，才有了今天，我们理应爱护；因为这一名牌，在某种程度上反映着青海的形象。创名牌不易，保名牌亦难。这么多年来，我们不是见过许多有名的产品"其兴也勃，其亡也忽"，而令人深为惋惜吗？《我们只有一个"白唇鹿"》一文吁请保护我们的名牌，但市场是无情的。且不说省内，省外也有了此类企业且以咄咄逼人之势在发展。形势还是严峻的。对于"白唇鹿"，不是一个简单的保护问题。这里既要有政府的支持，更需要企业不满足现状，居安思危，有魄力、有志向、有大手笔，勇于改革，

1996年5月在瞿昙寺考察时留影。从右至左为武玉嶂、苏生秀（青海省文化厅副厅长兼文物局局长）、王汉民（青海省政府常务副省长）、作者、蔡巨乐（时任青海省政府秘书长，后任青海省政协副主席）、陈秉智（青海省文化厅厅长）、瞿昙寺管委会负责人。瞿昙寺位于青海省乐都县，创建于明洪武年间，迄今已历600多个春秋。总体结构布局与北京故宫相仿佛，人称"小故宫"。该寺以宏伟建筑、珍贵文物、精美壁画著名于世，1982年被国务院颁布为第二批全国重点文物保护单位

不断创新，增加技术投入，提高技术含量和产品质量，上规模，上档次，向更高的目标登攀。"鄂尔多斯"羊绒衫的成功就是一个例子。我们应有这个信心，使"白唇鹿"走遍全国千家万户，走向世界各地，使它的名字更响亮。这里说的"白唇鹿"，举一反三，在其他方面，我们都需要名牌，需要实施名牌战略。我们的许多资源是得天独厚的，如果在资源开发利用中创造出一些真正叫得响的名优产品，占有更多的市场，对我省的经济发展无疑有着重大的意义。

　　以上是我读报的一点感想，不知你以为如何。我想，我们的报纸加强这方面的宣传，抑或组织开展这方面的讨论，对于增强人们的名牌意识，关心我省的名优产品，激励企业努力创造新的名牌，应是大有裨益的。

关于文化扶贫 ①

一 提高对文化扶贫工作重要意义的认识

党的十四届五中全会提出，到20世纪末要实现第二步战略目标，国民生产总值比1980年翻两番，人民生活达到小康。实现这个目标，全国解决7000万人的脱贫问题是个关键，我省则要解决90多万人口的脱贫问题。搞好"文化扶贫"工作是关系到广大农牧民群众脱贫致富、实现小康的一项重要工作，是扶贫工作的一个重要方面。过去，我也曾搞过扶贫工作。那时，我们扶贫工作的着眼点主要是帮助贫困地区选项目、办企业，这对解决贫困地区的经济发展和群众脱贫致富起到了积极的作用，但同时我们也发现了一些问题，那就是一个地区经济的长远发展与人们科技文化素质的关系很密切。贫困地区教育文化事业相对比较落后，人们自身的科技文化素质比较低，在有的地区单纯地依靠跑项目、办企业还不能达到预期的效果，有的甚至给人家留下了一些包袱。有的项目好不容易搞起来了，扶贫队伍一走就难以撑持了。主要是缺乏人才，不懂管理。许多地方经济落后的根本原因是人的文化素质低，文化素质低反过来又制约了经济的发展。这就

---

① 本文原载中共青海省委宣传部主办：《青海宣传通讯》1996年第6期（总第388期）。文末注："这是郑欣淼副省长在全省'万村书库'文化扶贫表彰会上的讲话摘要。"

提出了治贫必须治愚，经济落后地区必须大力发展文化教育的紧迫任务。所以，搞好扶贫工作，仅仅依靠政府给点钱是不能从根本上解决问题的。古人有一句话："授人以鱼，不如授之以渔。"意思是说我给你一条鱼，不如教给你打鱼的方法。因为我给你一条鱼，你吃完就完了，但教给你打鱼的方法，你吃鱼的问题就可以解决了。这个道理用在文化扶贫上是一样的。这几年，党和国家提出搞好文化扶贫工作，中宣部牵头抓这件事，这项工作意义重大。党中央提出，要把经济建设转移到依靠科技进步和提高劳动者素质的轨道上来。经济发展到一定程度，对科技文化事业的发展，对劳动者素质的提高就提出了一个必然的要求。我们对扶贫工作也要转变观念，要进一步提高和深化对开展文化扶贫工作重要意义的认识。农民奔小康是一项综合工程，适应经济发展的需要，也要做到"两手抓"，即既要抓项目，抓经济的发展，同时也要大力抓好农民自身科技文化素质的提高。文化教育事业对农村经济的振兴起着实实在在的作用。过去，我们对扶贫工作有一个形象的说法是"输血"，现在提出，要强化其自身的"造血"机制，增强"造血"功能，由"治标"达到"治本"。文化扶贫不是一项简单的工作，而是一件大事。乐都县是我省文化教育比较发达的地方，有重视文化教育的传统，这次会议在乐都召开很有意义。会上介绍的高庙镇旱地湾村开展文化扶贫活动，带领群众脱贫致富的一些先进经验很有指导意义，要认真总结推广，推动全省的文化扶贫工作。今天到会的不少同志都是搞这项工作的，希望大家切实把这项工作抓好。

二　明确新形势下文化工作的任务，拓宽文化工作的思路

随着改革开放的不断深入，在建立社会主义市场经济体制的进程中如何进一步繁荣和发展文化事业，是需要我们认真研究、深入探

索的一个新的课题。文化发展的基础是经济。目前，在旧的传统经济体制被打破，新的经济运行体制正在建立的过程中，文化事业的发展面临着一些困难，这是一个普遍的问题。但是，必须看到文化工作和其他工作一样，在改革中遇到的问题还是要通过深化改革来解决。因此，在新的形势下，文化工作要增强改革的意识，进一步明确自身的工作任务。广大的农牧民群众是我们文化事业服务的主要对象，文化事业广阔的天地在农村牧区，文化工作要为农牧民奔小康服务。要拓宽文化工作的思路，根据经济发展的需要，改变单纯就文化抓文化，仅仅依靠文化部门搞文化建设的做法。要树立大文化的观念，重视文化与科技教育的结合，在提高农牧民科技文化素质上下功夫。党中央、国务院对农村、农业和农民工作十分重视，搞好文化扶贫工作，直接关系到小康工程建设，没有广大的农牧民的小康，就不会有全国

作者在塔尔寺。位于青海省西宁市湟中县的塔尔寺，是我国藏传佛教格鲁派（俗称黄教）创始人宗喀巴大师的诞生地，藏区黄教六大寺院之一，全国重点文物保护单位。塔尔寺始建于1379年，距今已有600多年的历史，占地面积600余亩。寺院建筑分布于莲花山的一沟两面坡上，殿宇高低错落，交相辉映，气势壮观。栩栩如生的酥油花、绚丽多彩的壁画和色彩绚烂的堆绣被誉为"塔尔寺艺术三绝"

的小康。要通过文化基础设施建设和实施"万村书库"等多种形式的文化扶贫工程，调动鼓励农牧民群众学科技、学文化的积极性，指导帮助他们掌握一些现代科技文化知识和致富技能，加快脱贫致富奔小康的步伐。随着经济的不断发展和现代农业科学技术的普及，对农民种田也提出了新的要求。现在我国实施的"绿色证书"制度，要求农民掌握一定的科技文化知识和种养植（殖）技术技能。"农民"的概念有了新的内涵，以后，不是随随便便就能当个"农民"了。越是经济发展相对落后的地方，文化教育的压力也越大，越要下大气力抓好。

　　1996年春在青海省循化撒拉族自治县调查农村改革，在县城积石镇西4公里的街子村清真大寺附近骆驼泉前留影。照片中有循化县及省有关部门的负责同志。从右到左第三位为省体改委副主任刘振华，自左到右第二位为省体改委副主任苗晓雷，第三位为省文化厅副厅长、文物局长苏生秀，第四位为省政府办公厅秘书处处长武玉嶂（现任中共果洛州委书记）。骆驼泉是传说中撒拉族的发祥地。民间传说，撒拉族的祖先原是居住在中亚撒马尔罕的一个小部落，为首的头人是兄弟俩，在群众中威望很高。后因国王忌恨而被迫离开家园，四处流浪。他俩带着同族的18人，牵了一峰白骆驼，驮着故乡的水土和《古兰经》，向东寻找新的乐土，辗转来到积石山下。不料，黑夜中走失了白骆驼。第二天，他们在街子东面的沙子坡发现一眼清泉和走失的白骆驼（已化为白石卧在泉边），于是便在这里居住下来，并将这个清泉起名为骆驼泉

三 各级政府要把文化扶贫工作摆在重要位置

文化扶贫是一项意义深远的工作。各级政府和领导同志要深刻领会小平同志关于坚持社会主义物质文明建设和精神文明建设两手抓、两手都要硬这一指导方针的重大意义，重视文化工作，把它作为经济和社会发展的一个重要方面抓好。现在全国正在宣传、学习张家港市"两手抓"的经验，给我们的启示很多。我们的经济发展不好与人家比，但抓文化事业、抓精神文明则是同样需要的。在我省搞好文化扶贫工作，由省委宣传部牵头，各级政府则要全力支持这项工作。这不仅仅是宣传部门的事，也是政府的事，因为文化工作是政府整个工作的一个部分。我希望各级领导在指导思想上必须明确。对于文化扶贫工作遇到的一些困难，各级政府要在力所能及的情况下帮助解决。领导同志要经常过问这件事，下去检查其他工作时要检查文化扶贫工作，该解决的一些实际问题要想办法、下决心解决。

深化我省企业改革应重视的几个问题 [①]
——海东地区、西宁市的调查与思考

　　最近，我和省体改委等部门的同志一起，对海东地区、西宁市的地、市、县属国有企业、集体企业、乡镇企业以及个体私营企业等不同所有制形式企业的改革与发展情况做了调查，并与行署、市、县政府领导和企业经理、厂长进行座谈，分析了企业改革的现状与存在的问题，探讨了进一步深化企业改革应把握的重点。

　　近年来，海东地区、西宁市按照中央、国务院和省委、省政府有关国有企业改革的指示精神，在国有企业改革上下了很大功夫。它们从实际出发，大胆探索，勇于实践，通过改革使一批困难企业摆脱了困境，培植了新的经济增长点，探索了路子，积累了经验，取得了明显成效。主要表现在以下几个方面：

　　股份制和股份合作制试点有较大进展。海东地区较为规范的股份制和股份合作制企业已达到42户，拥有股本总额1.5亿元，参股职工达到3326人。西宁市已组建9家有限责任公司，有5家集体企业进行了股份合作制改造。

---

　　① 本文原载青海省人民政府办公厅编印《参阅文件》第3期（1996年5月6日），文前有按语："今年初，郑欣淼副省长带领省体改委等部门的领导同志，对海东地区、西宁市的企业改革与发展情况做了调查。郑欣淼副省长结合实际，对深化我省企业改革提出了具体的意见，具有很强的针对性和重要的指导意义。现将调研报告印发给你们，望结合本地实际，认真学习、深入领会，切实抓好企业改革工作，大力促进我省经济发展。"

企业间的兼并和联合力度加大。海东全区已有17家企业实行兼并，12家企业与天津、浙江、兰州、西宁等地的企业结对联合经营，利用外地企业的资本、人才、技术和管理优势，发展、壮大本地企业。

以产品为龙头，构建企业集团。互助、湟中、民和等县形成了以酒业、藏毯和硅铁等拳头产品为龙头的六大企业集团，形成了一定的规模优势。

建立现代企业制度试点工作稳步前进。1995年西宁市建立现代企业制度试点企业增加到3户。海东地区湟中酒厂和青海青稞酒厂建立现代企业制度试点工作，经过一年多的准备，制订了试点方案，相继建立了集团公司，企业内部的各项配套改革正在进行。

实行一厂多制、一厂多业及资产重组步伐加快。西宁市对部分小型亏损企业实行"退二进三"、"退二进一"（从原来从事第二产业转产发展第三、第一产业）、"两厂一长"制的办法，积极稳妥地推动产权流动与重组，促进了企业组织结构调整。

全员劳动合同制试点有较快进展。海东地区选定了14家企业进行试点，湟中酒厂、湟中水泥厂、青海特种水泥厂、青海青稞酒厂等7家国有企业全面实行了全员劳动合同制，完成了试点工作，为下一步在全区各类企业中全面推行积累了经验。

养老、失业等各项社会保障制度改革同企业改革配套进行。海东地区参加养老保险的单位达668个，职工3.63万人。全区各县全部实现了离退休费用由银行代发或社保机构直接发放，提高了社会化服务水平。全区参加失业保险的单位697个，职工为3.5万人，累计收缴失业基金296.23万元。西宁市参加养老统筹的国有和集体企业分别占98%和75%以上，参加失业保险的有659个单位的18万职工。养老、失业保险制度的基本建立，对企业改革起了积极的促进作用。

从海东地区、西宁市的调查看，我省企业改革虽然取得了不少成绩，但还存在一些问题，有不少亟待加强之处：现代企业制度试点要取得突破，如何明确产权主体、实行政企分开、分流富余人员、解决历史包袱和社会负担等，都是必须着力解决的深层次的难点问题；小企业改革步伐还不够快；各项配套改革的力度还应加大，以便为企业改革创造一个良好的外部环境；还有相当一部分企业严重亏损等。现在，中央关于国有企业改革的方向、目标、原则和要求都已明确。省委、省政府对企业改革很重视，省政府相继下发了《关于深化企业改革推动国有资产流动和重组的若干意见》《推进青海省企业兼并工作的若干规定》等文件。西宁市已被扩大为全国优化资本结构试点城市。我们在实践中也积累了不少经验。现在的问题是要加强领导，坚定信心，突破难点，不断把企业改革推向前进，取得实实在在的成效。当前，应重视抓好以下五方面工作：

一 要增强对企业改革重要性、紧迫性的认识

主要是克服三种模糊观点和错误认识：

一是对改革持等待观望态度。有的怕国有资产流失，不敢搞产权改革。企业出售等产权流动，不过是国有资产的价值形态变为货币形态。价值转化不等于价值流失。当然在产权改革中，由于经验不足或制度不健全，国有资产流失的现象可能发生，但这是一个管理问题，不是产权流动中必然出现的问题。只要严格国有资产评估制度，采取防止流失的措施，国有资产的流失是完全可以避免的。许多搞得好的企业的实践证明了这一点。国有资产只有在流动中才能增值。有的企业不抓紧改革，国有资产其实就在等待中慢慢"坐失"，在滞流中贬值。还有少数企业在困难情况下，自我改革的意识不强，还是按老思路、老习惯想问题、办事情，等政府帮扶、等国家给予新的优惠政策。政府的帮扶是必要的，但内因是变化的依据，如果缺乏内在动力，仅靠外力是难以推动的。因此要克服消极等待思想，增强改革意

识，早改革早主动，不改什么办法也想不出来。

二是认为改革是亏损困难企业的事，似乎效益好的企业搞不搞关系不大。这反映了对改革认识的肤浅性。国有企业改革的目的，就是通过转换企业经营机制，激发自身活力，使企业更好地适应社会主义市场经济的要求，它不仅能使困难企业改变面貌，也能使效益好的企业焕发生机。效益好的企业要在市场竞争中求发展，同样离不开改革。改革永远是企业发展的动力。我们在对实施股份制改造企业的调查中，看到两个同是效益好的企业，对改革的认识则不同：一个通过股份制改革，感到思路更加开阔，可干的事很多，思想进入了一个新境界，企业有了较快的发展；而另一个则因产品畅销，经济效益一直比较好，对实行股份制改革抱一种无所谓的态度。对改革认识深浅不同，企业发展的潜力和效果就不一样。

三是认为只要建立现代企业制度、进行产权流动重组，企业问题就会迎刃而解，对加强管理、练好内功及其他各项改革不那么重视，这种认识是片面的，建立现代企业制度必须和转换经营机制结合起来。建制是转机的前提条件，转机才能真正发挥新体制的优势。通过产权流动重组，优化资产存量结构是企业改革的重要措施，但不是企业改革的全部内容，不能取代企业的内部改革。企业建制并不能使企业自然而然搞上去，还必须"转机制、抓管理、练内功、增效益"，强化以成本、质量为重点的基础管理，把"三改"同"一加强"结合起来，并着力开发适应市场需要的产品，创造名牌，提高企业的整体素质。湟中金塔酒厂改造成青海金塔酒业集团有限公司后，总经理深有体会地说，不是"一股就灵"，还一定要在强化内部管理，努力向外开拓上下功夫。因此应该明确，管理是企业永恒的主题。任何形式的转制都代替不了管理，而且随着市场经济的发展，管理工作还要不断改进、完善。

二　认真研究、总结我省企业改革的经验，
指导和推动企业改革工作

建立以市场和产业政策为导向的现代企业制度，没有现成的经验可循，办法只能来自实践，来自群众的创造，只有大胆实践，总结群众的创造和经验，才能有所前进，这是10多年来包括企业改革在内的我们整个改革事业不断推进的基本经验和重要特点。改革的力量源于人民群众。国有企业改革的方针、政策一经与群众的伟大实践相结合，就会获得强大的生命力。在调查中，我们深深感到，改革打破了人们传统的思维模式，转变了人们的思想观念，增强了人们的创新意识。许多地方解放思想，大胆实践，坚持从实际出发，把中央制定的大原则化作适合企业操作的具体办法，出现了不少好的经验和做法。例如，有的国有企业与集体、乡镇企业有机结合，多种体制、多种经营形式相互结合，增强了企业自身发展的活力。有的企业打破单一的产业模式，依托自身优势，多种经营、多向投入、多种产业开发并举，获得了较好的效益。对这些经验和做法，应当认真研究、总结，有的还需要帮助完善、提高，以使我们在制定和组织实施企业改革政策时，思路更加开阔，措施更加得力。通过宣传推广，也会使更多的企业得到借鉴。有的企业的改革在某一方面有新意、有突破，对其他企业有启发作用，也需要总结宣传。要把总结群众经验与我们的各项试点结合起来，在点上取得经验，向面上推广。不能期望会有十全十美的成功经验可供套用，对实践证明基本可行的做法，就应结合实际，逐步加以推广；发现问题，就要及时纠正，以免造成损失。

有的改革思路还可能有比较重要的意义，需要我们认真研究、挖掘。例如，湟源县第二硅铁厂在企业发展中，打破产业的单一模式，建立商贸公司、兴办煤机砖加工厂，同时向第一产业迈出步子，投资

作者在青藏高原留影。作者到青海工作，颇多豪情："既上高原矢献身，少时辄梦向昆仑。源流九转河湟古，牛马三秋藏汉亲。盐宝皆知遍遐迩，菜花更看满湖滏。天生奇景又多幻，五月雪纷杨柳新。"

农业，在海南州贵南县承包3000亩土地种植油菜。西宁胶布厂利用河滩地养猪200头，今年多方筹资，扩建猪舍，计划扩大到1000头。这两个企业发展种植业和养殖业，发挥本企业技术、设备等优势，实行规模经营，表现出企业经营者长远的战略眼光。这是一种可贵的尝试。我省可开发的土地和利用的农业资源很多，在开发性农业项目上搞规模经营，不仅给一些企业发展开拓了路子，而且对推进我省农业资源开发利用也有积极作用。

还应把总结本地区经验与学习外地经验结合起来。对于外地的做法和经验，不能生搬硬套，而是要吃透精神。包括我省在内的各地经验的本质，应该说是那种可贵的探索精神。要从实际出发，择善而从，创造性地工作，把中央的方针、政策予以具体化，使之更有指导性、针对性。要因企制宜，分类指导，配套推进，左右协调，不搞一阵风、一刀切。

三　坚持放开放活，加快小企业改革步伐

我们既要高度重视作为国民经济骨干和主导力量的国有大中型企业的改革，继续集中力量搞好，解决突出问题，向建立现代企业制度的目标推进，又要从我们青海的实际出发，对小企业的改革给予足够的重视。西宁市有工业企业479户，6万名职工，其中小企业468户，4.1万名职工，分别占工业企业总数和职工总数的97.7％和68.3％，1994年产值占市工业总产值的52％。在468户小企业中，又有88.7％为集体企业，职工占全市工业企业职工的一半，1995年产值占全市工业总产值的40.6％。在市区消费品零售额中，集体经济占13.84％。海东地区乡及乡以上工业企业492户，除中央和省级企业11户外，其他481户企业中，小型企业为476户，产值占全区工业总产值的60.52％，也就是说，地、县企业几乎都是小型企业。商业、运输业、建筑业、服务业等，又大多是集体企业。这些为数众多的小企业，已构成我省国民经济的重要组成部分，特别是县办企业，有些已成为县域经济的支柱，并在活跃市场、改善人民生活、吸纳城镇就业人员、稳定社会等方面起着不可替代的作用。

当前，我省小企业面临的问题和困难比较突出：经营机制仍不适应市场经济的要求，对市场的适应能力和竞争能力较弱；负债过重，资产结构不合理，据省体改委对西宁市163户小企业调查，负债率为78.96％，其中有30户高达100％以上，不仅远远高于全国的平均水平，而且也高出全省1420户清产核资企业平均负债率4个百分点；产品结构不合理，档次低，不能适应市场变化；科技利用水平和劳动者素质比较低下，县办工业多是劳动密集型企业，有机构成低，技术装备落后，许多企业使用的还是五六十年代的设备，有的还处于手工作坊状态；企业主管部门对集体企业套用管理国有企业的模式，统得过

死，管得太多，使这些企业失去了本来属性和灵活的经营机制。这些问题和困难已危及企业的生存和发展。

小企业的重要作用和存在的诸多问题都说明必须加快它的改革步伐。"抓大"和"放小"是相辅相成的。把在数量上占绝对优势的小企业放开放活，不仅可以在整体上搞活国有、公有制经济，有利于巩固社会主义经济的主导力量，而且会极大地促进整个市场经济体制的建立。小企业改革要注意这么几点：一是坚持正确的改革方向。"放小"不能理解成私有化。在国有企业改革中，绝不能搞私有化，也不能搞非国有化。小企业改革中涉及大量的产权转让，要保证国有资产不流失且能保值增值。二是在经营机制的转换上应提倡更多的形式，思想放得更开一些。要以市场和产业政策为导向，对小企业实施战略性改革、改组、改造，以理顺产权关系为重点，重塑小企业新机制。要探索更多的办法，只要有利搞活小企业，只要国有资产不流失就行。从实践看，股份合作制是小企业特别是集体企业改革的重要组织形式，应大力推广。三是加强具体指导和帮助。"放小"不是放任自流，更不是把企业资产一卖了之，而是改变国家对小企业的管理方式。同"抓大"一样，在"放小"上政府部门的责任也是重大的，这主要是为企业创造转换经营机制的体制、制度方面的内外部条件。要大胆实践，探索从机制上实现企业增资减债的途径，探索建立权责明确的国有资产管理、监督、营运体系。小企业量大面宽，结构复杂，"放小"操作难度较大，往往需要一厂一策，一个一个地帮助解决。还要重视小企业领导班子的配备和职工队伍的建设。现在许多企业都认为影响自己发展的主要问题是缺资金，这确实是个大问题，但不是说有了钱就能解决所有企业的问题。有些小企业搞不好，很大程度上是企业经营者的素质问题。这样的企业，即使给的钱再多，也未必能解决问题，还很可能把钱乱花了。曾创造了"康宁"这一我省著名商标的青海康尔素乳品厂，由于前任领导班子工作不力，使该厂陷入了困境，停产达半年，在调整班子后，企业面貌就很快发生了变化。还要重视小企业改制后管理水平的提高，加强监督指导，帮助小企业建立健全严格的规章制度和科学的管理体系。海东地区对小企业改革很重视，建立了改革目标责任制，抓了一批典型，并在民和县召开了搞活小企业经验交流会，促进了小企业改革的深入。

四　大力促进乡镇企业的发展与改革

近年来，海东地区、西宁市的乡镇企业发展很快。海东地区已形成以国有、集体企业为主导，户办、联办、合资等多种经济形式共同发展、多轮驱动、多轨运行的局面。1995年，全区乡镇企业发展到28580个，从业人员11.57万人，总产值14.05亿元（现价），其中工业产值8.9亿元，出口产品交货额15377万元。湟中、民和、乐都、互助、化隆、循化6县乡镇企业产值超亿元，走在了全省前列，并出现了湟中县多巴镇、民和县川口镇两个总产值超过亿元的乡镇。西宁市乡镇企业充分发挥地区综合优势，实施向优势产业战略转移，并重视为大企业和企业产品延伸、配套服务，迈上了一个新的台阶。1995年全市乡镇企业发展到11913个，从业人员4.1万，完成总产值7.4亿元（现价），利税6528万元，其中工业产值3.87亿元，"八五"期间年均增长35.9%，其占全省乡镇企业总产值的比重由1990年的24.9%上升到36.2%。海东、西宁乡镇企业产值占本地市农村社会总产值的比重分别达到37.58%和61.3%，其中工业产值分别占本地市工业总产值的18.6%和17.72%。1995年，我省乡镇企业总产值占农村社会总产值比重达到33.4%，其中工业产值占全省工业总产值的12%。这个事实说明，乡镇企业不仅对我省农村经济，而且对整个国民经济的发展都有重要意义。

这两个地市乡镇企业的发展至少有这么几个特点：一是涌现出一批规模较大、起点较高的骨干企业，已成为当地经济发展的新的增长点。二是办企业思路更为开阔，省内之间、省内外之间联姻，从人才、资金、技术、资源、设备、管理、劳务等方面进行联合，多种所有制成分相互渗透、共同发展，为乡镇企业的发展开辟了新的途径，也为国有企业的改革与发展提供了思路。三是出现了"公司带农户"的贸工农、牧工商一体化的新型产业组织形式。它以市场为导向，以利益为纽带，通过合同契约形式，把生产者、加工者、销售者、经营者组织起来，风险共担，利益共享。这既是生产方式的变革，又是经营体制的创新，有利于解决分散经营与统一市场的矛盾，促进农牧业向高产、优质、高效方向发展，是转变农牧业增长方式的现实选择。例如，大通县青林乡建立牧工商公司后，依托草山优势，组织农民搞牛羊育肥。近几年，该公司每年筹集资金150万元，组织500多户农民育肥牛羊1.5万余头（只），育肥户人均纯收入达2000多元。这种做法目前虽不很多，但意义重大，值得提倡。当然，这里的"公司"也不限于乡镇企业，还有多种形式。四是农民办企业的积极性很高，也摸出了一些路子。海东地区一些农民这些年基本上走了这样一个过程：

1996年6月作者在青海省海西州考察时，在昆仑山口与格尔木市副市长巴特尔合影（巴后任海西州政协副主席）

劳务输出—经商—办工业。乐都县高庙镇白崖子村农民阿沭的养鸡场养鸡7000多只，为形成产供销一体化，他还准备投资兴办饲料厂。这个养鸡场的发展起到了示范作用，带动了本村养殖业的发展。五是个体私营企业发展很快。西宁市1995年个体私营企业产值占全市乡镇企业总产值的48.6%，"八五"期间年均增长52.6%。

我省工业基础比较薄弱，农业经济发展也相对落后，大力发展乡镇企业，增加新的经济生长点，形成新的生产力，对于强县富民，推进资源开发和农副产品的深加工，都具有重大作用。我省乡镇企业虽起步较晚，但近几年已进入快速发展阶段。西宁市1995年乡镇企业产值比上年增长53.7%，而且实现了产值、销售、利税3个同步提高，海东地区1995年产值比上年增长43.9%。由于这两个地市发展思路清晰，领导重视，重点突出，措施具体，这个势头还将继续保持下去。还应看到，有些国有企业也办起了乡镇企业，或是与乡镇企业联合，国有企业的改革与乡镇企业的发展和改革的关系越来越紧密。因此，要加快我省经济发展步伐，必须大力发展乡镇企业。

乡镇企业的发展离不开改革，因此要把发展与改革结合起来，以改革促进发展。一是要深化乡镇企业产权制度的改革。乡镇企业的主要优势就是机制灵活，但有些企业的这种机制出现弱化现象。要抓好乡村集体企业的股份制和股份合作制改造，同时积极引导个体和联户企业组建不同形式的股份合作制企业，提高企业自我约束、自我积累、自我发展的能力，以激励机制为动力，推动乡镇企业再造机制优势。二是要充分利用东部地区资源加工型、劳动密集型产业向西部转移的机会，选准资源开发项目，寻求合作伙伴，吸引外来资金、技术、人才，引进先进的管理方式，实现生产要素的合理配置，同时积极推动本地区优势产品和企业的联合，引导企业参加全省及全国性的企业集团，组建一批大企业或企业集团。三是重视乡镇企业增长方式的转变。政府要抓好乡镇企业的规划、布局，并用产业政策进行引导。这两个地市注意把乡镇企业发展与小城镇建设结合起来，并建立乡镇工业小区，这对于全面发展农村经济、提高乡镇企业水平都有很大作用。要加大乡镇企业技术改造力度，加强内部管理，重视人才的培养和引进，提高企业素质，改变许多企业产品质量不高、耗能高、效益低下、污染环境严重的状况。海东地区由于抓了乡镇企业的技术改造，使全区平均吨硅铁耗电由1万千瓦小时下降到9000千瓦小时，万吨煤耗由2000公斤下降到700公斤。这方面潜力很大。

五 以改革为动力，着眼于搞活整个国有经济

企业是经济增长的主体。国有企业改革应立足整个国民经济，着眼于搞活整个国有经济。从这个要求出发，就要坚持以改革促发展、促开发、促转变、促调整。

以改革促发展。当前，我省县办、集体、乡镇企业发展方兴未艾。要保证企业既有一个较快的发展速度，又能取得良好的经济效益，保证经济发展目标的实现，项目的建设资金是一个关键因素。我对海东8县汇报中拟新建项目粗略计算了一下，每个县不论经济总量如何，不论资源状况如何，安排1996年度新建项目都在亿元以上，多者则在3个亿以上，全区大体需要建设资金十五六个亿。筹措这笔建设资金，由于受信贷规模的限制，单纯依赖商业银行信贷是不现实的，单纯依赖地区财政的投入更是不可能的。因此，建设新的项目，再不能按过去的老办法，要转变观念，与改革投资体制结合起来，实行建设项目法人负责制，坚持"敞开省门，东进西出，内引外联"的方针，实行地方财政拿一点、商业银行贷一点、其他法人投一点、内部职工筹一点的办法，发挥各方面的积极性，拓宽投融资渠道。这样做，不仅能较好地解决建设资金问题，而且由于项目投资主体多元化，有利于构建起"产权清晰、权责明确、政企分开、管理科学"的新型现代企业，并由企业行使建设、生产、经营等职能，使企业真正成为市场

竞争主体和经济实体。应该指出的是，不仅要抓投入，而且要在盘活用好存量资产上下功夫。对县办国有企业加大拍卖出售的力度，劣势企业可以卖，好企业也要舍得卖，只有好企业才能卖出好价钱。出售国有企业的收益由地方政府用于再投入。这样既可确保国有资产在价值形态上的保值增值，防止国有资产在静止和呆滞状态下自我消耗和流失，又能集中资金用于综合效益较好的项目建设，解决新建设项目资金不足的问题。

以改革促开发。我省正在加快进行以资源开发为重点的经济建设。资源开发也要坚持改革。因为资源开发不单纯是建几个厂、开几个矿的问题，一方面牵涉到通过资源开发调整和优化经济布局、产业结构和产品结构，提高我省的综合经济实力；另一方面也牵涉到以什么样的企业体制和经济运行机制来开发资源的问题。如果按旧体制建厂开矿，企业必然没有活力，资源开发也必然搞不好。资源开发本身既包含经济增长问题，也包含着经济体制的问题，二者互相联系。因此资源开发本身就是一场改革。

以改革促转变。促进国民经济持续、快速、健康发展，关键是实行两个具有全局意义的根本性转变。从总体上看，我们的经济增长方式大多还处于粗放型。实现经济增长方式的根本性转变，就是要充分发挥体制改革带来的活力和市场竞争机制的作用，促进优胜劣汰和资源优化配置。要通过深化改革，在更多的领域中运用市场机制的作用，凡是应当由市场调节的经济活动，要进一步放开放活。要把着眼点放在增加品种、提高质量、降低消耗、提高技术水平和经济效益上，避免简单扩大原有产品的生产能力。因此，在研究和制定发展规划时，要充分体现实现两个根本转变的精神，把外延扩大与内涵挖潜结合起来，重视现有企业的改革、改组、改造和加强管理，深化和优化存量资产，通过资金、技术、劳动力在不同地区、不同产业和企业之间的合理组合，多层次地推进经济增长方式的转变。

以改革促调整。加快企业改革要同区域经济结构调整和当地发展战略结合起来。在发展市场经济条件下，企业效益是动态的概念，只有依靠合理的产业结构、产品结构和企业组织结构，才能保证企业具有长期的竞争能力。因此，加大企业改革力度应与调整结构结合起来。我省的县办及集体、乡镇企业大多集中在东部地区，大体分为金属冶炼业、酿酒业、农机修造业等，特别是有色金属业量大面广，多是碳化硅同类产品或衍生产品，受能源供应和能源价格影响较大，也应尽力防止市场可能出现的波动。对于这种结构性缺陷，应当引起重视，从本地发展战略出发，有计划有步骤地进行产业结构、产品结构和企业组织结构的调整。海东地区已着手进行。西宁市明确提出对这类产业的发展进行宏观调控。要通过资产滚动和重组，实现资产由不符合产业政策的行业向符合产业政策的行业转移，由劣势企业向优势企业转移，由长线产品向短线产品转移，由耗能高、附加值低的行业向耗能低、附加值高的行业转移。

第四编

追思篇

一个纯粹的共产党人

——深切怀念朱平同志

中国共产党的优秀党员，[①]共产主义的忠诚战士，出色的理论、政策研究工作者朱平同志是1988年9月18日逝世的，离开我们已三载了，但他的音容和德行却经常浮现在我们眼前，每到9月18日这一天，我们的心情就很不平静，勾起曾经同他朝夕相处的同志的无限哀思和怀念。

朱平同志13岁就参加了反帝大同盟，投身于革命活动，1937年2月加入中国共产党，走上了为共产主义事业而奋斗的道路。新中国成立前，他曾在共青团组织、青年干校、关中地委、关中报社等部门任职。

中华人民共和国成立以后，担任过首任蓝田县委书记，共青团西北工委常委兼宣传部部长，中央西北地区工作部和中央书记处第二办公室研究员，中共陕西省委副秘书长兼省委书记处办公室主任，省委研究室主任，省委农工部部长，省委常委、省顾问委员会常委。我们都曾在他的领导下工作多年，对他的处事为人感受至深，他是备受尊敬的良师，也是不可多得的益友。他那种坚定的共产主义信念，实事求是的科学态度，对党的事业极端负责的精神，公而忘私不记个人得失的高尚品德，牢牢铭刻在我们心中，永志难忘。毛泽东同志在《纪念白求恩》一文中说，一个人，只要有毫无自私自利之心的精神，就

---

① 本文原载 1991 年 9 月 18 日《陕西日报》，署名为牟玲生、刘云岳、姜桦、郑欣淼。

是一个高尚的人，一个纯粹的人，一个有道德的人，一个脱离了低级趣味的人，一个有益于人民的人。朱平同志就是这样的人，在他的身上闪烁着纯粹的共产党人的光彩。

一

朱平同志一生笃信马克思主义，忠诚于党的事业，虽历尽坎坷，但共产主义信念始终坚贞不渝。他自幼家境贫寒，少时就追求真理与进步，是一个有抱负、有理想的青年。在蓝田县上小学时，就开始接受马列主义，参与革命斗争。1936年在西安上中学时，满腔热忱地参加了抗日救亡活动和促成"双十二"事变的学生运动。从此，他坚定了共产主义信念，以献身人民解放事业为己任，置个人生死于度外。1940年，受党组织的调遣，赴延安青年干部学校系统地学习马列主义理论和中国共产党取得抗战胜利的指导思想和战略方针，更加坚定了革命的人生观。

1943年延安抢救运动时，朱平同志虽然被错整，但对党的领导和实事求是的路线和政策坚信不疑，在20世纪50年代末、60年代初党内开展的"反右倾"斗争中，朱平同志对当时"左"的倾向深为不安和忧虑，由于敢说实话，直言不讳，表示不同看法而受到审查。在精神上承受很大压抑和痛苦的情况下，仍然确信真理是不可战胜的。"文化大革命"期间，他遭到了残酷的诬陷、批斗、毒打和非法审讯，被长期关"牛棚"，身心受到严重摧残，但他不畏强暴，坚贞不屈，对党的信念始终没有动摇，对马克思主义信仰笃信不疑，对共产主义事业充满信心。即便被折磨到神志不清时，也未说过一句抱怨党的话，在困难和逆境中表现出共产党人忠贞不渝的特殊品格。

党的十一届三中全会以后，朱平同志坚决拥护中央的各项方针政策，对党把工作的重点转移到经济建设上来而欢欣鼓舞。但一度由于我们在指导思想上的"一手软，一手硬"，使资产阶级自由化泛滥起来。在这种情况下，朱平同志头脑清醒，旗帜鲜明，在报纸上撰文强调改造世界观没有"过时"，必须坚持下去。他又多次在各种会议和谈话中强调改造世界观和坚持"四项基本原则"的重要性，循循善诱地教育干部和青年。1985年的一次机关党员大会上，他语重心长地说：改革开放大潮中，党员的标准应当越来越高，而不能降低。要特别加强党性锻炼，努力一辈子，不能玷污党员形象。由于不正之风的影响，现在有人对改造世界观发生动摇，我是绝然赞成改造世界观的，尤其是共产党员一生都要解决世界观问题。我们坚信党，坚信社会主义，坚信马列主义，就要在实际斗争中经受磨练，不断把非无产阶级的东西磨掉，这个磨练是很痛苦的，这样你的马列主义信仰才能坚定，共产党人的精神支柱任何时候也不会垮掉。

就在他离开我们前两个月的一次支部大会上，仍然提醒大家要注意世界观的改造，他说：不抓思想工作不得了，这样会导致思想乱、人心散。党支部一定要抓思想政治工作，抓党风建设，搞好党纪教育。每个干部都要为政清廉，要从我做起。全党上下如果人人都从我做起，我们的事情就好办了。

在改革开放中，一度党政机关干部经商、办公司的风刮得很起劲，朱平同志当即提出不同看法，认为此事不宜提倡，其弊端甚多，容易利用特权搞不正之风，容易受金钱利诱而毁掉一些干部。事实证明，他的观点是正确的。

追思往昔，无论在革命战争年代，还是在和平建设时期，无论在顺利的环境中，还是纷繁复杂的逆境中，无论在少壮时代，还是岁暮之年，朱平同志总是坚信马列，忠于党的事业，对社会主义光明前途始终充满信心。他经常讲的"改造世界观是共产党员毕生的必修课"，"敢于坚持原则，百折不挠"，"骂娘不要紧，只要主义真"，"为了党的利益，我们可以抛弃一切，乃至个人生命"等，都是留给我们的宝贵的箴言。

二

朱平同志一贯坚持实事求是的思想路线，坚持从实际出发研究问题和解决问题。他留给我们最深刻的印象就是不唯上，不唯书，只唯实。

朱平同志长期以来，把大部分时间和主要精力，用于深入实际，深入基层，亲自动手，调查研究，为省委决策提供科学依据。他搞调查研究总是以客观实际为基础，深思熟虑，有独到见解，从不随波逐流，人云亦云。在农业合作化时期，他通过大量细致的调查研究，对当时的盲目冒进，提出不同看法，认为应当稳步发展，不要看势头，赶风头。

20世纪70年代中后期，我省农村一些地方头脑发热，大搞"穷过渡"，朱平同志经过深入调查，反复论证，从陕西农村实际情况出发，明确提出此风不可长，力主减轻农民负担，让农民休养生息，并且对改革农村人民公社体制，纠正"穷过渡"，发展农村经济等问题，都提出了一系列决策性的意见和建议，对稳定我省的农村形势，推动农村经济发展起到了重要作用。

党的十一届三中全会以来，他以极大的热情和精力，从事农村工作的调查研究。当农村第二步改革实施以后，他不顾年迈体弱，经常风尘仆仆地同基层干部、群众座谈，还千里迢迢去山东、天津、河南等地调查增强农业发展后劲问题。他提出了解决农业发展后劲不足问题根本办法在于稳定联产承包，完善双层经营，发展村办企业，增强集体经济实力，建立社会化服务体系等正确观点，在此基础上写成的《解决农业矛盾增强后劲是充实双层经营的一把钥匙》的调查报告，在省内外引起很大反响，被收入《中国农业合作化史资料》，对指导农村改革起了重要作用。朱平同志在农村调查中提出的许多见解，经受了实践的检验，体现了一个老共产党员实事求是的精神，以及厚实的理论根底和高度的政策水平。

<h1 style="text-align:center">三</h1>

朱平同志的一生，把全部精力、把自己的聪明才智，都倾注在革命事业上，勤勤恳恳，埋头苦干，不计较个人得失，对己严，对人宽，是一个只讲奉献，不计索取的人民公仆。

和朱平同志一起工作过的同志都知道，他对工作的极端负责、乐于吃苦的精神，感人至深。朱平同志几十年来负责起草的文件和报告难以计数，他把大量的心血倾注于此，奉献于此。他每起草一篇文稿，从立意谋篇到字斟句酌，都是呕心沥血，达到全神贯注、废寝忘食的境界。为了使文稿尽可能周到、合理、准确，他常常殚精竭虑，彻夜不寐，推敲再三，几天几夜连轴转。有时解衣而睡，萌生出一个观点，推敲出一个字句，都要拥被而起，改过方休。起草的文稿已经送印，但他只要觉得尚有个别字句需要变动，不管是酷暑严寒，还是三更半夜，也要追回文稿，改到满意为止。大家公认，朱平同志主持起草的文稿，精益求精，掷地有声，经得起历史的检验。这些生动的事实反映了朱平同志克尽厥职，苦心孤诣，伏案笔耕的辛劳情景，是他那种"革命老黄牛"精神的真实写照。

几十年来，朱平同志工作多次变动，有时是领导，有时是被领导；当过"主角"，也当过"配角"。但只要是党交给的工作，他都努力完成，从不分分内分外，从不计较个人得失。1984年底他退居二线后，仍然常年奔波在基层，无意去领略名山胜水，时刻把调查研究装在心间。他好几次放弃去外地疗养的机会，忙于下乡搞调查研究。甚至几次例行的体检，他也因搞调查和写作而耽误了。"宁做吃亏的憨憨，不做占便宜的精精"。他常把这句话当作口头禅来鞭策自己、教育同志。

朱平同志为人，胸怀坦荡，光明磊落，严于律己，宽以待人。和朱平同志在一起工作的同志都说，在他的手下干事既有使命感，又有安全感。他支持同志们大胆放手工作，遇到困难帮助解决，出了漏洞从不消极指责或埋怨，而是鼓励同志总结经验教训，往往首先替你承担责任。他处人宽厚，对于枝节小事从不计较，重大问题有话说在当面，而且很注意分寸。他时常说："要光明磊落，要诚心待人，对人民不做亏心事，晚上才能睡安稳觉。"朱平同志一生淡泊，生活简朴，对亲属子女要求严格，有个很好的家风。他一生中从未向组织提出过分的要求，赢得人们的赞誉。

朱平同志一生追求真理，笃信马列，勤奋刻苦，坚持调查研究，给我们做出了光辉的榜样。我们一定要向朱平同志学习，在以江泽民同志为首的党中央领导下，坚持四项基本原则，坚持改革开放，完成朱平同志未竟的事业，以告慰英灵。

一个实事求是的人 ①

党的十一届三中全会刚结束，朱平同志就受命组建中共陕西省委政策研究室。从那时到1988年他不幸辞世，这10年间，耳濡目染，他对我的教诲、影响不仅在工作、学习方面，更重要的是使我懂得了如何做一个实事求是的人。

实事求是是我们党的优良作风，也是每个共产党员应有的品格修养。朱平同志就是一个实事求是的人。在重大原则问题上，他坚持独立思考，不人云亦云，力求做到从实际出发。在历史大转变时期，朱平同志有过未被理解的苦恼，有过一时情况不清的困惑，也冒过被人扣上大帽子的风险。不管怎样，他都不说违心的话，不轻易改变自己的观点。他对事物所持的拥护或反对的态度，安全是从党和人民的利益出发而不掺杂个人私念，是自己的深思熟虑而不看风头、看来头。

因此，凡是同他交往的人，尽管可以不赞同他的某些看法，但也不能不钦佩他的坦诚无私的品格。正因为从党和人民的利益出发，朱平同志并不囿于己见，总是反对僵化。他经常深入实际，深入群众，勇于接受新的事物，吸取新的营养，始终保持思想活跃，精神不老，紧紧跟上时代的步伐。

做到实事求是也不容易。朱平同志的"直"和"执"，曾得罪了

① 本文原载《无私奉献的人——深切怀念朱平同志》，陕西人民出版社，1990年版。

一些人，吃过不少苦头，特别是在"文化大革命"中，他为此遭受了难以想象的折磨。"亦余心之所善兮，虽九死而未悔！"种种坎坷曲折，并没能动摇他的信念和改变他的一贯处世做人的原则，他仍是铁骨铮铮，直言无忌。1988年初春，一位老朋友劝告朱平同志，做人不可过于直率，否则易惹人嫌。朱平同志感谢朋友的好意。他回顾自己半个多世纪的革命生涯，心潮汹涌，感触良深，表示决不改变初衷，甘当一辈子革命的"傻瓜"，不做八面玲珑的"精精"，遂写了一首题为《书呆子辩》的诗，诗中说"谢君关怀性难移，诚属傻瓜倒心安"；"昔日誓言从不悔，今朝邪风杞忧天"。诗言志，这些朴素生动、披肝沥胆的诗句，是一位老共产党员的心声，是他的彻底的革命大无畏精神的写照。

唐代颜师古曾对"实事求是"做过这样一个注："务得事实，每求真是也。"朱平同志长期从事调查研究工作，严格坚持"务得事

20世纪80年代初，作者与朱平（中）、郭华（左）在陕西省委办公厅楼前合影

实，每求真是"。这些年来，我随他搞过多次调查研究，受到很大教益。在调查研究中，他不满足于一般的典型总结，而善于从个别中发现普遍性的问题；不满足于简单的材料收集，而努力提到理论高度去研究。因此，他的调查报告总有一定的深度，往往引起较大的反响。这不只是一个方法问题，而是一个硬功夫，是深厚的理论修养、很高的政策水平以及对实际的深切了解的综合体现。例如，1984年，我随他在宝鸡、咸阳进行关于大中型企业的产品扩散及其与城市街道、农村乡镇企业的协作联合问题的调查，他就对这件事的意义看得很重要、很深远，认为是加强企业横向联系，调整城乡产业结构，搞活城乡经济，加速我省经济发展的一个突破口。从这个认识高度来研究，就使得《调整城乡产业结构的一个突破口》的调查报告获得好评，被多家刊物转载，还在省委的工作会议上作为"参阅文件"印发。为了适应新时期的需要，也为了把丰富的实践经验加以升华、提高，朱平同志倡议并主持编写了《调查研究概论》一书。这本书把调查研究作为一门科学来探索，既有基本理论的研究，又涉及方法论的探讨，既有一定的理论深度，又有其实践性与可操作性。该书在全国同类书中是最早的一部，因而被报刊誉为"开拓性"的著作。这本书从立意、拟写、通稿直至付梓问世，作为主编的朱平同志，付出了自己的全部心血。

实事求是，这是朱平同志一生的圭臬。我一定要以朱平同志为榜样，说老实话，干老实事，永远做一个实事求是的人。

澄潭映月典型在，玉树临风气象和 ①

在朱平同志逝世25周年之际，一批他的老同事、老朋友、老部下自发地进行追思悼念活动，撰写回忆文章，我觉得很有意义。

朱平同志年轻时即投入革命工作，参加学生运动，后长期在马栏中共陕西省委（后改为中共关中地委）工作，主办《关中报》，在宣传党的方针政策、反映边区的革命和建设方面做出了重要贡献。中华人民共和国成立后，朱平同志长期在中共陕西省委工作，参与重要政策的研究与制定，经历了许多重大的政治事件，为陕西的建设与发展倾注了自己的心血。

长期的革命生涯，朱平同志经受了严峻的考验，其中既有你死我活的敌我斗争，也有严酷的党内斗争，特别是在"文化大革命"中受到百般折磨，但他都以坚定的共产主义信仰和大无畏的革命精神，度过了这些劫难，更以其光明磊落的品格，赢得人们的尊敬。

朱平同志在三中全会后担任中共陕西省委常委，并主持新组建的中共陕西省委政策研究室（名称先后有过变化），为省委的决策服务。我认为，他的贡献，不仅是在他领导下研究室完成了一系列具体政策的制定，一些重大问题的研究，更重要的是通过他的言传身教、严格要求，使研究室形成了有利于人才成长的好环境，树立了良好的

---

① 本文写于 2012 年，为未刊稿。

风气，出现了人才辈出、成果斐然的局面，而且余泽绵绵，至今为陕西省委的同志所重视、所称道。

朱平同志是革命前辈，我有幸在他身边工作过几年，为他服务。虽然时间不算长，但留给我的印象却是刻骨铭心的。人们都知道朱平同志的政策水平高、文字功夫好，对此我深有体会。在他晚年，我与几位年轻的同志曾随他去农村、城市调查研究，他相当重视掌握第一手材料，而且善于归纳概括，注重从个别的分散的材料中找出共性的东西，得出新的结论，或形成新的理论。他的调查研究，不人云亦云，不看风向，也不故作惊人之论，完全是从实际中来，因此往往有重要的指导作用。这是调查研究的最高境界，靠的是真功夫，因此颇为不易。

政策和策略是党的生命。在晚年，朱平同志根据我党在政策和策略上的经验教训，加上自己毕生的心得体会，决定组织编写两部书，一部是《调查研究概论》，一部是《决策概论》。《调查研究概论》写出来了，曾被中共陕西省委组织部推荐给各级党政干部，在国内也产生了相当的影响。当时《红旗》杂志以《一本探讨调查研究工作的新书》为题向全国推荐，《光明日报》也发表了评论员文章，给予好评。

这本书虽然是多位同志执笔，但全书的结构、思路以及各章的要点，都是朱平同志确定的，并且做了认真的修改。《决策概论》已有了一个大纲，并且组织人讨论过几次，但因他的患病及以后病故，没有了牵头人，遂成了永久的遗憾。

朱平同志去世时才67岁，如果天假以年，他会做出更多更大的贡献。这是无可挽回的损失。也正因此，他的同事、朋友、部下，一直深深地怀念着他。25年过去了，中国已起了翻天覆地的变化，我们每个人也在发生着巨大的变化，而朱平同志却栩栩如生，活在我们心里。他所为之奋斗的事业，仍然在继续着、发展着。每个时代都有新的任务、新的追求，但是坚忍不拔的精神，与人为善的态度，清廉正直的品质，光风霁月的胸襟，却是永远不会过时的，是永远使人感动、温暖的东西。这就是朱平同志价值的所在，是许多人念念不忘的原因。

对于朱平同志的人格、精神以及贡献，许多同志在纪念文章中都有详细的生动的描述，我读后也深受教益，进一步加深了对朱平同志的认识。现在纪念朱平同志的文集将要出版，此书的主要编者刘云岳同志，曾长期受朱平同志的熏陶，也是我的前辈，大约是因为我曾为朱平同志服务过的原因，他说一些同志希望我在书前写点东西，我实在感到惶恐，却又觉得不好推辞，遂拉拉杂杂写了上面一些话，多是粗线条的回忆。意犹未尽，又赋长句，以抒对朱平同志的怀念之情。

其一

风雷一自起秦川，意气由来属少年。

危处披肝可涂地，舛时放胆不求天。

满腔血沥马栏路，寸管情留牛喘篇①。

遭历几多堪返顾，蓝关雪拥未成烟②。

其二

经世文章重任肩，能从脚下觅真诠。

陌阡已著千钧力，笔翰才看万选钱。

一纸流澜调研策，九泉怀憾运筹编③。

日斜却喜雨方霁，但惜天公不假年。

---

① 马栏在陕之旬邑，1940 年至 1949 年为中共陕西省委（后改为中共关中地委）驻地，曾办《关中报》，1950 年停办，报名先后为习仲勋、毛泽东同志题写。朱平同志曾任《关中报》副社长。

② 蓝关在陕之蓝田，朱平同志为蓝田人。

③ 朱平同志曾主编《调查研究概论》一书，陕西人民出版社 1984 年出版，影响甚广。朱平同志又拟主编《决策概论》，终因病逝而未能如愿。

其三

　　既许今生一寸丹，事功残岁更斑斓。
　　关中鹊起凤凰笔，雁塔钟传玉笋班。①
　　有力秋霜评骘里，无声春雨润滋间。
　　嗟哉零落二三子，廿五年来憾未删。

其四

　　有幸我曾亲炙多②，梦中形影尚嵯峨。
　　澄潭映月典型在，玉树临风气象和。
　　畎亩曾祈嘉谷瑞，康衢犹望庆云歌。
　　长怀余泽心香远，人世苍茫叹逝波。

---

① 朱平同志曾任中共陕西省委常委、省委研究室主任，培养造就了一批调研人员。
② 余于20世纪80年代初曾任朱平同志秘书。

珍藏的记忆 ①

      王焕朝同志从西安打来电话，说中共陕西省委研究室编印的《调研与决策》内刊，已刊到第1000期。他认为这很有意义，拟请一些与这个刊物有关的同志写点东西，以资纪念。我与焕朝十多年未见面了，从他急切而激动的口气里，我充分体会到这位现任主编的心情。整整1000期，确是难得，总结回顾，以利今后，自然是好事，我即表示赞成。他接着"请君入瓮"，让我也写几句，于理于情，我是不好推辞的。

      粉碎"四人帮"的第二年，我调到中共陕西省委办公厅政策研究室工作，不久即参与《陕西情况》内刊的编辑。党的十一届三中全会甫一召开，省委就专门成立了政策研究室（后改为省委研究室），省委常委、副秘书长朱平同志兼任主任，我则随着《陕西情况》到了这个新建的部门，也成了研究室最早的人员之一。这时《陕西情况》改为《陕西通讯》，不只刊名的改易，刊物的主旨也略有变化，之后又创办《调查资料》，专登调研报告、政策探讨，甚至理论研究的文章，例如朱平同志主编的《调查研究概论》一书，各章就先发表在《调查资料》上，当时主要是想进一步征求修改意见。

      我于1992年工作调离，至今十有四年，这期间省委研究室与农

---

① 本文刊于中共陕西省委研究室《调研与决策》2006 年第 4 期，总第 1000 期。

村政策研究室合并，刊物也进行了整合，变化是不小的。现在刊名叫《调研与决策》，我以为更为明确，既突出研究室的工作特点——调研，又明示了为决策服务的宗旨。这些年的刊物我虽未拜读过，但是建功、士秋、改民、会民等都是很优秀的领导者，研究室的工作卓有成效，相信这个刊物在继续已有特点的基础上，比以前有更大的提高。

1000期的刊物，从一个特有的角度，见证了陕西省改革开放20多年来的发展历程。进入新的历史时期，我们党特别重视坚持实事求是、一切从实际出发的思想路线，把调查研究摆到重要位置，因此各级政策研究机构应运而生，专刊调研成果的刊物就承载着重要的任务。这里有情况的反映，有典型的剖析，有政策的建议，也有不同观点的争鸣。这份刊物的生命力，在于它始终和陕西的发展、建设结合在一起，关注的是社会的热点、难点问题，服务于省委的重大决策。

1000期的刊物，也记录了研究室许多同志成长的过程。《调研与

1980年，作者与刘云岳（中）、王焕朝（右）在陕西省兴平县霍去病墓前合影

决策》虽也刊登研究室之外作者的文章，但主要还是研究室同志的成果。写好调研报告不容易，需要一定的文化基础、理论政策水平及相关专业知识。研究室有一个好的传统，即鼓励大家多搞调研、多写文章，领导同志不仅自己带头，做出样子，而且满腔热情地支持年轻同志，帮助修改。一些年轻人在迈进研究室时，可能并不知道怎么去调研，怎么写调研报告，但经过多年的磨炼，渐渐地成熟了，写出来的东西像样了，也成了工作的骨干，甚至在某个方面摸到了门径。调研报告不只是个文字功夫问题，它反映的是作者的综合素养。我想，许多人离开了研究室，仍然怀念不已，其中一个重要原因就是研究室哺育了他，他在这儿得到了刻骨铭心的教益，同时在此贡献了自己的聪明和才智，这当然也包括我在内。

一份又一份已成历史的刊物，它记载的不只是一项项具体的研究成果，围绕它的编辑印行，还有许多鲜为人知的故事。在我离开陕西

2010年8月，作者在西安与原中共陕西省委研究室一批老同志合影。从左到右为秦瑞云、姜桦、牟玲生、何金铭、鲍澜与作者。当时联系刘云岳同志，因其忙于夫人住院未能来。作者曾填《临江仙·与原陕西省委研究室诸老相聚》一阕，以抒感慨："难得别来相会聚，几杯便已微醺。座中莫道俱惺惺。亦曾风雨起，劲笔动三秦。　　毫釐何妨思万仞，今番却感温文。此心一濯自无尘。青山明夕照，不作白头吟。"

之前的十多年里，许多领导和同志都为这个刊物付出了很大的心血，我不由得想起朱平同志的仁厚、玲生同志的认真、金铭同志的敏锐，云岳同志的多才、姜桦同志的谦和、瑞云同志的沉稳、国虎同志的刚直，以及先后负责过刊物的吴成功、李慎思、廉洁之、高建基、宋昌斌等同志。

大家亦师亦友，兢兢业业，团结共事。今天有的已经作古，许多人退出工作第一线，有的则远在天涯，但对我来说，这是值得珍藏的一段回忆。

《调研与决策》的主编王焕朝同志是秦兵马俑故乡的人。在我的印象里，他常与人谔谔争辩而又充满自信。我想，对于一个主编而言，这或许是基本要求中的重要的条件。有研究室领导的支持，有焕朝同志的努力，这份刊物肯定会越办越好。

后记 ①

　　我与陕西人民出版社是有缘的。我最初的两本书，《文化批判与国民性改造》与《政策学》，就是在陕人社出版的。这两本书都先后获得了陕西省优秀社科成果二等奖。可以说，陕人社见证了我在学术之路上的蹒跚学步，给了我最初的也是最有力的支持和激励，我是终生难忘的。

　　陕人社也没有忘记我这个作者，这个出版社的朋友。1990年是陕人社成立40周年，我曾赋诗祝贺：

> 回首今当不惑年，名山事业赖刊传。
> 辉煌党史风云卷，精奥鲁研珠玉编。
> 阿世安能祸梨枣，益人尤重惠兰荃。
> 泱泱唐汉文华地，润泽敷扬鞭又先。

　　当时，陕西人民社50卷的《中共党史人物传》与数十种《鲁迅研究丛书》，在国内颇有影啊，屡获好评。2000年陕西人民出版社50周年大庆时，我又受邀写了贺诗：

---

① 此为陕西人民出版社 2015 年版原后记。

436

一树参天五十春，辛勤几代白头吟。

好书辄贵洛阳纸，正论长传大雅音。

但播斯文名四海，尽滋庶众誉三秦。

深情惠我堪铭记，遥祝前程又日新。

"深情惠我堪铭记"，说的就是陕人社为我所出的书。

岁月匆匆，从20世纪80年代末我在陕人社出第一本书，至今已过了二三十年。现在我的《畎亩问计》又要在陕人社出版，更是感到了这种缘分的绵绵。这个集子的五分之四以上写于陕西，写的也主要是陕西的事，因此晓宏兄是十分赞同由家乡出版社来出并热情地联系；西平社长也是老朋友，说是要出好，话不多却实在，这已使我很受感动。所收文章，主要是我自己所保存的，多数正式发表过，少数登在

郑欣淼 著

文化批判与国民性改造

《文化批判与国民性改造》书影。《文化批判与国民性改造》，郑欣淼著，陕西人民出版社1988年9月出版，是全面研究鲁迅国民性思想的第一部专著

内部刊物，还选了一些未曾示人的手稿，也在报刊上查找过一些。需要说明的是，在这十多年中，我还写了不少其他方面的文章，有学术论文，也有结合时政的文章等，这些当然不包括在这个集子中。帮我在一些报刊上查找、复印或扫描文章的，有陕西的王建领、孙亚政，青海的张国亮、武玉嶂，北京的武再平、苏白等。老照片的人名核对，特别是20世纪80年代初陕西省委研究室几张合照，主要是靠郭华同志的仔细辨认，他说有的他也不敢肯定，还找了其他人来确认。青海的照片，武玉嶂协助辨认。即使如此，《向科学技术要产量——大荔县雷北大队调查》一文，在转载的《陕西日报》上找到了，但最初发表在1982年《调查资料》的哪一期？问了许多人，包括陕西省委研究室在内，都找不到这一期，所以在注释中写了"期数待查"，不能不使人感到遗憾。

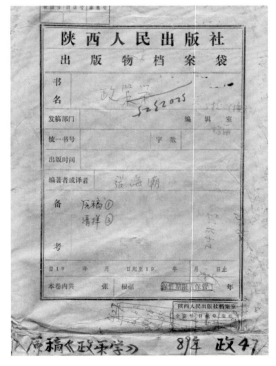

《政策学》书稿档案袋。过去作者的手稿都由出版社统一管理。大约20世纪90年代初，陕西人民出版社通知我，手稿归还作者，由个人保管。手稿装在出版社特制的书稿档案袋中，手稿上留有编辑所标示的有关字体、字号等排版记录，还保存了当年给印刷厂下达的排印单在陕西写的调研报告，有一些是与人合作的，除过在每篇文章下注明作者外，我还尽量与有关同志联系，获得了他们的支持。

本书在编辑出版过程中，惠西平社长给予了指导，李晓峰副总编与作者有过多次交流，责任编辑关宁更是悉心尽力，美编也费了很多心血，李永光先生又篆刻"梦回畎亩"，在此一并致谢！

郑欣淼

二〇一五年四月二十日

《郑欣淼文集》书目